GERD LEUTNER

Die vollstreckbare Urkunde im europäischen Rechtsverkehr

Schriften zum Prozessrecht

Band 133

Die vollstreckbare Urkunde im europäischen Rechtsverkehr

Von

Gerd Leutner

Duncker & Humblot · Berlin

Die Deutsche Bibliothek - CIP-Einheitsaufnahme

Leutner, Gerd:
Die vollstreckbare Urkunde im europäischen Rechtsverkehr / von Gerd Leutner. - Berlin : Duncker und Humblot, 1997
(Schriften zum Prozessrecht ; Bd. 133)
Zugl.: Freiburg (Breisgau), Univ., Diss., 1996
ISBN 3-428-08937-5

Fotoprint: Berliner Buchdruckerei Union GmbH, Berlin
Printed in Germany

ISSN 0582-0219
ISBN 3-428-08937-5

Gedruckt auf alterungsbeständigem (säurefreiem) Papier
entsprechend ISO 9706 ♾

Vorwort

Die vorliegende Arbeit wurde im Sommersemester 1996 von der Juristischen Fakultät der Albert-Ludwigs-Universität Freiburg i. Br. als Dissertation angenommen. Literatur und Gesetzesänderungen sind größtenteils bis Juli 1996 berücksichtigt.

Ich danke meinem geschätzten Doktorvater, Herrn Prof. Dr. Rolf Stürner, für die Anregung zu diesem bisher wenig behandelten Thema und für die kontinuierliche Betreuung, insbesondere im Rahmen seines Doktorandenseminars mit meist engagierter und immer fruchtbarer Kritik. Zu danken habe ich auch dem Graduiertenkolleg „Internationalisierung des Privatrechts" der Freiburger Juristischen Fakultät, das mir mit der Gewährung eines dreisemestrigen großzügigen Promotionsstipendiums die konzentrierte und ablenkungsfreie Abfassung der Arbeit ermöglicht hat. In diesem Zusammenhang möchte ich auch das ansprechende Rahmenprogramm des Kollegs mit Vorträgen, Kolloquien und Seminaren erwähnen, das der damalige Sprecher, Prof. Dr. Dieter Leipold, organisiert hat.

Eineinhalb Jahre Arbeit an der Dissertation wären nicht denkbar ohne all diejenigen, die mich durch ständige Diskussion und Kritik angeregt haben, bei Materialrecherche, Korrekturlesen und schließlich beim Ausdruck des Manuskripts behilflich waren und die mir im Freundeskreis eine zuträgliche Arbeitsatmosphäre geschaffen oder auch einmal Tapetenwechsel geboten haben. Ihnen allen möchte ich an dieser Stelle meine Dankbarkeit zum Ausdruck bringen.

Selbstverständlich wäre diese Arbeit auch nicht entstanden ohne meine Eltern, die mich in der Verwirklichung meiner Interessen stets gefördert und mir mein Studium ermöglicht haben. Ich widme sie ihnen mit herzlichem Dank dafür.

Rostock, im November 1996 *Gerd Leutner*

Inhaltsverzeichnis

Einleitung und Problemstellung

Erster Teil

Urkundenvollstreckung und Urkundenexequatur nach dem autonomen Recht der Vertragsstaaten

Zweiter Teil

Konkretisierung der Exequaturvoraussetzungen nach Art. 50 und Einwendungen des Schuldners im Zusammenhang mit dem Exequaturverfahren

Abkürzungsverzeichnis

ABGB	Allgemeines Bürgerliches Gesetzbuch (Österreich)
ABl.EG	Amtsblatt der Europäischen Gemeinschaften
Abs.	Absatz
AcP	Archiv für die civilistische Praxis
a.C.p.c.	ancien Code de procédure civile (Frankreich)
a. E.	am Ende
AGBG	Gesetz zur Regelung der Allgemeinen Geschäftsbedingungen (Deutschland)
AGGVÜ	Gesetz zur Ausführung des Europäischen Gerichtsstands- und Vollstreckungsübereinkommens (Deutschland)
Anm.	Anmerkung
Art.	Artikel
AusfG	Ausführungsgesetz
AVAG	Gesetz zur Ausführung zwischenstaatlicher Anerkennungs- und Vollstreckungsverträge in Zivil- und Handelssachen (Deutschland)
Bd.	Band
BeurkG	Beurkundungsgesetz (Deutschland)
BGB	Bürgerliches Gesetzbuch (Deutschland)
BGBl.	Bundesgesetzblatt
BGH	Bundesgerichtshof
BGHZ	Entscheidungen des Bundesgerichtshofs in Zivilsachen
BN	Der Bernische Notar
BNotO	Bundesnotarordnung (Deutschland)
BRAGO	Bundesgebührenordnung für Rechtsanwälte (Deutschland)
BT-Drs.	Bundestagsdrucksache
BVerfGE	Entscheidungen des Bundesverfassungsgerichts
BW	Burgerlijk Wetboek (Niederlande)
bzw.	beziehungsweise
Cass. Civ.	Cour de cassation (und betreffende Zivilkammer)
CC	Código Civil (Spanien, Portugal)
c.c.	Codice civile (Italien

CCA	County Courts Act (England, Wales)
C.civ.	Code civil (Belgien, Frankreich, Luxemburg)
CCR	County Court Rules (England, Wales)
C.j.	Code judiciaire (Belgien)
CJJA	Civil Jurisdiction and Judgments Act (Großbritannien)
C.not.	Código do notariado (Portugal)
C.o.j.	Code de l'organisation judiciaire (Frankreich)
C.p.c.	Code de procédure civile (Jura, Luxemburg)
c.p.c.	Codice di procedura civile (Italien)
CPC	Código do proceso civil (Portugal); Codice di procedura civile (Tessin)
CPO	Civilprozeßordnung (Deutsches Reich)
C.trav.	Code du travail (Frankreich)
D.	Recueil Dalloz-Sirey
D1992	Dekret Nr. 92-755 vom 31.7.1992 (Frankreich)
DGVZ	Deutsche Gerichtsvollzieherzeitung
d. h.	das heißt
Diss.	Dissertation
DM	Deutsche Mark
DNotV	Zeitschrift des Deutschen Notarvereins
DNotZ	Deutsche Notar-Zeitschrift
dt.	deutsch
EFTA	European Free Trade Association
EGV	Vertrag über die Europäische Gemeinschaft
EinfVO	Einführungsverordnung
EO	Exekutionsordnung (Österreich)
EU	Europäische Union
EuGH	Gerichtshof der Europäischen Gemeinschaften
EWRV	Vertrag über den Europäischen Wirtschaftsraum
f.; ff.	und folgende/r
FamRZ	Zeitschrift für das gesamte Familienrecht
FJR	Tijdschrift voor Familie- en Jeugdrecht
Fn.	Fußnote
FS	Festschrift
G	Gesetz
G1991	Gesetz Nr. 91-650 vom 9.7.1991 (Frankreich)
GA	Generalanwalt
Gaz. Pal.	Gazette du Palais

GG	Grundgesetz (Deutschland)
ggf.	gegebenenfalls
GmbH	Gesellschaft mit beschränkter Haftung
gr.	griechisch
GVÜ	Europäisches Gerichtsstands- und Vollstreckungsübereinkommen
h. M.	herrschende Meinung
Hrsg.	Herausgeber
i. d. F.	in der Fassung
i. d. R.	in der Regel
i. E.	im Ergebnis
i. e.	im einzelnen
i. e. S.	im engeren Sinn
IPRax	Praxis des internationalen Privat- und Verfahrensrechts
IPRG	Gesetz über das Internationale Privatrecht (Schweiz)
i. R.	im Rahmen
i. S.	im Sinn
i. V. m.	in Verbindung mit
i. w. S.	im weiteren Sinn
JCP	Juris Classeur Périodique - La Semaine Juridique
JW	Juristische Wochenschrift
JZ	Juristen-Zeitung
KG	Kammergericht
LEC	Ley de enjuiciamiento civil (Spanien)
LH	Ley hipotecaria (Spanien)
li. Sp.	linke Spalte
LS	Leitsatz
LugÜ	Luganer Parallelübereinkommen zum GVÜ
MDR	Monatsschrift des deutschen Rechts
m. E.	meines Erachtens
m. N.	mit Nachweis
m. w. N.	mit weiteren Nachweisen
n.C.p.c.	nouveau Code de procédure civile (Frankreich)
NJW	Neue Juristische Wochenschrift
NotO	Notariatsordnung (Österreich)
Nr.	Nummer
Nrn.	Nummern
OLG	Oberlandesgericht

Ord.	Order
ÖJZ	Österreichische Juristenzeitung
öst.	österreichisch
öst. AnwZ	Österreichische Anwalts-Zeitung
öst. NotZ	Österreichische Notariats-Zeitung
r.	rule
RabelsZ	Rabels Zeitschrift für ausländisches und internationales Privatrecht
RAJB	Recueil annuel de jurisprudence belge
RCritDIP	Revue critique de droit internationale privé
REDI	Revista española de Derecho internacional
re. Sp.	rechte Spalte
Rev. hell. dr. int.	Revue hellénique de droit international
Rev. trim. dr. europ.	Revue trimestrielle de droit européen
RG	Reichsgericht
RGZ	Entscheidungen des Reichsgerichts in Zivilsachen
RIW	Recht der Internationalen Wirtschaft
Rn.	Randnummer
RpflG	Rechtspflegergesetz (Österreich)
Rpl.	Lov om rettens pleje (Dänemark)
RSC	Rules of the Supreme Court (England, Wales)
Rspr.	Rechtsprechung
Rv.	Wetboek van burgerlijke rechtsvordering (Niederlande)
S.	Satz; Seite
s.	siehe
SchKG	Bundesgesetz über Schuldbetreibung und Konkurs (Schweiz)
Sect.	Section
SGB VIII	Sozialgesetzbuch VIII
SJIR	Schweizerisches Jahrbuch für internationales Recht
Slg.	Sammlung der Rechtsprechung des Gerichtshofes und des Gerichts erster Instanz
span.	spanisch
StGB	Strafgesetzbuch
u. a.	unter anderem
UINL	Union Internationale du Notariat Latin
u. U.	unter Umständen
UWG	Gesetz gegen den unlauteren Wettbewerb (Deutschland)

vgl.	vergleiche
WM	Wertpapiermitteilungen
WRP	Wettbewerb in Recht und Praxis
z. B.	zum Beispiel
ZBGR	Schweizerische Zeitschrift für Beurkundungs- und Grundbuchrecht
ZfRV	Zeitschrift für Rechtsvergleichung
ZGB	Schweizerisches Zivilgesetzbuch
ZPO	Zivilprozeßordnung (Deutschland, Griechenland, Österreich, Schweizer Kantone)
ZZP	Zeitschrift für Zivilprozeß

Ausländische Gesetze sind nur dort ausdrücklich gekennzeichnet, wo sie mit deutschen verwechselt werden könnten. Die Abkürzungen der Staaten entsprechen den internationalen Kfz-Kennzeichen, die der Schweizer Kantone denen der schweizerischen Kfz-Nummerntafeln.

Einleitung und Problemstellung

§ 1 Das Institut der vollstreckbaren Urkunde

A. Herkunft, Eigenarten und Vorkommen

Mit der vollstreckbaren Urkunde können die an einem schuldrechtlichen Verhältnis Beteiligten privatautonom und unter Umgehung eines vorgeschalteten Erkenntnisverfahrens die Schaffung eines Vollstreckungstitels vereinbaren[1]. Das Bedürfnis nach entsprechenden Rechtsinstituten unmittelbarer Vollstreckbarkeit kann für alle Rechtsordnungen seit der Antike nachgewiesen werden[2].

Als unmittelbarer Vorläufer der heutigen vollstreckbaren Urkunde entwickelte sich im Oberitalien des 12. und 13. Jahrhunderts parallel zur Herausbildung eines staatlichen Notariats[3] das Institut des *instrumentum guarentigiatum*[4] (= „Urkunde, die vorzügliche Sicherheit gewährt") aus Scheinrechtsstreiten, die zunächst das Erfordernis des Erkenntnisverfahrens mit Anspruchsanerkenntnis durch den Schuldner aufrechterhielten. Auch dem mittelalterlichen deutschen Recht war unmittelbare Vollstreckung bekannt, hier hauptsächlich durch die exekutorischen Einträge in die Gerichtsbücher. Beide Arten von Titeln kamen aufgrund von ursprünglich dem ordentlichen Prozeß stark ähnelnden Verfahren zustande, die den streitigen Verlauf des gerichtlichen Verfahrens simulierten und durch einen Akt des Zusammenwirkens der Parteien ersetzten. Daraus rechtfertigte sich hinsichtlich der Vollstreckungswirkung die Gleichsetzung mit dem Urteil.

Die *vollstreckbare Urkunde* entstand aus einem Bedürfnis der Verfahrensvereinfachung, als sich das staatliche Gewaltmonopol gegen die Selbsthilferechte des einzelnen durchsetzte und ihm damit die Möglichkeit schneller Rechtsdurchsetzung auch in Fällen klaren Rechts nahm. Jedoch wurde sie in ihrem Charakter als schneidiges Vollstreckungsinstrument in Deutschland zunächst durch die Tatsache entwertet, daß jeder Exekution ein Erkenntnisverfahren - der

---

1 *Münch*, S. 3.

2 *Münch*, S. 10-36; *Jongbloed*, S. 142, verweist auf vollstreckbare Urkunden im alten Ägypten. *Dengler*, öst. NotZ 1967, 129, erwähnt erste Anfänge des Beurkundungswesesens bei den Hebräern, Ägyptern, Assyrern und Hethitern.

3 *Hofmeister*, öst. NotZ 1982, 103 ff.

4 Auch als *instrumentum guarentigiae* bezeichnet, vgl. *Hofmeister*, öst. NotZ 1982, 105 li. Sp.

summarisch ausgestaltete Exekutivprozeß - vorangehen mußte[5]. Auch in Italien kam es zum Niedergang der vollstreckbaren Notarsurkunde, als an exekutorische Instrumente immer geringere Anforderungen gestellt wurden, bis die notarielle Beurkundung schließlich verzichtbar wurde[6]. Allein Frankreich bewahrte eine durchgehende Tradition und eine beispielhafte Organisation des Notariats, an die die ausländischen Prozeßrechtskodifikationen des 19. Jahrhunderts später anknüpfen konnten. Im Notarsgesetz vom 25. ventôse des Jahres XI (16.3.1803) wurde dieser Rechtszustand in modernisierter Form festgeschrieben. Er fand über die französische Expansion Eingang in den Niederlanden, Belgien, Luxemburg, Italien, in der Schweiz und im linksrheinischen Deutschland.

In ihrer damals begründeten und bis heute fortgeltenden Prägung besitzt die vollstreckbare Urkunde einen Doppelcharakter und „überspannt die Nahtstelle zwischen materiellem Recht und Verfahrensrecht“[7]: sie verkörpert zum einen den materiellen Anspruch und beinhaltet zum anderen die privatvertragliche Schaffung eines Vollstreckungstitels.

Durch die Rezeption des römischen Rechts und den „Export“ französischen Notarrechts während der napoleonischen Eroberungen hat das Institut der exekutorischen notariellen Urkunde beinahe gemeineuropäische Dimension erlangt. Allein diejenigen Staaten, in denen kein dem lateinischen vergleichbares Notariatssystem besteht - also der Common-Law-Rechtskreis und die skandinavische Rechtsfamilie -, aber auch die Schweiz besitzen derartige Titel grundsätzlich nicht.

Mit der Möglichkeit, vollstreckbare Urkunden auch im europäischen Ausland vereinfacht zur Exekution zu bringen, geht Art. 50 des Europäischen Gerichtsstands- und Vollstreckungsübereinkommens (GVÜ) vom 27.9.1968[8] über die zunächst einmal akademisch interessante gemeinsame Rechtstradition hinaus und bringt dem modernen Rechtsverkehr eine Europäisierung der Vollstrekkungswirkung, die durch spätere Beitrittsübereinkommen[9] und das Luganer Parallelübereinkommen (LugÜ) vom 16.9.1988[10] auch Rechtsordnungen ein-

---

[5] *Münch*, S. 33-36.

[6] *Hofmeister*, öst. NotZ 1982, 105 re. Sp.

[7] *Wolfsteiner*, Rn. 6.2.

[8] Abgeschlossen zwischen den EWG-Gründungsmitgliedern Belgien, Bundesrepublik Deutschland, Frankreich, Italien, Luxemburg, Niederlande; ABl.EG 1972 L 299, 32; BGBl. 1972 II, 774.

[9] Beitrittsübereinkommen mit Dänemark, Großbritannien und Irland vom 9.10. 1978, (ABl.EG 1978 L 304, 1; BGBl. 1983 II, 802); Beitrittsübereinkommen mit Griechenland vom 25.10.1982 (ABl.EG 1982 L 388, 1; BGBl. 1988 II, 453); Beitrittsübereinkommen mit Spanien und Portugal vom 26.5.1989 (ABl.EG 1989 L 285, 1).

[10] Abgeschlossen zwischen den GVÜ-Mitgliedsstaaten und den Staaten der Europäischen Freihandelsgemeinschaft (Finnland, Island, Norwegen, Österreich, Schweden, Schweiz); ABl.EG 1988 L 319, 9. Es gilt mittlerweile zwischen Frankreich, Großbri-

schließt, denen das Institut bislang unbekannt war. Dort sind Bemühen um Verständnis der Konzeption der vollstreckbaren öffentlichen Urkunde und Diskussion um Anpassung des nationalen Rechts die Folge.

B. Bedeutung im nationalen und im europäischen Rechtsverkehr

Die Bedeutung der vollstreckbaren Urkunde in der Rechtspraxis ist statistisch schlecht dokumentiert[11]. Schätzungen und Hochrechnungen für die Jahre 1975 und 1976 ergeben für Deutschland etwa 1,7 Millionen Vollstreckungsunterwerfungen pro Jahr bei ungefähr 700000 rechtskräftig gewordenen Zivilurteilen; etwa 360 Milliarden DM waren an grundpfandgesicherten Krediten ausgegeben, die mit Vollstreckungsunterwerfungen einhergingen[12]. In Österreich dagegen erfreut sich die vollstreckbare Urkunde geringerer Beliebtheit, was sich auf das Fehlen abstrakter Grundpfandrechte zur Kreditsicherung zurückführen läßt[13]. Für Spanien wurde 1973 festgestellt, daß mehr als 60% der streitigen Zivilverfahren im Urkundenvollstreckungsverfahren abliefen[14]. Frankreich wies Anfang der achtziger Jahre einen Vermögensumsatz von jährlich 700 Mrd. Francs aufgrund notarieller Urkunden aus[15].

Bereits zu Anfang dieses Jahrhunderts war man sich der wirtschaftlichen Bedeutung der grenzüberschreitenden Urkundenvollstreckung bewußt[16]. Der Bedarf nach entsprechender rechtlicher Gestaltung - sei es auf nationaler oder auf internationaler Ebene - ergab sich insbesondere aus dem Zerfall ehemals einheitlicher Rechtsräume durch die staatliche Zersplitterung Europas nach dem ersten Weltkrieg[17]. „Wer für die Internationalisierung der Rechtspflege ist, muß für die Freizügigkeit des Notariatsaktes sein", schrieb 1925 der Österreicher *Hofmannsthal*[18].

---

tannien, Italien, Luxemburg, den Niederlanden und Portugal auf seiten der Europäischen Union und Finnland, Norwegen, Schweden und der Schweiz auf seiten der EFTA- bzw. Neu-EU-Staaten.

11 *Münch* mußte 1988 auf *Wolfsteiners* Schätzungen und Hochrechnungen von 1978 zurückgreifen, s. *Münch*, S. 3.

12 *Wolfsteiner*, Rn. 4.1 ff.

13 *Rechberger/Oberhammer/Bogensberger*, S. 81; *Hofmeister*, öst. NotZ 1982, 118 li. Sp.

14 *Fernández López*, ZZP 1979, 286, Fn. 1; anzumerken ist jedoch, daß hierunter auch die Scheck- und Wechselvollstreckung fällt, die vermutlich einen Großteil der genannten Verfahren ausmacht.

15 *Van Randenborgh*, S. 171 m. N.; allerdings wird hier nicht danach unterschieden, ob die Urkunde tatsächlich als Vollstreckungstitel diente oder lediglich der Begründung einer materiellen Verpflichtung.

16 *Oberneck*, S. 79 li. Sp.

17 *Hofmannsthal*, öst. AnwZ 1925, 144 f.

18 *Hofmannsthal*, öst. AnwZ 1925, 145 li. Sp.

Statistische Werte zur europaweiten Urkundenvollstreckung sind allerdings nicht verfügbar. Man muß sich hier an die Einschätzungen von Lehre und Praxis halten. Während der Ausarbeitung des GVÜ wurde die Bedeutung grenzüberschreitender Urkundenvollstreckung als eher gering betrachtet[19], obwohl Praktiker davon ausgehen, daß sich dieses Institut für internationale Handels- und insbesondere Immobiliengeschäfte besonders eigne[20]. Dennoch waren derartige Vollstreckungen auch über zwanzig Jahre später „äußerst selten"[21]. Als Grund führt man an, Art. 1 Abs. 2 Nr. 1 [22] nehme mit den ehelichen Güterständen, dem Erb- und dem Testamentsrecht praktisch wichtige Gebiete vom Anwendungsbereich des GVÜ aus[23]. An solchen von der nationalen Rechtspraxis geprägten Beurteilungen zeigt sich jedoch kein mangelnder Bedarf an Vollstreckung im Ausland, sondern lediglich, daß die vollstreckbare Urkunde in den einzelnen Mitgliedsstaaten ihre jeweilige Hauptanwendung auf unterschiedlichen Gebieten findet. Und so gehen *Lasok/Stone*, die wegen ihres angelsächsischen Hintergrundes mit den praktischen Vorteilen der exekutorischen Urkunde nicht vertraut sind, davon aus, daß Art. 50 sowohl wegen der erforderlichen *direkten* Vollstreckbarkeit als auch wegen der inhaltlichen Beschränkung in den meisten Vertragsstaaten selten zur Anwendung kommen werde[24]. Auch in Norwegen, das die Urkundenvollstreckung nur sehr eingeschränkt kennt, äußert man Skepsis über die Praxisrelevanz des Art. 50 im internationalen Rechtsverkehr[25]. Immerhin ist die Tatsache, daß zahlreiche zweiseitige völkerrechtliche Vollstreckungsverträge schon vor Entstehung von GVÜ und LugÜ die Vollstreckbarerklärung exekutorischer Urkunden vorsahen[26], ein Indiz für die Bedeutung derartiger Titel[27].

Es muß weiterhin betont werden, daß die Urkundenvollstreckung neuerdings durch die Vollendung des EG-Binnenmarktes als eine den Rechtsverkehr dynamisierende Rahmenbedingung an Bedeutung gewinnt, da mit einem vermehrten Austausch von Urkunden - sei es zu Beweis- oder zu Vollstreckungszwecken - zu rechnen ist[28]. Die exekutorische Urkunde ist, wie die Darstellung der autonomen Rechte zeigen wird, ein weit verbreitetes und überall gern genutztes Instrument des Rechtsverkehrs, dessen man sich im Zuge fortschreiten-

---

[19] *Bellet*, Clunet 1965, 865.

[20] UINL 1992, Rapports officiels Thème IV, S. 145.

[21] *Volken*, SJIR 1987, 112, Fn. 63; ähnlich Bericht *Jenard/Möller*, ABl.EG 1990 C189, 80 und Calvo Caravaca-*Iriarte Angel*, S. 670.

[22] Alle Artikel ohne Bezeichnung sind solche des GVÜ und des LugÜ.

[23] *Padis*, Gaz. Pal. 1974 I Doctrine, S. 289, Rn. 53; *Colin*, S. 81 m. w. N.

[24] *Lasok/Stone*, S.325.

[25] *Rognlien*, S. 271.

[26] s. unten § 2 B. II.

[27] Calvo Caravaca-*Iriarte Angel*, S. 663.

[28] Bericht des Europäischen Parlaments, S. 4.

der Integration und Liberalisierung des europäischen Kapitalmarktes und seiner rechtlichen Gestaltung - etwa in Form eines europaeinheitlichen Grundpfandrechts[29] als Kreditsicherungsmittel - auch grenzüberschreitend bedienen wird[30].

C. Die Vorteile der vollstreckbaren Urkunde

Mit zunehmender Überlastung der staatlichen Rechtspflege werden - auch im *internationalen* Schrifttum - zwei Hauptvorteile der vollstreckbaren Urkunde hervorgehoben: Zunächst einmal die Verfahrens- und finanzielle Erleichterung für die Parteien[31]. Der Schuldner erkauft diese Erleichterung zwar mit einer beträchtlichen Rechtsmacht zugunsten des Gläubigers, der nun nicht mehr von „Nonchalance oder Unwillen des Schuldners“[32] abhängt und eine Art prozessuales Sicherungsmittel[33] für seine Ansprüche erhält. Befürchtungen um den schuldnerischen Rechtsschutz, zu denen dieses Ungleichgewicht Anlaß geben könnte, müssen aber relativiert werden. Aus französischen Statistiken geht hervor, daß sich nur aus 0,05% der vollstreckbar beurkundeten Verträge Rechtsstreitigkeiten ergaben[34]. Das geringe Streitpotential erklärt sich daraus, daß der vorsorglich geschaffene Titel in aller Regel eher als Sicherungs- denn als Druckmittel Verwendung findet[35]. Daneben wird immer mehr der vorsorgende und damit die Gerichte entlastende Charakter der vollstreckbaren Urkunde[36] im Zuge einer *„déjusticialisation“*[37] gewürdigt. *Rechberger* bringt diesen zweiten Aspekt in Zusammenhang mit dem Subsidiaritätsprinzip, das der Staat bei der Wahrnehmung seiner Aufgaben zu beachten habe[38].

---

29 s. hierzu *Wehrens*, öst. NotZ 1988, 181 ff.

30 In diesem Sinn auch Calvo Caravaca-*Iriarte Angel*, S. 670.

31 *Münch*, S. 4; *Jongbloed*, S. 150; *Ramos Méndez* Bd. II, S. 997, 1102: *„agilización del tráfico jurídico“*; *Holzhammer*, S. 67.

32 *Jongbloed*, S. 141.

33 Ähnlich *Baur*, S. 321: „Meist dient die vollstreckbare Urkunde als 'Sicherungsinstrumentarium' ebenso wie das Grundpfandrecht.“

34 *Notter*, S. 90. Der Aussagewert dieser Zahl erscheint mir jedoch fraglich: sie besagt nichts darüber, wie häufig es überhaupt zur Zwangsvollstreckung kam, weil der Gläubiger nicht im Guten befriedigt wurde.

35 s. oben Fn. 33.

36 s. bereits *Réal* in seinem Bericht zum Entwurf des Ventôse-Gesetzes: „... *qui ... empêchent les différends de nature entre les hommes de bonne foi, et enlèvent aux hommes cupides, avec l'espoir du succès, l'envie d'élever une injuste contestation*“ (zitiert bei *Moreau*, S. 73); *Hofmannsthal*, öst. AnwZ 1925, 144 li. Sp.; *Münch*, S. 4 m. N.; 85e Congrès des notaires de France, S. 870 f.; Bericht des Europäischen Parlaments, S. 8, Nr. 13.

37 *Notter*, S. 89.

38 *Rechberger*, S. 28.

Wenn sich aber die staatliche Macht begrenzt aus der vorsorgenden Rechtspflege zurückzieht, indem sie privaten Willensbekundungen Vollstreckungswirkung verleiht, muß sie Verfahrensregeln setzen, die die Authentizität des Rechtsgeschäfts und deren förmliche Dokumentation gewährleisten[39].

D. Interessenkonstellation bei vollstreckbar beurkundeten Rechtsgeschäften

Den *europaweit typischen* Fall der vollstreckbaren Urkunde gibt es aufgrund der national unterschiedlich bevorzugten Anwendungsgebiete[40] nicht. Die vollstreckbare Grundschuld zugunsten einer Kreditbank zur Sicherung eines Hausbaudarlehens - eine in Deutschland häufige Gestaltung[41] - ist ebenso denkbar wie die exekutorische Beurkundung von Austauschverträgen zwischen international tätigen Unternehmen. Im ersten Fall wird der Gläubiger häufig außer dem Grundstück nur wenig verwertbares Vollstreckungsgut vorfinden, und dies in der Regel am Wohnsitz des Schuldners. Der zweite Fall dagegen wird international gestreutes Vollstreckungsgut implizieren. Bemerkenswert ist auch, daß in einigen Staaten *beide* Parteien in ihrer jeweiligen Rolle als Gläubiger unmittelbar vollstrecken können, während in anderen nur der Gläubiger der Geldleistung diesen Vorteil erhält. Bei einer solchen zweiseitigen Vollstreckbarkeit ist dann die eventuell wirtschaftlich schwächere Partei vollstreckungsrechtlich gleichgestellt.

Es kann also festgestellt werden, daß eine durchgängige und einheitliche Interessenkonstellation fehlt[42]. Man wird deshalb bei eventuell erforderlichen Abwägungen nicht schematisch von der *wirtschaftlichen* Stärke oder Schwäche einer Partei ausgehen können. Lediglich der Vollstreckungsvorteil, den der Gläubiger durch die vorläufige Ersparnis eines Erkenntnisverfahrens erlangt, ist allen genannten Konstellationen gemeinsam und versetzt den Gläubiger in die Rolle des *verfahrensmäßig* Stärkeren.

---

[39] *Ramos Méndez* Bd. II, S. 1102.

[40] Zu den Ursachen hierfür *Hofmeister*, öst. NotZ 1982, 118.

[41] *Baur*, S. 318.

[42] Dem widerspricht nicht, daß für *bestimmte*, in einem Land geläufige Geschäftskonstellationen Typisierungen in der Form von AGB oder „Massenverträgen" auftreten, vgl. *Hofmeister*, öst. NotZ 1982, 98 li. Sp., und *Baur*, S. 318.

E. Vollstreckbare Urkunde und notarielle Urkunde - Lateinisches Notariat

Es wurde bereits oben angedeutet, daß eine der entscheidenden Rahmenbedingungen für die Entstehung der heutigen vollstreckbaren Urkunde die Existenz eines juristisch kompetenten und vertrauenswürdigen Notariats war. In den Staaten des GVÜ von 1968, aber auch darüber hinaus, finden wir ein Berufsbild vor, das zwar in Einzelheiten unterschiedlich ausgestaltet, aber dennoch deutlich von einer gemeinsamen Tradition und dabei insbesondere dem französischen Vorbild geprägt ist - das sogenannte Lateinische Notariat[43, 44]. Die Anforderungen, die an die Notare hinsichtlich juristischer Ausbildung und Amtsführung gestellt werden sowie das Standesrecht, in das sie eingebunden sind, rechtfertigen es, dem Berufszweig bedeutende Funktionen der vorbeugenden Rechtspflege - wie insbesondere die Errichtung von Vertragsurkunden - anzuvertrauen. Und so statten viele Verfahrensrechte die notarielle Urkunde bereits *als solche* mit Vollstreckungswirkung aus (Frankreich, Italien, Spanien).

Vollstreckbare Urkunde und notarielle Urkunde sind dennoch keine dekkungsgleichen Begriffe; der Notariatsakt ist in manchen Ländern nur eine, wenn auch die praktisch wichtigste, unter verschiedenen exekutorischen Urkunden (Deutschland, Niederlande). Gelegentlich konstruiert man die Vollstreckbarkeit der notariellen Urkunde auf dem Umweg, den öffentlichen, authentischen Urkunden Titeleigenschaft beizulegen und die notarielle Urkunde im Notarsverfahrensrecht als solche zu definieren (Niederlande). Eine dritte Gruppe von Ländern geht sogar so weit, die Zwangsvollstreckung aus bestimmten *Privat*urkunden zu gestatten (Portugal, Spanien, Dänemark, Norwegen).

Auf europäischer Ebene erwachsen nun Auslegungsschwierigkeiten daraus, daß Art. 50 nicht etwa den Terminus „notarielle Urkunden" verwendet, sondern „öffentliche Urkunden" formuliert, obwohl 1968 im Bereich der sechs GVÜ-Gründerstaaten fast ausschließlich *notarielle* Urkunden als vollstreckbare in Betracht kamen - und die beteiligten Rechtsordnungen jedenfalls diesbezüglich übereinstimmten. Für jede Rechtsordnung muß daher im Beziehungsgeflecht zwischen Vollstreckungsrecht, Beurkundungsrecht und Notariatsrecht bestimmt werden, welches die Voraussetzungen der vollstreckbaren öffentlichen Urkunde i. S. d. Art. 50 im einzelnen sind.

---

[43] Frankreich, Deutschland, Benelux, Italien, Spanien, Griechenland, mit Einschränkungen Portugal.

[44] Mit ihrem Namensgeber, dem *notarius* des antiken Rom, haben die Notare dieser Länder allerdings nichts gemein; er war bloßer Schreiber ohne juristische Kompetenz; vgl. *de Valkeneer*, Rn. 5.

F. Grundgedanken des Rechtsschutzes gegen die Zwangsvollstreckung aus Urkunden

Jede Exekution - auch die aufgrund einer vollstreckbaren Urkunde - ist eine Phase im Prozeß der Rechtsverwirklichung. In diesem Rahmen werden dem Schuldner Rechtsschutzinstrumente zur Verfügung gestellt, die die zwangsweise Vermögensverschiebung oder Willensbeugung entweder in der konkret erstrebten Form oder in ihrer Berechtigung überhaupt zur Überprüfung bringen.

Da die vollstreckbare Urkunde außergerichtlich zustande kommt, entfallen die Rechtsbehelfe, die die inhaltliche Nachprüfung einer gerichtlichen Entscheidung zum Gegenstand haben; dagegen kommen solche Behelfe hinzu, die sich auf die Entstehung des Titels, das Beurkundungsverfahren, beziehen. Die öffentliche Beurkundung bietet zwar eine gewisse Gewähr dafür, daß der im Dokument verkörperte Anspruch zumindest anfangs tatsächlich besteht[45]. Eine richterliche Kontrolle des Rechts zur Vollstreckung und eine Berücksichtigung später eingetretener Tatsachen sind dennoch unerläßlich[46].

Die vollstreckbare Urkunde geht nicht aus einer Entscheidung der streitigen Gerichtsbarkeit hervor und kann daher nicht in Rechtskraft erwachsen. Sie stellt nicht wie das Urteil eine Verfahrenszäsur dar, mit der die materielle Rechtslage verbindlich festgestellt würde. Im Gegensatz zur gerichtlichen Entscheidung besitzt sie nicht „*autorité de chose jugée*", sondern allenfalls „*autorité de chose prouvée*"[47]. Infolgedessen ist sie umfangreicheren Angriffen auf ihren Inhalt und auf ihre Gültigkeit ausgesetzt als die gerichtliche Entscheidung.

---

45 Diese Behauptung soll unten (§§ 4, 6, 7) durch die kursorische Darstellung des Verfahrens- und Standesrechts der europäischen Notare untermauert werden. Dagegen spricht *Baur*, S. 317, den vollstreckbaren Urkunden die „Richtigkeitsgewähr" ab, weil bei der Errichtung keine materiellrechtliche „Richtigkeitsprüfung" stattfinde.

46 *Münch*, S. 177.

47 *Droz*, Rn. 619.

§ 2 Vollstreckung ausländischer Urkunden

A. Grundlagen

I. Problemstellung: Notwendigkeit einer rechtlichen „Aufnahme" der Urkunde im Zweitstaat

Prinzipiell besteht die Möglichkeit, die im Erststaat[1] geschaffene Vollstrekkungswirkung automatisch auf den Zweitstaat[2] zu erstrecken[3] und damit die Rechtsordnung des Vollstreckungsstaates insoweit vollständig zu öffnen. Zwei Aspekte sprechen jedoch gegen diese auf den ersten Blick einfache Lösung:

Zum einen würde sie die Souveränität des Zweitstaates in unabsehbarem Ausmaß einschränken: die von den zuständigen Stellen des Erststaates - also Organen seiner öffentlichen Gewalt - angeordnete Vollstreckbarkeit würde die Vollstreckungsorgane des Zweitstaates binden[4]; dieser würde insoweit bis auf die reine Durchführung der Zwangsausübung keine Hoheitsgewalt mehr ausüben[5].

Wichtiger als dieser grundlegende Einwand erscheint jedoch auf der anderen Seite der Gesichtspunkt der Praktikabilität des Vollstreckungsverfahrens[6]. Nicht umsonst gilt im deutschen Vollstreckungsrecht der Formalisierungsgrundsatz, der den Vollstreckungsorganen die Prüfung mancher materieller Zweifelsfrage erspart[7]. Wieviel weniger kann von ihnen die Kenntnis ausländischen Rechts verlangt werden? Sie müssen sich auf eine eindeutige Anordnung der Vollstreckungswirkung durch die Rechtspflegeorgane *ihres eigenen* Staates verlassen können. Aber auch in Rechtssystemen, die keinen Gerichtsvollzieher als eigenständiges Vollstreckungsorgan kennen, sondern dessen Auf-

---

[1] Die Begriffe „Erststaat", „Herkunftsstaat" und „Beurkundungsstaat" werden synonym gebraucht.

[2] „Zweitstaat" wird bedeutungsgleich mit „Vollstreckungsstaat" und „angerufener Staat" verwandt.

[3] So der Vorschlag *Obernecks* für deutsche und österreichische vollstreckbare Urkunden, *Oberneck*, S. 80 re. Sp.

[4] *Alexandre*, Rn. 1; *Gonzáles Campos/Recondo Porrua*, S. 147; Calvo Caravaca-*Garau Sobrino*, S. 530.

[5] Gegen diesen Gedankengang läßt sich anführen, daß es dem Zweitstaat frei steht, seine Hoheitsgewalt insoweit zurückzunehmen.

[6] *Geimer*, DNotZ 1975, 462.

[7] *Jauernig*, § 1 V.

gaben vollständig bei einem Vollstreckungsgericht konzentrieren, ist ein förmliches Verfahren zur Aufnahme ausländischer Titel nützlich. Es lassen sich nämlich gewisse heikle Voraussetzungen typisieren, deren Vorliegen die Unbedenklichkeit der Entfaltung von Rechtswirkungen im Zweitstaat indiziert. Bei Urteilen sind dies meist angemessene Verteidigungsmöglichkeiten des Schuldners, die internationale Zuständigkeit und die Gegenseitigkeit[8, 9]. Damit ist eine inhaltlich beschränkte „Aufnahmeprüfung" der ausländischen Urkunde im Vollstreckungsstaat hinreichend, aber auch notwendig, aufgrund derer dem Titel dort exekutorische Wirkung verliehen wird. Dies geschieht durch die Vollstreckbarerklärung[10], das *Exequatur*[11].

Davon zu unterscheiden sind zwei andere Formen der Wirksamkeitsverleihung, die weniger weit gehen. Die *Legalisation* zielt darauf ab, einer ausländischen öffentlichen Urkunde Beweiskraft im Inland beizulegen; dieses Verfahren findet sich im Rechsverkehr zwischen Staaten, die sich diesbezüglich keine völkervertragsrechtlichen Erleichterungen zugestehen und richtet sich ausschließlich nach dem Recht des Staates, in dem die Urkunde Verwendung finden soll[12]. Auf konventionsrechtlicher Basis erfolgt dagegen die Erteilung der *Apostille*, einer Echtheitsbescheinigung, die eine dazu bestimmte Behörde des

---

[8] s. etwa §§ 79-81 öst. Exekutionsordnung als Beispiel für ein Vollstreckungsgerichtssystem und §§ 723 Abs. 2 S. 2, 328 dt. ZPO als Beispiel für ein Gerichtsvollziehersystem; die Gemeinsamkeiten sind nicht zu übersehen.

[9] Die Voraussetzungen bei Urkunden stellen sich dagegen weniger einheitlich dar; vgl. i. e. die Länderberichte.

[10] *Geimer* IZPR, Rn. 3100 f. Auch das GVÜ 1989 und das LugÜ formulieren in Art. 31 Abs. 1 „für vollstreckbar erklärt", wohingegen es in den ursprünglichen Fassungen des GVÜ „mit der Vollstreckungsklausel versehen" hieß. - Der Ausdruck „Vollstreckbar*erklärung*" darf nicht dahin mißverstanden werden, es handele sich um keine *konstitutive* Wirkungsverleihung; vgl. Calvo Caravaca-*Garau Sobrino*, S. 530.

In dieser Arbeit werden die Begriffe „Exequatur", „Exequierung", „Zulassung zur Zwangsvollstreckung", „Vollstreckbarerklärung", und „Verleihung der Vollstreckbarkeit" synonym verwandt. Der Terminus „Bewilligung der Zwangsvollstreckung" kann sich auf die interne und die internationale Zulassung eines Titels zur Exekution beziehen. „Vollstreckung" schließlich bezeichnet immer das Exekutionsverfahren nach autonomem Recht und wird nicht, wie in den Übereinkommen (Überschrift Titel III.), gleichbedeutend mit „Vollstreckbarerklärung" benutzt.

[11] Der Begriff „Exequatur" (wörtlich: „es werde vollzogen") bezeichnet im deutschen Sprachgebrauch lediglich die Vollstreckbarerklärung, während er in Frankreich auch Anerkennungsaspekte umfaßt, s. *Geimer* Diss., S. 33, Fn. 51. Nach *Pamboukis*, Rn. 442, hat sich die Unterscheidung von Anerkennung und Vollstreckung jedoch mittlerweile auch in Frankreich eingebürgert. Gegen eine unzulässige Verwendung des Begriffs „Exequatur" als Oberbegriff für Anerkennung und Vollstreckbarerklärung wendet sich auch Calvo Caravaca-*Garau Sobrino*, S. 528, Fn. 1.

[12] *Bindseil*, DNotZ 1992, 276 f.; vgl. etwa zur Vollstreckung ausländischer Urkunden in Portugal unten § 6 D. IV.

Beurkundungsstaates ausstellt und die im Verwendungsstaat ohne weitere Förmlichkeit anerkannt wird[13].

Schließlich ist in diesem Rahmen noch die Zuerkennung der Gleichwertigkeit[14] einer ausländischen Beurkundung zu nennen. Hierbei geht es um die Beurteilung der Frage, ob die Aufnahme einer Urkunde durch eine ausländische Stelle das Tatbestandsmerkmal einer inländischen Norm erfüllt, ob also die ausländische Beurkundung die inländische ersetzen kann. Praxisrelevantes Beispiel dafür ist die Beurkundung deutscher Gesellschaftsverträge durch Schweizer Notare[15]. Die deutsche Rechtsprechung betrachtet die ausländische Urkundenaufnahme dann als der deutschen gleichwertig, wenn „die ausländische Urkundsperson nach Vorbildung und Stellung im Rechtsleben eine der Tätigkeit des deutschen Notars entsprechende Funktion ausübt und für die Errichtung der Urkunde ein Verfahrensrecht zu beachten hat, das den tragenden Grundsätzen des deutschen Beurkundungsrechts entspricht“[16]. Es handelt sich hierbei um kein eigenes Verfahren, sondern um eine Auslegung der inländischen Vorschrift in einem engeren oder einem weiteren Sinn[17].

II. Keine Anerkennung vollstreckbarer Urkunden

GVÜ und LugÜ sehen in Titel III ausdrücklich gesonderte Abschnitte für Anerkennung (Art. 26-30) und Vollstreckung (Art. 31-45) vor, sagen damit aber nichts Explizites über das Verhältnis beider Vorgänge zueinander aus. Gerichtliche Entscheidungen sind grundsätzlich sowohl anerkennungs- als auch exequaturfähig. Hinsichtlich öffentlicher Urkunden ist dagegen Art. 50 eindeutig zu entnehmen, daß es hier lediglich die Zulassung zur Zwangsvollstreckung und keine Anerkennung geben soll[18]. In der Literatur herrscht allerdings über diesen Punkt bisweilen Verwirrung[19], so daß eine prinzipielle Klärung angebracht erscheint.

---

13 *Bindseil*, DNotZ 1992, 280.

14 s. *Bärmann*, AcP 1960, 18 ff.

15 S. z. B. BGHZ 80, 76: Beurkundung der Satzungsänderung einer deutschen GmbH durch einen Urkundsbeamten des Notariats Zürich.

16 BGHZ 80, 78.

17 Vgl. *Kropholler* IPR, § 33 I. 1., 2.

18 s. nur *Rognlien*, S. 269; Calvo Caravaca-*Iriarte Angel*, S. 667.

19 Vornehmlich in Stellungnahmen aus Ländern, denen die vollstreckbare Urkunde nicht bekannt ist, vgl. etwa unten Fn. 39.

1. Auffassungen zum Verhältnis von Anerkennung und Vollstreckbarerklärung in den Mitgliedsstaaten

Der Zusammenhang zwischen diesen beiden Arten eines „Titelimports" wird in den einzelnen Rechtsordnungen unterschiedlich beurteilt, und zum Teil existiert die begriffliche Unterscheidung überhaupt nicht.

§ 328 dt. ZPO spricht von *Anerkennung*, während §§ 722 f. ZPO vom *Vollstreckungsurteil über die Zulässigkeit der Zwangsvollstreckung* handeln. Entsprechend verhält es sich in Belgien[20]. Auch das Schweizer Recht behandelt in Art. 25 ff. IPRG Anerkennung und Vollstreckbarerklärung unterschiedlich, was der Auffassung des dortigen Schrifttums entspricht[21].

Das neue italienische IPR-Gesetz vom 31.5.1995 [22], dessen Titel über die Anerkennung und Vollstreckung am 1.1.1996 in Kraft getreten ist, nimmt diese Linie auf. Bislang fanden sich im italienischen Recht zwei unterschiedliche Möglichkeiten der Titelaufnahme, die urteilsweise Wirksamkeitserklärung (*dichiarazione di eficacia*, Art. 796 ff. c.p.c.) aufgrund einer entsprechenden Klage vor der *Corte d'appello* und die inzidente Anerkennung (*delibazione incidentale*) im anhängigen Verfahren (Art. 799 c.p.c.), mit denen aber keine Unterscheidung von Anerkennung und Exequatur verbunden war[23]. Art. 804 c.p.c., der ausländische vollstreckbare Urkunden betraf, brachte hierzu die Nuance der „Erklärung der Vollstreckungswirkung" (*eficacia esecutiva*) und machte damit deutlich, daß die Vollstreckbarerklärung ein Teilaspekt der „Wirksamkeitserklärung" war. Aber die von Italien vor 1968 eingegangenen bilateralen Verträge hatten die Unterscheidung zwischen Anerkennung und Exequatur bereits eingeführt[24]. An die Stelle der Art. 796-805 c.p.c. traten Art. 64-71 IPRG. Art. 1 IPRG spricht noch in Anklang an das einstmalig einheitliche Institut der *eficacia*[25] von der „Wirksamkeit der ausländischen Urteile und Verfügungen". Der Anerkennung ausländischer Entscheidungen ist Art. 64 IPRG gewidmet, Art. 65 behandelt die Anerkennung von Anordnungen der freiwilligen Gerichtsbarkeit. Während die Anerkennung keines besonderen Verfahrens bedarf, muß gemäß Art. 67 IPRG zum Zweck der Zwangsvollstreckung die gerichtliche Feststellung beantragt werden, daß die Anerkennungsvoraussetzungen erfüllt sind. Der Titel besteht dann gemäß Art. 67 Abs. 2 IPRG aus der ausländischen Entscheidung und der Feststellungsentscheidung. Diese

---

20 *Alexandre*, Rn. 6.
21 Z. B. *Acocella*, S. 148 ff. m. N.
22 Hierzu allgemein *Walter*, ZZP 1996, 3 ff.
23 *Alexandre*, Rn. 7.
24 *Pocar* (in: Angeli), S. 43.
25 Ähnlich *Walter*, ZZP 1996, 23/24.

Regeln erklärt Art. 68 IPRG für entsprechend anwendbar auf ausländische vollstreckbare öffentliche Urkunden.

In Frankreich wurde das Exequatur autonomen Rechts hauptsächlich durch die Rechtsprechung entwickelt[26]. Auch hier galt zunächst ein einheitlicher Exequatur-Begriff, der Anerkennung und Vollstreckbarerklärung gleichermaßen umfaßte[27]. Die Unterscheidung beider Kategorien griff erst in Anlehnung an internationale Verträge, insbesondere an das GVÜ, Platz[28]. Insbesondere für öffentliche Urkunden wird ausgeführt, daß der privatautonome Charakter des Titels die aufnehmende Person auf eine bloß rezeptive Rolle ohne autoritative Entscheidung beschränke, so daß eine Anerkennung nicht in Betracht komme[29]. Die Anerkennung würde Wirksamkeit und Wirkungen des in der Urkunde fixierten *materiellen* Rechtsgeschäfts umfassen, was keine Frage des internationalen Prozeßrechts sei, sondern den Regeln des internationalen Privatrechts unterliege[30]. Art. 311-11 C.o.j. i. d. F. des Vollstreckungsrechtsreformgesetzes von 1991[31] spricht nunmehr von „Anträgen auf Anerkennung und auf Exequatur ausländischer gerichtlicher Entscheidungen und öffentlicher Urkunden"[32] und führt die Unterscheidung auch ins positive Recht ein.

Nach autonomem angelsächsischen Recht gibt es lediglich die *action on the judgment*, die im stattgebenden Fall zur umfassenden Wirksamkeit der ausländischen Entscheidung führt[33]. Anerkennung und Vollstreckbarerklärung nach dem GVÜ werden in der dortigen Literatur als „parallele Formen der Aufnahme eines ausländischen Urteils" gesehen[34], wobei ihnen gemeinsam sei, daß die Wirkungen im Zweitstaat nicht weiter gehen könnten als im Erststaat[35]. Es findet sich jedoch auch die Ansicht, wonach die Anerkennung notwendige Voraussetzung der Vollstreckbarerklärung ist[36]; dies scheint mir die Hauptrichtung zu sein[37]. In diesem Sinne äußern sich auch Stimmen in der spanischen Literatur[38].

---

26 *Huet*, Clunet 1988, 5.

27 *Huet*, Clunet 1988, 8:"... *pour procéder à un acte de contrainte, pour invoquer l'autorité de la chose jugée ou pour faire valoir le droit qui lui a été reconnu* ..."

28 *Huet*, Clunet 1988, 25; *Kessedjian*, RCritDIP 1989, 523.

29 *Gaudemet-Tallon*, Rn. 418.

30 *Gothot/Holleaux*, Rn. 407.

31 Gesetz Nr. 91-650 vom 9.7.1991.

32 „*Demandes en reconnaissance et en exequatur des décisions judiciaires et actes publics étrangers*".

33 s. i. e. unten § 6 A. IV.

34 *Kerameus*, S. 60.

35 *Karameus*, S. 62.

36 *Hartley*, S. 82 m. w. N.

37 Die Stellungnahmen von *Kerameus*, S. 60 und 62, sind wohl sehr vom kontinentalen Denken beeinflußt.

38 *Acosta Estévez*, S. 45 f. m. w. N.

Diese letztgenannte These ist zumindest für die vollstreckbare Urkunde nicht haltbar. Diese kann nämlich exequiert werden, ohne daß sie, wie bereits gesagt, im Erststaat res-iudicata-Wirkung erzeugen würde. Dennoch spricht *Hartley* im Widerspruch zum Wortlaut des Art. 50 Abs. 1 von der „Anerkennung und Vollstreckung öffentlicher Urkunden"[39]. Diese Vorschrift verweist ausschließlich auf die Regeln über die Vollstreckbarerklärung und trägt damit der Tatsache Rechnung, daß vollstreckbare Urkunden keine anerkennungsfähigen Entscheidungen i. S. v. Art. 25 sind. Derartige Stellungnahmen lassen die Fremdheit der vollstreckbaren Urkunde und ihrer Eigenarten im Common-Law-Rechtskreis deutlich werden.

2. Verhältnis im Rahmen von GVÜ/LugÜ unter Berücksichtigung des Sonderfalls der vollstreckbaren Urkunde

Hinter der Ansicht, daß mit der Vollstreckbarerklärung *implizit* eine inhaltliche Anerkennung des ausländischen Titels verbunden sei[40], scheint der Gedanke zu stehen, daß die zwangsweise Verwirklichung eines Titels weiter gehe als die Anerkennung, die als Schaffung lediglich rechtlicher Wirkungen notwendiges Zwischenstadium sei. Anders wird dies von der deutschen Lehre gesehen: die Anerkennung betrachet sie als Wirkungs*erstreckung* des Titels, das Exequatur als originäre Wirkungs*verleihung*[41]. Die Konsequenz dieser Unterscheidung wird bei der Aufhebung des Titels im Erststaat deutlich: während die *erstreckte* Wirkung damit auch im Zweitstaat entfällt, besteht die *verliehene* Wirkung der Vollstreckbarkeit auch in diesem Fall fort und muß im Vollstreckungsstaat *gesondert* beseitigt werden[42].

Die Regelung der Vollstreckbarerklärung von Urkunden in den Übereinkommen spricht dafür, die Anerkennung nicht als logische Voraussetzung der Vollstreckbarerklärung anzusehen. Damit würde man nämlich von der häufig gesetzlich positivierten Hypothese ausgehen, daß aus Praktikabilitätsgründen von der Anerkennungsfähigkeit auf die Exequaturfähigkeit geschlossen wird,

---

39 *Hartley*, S. 100.

40 So *Dashwood/Hacon/White*, S. 38: „*Recognition is* inherent *in enforcement of a judgment.*"; *BGH* NJW 1993, 1270, 1271 sub 2. a) aa) zum deutsch-österreichischen Vollstreckungsvertrag.

41 *Geimer* IZPR, Rn. 2301; zumindest für die Anerkennung unter dem GVÜ *Kropholler*, vor Art. 26 Rn. 9; ebenso eine jüngere Stellungnahme aus Spanien von Calvo Caravaca-*Garau Sobrino*, S. 530.

42 Konsequenterweise existiert zu diesem Zweck in Deutschland im Anwendungsbereich des GVÜ das vereinfachte Aufhebungs- und Änderungsverfahren nach § 29 AVAG.

ohne daß aber tatsächlich eine implizite Anerkennung vorausgehen muß[43]. Augenfällig wird die Unabhängigkeit beider Vorgänge voneinander beim Vergleich von Art. 34 Abs. 2 i.V.m. Art. 27 f. und dem eingeengten Fall des Art. 50: Obwohl der öffentlichen Urkunde die Anerkennungsfähigkeit fehlt, kann ihr dennoch Vollstreckbarkeit verliehen werden. Der ordre public-Vorbehalt ist in diesem Fall Exequaturversagungsgrund, ohne Anerkennungshindernis zu sein. Der adäquate Terminus wäre somit *Wirkungsverleihung* als Oberbegriff für Anerkennung und Exequatur, die zwar nicht logisch miteinander verknüpft sind[44], häufig aber praktisch.

Bereits hier zeigt sich, wie GVÜ und LugÜ mit ihrer Systematik die autonomen Rechte überlagern und einige von ihnen mit einem bislang unbekannten Raster überziehen. Man mag dies inhaltlich für richtig halten oder nicht - es beeinflußt auf mittlere und lange Sicht auch das von den Übereinkommen nicht unmittelbar berührte autonome Recht.

B. Entwicklung der internationalen Urkundenvollstreckung

I. Verschieden großzügige nationale Rechte

Die europäischen Staaten waren immer in unterschiedlichem Maß bereit, ausländische Urkunden zur Vollstreckung zu bringen. Die Bandbreite reicht von der Vollstreckbarerklärung auf einfachen Antrag des Gläubigers im französischen Recht (Art. 509 n.C.p.c.) über die Vollstreckbarerklärung im Klagverfahren gemäß Art. 804 italienischen c.p.c. - nunmehr Antrag nach Art. 67 f. IPRG 1995 - bis zur völligen Verweigerung der Urkundenexequierung in Deutschland[45].

II. Zweiseitige völkerrechtliche Verträge

Der Ruf nach Erleichterung der Vollstreckung von Urkunden im Ausland wurde bereits zu Anfang unseres Jahrhunderts laut. Auf dem deutsch-österreichischen Notarskongreß 1907 in Wien forderte *Oberneck*, österreichische Notariatsakte und deutsche notarielle Urkunden im jeweils anderen Staat

---

43 Ähnlich *Kren*, S. 421; vgl. für GVÜ und LugÜ deren Art. 34 Abs. 2 und 27 f., für das deutsche Recht § 723 Abs. 2 S. 2 i. V. m. § 328 ZPO.

44 *Stojan*, S. 8, spricht sogar von „theoretisch doch grundverschiedenen Rechtsfiguren".

45 Argument aus § 722 Abs. 1 dt. ZPO: „Urteil eines *ausländischen* Gerichts"; vgl. *Geimer*, DNotZ 1975, 464 f.

ohne weitere Voraussetzungen - d. h. ohne Exequatur - zur Vollstreckung zuzulassen, hilfsweise das Urkundenexequatur in § 722 dt. ZPO zu verankern[46].

Die gewünschte Entwicklung blieb zunächst aus. Die meisten bilateralen Vollstreckungsabkommen, die das Deutsche Reich in den zwanziger und dreißiger Jahren geschlossen hat, enthalten keine Sonderregeln über vollstreckbare Urkunden[47]. Anders steht es mit den von der Bundesrepublik Deutschland eingegangenen Konventionen[48]. Auch die Übereinkommen zwischen Frankreich und seinen ehemaligen afrikanischen Kolonien nehmen sich der Urkundenexequierung an[49]. Derartige zweiseitige Verträge[50] konnten jedoch keine umfassende Freizügigkeit der vollstreckbaren Urkunde herstellen.

Soweit bilaterale Abkommen zwischen Mitgliedsstaaten bestanden, werden diese durch das GVÜ und das Parallelübereinkommen nach deren Inkrafttreten verdrängt (Art. 54, 55). Sie behalten dagegen ihre Gültigkeit in bezug auf Materien, die den Übereinkommen nicht unterfallen.

III. GVÜ und LugÜ als multilaterale Verträge

„Öffentliche Urkunden, die in einem Vertragsstaat aufgenommen und vollstreckbar sind, werden in einem anderen Vertragsstaat auf Antrag in den Verfahren nach den Artikeln 31 ff. mit der Vollstreckungsklausel versehen. Der Antrag kann nur abgelehnt werden, wenn die Zwangsvollstreckung aus der Urkunde der öffentlichen Ordnung des Vollstreckungsstaates widersprechen würde". Mit diesem Wortlaut brachte Art. 50 GVÜ vom 27.9.1968 erstmalig für den Raum der sechs Gründerstaaten Belgien, Deutschland, Frankreich, Italien, Luxemburg und Niederlande die umfangreiche Freizügigkeit vollstreckbarer Urkunden auf dem Gebiet des Zivil- und Handelsrechts. Zwar sieht Art. 50 ein spezielles Exequaturverfahren vor und bleibt damit hinter der *automatischen* Wirkungserstreckung zurück, die *Oberneck* 1907 für das deutsch-österreichi-

---

46 *Oberneck*, DNotV 1907, 615.

47 Eine Ausnahme bildet Art. 32 Nr. 2 des deutsch-österreichischen Vertrags von 1923, dem seit 1907 der Weg bereitet worden war; vgl. *Geimer*, DNotZ 1975, 466.

48 Ausführlich *Geimer*, DNotZ 1975, 465-469.

49 *Droz*, Rn. 612 m. N. der Abkommen.

50 Zwischen den sechs ursprünglichen Unterzeichnerstaaten des GVÜ - allesamt Länder des Lateinischen Notariats - bestanden vor 1968 folgende Art. 50 GVÜ analoge Vorschriften: F/B (1899) Art. 16, B/NL Art. 16, Benelux Art. 18, B/D Art. 14, I/B Art. 13, D/NL Art. 16 Abs. 1 lit. b), I/NL Art. 8, I/F Art. 6; darüber hinaus sind an Verträgen mit anderen Ländern lateinisch-germanischer Tradition auch Art. 32 Nr. 2, 19 des deutsch-österreichischen Rechtshilfevertrags von 1923, Art. 8 des niederländisch-österreichischen Vertrags, der italienisch-österreichische Vertrag von 1922 und das spanisch-französische Anerkennungs- und Vollstreckungsübereinkommen von 1969 (dazu *Ruiloba Santana*, REDI 1970, 42-75) zu nennen.

sche Verhältnis gefordert hatte[51]. Im Gegenzug bewirkt er aber nicht nur die vollstreckungsrechtliche Gleichstellung der exekutorischen Urkunde mit gerichtlichen Entscheidungen, sondern ihnen gegenüber sogar eine Privilegierung, weil die wenigen Exequaturversagungsgründe der Art. 34 Abs. 2 i. V. m. 27 f., die ausländischen Urteilen entgegengehalten werden können[52], auf den einzigen des ordre public-Verstoßes reduziert werden. Damit bezeugten die Konventionsverfasser ihr besonderes Vertrauen gegenüber den Beurkundungsstellen ihrer Länder, insbesondere den Notaren[53]. Zu einer geringfügigen redaktionellen Änderung kam es mit dem Luganer Parallelübereinkommen vom 16.9.1988 und im Anschluß daran mit dem Übereinkommen zum Beitritt Spaniens und Portugals zum GVÜ vom 26.5.1989, worin man die „Erteilung der Vollstreckungsklausel" durch den Terminus „werden für vollstreckbar erklärt" ersetzte, um die Vorschrift an Rechtsordnungen anzupassen, die keine Klausel kennen.

Die Aufnahme des Art. 50 in das LugÜ war keine Selbstverständlichkeit. Die EFTA-Staaten mit Ausnahme der Schweiz[54] und Österreichs[55] sträubten sich zunächst gegen die Berührung mit einem Rechtsinstitut, das ihre Prozeßordnungen überhaupt nicht oder zumindest in dieser Form nicht kennen[56]. Außerdem hegten sie Bedenken hinsichtlich des Rechtsschutzes für den Schuldner und machten geltend, ihre Vollstreckungsverfahren sähen dafür keine adäquaten Instrumente vor[57]. Schweden und Finnland dachten aus diesen Gründen anfangs sogar an einen Nichtanwendungsvorbehalt[58]. Erst durch weitere Erläuterungen, den Hinweis auf das Entgegenkommen Großbritanniens bei der Beitrittskonvention 1978 [59] und eine umschreibende Präzisierung des Begriffs der öffentli-

---

51 *Oberneck*, DNotV 1907, 615, s. oben II.

52 Verletzung des ordre public, Fehler bei der Verfahrenseinleitung, Unvereinbarkeit mit einer zweitstaatlichen Entscheidung, Anwendung abweichenden Sachrechts in Statusfragen, Unvereinbarkeit mit einer Entscheidung in einem Nichtvertragsstaat, Verletzung bestimmter konventionsrechtlicher Zuständigkeitsregelungen.

53 Art. 27 kann zugegebenermaßen teilweise gar nicht sinnvoll auf Beurkundungen angewandt werden. Denkbar wären aber urkundenspezifische Versagungsgründe gewesen, beispielsweise die Begrenzung auf die im Vollstreckungsstaat zulässigen Urkundeninhalte.

54 Dort wird mittlerweile sogar die Einführung der vollstreckbaren Urkunde im Zusammenhang mit der Implementierung des LugÜ diskutiert; *Notter*, ZBGR 1993, 89 ff. *Walter*, ZZP 1994, 349, 352.

55 Österreich kennt das Institut der vollstreckbaren notariellen Urkunde, s. i. e. unten § 4 G.

56 Lugano Convention, II. „travaux préparatoires", S. 18. Die entsprechende Äußerung *I. Meiers*, S. 191, die Schweiz kenne kein entsprechendes Institut erleichterter Rechtsverfolgung, erscheint mir allerdings angesichts des schweizerischen Zahlungsbefehls (s. u. § 7 A. II. 1.) in dieser Entschiedenheit nicht zutreffend.

57 Lugano Convention, II. „travaux préparatoires", S. 71 Rn. 38.

58 Lugano Convention, II. „travaux préparatoires", S. 44, 50.

59 Lugano Convention, II. „travaux préparatoires", S. 44 Rn. 39.

chen vollstreckbaren Urkunde im Bericht *Jenard/Möller*[60] zum LugÜ ließen sie sich zur uneingeschränkten Aufnahme des Art. 50 in das Vertragswerk bewegen.

Die angesprochene Erläuterung zu Art. 50 im Expertenbericht äußert sich erstmals[61] kurz zu drei abstrakten Voraussetzungen. Zum einen muß die Urkunde von einer *öffentlichen* Stelle aufgenommen worden sein. Zweitens muß sich die Bestätigung der Echtheit auf den Urkunden*inhalt* erstrecken und nicht beispielsweise lediglich auf die Unterschrift. Drittens muß die Urkunde *aus sich selbst heraus* im Errichtungsstaat vollstreckbar sein. Konkret nimmt der Bericht Wechsel, Schecks und dänische außergerichtliche Vergleiche vom Anwendungsbereich des Art. 50 aus.

Mit der ausdrücklichen Einbeziehung der öffentlichen Urkunde in den Kreis der europaweit zirkulationsfähigen Vollstreckungstitel stellen die Übereinkommen einen echten Fortschritt dar, und zwar nicht nur räumlich, sondern auch verfahrensmäßig. Dies wird besonders deutlich am spanischen Recht: Obwohl sich in bilateralen Verträgen Spaniens Art. 50 ähnelnde Regelungen fanden, blieb es doch beim unpraktischen autonomen Exequaturverfahren der Art. 951 ff. LEC[62] ohne die Möglichkeit eines Rechtsbehelfs gegen die Exequaturentscheidung. Diese Vorschriften werden nunmehr durch die Art. 31 ff. verdrängt.

---

[60] ABl.EG 1990 C189, 80.

[61] Alle vorangegangenen Berichte hatten sich mit einer Paraphrasierung von Art. 50 begnügt.

[62] *Weigand*, S. 272 ff. für den deutsch-spanischen Vertrag von 1983; *Ruiloba Santana*, REDI 1970, 70 f. für das französisch-spanische Übereinkommen; *Estrada de Miguel*, S. 434 f. für weitere Verträge Spaniens; s. zum Verfahren unten § 6 C. IV.

§ 3 Voraussetzungen des Exequaturs nach Art. 50: Aufgeworfene Fragen

Der fortschrittliche und pragmatische Charakter des GVÜ/LugÜ[1] bringt es mit sich, daß teilweise dem nationalen Recht neuartige einheitliche Prozeduren übergestülpt werden[2], teilweise auf nationales Recht verwiesen wird[3]. Im Zusammenspiel dieser Normen ist zu bestimmen, was die Übereinkommen unter einer „vollstreckbaren öffentlichen Urkunde" verstehen, wie weit der ordre public-Vorbehalt des Art. 50 Abs. 1 S. 2 reicht und wie die unterschiedlichen Vollstreckungsrechte - insbesondere in Hinblick auf die Verteidigungsmöglichkeiten des Schuldners - zu koordinieren sind.

Möglicherweise sind diese ungeklärten Fragen neben den sachlichen Einschränkungen des Art. 1 mit Ursache dafür, daß das Verfahren nach Art. 50 GVÜ/LugÜ bisher relativ wenig Anwendung fand[4]. Mit internationaler Zwangsvollstreckung befaßte Praktiker berichten daneben von der Unbekanntheit der internationalen Vorschriften bei einigen ausländischen Gerichten oder auch einem gelegentlichen Unwillen, sie anzuwenden.

Ein Grund für die Auslegungsschwierigkeiten ist mit Sicherheit die Heterogenisierung des von den Konventionen abgedeckten Rechtsraums in Sachen Urkundenvollstreckung, die keine Berücksichtigung in den jeweiligen Textfassungen fand. Als 1968 die ursprünglichen GVÜ-Signatarstaaten die Freizügigkeit der vollstreckbaren Urkunde vereinbarten, schien die internationale Urkundenvollstreckung keinerlei Schwierigkeiten aufzuwerfen. Man befand sich innerhalb eines recht homogenen Raumes, was die Konzeption derartiger Titel betraf[5], und erfüllte damit die Nähekriterien[6], die einen solchen Vollstrek-

---

[1] *Pocar*, S. 330.

[2] So etwa das einheitliche Exequaturverfahren der Art. 31 ff.

[3] Wie beispielsweise für die Wirksamkeitsvoraussetzungen der vollstreckbaren Urkunde nach Art. 50 Abs. 2.

[4] Dies stellt der Bericht *Jenard/Möller*, ABl.EG 1990 C189, 80, fest.

[5] Die Frage der Rechtsbehelfe hätte sich allerdings bereits damals stellen können. Man schenkte ihr jedoch wenig Beachtung. Eine der seltenen Stellungnahmen aus jener Zeit zu dieser Problemstellung - eine Kritik nationaler Umsetzungsgesetzgebung - stammt von *Pirrung*, DGVZ 1973, 182, Fn. 36.

[6] Vgl. *Oberneck*, S. 79 re. Sp.; dabei beruhte die Nähe 1968 wohl eher auf den gemeinsamen Rechtsquellen und einer politischen Gemeinschaft als auf der 1912 angeführten „Stammesverwandtschaft ... (zwischen) Oesterreich und Deutschland".

kungsvertrag überhaupt erst erfolgversprechend erscheinen ließen[7]. Dagegen bemühte man sich bei den späteren Beitritten nicht um Einheitlichkeit in der Auffassung der vollstreckbaren Urkunde und vernachlässigte sie auch beim Abschluß des LugÜ durch die vergleichsweise lapidaren Anmerkungen im Bericht *Jenard/Möller*[8].

Die Probleme der vollstreckungsrechtlichen Behelfe des Schuldners, die in den Beratungen zum LugÜ zwar angesprochen, später aber nicht mehr aufgenommen wurden, sind bisher wenig behandelt und werden deshalb im zweiten Hauptteil (§ 9) auf breiterem Raum erörtert.

A. Der Begriff der öffentlichen Urkunde

Art. 50 GVÜ verwendet im Deutschen den Terminus „öffentliche Urkunden", die französische Fassung spricht von „*actes authentiques*"; im kastilischen Text heißt es „*documentos públicos*"[9], die schwedische Version verwendet „*officielle handlingar*" mit dem Klammerzusatz „*actes authentiques*". Auf Dänisch ist die Rede von „*officielt bekræftede dokumenter*", was aber kein Begriff des autonomen Rechts, sondern eine Umschreibung ist.

Bei Betrachtung des inneren Zusammenhangs der Vorschrift fällt bereits auf, daß die französische Fassung für das öffentliche Instrument (*acte authentique*) und die „Beweiskraft" nach Art. 50 Abs. 2 (*authenticité*) denselben Wortstamm benutzt[10], während in anderen Sprachen beide Begriffe auseinanderfallen: „öffentliche Urkunde" gegenüber „Beweiskraft" im Deutschen, „*officielt bekræfted*" gegenüber „*ægthed*" im Dänischen, „*authentiek*" gegenüber „*echtheid*" im Niederländischen[11]. Ohne Grundlage für präzise Folgerungen sein zu können, vermitteln diese Unterschiede doch einen ersten Eindruck davon, wie unübersichtlich und uneinheitlich das Zusammenspiel der nationalen Normen sein

---

[7] Pessimistischer hatte sich allerdings selbst für den Bereich des Lateinischen Notariats - also auch der sechs Gründerstaaten - *Bärmann* im Jahre 1960 geäußert und vor Abschluß eines Übereinkommens die Annäherung der nationalen Rechte angeraten; *Bärmann*, AcP 1960, 18. Diese Skepsis scheint mir für die 1968 beteiligten Staaten nicht angebracht; vgl. auch *Darmstadt*, S. 118.

[8] ABl.EG 1990 C 189, 80.

[9] s. aber die Fassung bei *Iglesias Buigues*, S. 146, der 1977 vor Spaniens Beitritt zum GVÜ „*actas auténticas autorizadas*" zitiert. *Ruiloba Santana*, REDI 1970, 56, legt dar, daß nicht der *acto* vollstreckt werde, sondern der *documento*, weshalb *actas auténticas* eine inkorrekte Lehnübesetzung aus dem Französischen sei.

[10] Wie auch die italienische: „*atti autentici*" und „*autenticità*".

[11] Die sich an die französische Fassung anlehnende Umschreibung im Englischen („*authentic instruments*") soll hier ebenso außer Betracht bleiben wie die das französische „*actes authentiques*" verwendende schwedische Fassung, da es sich in beiden Fällen um keine eigenständigen Begriffe nationalen Rechts handelt.

kann, aus denen sich die Vollstreckbarkeit einer Urkunde ergibt. Insbesondere der französische Begriff „*authentique*" ist stark von der Tradition des Lateinisches Notariats geprägt und unterstellt die auf staatlicher Einsetzung und Kontrolle beruhende Sachkompetenz und Neutralität des Notars und das darauf gegründete Vertrauen in seine Beurkundung, das die Anerkennung des von ihm errichteten Aktes als Vollstreckungstitel rechtfertigt. Im GVÜ/LugÜ-Raum besteht diese Vorstellung allerdings nicht einheitlich. Insbesondere die *Common Law*-Länder kennen keine Notare im Sinne des kontinentalen Notariats - also Träger eines öffentlichen Amtes, die Hoheitsgewalt ausüben. Deshalb bestehen Zweifel, ob die vor dortigen Urkundspersonen errichteten Urkunden als „öffentlich aufgenommen" zu betrachten sind und nicht lediglich als beglaubigt, was für Art. 50 Abs. 1 nicht hinreichend wäre[12]. Auch die Staaten der skandinavischen Rechtsfamilie kennen entweder überhaupt keine vollstreckbare Urkunde oder stellen an das Beurkundungsorgan und das zu beobachtende Errichtungsverfahren vergleichsweise geringe Anforderungen bzw. vollstrecken eine Anzahl qualifizierter Privaturkunden. Zudem finden sich dort keine Legaldefinitionen der öffentlichen Urkunde, wie sie etwa aus Frankreich und Deutschland bekannt sind.

Es ist also zu untersuchen, welche Voraussetzungen in personeller und in prozeduraler Hinsicht erfüllt sein müssen, damit eine öffentliche Urkunde i. S. d. Art. 50 vorliegt. Zugespitzt könnte man fragen, ob der Notar lateinischen Typs auch europaweit als der einzige zur öffentlichen Beurkundung Berufene anzusehen ist, oder ob Eigenarten seiner Tätigkeit abstrahiert werden können, die dann u. U. auf exekutorische Urkunden nicht-notarieller Herkunft übertragbar sind.

Die Darstellung der nationalen Rechte in den §§ 4-7 soll graduelle und prinzipielle Unterschiede der beteiligten Rechtsordnungen deutlich machen, was die Errichtung von vollstreckbaren Urkunden betrifft. Anschließend wird versucht, auf dieser Grundlage und unter Berücksichtigung des Regelungswerks von GVÜ/LugÜ und EGV einen vertragsautonomen Begriff der öffentlichen Urkunde zu formulieren (§ 8). Bei dem Bemühen, nicht-lateinische Rechtssysteme in das Gesamtgefüge der Vollstreckung unter den Übereinkommen zu integrieren, darf allerdings nicht voreilig von der eventuell vorgeschriebenen „Förmlichkeit" einer Urkundenerrichtung auf ihre „Authentizität" geschlossen werden[13]. Die Form hat u. U. andere Zielsetzungen (Warnfunktion, Dokumentationsfunktion) und gewährleistet nicht *per se* die erforderliche Glaubwürdigkeit und Herkunftsgarantie des Dokuments im internationalen Rechtsverkehr. Es kommt daher entscheidend auf Beurkundungsperson und -verfahren an. Diesbezügliche

---

[12] So entschieden *Droz*, Rn. 614, Fn. 1.

[13] Vgl. *Holleaux*, RCritDIP 1979, 106; ähnlich *Bärmann*, AcP 1960, 29, der zwischen der konstitutiven und der beweissichernden Funktion der Urkunde unterscheidet.

Regelungen der nationalen Rechte werden jeweils im Zusammenhang mit der Errichtung der vollstreckbaren Urkunde dargestellt.

Fraglich ist weiterhin, ob die Urkunde einen zweiseitigen, vertraglich geschaffenen Titel verkörpern, d. h. einen *rezeptiven* amtlichen Akt[14] darstellen muß, oder ob die bloße Errichtung durch eine geeignete Person ohne konsensuales Zusammenwirken der Parteien genügt. Beispiel für diese zweite Möglichkeit sind die vollstreckbaren Scheckproteste nach französischem Recht[15], an deren Aufnahme durch den Gerichtsvollzieher der Schuldner nicht beteiligt ist. Auf französischer Seite ist man sich der Problematik vereinzelt wohl bewußt und befürchtet, daß solche Titel am ordre public strengerer Rechtsordnungen scheitern könnten[16], will sie aber dennoch nicht vom Anwendungsbereich des Art. 50 ausnehmen. Unter dem Aspekt der Tatbestandsvoraussetzungen für die Erteilung des Exequatur findet sich diese Fragestellung lediglich in einer spanischen Kommentierung des GVÜ von 1994, die ihr aber keine herausgehobene Bedeutung zuspricht[17].

Ein Anhaltspunkt für die restriktivere Auslegung ergibt sich aus dem Bericht *Jenard/Möller* zum LugÜ, wonach protestierte Wechsel und Schecks - also ohne Mitwirkung des Schuldners zustandegekommene Titel - nicht unter Art. 50 fallen. In § 8 soll eine Abstraktion von diesen beiden Titeltypen versucht werden, um damit näher zu bestimmen, was unter dem Begriff „aufgenommen" zu verstehen ist. Die erste sprachliche Annäherung vom französischen *„reçu"* („empfangen") her läßt jedenfalls vermuten, daß zur Abfassung durch das Beurkundungsorgan die Beteiligung der Parteien hinzukommen muß.

B. Errichtung der Urkunde in einem Mitgliedsstaat gemäß dem dortigen Recht

Die Urkunde muß in einem Vertragsstaat aufgenommen worden sein. Welche Verfahrensvorschriften für diesen Vorgang einschlägig sind, ergibt sich gemäß Art. 50 Abs. 2 aus dem Recht des Errichtungsstaates[18]. Die in Abs. 2 verwende-

---

14 *Holleaux*, RCritDIP 1979, 106 im Gegensatz zu den autoritativ gesetzten *„actes volitifs"*.

15 Zum Verfahren i. e. *Donnier*, Rn. 117, Fn. 58.

16 *Padis*, Gaz. Pal. 1974 I Doctrine, 290, Rn. 57.

17 Calvo Caravaca-*Iriarte Angel*, S. 669.

18 Diese Vorschrift deckt sich nicht mit der international-privatrechtlichen Regel *„locus regit formam actus"*. Während diese nämlich das Ortsrecht für die Entscheidung darüber heranzieht, ob ein Rechtsgeschäft einer bestimmten Form *bedürfe* (*Kropholler* IPR, § 41 III.; *Bärmann*, AcP 1960, 13/14), stellt Art. 50 Abs. 2 zur Bestimmung *prozeßrechtlicher Wirkungen* auf Formvorschriften des Ortsrechts ab, ohne daß diese Form aber immer materielle Wirksamkeitsvoraussetzungen des Rechtsgeschäfts wäre (Beispiel: Ein in Deutschland geschlossener notarieller Kaufvertrag über bewegliche

te Formulierung, wonach die „Urkunde ... die Voraussetzungen für ihre Beweiskraft erfüllen (muß), die in dem Staat, in dem sie aufgenommen wurde, erforderlich sind", erscheint recht eigenwillig und kompliziert und wird erst leichter verständlich, wenn man anderssprachige Textfassungen heranzieht: Die französische Version spricht von „*authenticité*", die niederländische von „*echtheid*". Gemeint sind also die *förmlichen Errichtungsvoraussetzungen*[19], die die Beweiskraft der Urkunde begründen. Ein Blick auf § 415 dt. ZPO zeigt die Inspirationsquelle der deutschen Textfassung; es kann schon hier vorweggenommen werden, daß auch in Frankreich, Belgien, Luxemburg und Italien die Definition der öffentlichen Urkunde, wie sie im Rahmen des Beweisrechts in den jeweiligen Zivil- und Zivilprozeßgesetzbüchern gegeben wird, Pate bei der Formulierung von Art. 50 Abs. 2 gestanden hat. Aus Art. 50 Abs. 2 geht auch hervor, daß leichtere Errichtungsvoraussetzungen im Erststaat einer Vollstreckbarerklärung im Zweitstaat nicht entgegenstehen dürfen, soweit tatbestandsmäßig eine öffentliche Urkunde vorliegt.

Schließlich ist der räumliche Anwendungsbereich des Art. 50 abzustecken und zu fragen, ob Urkunden als „in einem Vertragsstaat aufgenommen" betrachtet werden können, die von diplomatischen und konsularischen Beamten eines Mitgliedsstaates stammen[20]. Hier ist der territoriale Rahmen der Übereinkommen zwar verlassen, doch besteht m. E. kein Zweifel, daß derartige Beurkundungen der hoheitlichen Tätigkeit der Staaten zurechenbar sind. Sie fallen deshalb unter Art. 50 [21]. Diese Feststellung ergibt sich aus dem Völkerrecht und dem jeweiligen Beamtenrecht und braucht nicht aus dem einzelstaatlichen Recht hergeleitet zu werden.

C. Vollstreckbarkeit im Errichtungsstaat

I. Vollstreckbarkeit in Abhängigkeit vom Ablauf des Vollstreckungsverfahrens

Die Urkunde muß im Errichtungsstaat vollstreckbar sein. Damit kann nicht gemeint sein, daß die Vollstreckung sofort beginnen kann; denn sonst wäre der Gläubiger genötigt, vor Beantragung des Exequaturs ein Vollstreckungsverfah-

---

Sachen bedarf dieser Form nicht für seine materielle Wirksamkeit, sondern nur zur Herstellung der internen und - gemäß Art. 50 Abs. 2 - der europäischen Vollstreckungsfähigkeit).

19 Vgl. *Kropholler*, Art. 50 Rn. 2, 46 Rn. 1.

20 Für Deutschland etwa Beurkundungen nach §§ 10 ff. KonsularG, die aber keine vollstreckbaren Urkunden vorsehen. Anders ist die Situation in Ländern, die *alle öffentlichen* Urkunden vollstrecken: hierunter fallen dann auch die jeweiligen konsularischen Urkunden mit exekutionsfähigem Inhalt.

21 I. E. ebenso Doek-*Vlas*, Art. 50 GVÜ Anm. 3; Bülow/Böckstiegel-*Schlafen* Art. 50 GVÜ Anm. 3 b).

ren im Erststaat einzuleiten. Vielmehr genügt es, daß der Gläubiger sich im Errichtungsstaat in einer Position befindet, die es ihm gestattet, sein Recht mittels Zwangsvollstreckung durchzusetzen, d. h. in der er ein Vollstreckungsverfahren einleiten *kann*, indem er sich an das zuständige Organ wendet.

Was die Vollstreckungsorgane betrifft, finden sich in den Ländern, die vollstreckbare Urkunden kennen, grob gesprochen zwei Modelle: zum einen das dezentralisierte mit dem Gerichtsvollzieher als mehr oder minder unabhängigem Organ und mit begrenzter Zuständigeit und Intervention des Vollstreckungsgerichts, zum anderen das zentralisierte, bei dem die Exekution vollständig in der Hand des Gerichts liegt und der Gerichtsvollzieher oder sein Äquivalent nur dessen verlängerter Arm ist. Hier kann überhaupt keine Vollstreckung eingeleitet werden, ohne daß das Gericht in der einen oder anderen Form tätig würde. Innerhalb der zweiten Gruppe läßt sich wiederum eine Unterscheidung danach vornehmen, ob Urkunden prinzipiell im gleichen Verfahren wie Urteile vollstreckt werden (Österreich, Portugal), oder ob es hierfür eine spezielle Prozedur gibt (Spanien).

Was der Gläubiger an verbrieftem Recht in Form der Urkunde beibringen muß, welches Ausmaß richterlicher Tätigkeit, insbesondere materieller Erkenntnis, bei Einleitung des Vollstreckungsverfahrens noch tolerabel ist, und wann die staatliche Zwangsanwendung in diesem Verfahrensablauf spätestens ansetzen muß, damit von direkter Vollstreckbarkeit der Urkunde gesprochen werden kann, kann nicht abstrakt beurteilt werden, sondern erst auf der Grundlage einer Bestandsaufnahme der beteiligten Prozeßordnungen.

Bereits hier soll allerdings darauf hingewiesen werden, daß die die Vollstreckungseignung des Titels betreffenden *Vollstreckbarkeits*voraussetzungen zu unterscheiden sind von den *Vollstreckungs*voraussetzungen, nach denen sich bestimmt, wann und wie aufgrund der Urkunde auf das Schuldnervermögen zugegriffen oder auf den Schuldner Zwang ausgeübt werden kann. So ist in Deutschland Vollstreckbarkeitsvoraussetzung, daß eine formgültige Urkunde nach § 794 Abs. 1 Nr. 5 ZPO vorliegt, die mit der Vollstreckungsklausel versehen ist (§ 724 Abs. 1 ZPO), also ein potentiell exekutionsfähiger Titel. Zur Durchführung der Exekution muß der Gläubiger sich an den Gerichtsvollzieher bzw. das Vollstreckungsgericht wenden. Damit die Exekution schließlich beginnen kann, muß noch die Zustellung als Vollstreckungsvoraussetzung hinzukommen (§ 750 ZPO).

Wolfsteiner[22] deutet in diesem Zusammenhang Schwierigkeiten an, wenn eine der beteiligten Rechtsordnungen „Entscheidungen, die an und für sich den Titel betreffen ..., aus praktischen Gründen dem Vollstreckungsverfahren zuweist oder umgekehrt Entscheidungen, die eigentlich das Vollstreckungsverfah-

22 *Wolfsteiner*, Rn. 82.3.

ren betreffen ..., wiederum aus Gründen der Praktikabilität dem Erkenntnisverfahren zuweist"[23]. Was die Frage der *Vollstreckbarkeit* im Erststaat angeht, so können - abgesehen von der unwahrscheinlichen Hypothese völlig paralleler Voraussetzungen in beiden Staaten - zwei Fälle auftreten:

Entweder erfordert das zweitstaatliche Verfahren Voraussetzungen, die bereits im Erststaat für die Vollstreckbarkeit vorliegen mußten, z. B. die Fälligkeit der Schuld für das spanische Urkundenvollstreckungsverfahren[24] und die Fälligkeit als Vollstreckungsvoraussetzung gemäß § 751 dt. ZPO. Dann wäre zu überlegen, ob der Zweitstaat im Verfahren nicht auf diese Voraussetzung verzichtet, was aus Praktikabilitätsgründen aber nicht sinnvoll erscheint: Die Überprüfung, ob die Voraussetzung verzichtbar ist, erfordert die Feststellung, ob sie im Erststaat bereits erfüllt ist und bringt daher keinerlei Verfahrensvereinfachung. Oder der Erststaat ordnet eine Voraussetzung dem Vollstreckungsverfahren zu, während sie im Zweitstaat Vollstreckbarkeitsvoraussetzung ist und infolgedessen im eigentlichen Exekutionsverfahren nicht mehr geprüft wird. Ob hieraus habhafte rechtsstaatliche Bedenken erwachsen können, weil nämlich so ein Titel „minderer rechtsstaatlicher Güte" vollstreckbar gestellt würde, werden ebenfalls die Länderberichte zeigen.

Die Vielgestaltigkeit der nationalen Vollstreckungsverfahren legt es nahe, einen abstrahierten Begriff der Vollstreckbarkeit zu definieren, der möglichst viele der traditionell exekutorischen Instrumente umfaßt. Jedenfalls wird man sich von der Vorstellung zu lösen haben, daß dem Exequaturrichter ausschließlich mit einer Vollstreckungsklausel versehene und daher einfach zu beurteilende Urkunden zur Vollstreckbarerklärung vorgelegt werden können.

II. Vollstreckbarkeit in Abhängigkeit vom beurkundeten Anspruch

Art. 50 verweist hinsichtlich des möglichen Inhalts der Urkunde auf das nationale Recht[25]. Die im Gebiet der Übereinkommen geltenden Prozeßrechte bringen unterschiedliche Vorstellungen davon zum Ausdruck, welche Art von Ansprüchen zulässigerweise Gegenstand einer vollstreckbaren Beurkundung sein kann. Wir finden zwischen den Extremen der Beschränkung auf Geldansprüche und der völligen Schrankenlosigkeit zahlreiche Zwischenstufen.

---

[23] Aus der Formulierung „Erkenntnisverfahren" scheint mir die Vollstreckungsgegenklage deutschen Rechts als Ausgangspunkt für *Wolfsteiners* Überlegungen hervorzugehen.

[24] s. i. e. unten § 6 C. II. 1.

[25] Unverständlich daher *Fletcher*, S. 138, der den Inhalt vollstreckbarer Urkunden schlicht als „Verpflichtung zur Zahlung einer bestimmten Summe Geldes" beschreibt. Dieselbe Einschränkung macht auch *Colin*, S. 81, möglicherweise deshalb, weil er seine Auffassung zum französischen Recht zugrundelegt (vgl. unten § 4 A. I. 4.).

Dabei existieren Vollstreckungstitel, die nach dem Recht des Erststaats formell wirksam sind und auch als Titel betrachtet werden, für deren Exekution dort jedoch kein geeignetes Vollstreckungs*mittel* zur Verfügung steht. Einen derartigen „hohlen Titel" finden wir etwa in § 888 Abs. 2 Alt. 3 dt. ZPO beim Vollstreckungstitel über die Leistung von Diensten aus einem Dienstvertrag[26]. Für den Gläubiger hat ein solcher Titel zunächst einmal nur symbolischen Wert, er bringt ihm keinen praktischen Nutzen. Es ist nun aber denkbar, daß der Zweitstaat nach seinem internen Recht Urkunden solchen Inhalts zur Vollstrekkung bringt. Soll man hier wegen der rein theoretischen Vollstreckbarkeit im Erststaat Art. 50 anwenden? Dies würde bedeuten, einem ursprünglich kraftlosen Instrument allein durch die Vollstreckung im Ausland plötzlich reale Exekutionswirkung beizulegen.

Ein ähnliches Problem ist zu lösen, wenn die Parteien die Divergenzen der möglichen Urkundeninhalte durch Vereinbarung zu überwinden suchen, indem sie etwa einen Anspruch beurkunden lassen, der im Errichtungsstaat nicht vollstreckbar wäre, wohl aber im Zweitstaat, und diesen anvisierten Vollstrekkungsstaat in der Urkunde festlegen. Solche Urkunden, die nicht den Anforderungen des Errichtungsstaats genügen, wohl aber denen des Vollstreckungsstaates, auf den sie *erkennbar inhaltlich bezogen* sind, sind nach einigen Stimmen in der Literatur als vollstreckbar im Sinne des Art. 50 Abs. 1 zu betrachten[27].

Beispiel: Eine Räumungsverpflichtung ist nach niederländischem Recht vollstreckbar beurkundbar. Nach der zitierten Ansicht könnte vor einem deutschen Notar eine derartige, in den Niederlanden zu vollstreckende Verpflichtung beurkundet werden, obwohl dies nach § 794 Abs. 1 Nr. 5 ZPO[28] ausgeschlossen ist; anschließend wäre die Exequierung in den Niederlanden möglich.

Ob der *effet utile* der Übereinkommen[29] diese eindeutige Überschreitung des Wortlauts[30] rechtfertigt, soll nach Betrachtung der einzelstaatlichen Details beantwortet werden.

Die öffentliche Urkunde kann also im Hinblick auf die Durchsetzungsfähigkeit ihres Inhalts in drei Kategorien untergliedert werden: 1. Urkunden, die den formellen und inhaltlichen Anforderungen des Erststaats genügen und damit in ihrer Vollstreckungswirkung einem Urteil gleichstehen; 2. solche, die zwar

---

[26] Hier ist allerdings bereits das Bedürfnis für die Klauselerteilung zweifelhaft, Baumbach/Lauterbach-*Hartmann* § 724 Rn. 8.

[27] *Geimer*, DNotZ 1975, 471 f., der sich für diese Ausnahme ausspricht, ohne aber konkrete Kriterien anzuführen.

[28] Das zukünftige Recht behält diese Einschränkung bei.

[29] Unter Hinweis auf diesen Aspekt vorsichtig zustimmend *Kropholler*, Art. 50 Rn. 6.

[30] *Wolfsteiner*, Rn. 82.3, Fn. 6.

formell und inhaltlich einwandfrei sind, die aber mangels geeigneten Vollstreckungsmittels nur *de iure* einen Vollstreckungstitel abgeben und 3. solche, die zwar formell den Vorschriften des Errichtungsstaates entsprechen, aber einen dort nicht zulässigen Inhalt verkörpern. Welche davon von der Freizügigkeit profitieren sollen, ist im Zusammenhang mit der Konkretisierung des Art. 50 zu beantworten (§ 8).

III. Vollstreckbarkeit in Abhängigkeit von Rechtsbehelfen außerhalb des Zweitstaates

Rechtsbehelfe, die der Schuldner im Erststaat oder in anderen dazu berufenen Staaten ergreift, können Auswirkungen auf die Vollstreckbarkeit der Urkunde und damit auf eine Tatbestandsvoraussetzung des Art. 50 haben. Die Vollstreckbarkeit bestimmt sich also abstrakt nach der Art des Titels und konkret nach seiner Durchsetzbarkeit im Errichtungsstaat. Deswegen ist im Länderteil zu untersuchen, welche Wirkung diese Behelfe jeweils entfalten. Zweitens ist zu fragen, ob und wie die endgültig oder vorübergehend entfallene Vollstreckbarkeit im Exequaturverfahren geltend gemacht werden kann. Schließlich soll, falls dies möglich ist, eine Systematisierung der Rechtsbehelfe versucht werden - dies weniger gemäß ihrer dogmatischen Konstruktion und Ansiedlung im erststaatlichen Vollstreckungsrecht, sondern vielmehr nach ihren praktischen Auswirkungen auf die Vollstreckbarkeit der Urkunde und damit ihre Exequaturfähigkeit.

D. Ordre public

Die Berufung auf die öffentliche Ordnung[31] stellt die letzte Rückzugsposition einer jeden Rechtsordnung bei der Berührung mit ausländischem Sachrecht und mit ausländischen Titeln dar. Im ersten Fall spricht man vom kollisionsrechtlichen ordre public, der ggf. zur Verweigerung der Anwendung ausländischen Rechts führt. Im zweiten Fall, um den es auch in Art. 50 Abs. 1 S. 2 geht, haben wir es mit dem anerkennungs- und vollstreckungsrechtlichen ordre public zu tun, aufgrund dessen die Anerkennung und/oder Exequierung - bei vollstreckbaren Urkunden nur die Exequierung - abgelehnt werden kann - eine weiterreichende Folge als im Kollisionsrecht[32].

Wird der ordre public allein autonomrechtlich als Schranke der Exequaturfähigkeit aufgerichtet, so ist die betreffende Rechtsordnung in ihrer Handha-

---

[31] Französisch: ordre public. Gleichbedeutend ist der Ausdruck „Vereinbarkeit mit der Rechtsordnung“ in Österreich und Dänemark.

[32] s. i. e. *Geimer* IZPR, Rn. 24 ff.

bung des Vorbehalts frei. Dieser Spielraum wird enger, wenn der Verweigerungsgrund völkervertragsrechtlich normiert wird. Zwar bleibt es jedem Vertragsstaat überlassen, *welche* Fälle er im einzelnen als sanktionswürdig betrachtet. Das internationale Recht - hier GVÜ und LugÜ - setzt ihm hierbei jedoch eine Grenze dadurch, daß er dessen Funktionsfähigkeit nicht über Gebühr beeinträchtigen darf[33].

Besonders die deutsche Rechtsprechung und Lehre unterscheiden den materiellrechtlichen - also auf den Titelinhalt bezogenen - und den verfahrensrechtlichen - das Zustandekommen des Titels betreffenden - ordre public[34]. Was den *Inhalt* angeht, so dürften sich bei vollstreckbaren Urkunden nur wenige Konstellationen ergeben, die nicht auch bei gerichtlichen Entscheidungen denkbar wären. Anders verhält es sich mit dem *Verfahren*. Im Zusammenhang mit einer *privat* vereinbarten Titulierung sind nur wenige Mängel vorstellbar, die den Zweitstaat zur Anwendung dieses einschneidenden Instruments herausfordern.

E. Rechtsschutzfragen

Verteidigungsmittel gegen die internationale Vollstreckung von Urkunden werfen Schwierigkeiten auf zwei Ebenen auf. Zum einen richtet das nationale Recht solche Behelfe im *internen Bereich* auf die Besonderheiten dieser Titelart aus, indem es die allgemeinen Behelfe anpaßt oder spezielle zur Verfügung stellt. Dadurch kann aber in Frage gestellt sein, daß sich der Schuldner in einem Staat adäquat zur Wehr setzen kann, der zwar - wie etwa England, Irland, Schweden, Finnland[35] und die Schweiz- die vollstreckbare Urkunde nicht kennt, sie aber gemäß Art. 50 zur Vollstreckung bringen muß.

Wolfsteiners Bedenken hinsichtlich des Zusammenspiels von Vollstreckbarkeits- und Vollstreckungsvoraussetzungen über Ländergrenzen hinweg[36] gewinnen in diesem Zusammenhang noch stärkeres Gewicht. Wie seine Formulierungen „Entscheidungen" und „Erkenntnisverfahren"[37] nahelegen, geht es ihm wohl eigentlich um die Geltendmachung des *Fehlens* einzelner Voraussetzungen durch den Schuldner. Dieser kann nämlich möglicherweise im Vollstrekkungsverfahren Einwendungen, die der Erststaat hier ansiedelt, im Zweitstaat mangels geeigneter Behelfe nicht vorbringen. Ob damit tatsächlich Rechtsschutzlücken auftreten können, ergibt sich ebenfalls aus der Darstellung der

---

33 *Kropholler*, Art. 27 Rn. 4.

34 *Geimer*, DNotZ 1975, 477 f.

35 Zu den schwedischen und finnischen Bedenken s. oben § 2 B. III.

36 *Wolfsteiner*, Rn. 82.3; s. oben § 3 C. I.

37 *Wolfsteiner*, Rn. 82.3, wohl im Sinne eines der Titulierung *nachgehenden* Erkenntnisverfahrens gemäß §§ 797 Abs. 4, 5, 767 dt. ZPO; vgl. *Jauernig*, § 12 II.

nationalen Rechte. Mögliche Lösungen sind im Kontext der Verteidigungsmittel des Schuldners zu erörtern.

F. Gang der Darstellung und Vorgehensweise

Die Bestimmung derjenigen Titel, die für Art. 50 überhaupt in Betracht kommen, muß - dies klingt trivial - zunächst einmal nach autonomem Recht erfolgen; dort ist festgelegt, wann Vollstreckbarkeit und wann Authentizität gegeben sind. Bei der Erörterung der „öffentlichen Urkunde“ i. S. v. Art. 50 hat man es deshalb oft bei einer entsprechenden Aufzählung bewenden lassen[38]. Diese Annäherung über das nationale Recht stößt aber dort an ihre Grenzen, wo einzelne Staaten Dokumenten Exekutionskraft beilegen, die andernorts entweder unbekannt sind (so beispielsweise die Ausfertigungen bestimmter Handelsverträge nach spanischem Recht) oder aber erst in einem Erkenntnisverfahren überprüft werden (so etwa der vollstreckbare Wechselprotest in Frankreich, der in Deutschland kein Titel ist). Zudem ist der Begriff der „Authentizität“ recht schillernd. Einigermaßen einheitlich galt er zunächst für die sechs GVÜ-Gründerstaaten, so daß man sich hier gegenseitiges Vertrauen im Sinne der Devise *omnia praesumuntur rite et solemniter acta* entgegenbringen konnte. Aber bereits der Beitritt Großbritanniens und Dänemarks brachte Auslegungs- und Verständnisschwierigkeiten mit sich.

Antwort auf die so entstandene Uneinheitlichkeit könnte sein, die vollstreckbare Urkunde sozusagen konventionsimmanent zu definieren, und zwar negativ als Restmenge all der Titel, die nach Abzug der gerichtlichen Entscheidungen i. S. des Art. 25 und der gerichtlichen Vergleiche i. S. des Art. 51 übrigbleiben[39]. Eine solche Auslegung ist zweifellos sehr griffig, kann sich aber dennoch nicht von der positivrechtlichen einzelstaatlichen Ausgestaltung lösen und berücksichtigt nicht die trotz aller Abweichungen gewachsene gemeinsame Konzeption des Instituts.

Zwischen den beiden genannten Extremen ist ein Mittelweg gangbar, der zunächst das Recht der vollstreckbaren Urkunde in den Mitgliedsstaaten darstellt und davon anschließend allgemeine Merkmale abstrahiert. Diese Vorgehensweise sorgt für eine hinreichende Anbindung an das nationale Recht bei gleichzeitig einheitlicher Auslegung des Art. 50. Ein weiterer Vorteil liegt darin, daß eine aus den autonomen Rechten entwickelte und daher allgemein akzeptable Definition ein Ausufern des ordre public-Vorbehalts verhindern helfen kann.

---

[38] s. nur *Droz*, Rn. 614.

[39] So z. B. Calvo Caravaca-*Iriarte Angel*, S. 664/665.

Die Bestandsaufnahme der Rechtsordnungen der sechs ursprünglichen GVÜ-Staaten (§ 4), die allesamt in der lateinisch-germanischen[40] Tradition der vollstreckbaren Notariatsurkunde stehen, ist Grundlage für das Vorverständnis, das man 1968 von einer „vollstreckbaren Urkunde" hatte (§ 5). Das österreichische[41] und das griechische[42] Vollstreckungsrecht sind Teil dieses relativ homogenen Rechtsraums und werden deshalb ebenfalls in dieser ersten Ländergruppe behandelt.

Daran schließt sich - soweit vorhanden - die Beschreibung der Urkundenvollstreckung in den weiteren GVÜ- und den Lugano-Staaten an (§§ 6, 7). Besonders interessant werden hierbei Regelungsmuster und Stellungnahmen aus Ländern sein, die die Exekution auf Grundlage von Urkunden nicht oder nur sehr eingeschränkt kennen und deren Integration in das GVÜ/LugÜ-System sich deshalb aufwendiger gestaltet. Da diese Rechtsordnungen durch Exequaturanträge mit der Vollstreckung aus Urkunden konfrontiert werden können, wird ihr Exekutionsverfahren ebenso ausführlich dargestellt wie das der Länder des Lateinischen Notariats, um die Durchsetzungsfähigkeit der Urkunde dort zu beleuchten.

Die innere Gliederung der Länderberichte folgt dem Verfahrensablauf: unter der Rubrik „Titel" werden Regelungen der vollstreckbaren Urkunde, ggf. das Verhältnis des Titels zum materiellen Recht sowie Errichtungsverfahren und möglicher Inhalt der Urkunde erläutert. An die Darstellung des autonomen Zwangsvollstreckungsverfahrens mit allgemeinen Vorschriften und den einzelnen Mitteln der Rechtsdurchsetzung schließen sich die Abschnitte über die

---

[40] Dieser Ausdruck wird auch in der Begründung zum Entschließungsantrag des *Europäischen Parlaments*, S. 8 Nr. 11, verwendet. Er bezeichnet lediglich einen Rechtsraum und vermeidet es, dort künstlich einen „germanischen" von einem „lateinischen" Rechtskreis abzugrenzen, wo die vollstreckbare Urkunde ein auf gemeinsame Wurzeln zurückgehendes allgemein bekanntes Rechtsinstitut ist. Auch *de Valkeneer*, Rn. 1, spricht in seinem Abriß der Geschichte des Notariats vom *„droit latino-germanique"*.

[41] *Oberneck*, S. 80: „Der Stand der Notare in Oesterreich und Deutschland steht auf gleich hoher Stufe der Ehrenhaftigkeit und juristischen Bildung, ihre Notariatseinrichtungen sind in ihren Grundzügen wesentlich die gleichen und stammen aus derselben Quelle der Reichs-Notariatsordnung." *Oberneck* plädierte „(b)ei den vielen gemeinsamen Berührungspunkten Oesterreichs und Deutschlands auf dem Gebiete des materiellen, prozessualen und notariellen Rechts und mit Rücksicht darauf, daß die Bedingungen der Vollstreckbarkeit der Notariatsurkunden nach österreichischem und deutschem Recht im wesentlichen übereinstimmen" sogar für eine gegenseitige Zulassung zur Vollstreckung *ohne Exequatur*.

Vgl. zur Bezugnahme auf die vollstreckbare Urkunde bayerischen und französischen Rechts bei der Einführung des vollstreckbaren Notariatsakts in Österreich *Hofmeister*, öst. NotZ 1982, 117 re. Sp.

[42] Das griechische Vollstreckungsrecht lehnt sich in den hier interessierenden Gestaltungen an das deutsche und französische Recht an, vgl. *Tsikrikas*, S. 1.

Rechtsbehelfe des Schuldners und die Vollstreckbarerklärung nach autonomem Recht an. Errichtungsverfahren, möglicher Inhalt der Urkunde, ihre Stellung als Titel im Vollstreckungssystem und die Verteidigungsmöglichkeiten des Schuldners entscheiden die Frage, ob die Vollstreckung derartiger Instrumente gegen den ordre public des Zweitstaats verstoßen kann. Ein solcher Konflikt ergibt sich nicht bereits aus den einzelstaatlichen Normen über die Vollstreckungskraft der Urkunde[43], sondern - da Art. 50 GVÜ/LugÜ eben die erststaatliche Vollstreckbarkeit in einem umfassenden Sinn[44] verlangt - erst aus einer Analyse ihrer Stellung im Vollstreckungsrecht. Sie erlaubt dann einen Befund darüber, was die Urkunde als Vollstreckungstitel „anrichten" kann[45].

Aus der Konzeption im Recht der Gründerstaaten soll schließlich eine *vertragsautonome* Auslegung von Art. 50 gewonnen werden (§ 8). Diese Methode definiert der *EuGH* als „eine Auslegung, die den Zielsetzungen und der Systematik des Übereinkommens Rechnung trägt, dabei aber auch die allgemeinen Rechtsgrundsätze, die sich aus der Gesamtheit der innerstaatlichen Rechtsordnungen ergeben, berücksichtigt"[46]. Sie ist kein Selbstzweck, sondern verfolgt das Ziel, die volle Wirksamkeit des Übereinkommens i. S. v. Art. 220 EGV zu gewährleisten[47] und greift dort nicht, wo die Übereinkommen explizit auf nationales Recht verweisen, wie etwa beim Begriff der Authentizität einer Urkunde in Art. 50 Abs. 2.

Es mag zunächst befremden, wenn für die Auslegung der konventionsrechtlichen Norm nur ein exklusiver Kreis von Rechtsordnungen herangezogen wird und die „Nachzügler" keinen Beitrag zur Formulierung europäischer Rechtsbe-

---

[43] Bülow/Böckstiegel-*Schlafen*, Art. 50 GVÜ Anm. 3c, stellt beispielsweise die inhaltliche Unbeschränktheit der französischen notariellen Urkunde fest, ohne aber die sich aus dem allgemeinen Vollstreckungsrecht möglicherweise ergebenden Grenzen zu erwägen.

[44] s. unten § 8 C.

[45] Ein drastisches Beispiel findet sich in *Shakespeares „The Merchant of Venice"*: dort wird der Anspruch auf ein Pfund Menschenfleisch, als Vertragsstrafe verwirkt beim Verzug mit der Darlehensrückzahlung, von einem venezianischen Notar beurkundet (1. Akt, 3. Szene). Der Anspruch ist allerdings nicht ohne richterliche Beteiligung vollstreckbar (4. Akt, 1. Szene). Allem Anschein nach handelt es sich um ein gerichtliches Exekutivverfahren, das auf Gestattung der Vollstreckung gerichtet ist. Denn es geht dem Gläubiger *Shylock* nicht um einen erst später durchsetzbaren Titel, sondern darum, sofort ein Vollstreckungsurteil zu erlangen: „*You must prepare your bosom for his knife*", wird dem Schuldner gesagt, als die Verbindlichkeit gerichtlich festgestellt ist.

Obwohl der Verfahrensaublauf dem bei *Münch*, S. 29 ff., geschilderten italienischen Exekutivprozeß in etwa entspricht, muß man doch Vorsicht walten lassen, wenn man diese Stelle als Beleg für das damals geltende Prozeßrecht heranziehen will. Denn *Shakespeare* hat vermutlich Elemente des ihm bekannten englischen Verfahrens nach Venedig verpflanzt; vgl. dazu *Clark*, S. 32.

[46] EuGH *Eurocontrol* Slg. 1976, 1541.

[47] EuGH *Gubisch/Palumbo* Nr. 7, RIW 1988, 819.

griffe leisten dürfen. Immerhin drängt man auf diese Weise zehn Staaten[48] die gemeinsame Sichtweise von achten[49] auf. Allerdings kann sich die Begriffsbildung dort nicht auf einen allgemeinen Rechtsvergleich stützen, wo die internationale Norm aus einer gemeinsamen Tradition nur einiger Systeme hervorgegangen ist, die in anderen beteiligten Rechtsordnungen nicht besteht. Daß dieses Bild für die vollstreckbare Urkunde in ihrer klassischen Ausprägung zutrifft, wird sich aus den Länderberichten ergeben.

Die Legitimation für eine Begriffsformulierung auf derart schmaler Vergleichsbasis liegt im Zusammenhang mit Art. 50 vor allem darin begründet, daß die später beigetretenen GVÜ-Staaten und die EFTA-Staaten sich auf die ursprünglich herrschende gemeinsame Sichtweise eingelassen haben. Dänemark, Großbritannien, Irland, Spanien und Portugal verlangten bei ihrem Beitritt zum GVÜ keine Öffnung oder Anpassung der lateinisch-germanischen Urkundenvollstreckung in ihrem Sinne. Ebenso verhielten sich die EFTA-Staaten, die jedoch ihrerseits zum besseren Verständnis eine Präzisierung von Art. 50 wünschten. Eine solche erhielten sie in Form der Anmerkungen zur öffentlichen Urkunde im Bericht *Jenard/Möller* zum LugÜ[50]. Diese Umschreibung der einzelnen Voraussetzungen für das Urkundenexequatur geht ohne Zweifel in die Richtung der lateinisch-germanischen vollstreckbaren Urkunde - ein Leitbild, dessen Umschreibung die EFTA-Staaten in der vorgelegten Fassung akzeptierten. Sein Vorbild- oder sogar Definitionscharakter wird am schwedischen Konventionstext deutlich: Dort ist der französische Ausdruck *actes authentiques* als Klammerzusatz dem schwedischen *officiella handlingar* beigefügt. Die Annäherung an das „Kerneuropa lateinisch-germanischer Tradition" ist unverkennbar.

Abschließend wird die vom GVÜ weitgehend offengelassene Frage der Rechtsbehelfe gegen die Urkundenvollstreckung erörtert (§ 9). Nach dem Standpunkt des Exequaturrichters, der die konventionsrechtlichen Voraussetzungen für die Vollstreckbarerklärung zu prüfen hat - wobei er in der ersten, einseitig ausgestalteten Instanz (Art. 34 Abs. 1) auf die vorgelegten Dokumente als einzige Informationsquelle angewiesen ist -, wird nun die Position des Schuldners eingenommen, der in dem in beiden Instanzen kontradiktorischen Rechtsbehelfsverfahren (Art. 37 Abs. 1) ggf. versucht, mit seinen Einwendungen die Vollstreckung zu Fall zu bringen.

In diesem Zusammenhang werden im Anschluß an den vollstreckungsrechtlichen Einstieg Probleme des Erkenntnisverfahrens, insbesondere der internationalen Zuständigkeit, virulent. Dabei wird es nicht vorrangig darum gehen, vom lateinisch-germanischen System abweichende Rechtsordnungen zu integrieren

---

[48] Großbritannien, Irland, Dänemark, Spanien, Portugal, Schweiz, Schweden, Norwegen, Finnland, Island.

[49] Benelux, Frankreich, Italien, Deutschland, Griechenland, Österreich.

[50] ABl.EG 1990 C 189, 80.

und ihnen dieses System zu öffnen, sondern überhaupt erst einmal eine Systematisierung der Behelfe unter den Übereinkommen vorzunehmen. Ziel kann es nicht sein, einen europäischen Einheitsbehelf zu schaffen und allen beteiligten Staaten überzustülpen. GVÜ und LugÜ können aber neue Orientierungspunkte auch zur Auslegung und Fortbildung nationalen Rechts abgeben[51], das im Bereich der Vollstreckungsrechtsbehelfe von historisch zufälligen Entwicklungen und - vor allem im deutschsprachigen Rechtsraum - starker Dogmatisierung geprägt ist[52].

Im Mittelpunkt muß bei der Rechtsvergleichung die Funktion der Institute stehen; begriffliche Ableitungen führen angesichts der Buntheit und Zufälligkeit der beteiligten Rechtsordnungen in ihrer Zusammenschau nur selten weiter. Die *Entstehungsgeschichte* und die *Zwecksetzung* der Übereinkommen sind in den im Amtsblatt der Europäischen Gemeinschaft veröffentlichten Expertenberichten[53] dokumentiert. Diese sind für die Auslegung allerdings nicht verbindlich[54] und m. E. zudem unterschiedlich zu gewichten[55]; denn gelegentlich fällt die Deskription nationaler Rechte doch recht knapp aus, was die darauf aufbauenden Schlußfolgerungen fraglich erscheinen läßt. Uneingeschränkt lassen sich die Berichte dagegen zur Auslegung heranziehen, soweit sie Normzwecke wiedergeben. Die *Systematik* der Konventionen und auch der nationalen Vollstreckungsrechte erlangt dort Bedeutung, wo es um den Vergleich mit den gegen Urteile eröffneten Rechtsbehelfen geht. Das dort vorgegebene Schuldnerschutzniveau muß im Ergebnis auch bei der Urkundenvollstreckung gewährleistet sein.

Deutlich werden die Wechselwirkungen zwischen nationalem und Völkervertragsrecht: während die Herleitung vertragsautonomer Begriffe wie auch die Feststellung allgemein verbreiteter Wertungen auf dem Vergleich der beteiligten Rechtsordnungen fußt, beeinflussen die Konventionen wiederum das nationale Verfahrensrecht, das den dort vorgegebenen Zielen zum Durchbruch verhelfen muß. Dabei wird die Akzeptanz der europäischen Norm auf ein-

---

51 Vgl. zu den Chancen der Rechtsvergleichung für das eigene Recht *Gaul*, ZZP 1972, 267.

52 Vgl. *Gaul*, ZZP 1972, 276.

53 Bericht *Jenard*, ABl.EG 1979 C 59, 1 ff.; Bericht *Schlosser*, ABl.EG 1979 C 59, 71 ff.; Bericht *Evrigenis/Kerameus*, ABl.EG 1986 C 298, 1 ff.; Bericht *de Almeida Cruz/Desantes Real/Jenard*, ABl.EG 1990 C 189, 35 ff.; Bericht *Jenard/Möller*, ABl.EG 1990 C 189, 57 ff.

54 *Kropholler*, Einl. Rn. 34.

55 Pragmatisch äußert sich das irische Ausführungsgesetz zum GVÜ in Sect. 4 (2): danach kann jedes Gericht bei der Auslegung von Vorschriften des GVÜ die Berichte *Jenard*, *Schlosser* und *Evrigenis/Kerameus* in Erwägung ziehen und ihnen das *nach den Umständen angemessene Gewicht* beilegen.

zelstaatlicher Ebene wesentlich davon abhängen, wie stark sie auf die hergebrachten Institute Rücksicht nehmen kann und will.

Das Vollstreckungsrecht ist eine praktische Materie. Dies wird dem deutschen Juristen spätestens dann bewußt, wenn er Lehr- und Handbücher zu anderen europäischen Rechtsordnungen heranzieht, die bisweilen sehr ergebnisorientiert und ohne Bemühen um akademisch-dogmatische Schlüssigkeit argumentieren. Diese Einsicht führt dazu, dogmatische Feinheiten der nationalen Systeme, auch des eigenen Rechts, nicht absolut zu setzen und sie eher als Anregung zu sachgerechter Problemlösung zu begreifen. Die Technizität des Vollstreckungsrechts darf indes nicht dazu verleiten, verschiedene Lösungsansätze als beliebig austauschbar zu betrachten und ihnen allenfalls ästhetische Bedeutung zuzubilligen. In der Rechtsdurchsetzungsphase muß es die Abwägung zwischen den Rechten und Interessen der Parteien treffen und ist daher inhaltlichen Wertungen durchaus zugänglich. Ansatzpunkte für wertungsbezogene Problemlösungen sind etwa das Interesse des Gläubigers an rascher Rechtsverwirklichung, das des Schuldners an adäquatem Rechtsschutz, das der einzelnen Konventionsstaaten an wirkungsvollem Einsatz ihrer judikativen Ressourcen sowie an der Wahrung gewachsener Einrichtungen und schließlich das der Konventionsstaaten in ihrer Gesamtheit an gleichförmiger Umsetzung des Vertragsziels „Beschleunigung der Vollstreckung“[56].

Die Darstellung der nationalen Rechte mußte mehr oder minder auf das positiv geltende Recht verkürzt werden.Vertiefte Ausführungen zu einzelnen Streitfragen waren aus Raumgründen nicht immer möglich. Ungleichgewichte im Umfang der Länderberichte rühren nicht nur von der Bedeutung einzelner Rechtsordnungen in Praxis und Wissenschaft her, sondern sind auch durch die begrenzte Möglichkeit sprachlicher Annäherung und die Verfügbarkeit von ausländischen Quellen und Literatur bedingt.

---

[56] Abs. 3 der Präambel des GVÜ, Abs. 2 der Präambel des LugÜ.

Erster Teil

Urkundenvollstreckung und Urkundenexequatur nach dem autonomen Recht der Vertragsstaaten

§ 4 Das Recht der GVÜ-Gründerstaaten von 1968 einschließlich Österreichs und Griechenlands („Lateinisch-germanisches System“)

A. Frankreich

I. Der Titel

1. Entwicklung der vollstreckbaren Urkunde

Frankreich ist das Mutterland der exekutorischen Urkunde heutiger Prägung. Das Institut geht dort auf das Jahr 1269/70 zurück, als Ludwig der Heilige Vorschriften über die Authentizität und die Vollstreckbarkeit von Urkunden der Pariser Notare erließ. Sie wurden 1304 auf alle französischen Notare ausgedehnt[1].

Am Ende des *ancien régime* existierten verschiedene Kategorien von Notaren nebeneinander: königliche und lokalherrschaftliche Notare - diese nur mit räumlich beschränkter Beurkundungskompetenz - sowie von Bischöfen und Erzbischöfen, später vom König ernannte kirchliche Notare. Ihre Zahl von insgesamt etwa 14000 überstieg den Bedarf des Rechtsverkehrs allerdings bei weitem[2]. Die Sitte der Gefälligkeitsernennungen aus Prestigegründen führte dazu, daß in den *cahiers de doléances* am Vorabend der Revolution die Notare ihren dringenden Wunsch nach einer Neuordnung der Zuständigkeiten und nach einer Verringerung der Notarsposten äußerten[3].

Die Revolution brachte dem Notarsstand zunächst offene Feindseligkeit entgegen, mußte aber zur Sicherstellung eines geordneten Rechtsverkehrs immer mehr von anfänglichen Maximalpositionen abrücken[4]. Im Zuge der napoleonischen Kodifizierungen kam das grundlegende Gesetz vom 25. ventôse des Jahres XI (16. März 1803) über die Organisation des Notariats zustande. Darin wurde ein einheitliches, bedarfsorientiertes Notariat mit berufsständischen Auf-

---

[1] *Jongbloed*, S. 142.

[2] *Moreau*, S. 43 f. *Magnan*, S. 31, nennt dagegen die Zahl 40000.

[3] *Moreau*, S. 52.

[4] *Moreau*, S. 68 ff.

sichtsorganen geschaffen, der öffentliche Status seiner Mitglieder und damit ihre Vertrauenswürdigkeit verankert und die Vollstreckbarkeit notarieller Urkunden „in der gesamten Republik“ festgelegt.

Das Gesetz hat im Lauf der Zeit Änderungen und Einschränkungen[5] erfahren, die jedoch nie die Titeleigenschaft der notariellen Urkunde berührten. Auch nach der umfassenden Reform von 1993 ist der mit der Vollstreckungsklausel versehene[6] *acte notarié* nach Art. 3 des Gesetzes Nr. 91-650 vom 9.7.1991[7] Vollstreckungstitel. Allerdings ist mittlerweile die Geschlossenheit der Kodifikation verlorengegangen, so daß das Verhältnis verschiedener Vorschriften zueinander ungeklärt ist und deshalb insbesondere über den zulässigen Inhalt der Urkunde Uneinigkeit besteht.

2. Zusammenhang von materiellem Anspruch und Titel

Die Zuerkennung der Vollstreckungskraft (*force exécutoire*) beruht auf der Beweiskraft (*force probante*) der Urkunde, deren Inhalt bis auf weiteres als wahr betrachtet wird[8]. Die Vollstreckungswirkung der Urkunde scheint sich für die h. M. als Reflex aus der qualifiziert dokumentierten Verpflichtungswirkung zu ergeben[9].

Eine besondere Unterwerfungserklärung ist nicht erforderlich[10]. Damit gibt es in der Urkunde selbst keine sichtbare Unterscheidung zwischen materiellem Rechtsgeschäft und Titel. Die französische Rechtslehre trennt dennoch zwei Aspekte voneinander: das Rechtsgeschäft (*negotium*), das ausschließlich dem Willen der Parteien entspringt[11], und die Urkundenerrichtung mit vollstrekkungsrechtlicher Wirkung (*instrumentum*)[12], jedoch ohne anordnenden Charakter seitens der Beurkundungsperson[13].

---

5 Insbesondere: zwei Dekrete vom 26.11.1971; Gesetz vom 15.6.1976 über bestimmte Formen der Forderungsübertragung.

6 Damit werden all die notariellen Urkunden von der Zwangsvollstreckung ausgenommen, die aufgrund Notarsverfahrensrechts wegen ihres Inhalts nicht mit der Klausel versehen werden dürfen.

7 Im folgenden: G1991.

8 *Colin*, S. 26; *Moreau*, S. 139; s. unten III. 6. a) zum Verfahren der *inscription de faux*.

9 *Pamboukis*, Rn. 348 m. w. N.

10 A. A. *O'Malley/Layton*, Rn. 50.70: Der Notar erteile die Vollstreckungsklausel nur dann, wenn der Schuldner seine Zustimmung zur Vollstreckbarkeit geäußert habe; diese Meinung findet sich in dieser Allgemeinheit nirgendwo sonst bestätigt, entspricht aber der Rechtslage in Elsaß-Lothringen.

11 *Holleaux/Foyer/de Geouffre de La Pradelle*, Rn. 915.

12 *Moreau*, S. 143.

13 *Holleaux/Foyer/de Geouffre de La Pradelle*, Rn. 915.

Etwas anders ist die Rechtslage in den drei Departements Haut-Rhin, Bas-Rhin und Moselle, in denen die Vorschrift des § 794 Abs. 1 Nr. 5 dt. ZPO als lokales Recht aufrechterhalten wurde; sie bleibt dort auch nach der Vollstrekkungsrechtsreform in Kraft[14] und macht die ausdrückliche Unterwerfungserklärung zur Wirksamkeitsvoraussetzung. Bei Urkunden aus anderen Departements, die in Elsaß-Lothringen vollstreckt werden sollen, wird die Unterwerfungserklärung als implizit abgegeben betrachtet[15].

3. *Errichtung der Urkunde*

Art. 1317 C.civ. definiert die öffentliche Urkunde im Abschnitt über den Urkundsbeweis. Sie muß danach mit den erforderlichen Förmlichkeiten durch öffentliche Beamte aufgenommen worden sein, die das Recht zur Urkundenerrichtung an dem Ort innehaben, an dem die Urkunde abgefaßt wurde. Derartige Dokumente erbringen vollen Beweis über den Vertrag, den sie beinhalten (Art. 1319 Abs. 1 C.civ.).

Beurkundungspersonen *par excellence* und mit Exklusivitätsanspruch sind in Frankreich die Notare, die das Gesetz als „*die* öffentlichen Beamten zur Authentifizierung" bezeichnet[16]. Ihre Ausbildung umfaßt heutzutage[17] den Hochschulabschluß der *maîtrise en droit*, eine praktische Ausbildung von mindestens zweieinhalb Jahren sowie das *certificat d'aptitude aux fonctions de notaire* oder das universitäre *diplôme supérieur de notariat.*

Der Notar ist zwar unabsetzbarer Staatsbeamter der freiwilligen Gerichtsbarkeit[18], jedoch kein alimentierter Staatsdiener, sondern Freiberufler. Seinen Klienten haftet er nicht nach Staatshaftungsrecht, sondern nach privatrechtlich-deliktischen Grundsätzen (Art. 1382 C.civ.); ihnen gegenüber ist ihm jedoch eine gesetzliche Pflicht zur Beurkundung auferlegt. Die örtliche Zuständigkeit des Notars erstreckt sich auf den gesamten europäischen Teil Frankreichs; außerhalb dieser Grenzen aufgenommene Akte sind nur mit Unterschrift der Parteien schuldrechtlich wirksam und besitzen selbst dann keine Vollstreckungswirkung[19]. Ebenso begründet die Unterschrift der Parteien bei Verletzung gewisser Verfahrens- und Formvorschriften die Wirksamkeit des Dokuments als

---

14 *Lapp*, S. 6.

15 *Encyclopédie Dalloz „Procédure", „Alsace et Lorraine (Voies d'exécution)"* von 1981, Rn. 25.

16 Art. 1 ordonnance vom 2.11.1945; Hervorhebung von mir.

17 Dekrete 73-609 v. 5.7.1973, 80-157 v. 19.2.1980, 86-728 v. 29.4.86.

18 *Moreau*, S. 131 ff.

19 Art. 8, 9 décret 71-942 v. 26.11.1976 i. d. F. v. 29.4.1986.

privatschriftliche Urkunde[20], wenn auch die Vollstreckbarkeit entfällt. Schuldrechtliche und prozessuale Wirksamkeit können demnach auseinanderfallen.

Der Notar wird nicht als „beglaubigender Schreiber" gesehen, sondern als tätiger und unparteiischer Berater, der Ausgewogenheit und Sittengemäßheit des Vertrags sicherstellt und den Willen der Parteien mit der Rechtsordnung in Einklang bringt[21]. Eine ordnungsgemäße Beurkundung wird u. a. durch Beurkundungsverbote bei zu großer Nähe zu den Parteien gewährleistet.

Durch schriftlich abgenommenen Eid kann der Notar bestimmte Hilfskräfte zur Aufnahme von Urkunden ermächtigen; die schlußendliche Authentifizierung bleibt jedoch ihm allein vorbehalten[22]. Dem notariell beurkundeten Vertrag werden durch die Rechtsprechung vor dem Notar errichtete und bei ihm verwahrte Schuldanerkenntnisurkunden (*actes de reconnaissance*) gleichgestellt[23]. Von Urkunden über eine Hypothek oder ein besonderes Immobilienprivileg können durch den Notar Orderausfertigungen erteilt werden, die per Indossament übertragbar sind[24]; Inhaberausfertigungen sind unzulässig. Das Indossament muß seinerseits durch Notariatsakt auf der vollstreckbaren Ausfertigung festgestellt werden.

4. Mit vollstreckbaren Urkunden vollstreckungsfähige Ansprüche

Inhaltlich ist die notarielle Urkunde nach Art. 19 Abs. 1 des Gesetzes vom 25. ventôse des Jahres XI keinen Beschränkungen unterworfen. Das bedeutet insbesondere, daß danach sowohl die Zahlungsverpflichtung als auch die Gegenleistung unmittelbar erzwungen werden können. Daraus leitet man zumeist ab, Verbindlichkeiten jeder Art könnten vollstreckbar beurkundet werden[25]. Welche Vollstreckungsmittel dann für andere als Geldansprüche zur Verfügung

---

[20] Art. 23 décret Nr. 71-941 v. 26.11.76; in Betracht kommen u. a.: Testamentswiderruf vor nur einem Notar statt zweien; Beurkundung zugunsten naher Angehöriger; Beteiligung eines minderjährigen Zeugen.

[21] *Moreau*, S. 141 f.

[22] *Moreau*, S. 144.

[23] *Cass.Civ. 2e chambre*, Gaz. Pal. 1968 I, 250.

[24] Gesetz n° 76-519 vom 15.06.1976; s. *Vincent*, Rn. 68.

[25] s. nur *Encyclopédie Dalloz „Procédure"* unter *„Alsace et Lorraine (Voies d'exécution)"* von 1981, Rn. 25: Das Lokalrecht sei mit § 794 Abs. 1 Nr. 5 inhaltlich strenger als das gesamtfranzösische, wonach der Notar *jede* authentische Urkunde vollstreckbar erklären könne.

Nach der hier vertretenen Ansicht ist das lokale Recht bezüglich des Urkundeninhalts theoretisch sogar geringfügig großzügiger: auch vertretbare Sachen, deren Wert nicht festgestellt werden kann, können in Elsaß-Lothringen Gegenstand einer exekutorischen Beurkundung sein.

stehen sollen, wird aber nicht ausgeführt[26]. Einer einzelnen Literaturmeinung zufolge dürfen vollstreckbare Ausfertigungen dagegen nur von Verträgen über *créances certaines et liquides*, also Geldschulden in bestimmter Höhe, erteilt werden[27]. Wie sich diese Regel zum elsaß-lothringischen Lokalrecht verhält, das ja wie § 794 Abs. 1 Nr. 5 dt. ZPO die Urkundenvollstreckung aus Ansprüchen auf vertretbare Leistungen und aus Grundpfandrechten vorsieht, ist - soweit erkennbar - nicht erörtert worden.

Abschließend ist die Frage des möglichen Urkundeninhalts also nicht geklärt; m. E. spricht allerdings entscheidend für die restriktive Mindermeinung mit Beschränkung auf Geldansprüche, daß das G1991 als neueste und immerhin als Vorstufe zur Neukodifikation gedachte[28] einschlägige Regelung nur notarielle Urkunden über Geldforderungen behandelt. Ausdrücklich schließt das G1991 aber die erzwungene Räumung von Gebäuden und Wohnungen aufgrund einer notariellen Urkunde aus; Art. 61 G1991 setzt hierfür als Titel eine gerichtliche Entscheidung oder ein vollstreckbares Protokoll einer Güteverhandlung voraus.

II. Die Durchführung der Vollstreckung[29]

1. Einleitung des Vollstreckungsverfahrens

Die Urkunde muß sich auf eine Schuld beziehen, die *liquide et exigible* ist, Art. 2 G1991. Art. 551 des a.C.p.c. setzt des weiteren voraus, daß die Forderung *certaine* sei. Dieses Erfordernis wird im Anschluß an die Dogmatik der älteren Vollstreckungsmaßnahmen dahingehend verstanden, daß die Forderung prinzipiell begründet sein muß, daß an ihr kein Zweifel bestehen darf[30]. Aus der Tatsache, daß das G1991 Art. 551 a.C.p.c. nicht aufgehoben hat, schließt *Donnier*, daß das Merkmal *certain* nach wie vor Gültigkeit besitze[31]. Es hat aber m. E. selbst dann keine eigenständige Bedeutung mehr, weil ja der erforderliche

---

26 s. insbesondere zum beschränkten Anwendungsbereich des Zwangsgeldes unten III. 2. b) bb).

27 *Colin*, S. 28, unter Berufung auf Art. 1, 5 Nr. 3 Gesetz Nr. 76-519 vom 15.6.1976; *Colin* erwägt dabei nicht, daß es sich bei diesen Vorschriften möglicherweise um Sonderregeln für Urkunden über Geldleistungen handelt, die andere Titelinhalte unberührt lassen. Dies liegt deshalb nahe, weil das Gesetz Nr. 76-519 „bestimmte Formen der Forderungsübertragung“, insbesondere die Indossierung vollstreckbarer Urkunden, regelt.

28 *Donnier*, Rn. 17 ff.

29 Die ausführliche und über die Urkundenvollstreckung hinausgehende Darstellung rechtfertigt sich durch die 1991/92 eingeführten grundlegenden Neuerungen.

30 *Donnier*, Rn. 251.

31 *Donnier*, Rn. 250, Fn. 2.

vollstreckbare Titel die (ursprüngliche) Begründung der Forderung unbestreitbar ausweist[32]. *Liquide* ist die Forderung nach Art. 4 G1991 dann, wenn sie in Geld bemessen ist oder der Titel alle Angaben enthält, die ihre Bewertung in Geld erlauben. Diese Anforderungen an den Titel sind Folge des Art. 1142 C.civ.: indem er festlegt, daß die Verletzung von Tuns- oder Unterlassensverpflichtungen grundsätzlich lediglich Schadensersatz zur Folge hat, schließt er die *direkte* Erzwingung des geschuldeten Verhaltens aus[33]. Daraus ergibt sich die Regel, daß grundsätzlich wegen Geldforderungen vollstreckt wird, worauf eben auch der Titel zugeschnitten sein muß[34].

Die Ausfertigung der Urkunde versieht der Notar gemäß Art. 18 décret v. 26.11.1971 mit der für Urteile gebräuchlichen Vollstreckungsklausel. Erst diese Exekutionsanweisung macht die Urkunde gemäß Art. 502 n.C.p.c., 3 Nr. 4 G1991 zum Vollstreckungstitel.

2. *Mittel der Zwangsvollstreckung*[35]

a) Geldleistungstitel

G1991 und das Ausführungsdekret Nr. 92-755 vom 31.7.1992[36] haben das Recht der Mobiliarzwangsvollstreckung bedeutend umgestaltet[37]: die *saisie-vente* (Vollstreckung in bewegliche Sachen wegen Geldforderungen, Art. 50 G1991) trat an die Stelle der *saisie-exécution* und der *saisie-arrêt des créances de livraison de meubles corporels*; die *saisie-attribution* (Vollstreckung in Geldforderungen wegen Geldforderungen, Art. 42 G1991) ersetzte die *saisie-arrêt des créances de sommes d'argent*. Abgeschafft wurde die überkommene *saisie-brandon* (Pfändung von Früchten auf dem Halm), die nur mehr als Unter-

---

[32] Ähnlich (und damit abweichend von Rn. 250, Fn. 2) auch *Donnier*, Rn. 113; *Blanc* erblickt das Merkmal *certain* im Begriff *constatant* („feststellend“) des Art. 2 G1991.

[33] *Donnier*, Rn. 10.

[34] Ausnahmsweise wird „Vollstreckung in Natur“ von Nicht-Geldforderungen zugelassen, nämlich bei der Beseitigungspflicht des Art. 1143 C.civ., bei der gerichtlichen Gestattung der Ersatzvornahme nach Art. 1144 und bei der Räumung (*expulsion*, die aber nicht aufgrund einer notariellen Urkunde stattfinden kann, vgl. oben I. 4.) und der Herausgabevoll-streckung (*appréhension de meubles corporels*); übergeordneter Gesichtspunkt hierfür ist, daß in den genannten Fällen nicht in die persönliche Freiheit des Schuldners eingegriffen wird; vgl. *Donnier*, Rn. 11.

[35] Die folgende Darstellung erstreckt sich lediglich auf das ab dem 1.1.1993 geltende Recht und nimmt auf frühere Regelungen nur dort Bezug, wo dies zur Erläuterung notwendig erscheint. - Die Münchener Dissertation von *Traichel* über „Die Reform des französischen Zwangsvollstreckungsrechts“ konnte nicht mehr berücksichtigt werden.

[36] Im folgenden: D1992.

[37] *Donnier*, Rn. 25-35.

fall der *saisie-vente* vorkommt[38]. Neuartige Maßnahmen schließlich sind die *exécution sur les véhicules terrestres à moteur* (Kraftfahrzeugpfändung durch Erklärung des Gerichtsvollziehers gegenüber der Präfektur oder durch Stillegung des Fahrzeugs, Art. 57 f. G1991, Art. 164-177 D1992), und die *saisie des droits d'associé et des valeurs mobilières* (Pfändung von Anteilen an Personengesellschaften und Aktien, Art. 59 f. G1991, Art. 178-193 und - als Sicherungsmaßnahme - Art. 244-249 D1992). Das Verfahren der Immobiliarvollstreckung bleibt dagegen unverändert. Somit ergibt sich eine Dreiteilung der Rechtsquellen: der n.C.p.c. regelt das Verfahren, G1991 und D1992 (die ihrerseits wieder Vorschriften des C.o.j. und des C.trav. modifizieren[39]) die allgemeinen Grundsätze der Zwangsvollstreckung und die Mobiliarvollstreckung und der a.C.p.c. von 1858 die Immobiliarexekution[40]. Eine gewisse Unübersichtlichkeit der Materie ist die Folge.

aa) Vollstreckung in Geldforderungen (saisie-attribution)

Die Forderungspfändung erfolgt durch Pfändungsakt des Gerichtsvollziehers und läßt die Forderung unmittelbar auf den Pfändungsgläubiger übergehen. Wirksam wird sie durch Bekanntgabe gegenüber dem Drittschuldner, die unter anderem das Verbot enthält, über die geforderten Summen zu verfügen (*défense de disposer des sommes réclamées*), Art. 56 D1992. Art. 43 Abs. 1 S. 1 G1991 begrenzt die Wirkung der Pfändung auf die Höhe der Forderung, derentwegen vollstreckt wird[41]. Binnen acht Tagen ist die Pfändung dem Schuldner bekanntzugeben; anschließend verliert sie ihre Wirkungen (Art. 58 D1992). Dieser Akt des Gerichtsvollziehers enthält kein Gebot, sich der Verfügung über die Forderung zu enthalten, wie es § 829 Abs. 1 S. 2 dt. ZPO vorschreibt.

Was die Verwertung betrifft, so darf der Pfändungsgläubiger nach Art. 45 Abs. 2 G1991 erst nach Ablauf eines Monats, d. h. mit Ende der Rechtsbehelfsfrist, vom Drittschuldner Zahlung verlangen. Er erhält zu diesem Zweck ein Unanfechtbarkeitszeugnis.

Interessant ist die Wirkung der Pfändung. Die Forderung wird nämlich dem ersten Pfändenden zugewiesen, ohne daß weitere Pfändungen oder Konkursverfahren dies beeinträchtigen könnten, Art. 43 Abs. 2 G1991. Er erwirbt damit ein Vorrecht[42] und muß nicht, wie nach §§ 853, 804 Abs. 3 dt. ZPO möglich, weitere konkurrierende Pfändungen fürchten.

---

[38] *Saisie des récoltes sur pied*, Art. 134-138 D1992.

[39] s. z.B. Art. 5-9, 48 f. G1991, Art. 6 f., 80 D1992.

[40] *Donnier*, Rn. 22.

[41] Zur entsprechenden Praxis in Deutschland *Jauernig*, § 19 V 4.

[42] *Donnier*, Rn. 703 ff.: „*un véritable privilège*".

bb) Vollstreckung in Einkommensforderungen (saisie des rémunérations)

Diese Vollstreckungsart, die in den Art. L.145-1 bis L.145-13 und R.145-1 bis R.145-44 C.trav. geregelt ist, erscheint zunächst als bloßer Unterfall der Geldforderungspfändung. Da aber zum Schutz des Einkommensempfängers das Vollstreckungsgericht im Vorfeld der Pfändung stärker beteiligt ist[43], ergeben sich besondere Rechtmäßigkeitsvoraussetzungen. Dazu gehört zum einen die Güteverhandlung (*conciliation*, Art. L.145-5 Abs. 2, R.145-9 bis 145-15 C.trav.), die eine Involvierung des Arbeitgebers in Einkommenspfändungen möglichst verhindern soll. Ihre Versäumung hat die Nichtigkeit der Pfändung zur Folge, Säumnis des Schuldners führt grundsätzlich zur sofortigen Pfändung. Das Protokoll der erfolgreichen Güteverhandlung ist nach Art. 3 Nr. 3 G1991 seinerseits Vollstreckungstitel. Scheitert die *conciliation*, prüft der Vollstreckungsrichter den Titel und die Forderung und nimmt dann die Pfändung vor. Außerdem muß der Pfändungsakt dem Arbeitgeber zugestellt werden, Art. R.145-19 C.trav.

cc) Mobiliarvollstreckung (saisie-vente)

Grundsätzlich hat der Gläubiger nach Art. 22 G1991 die freie Wahl zwischen sämtlichen Vollstreckungsmaßnahmen. Die *saisie-vente* in Wohnräumen des Schuldners ist jedoch dann subsidiär, wenn bis zu einem Betrag von 3500 Francs[44] eine Forderungspfändung, insbesondere eine Einkommenspfändung möglich ist und die Vollstreckung nicht zur Erfüllung einer Unterhaltsforderung erfolgt, Art. 51 Abs. 1 G1991 i. V. m. Art. 82 D1992. Daher ist ein besonderes *commandement* erforderlich, in dem dem Schuldner aufgegeben wird, dem Gerichtsvollzieher seinen Arbeitgeber und seine Bankverbindungen anzugeben (Art. 51 Abs. 2 G1991 i. V. m. Art. 83 Nr. 3 D1992). Das in Art. 50 Abs. 1 G1991 vorausgesetzte *commandement* ist die Benachrichtigung des Schuldners vom Vollstreckungstitel, die der Gerichtsvollzieher vornimmt[45]. Art. 88 D1992 bestimmt, daß die Pfändung erst acht Tage nach der Bekanntgabe des *commandement* beginnen darf. Die Verwertung durch öffentliche Versteigerung darf erst einen Monat nach der Pfändung erfolgen; bis dahin hat der Schuldner das Recht zum freiwilligen Verkauf.

---

[43] *Blanc*, S. 73 f.; so ist nach Art. R.145-16 C.trav. nicht der *huissier*, sondern mit dem *greffier en chef* eine Gerichtsperson für den Ablauf der Einkommenspfändung zuständig.

[44] Entsprechend etwa DM 1000.

[45] *Donnier*, Rn. 524.

Ein besonderes Verfahren der Vollstreckung in bewegliche Sachen bildet die *exécution sur les véhicules terrestres à moteur* (Vollstreckung in Kraftfahrzeuge)[46].

dd) Immobiliarzwangsvollstreckung (saisie immobilière)

Rechtsquellen sind Art. 673-748 a.C.p.c. und Art. 2204-2217 C.civ. Im Gegensatz zur Mobiliarpfändung ist das gesamte Verfahren bereits vor der Geltendmachung von Einwendungen ein gerichtliches[47]; zuständig ist das *tribunal de grande instance.*

Art. 2204 C.civ. stellt dem Eigentum den Nießbrauch als pfändbares Grundstücksrecht gleich[48]. Das Erfordernis eines Vollstreckungstitels ergibt sich hier aus Art. 2213 C.civ. und Art. 551 a.C.p.c., der ebenfalls eine sichere und fällige Geldschuld zum Ausdruck bringen muß. Gibt der Titel nur eine in Geld *berechenbare* Schuld an, so darf gemäß Art. 2213 C.civ. der Zuschlag erst nach der *liquidation* (Berechnung der Schuld in Geld) erfolgen.

Wie bereits bei der *saisie-vente* ist ein *commandement* erforderlich. Es wird vom Gerichtsvollzieher abgefaßt, dem Schuldner zugestellt und bewirkt nach Art. 674 Abs. 1 a.C.p.c. die Pfändung der bezeichneten Güter; seine volle Wirkung entfaltet es jedoch erst mit Bekanntgabe gegenüber dem *bureau des hypothèques*, dies allerdings rückwirkend[49].

Eine Pfändung ist auch gegenüber einem *tiers détenteur* (Rechtsnachfolger am Eigentum) des Grundstücks möglich, obwohl dieser persönlich nicht verpflichtet ist. Das ihm gegenüber geltend gemachte dingliche Recht wird im selben Verfahren verwirklicht wie eine Grundstückspfändung wegen Geldschulden. In diesem Fall muß zusätzlich zum *commandement* gegenüber dem Altschuldner[50] dem *tiers détenteur* nach Art. 2269 C.civ. eine Aufforderung zugestellt werden, entweder zu zahlen oder das Grundstück aufzugeben. Auch sie ist dem *bureau des hypothèques* anzuzeigen.

---

46 Da die Maßnahme sowohl auf die Sicherung des Vermögenswerts als auch auf spätere Verwertung ausgerichtet ist, ordnet *Donnier* sie bei den „gemischten Maßnahmen“ ein.

47 *Donnier*, Rn. 867.

48 *Donnier*, Rn. 862-2, hält in ergänzender Auslegung auch weitere dingliche Grundstücksrechte für pfändbar.

49 *Donnier*, Rn. 875, Fn. 7 m. N. der Rspr.

50 Der zwar nicht mehr dinglich, wohl aber schuldrechtlich verpflichtet bleibt, da in dieser Konstellation Forderung und Hypothek auseinanderfallen.

Das zum gerichtlichen Verkauf führende Verkaufsverfahren[51] beinhaltet als letzte Etappe die öffentliche Kundmachung der Versteigerung nach Art. 696 ff. a.C.p.c., das eine möglichst starke Beteiligung und damit einen möglichst hohen Zuschlagspreis gewährleisten soll. Die Mißachtung dieser Vorschriften führt gemäß Art. 715 a.C.p.c. zur Nichtigkeit der Pfändung, wenn den Interessen der beteiligten Parteien Schaden entstanden ist.

b) Handlungs- und Unterlassungstitel

aa) Herausgabe beweglicher Sachen (saisie-appréhension)

Entgegen Art. 1142 C.civ. erlaubt Art. 56 G1991 i. V. m. Art. 140 - 154 D1992 die Herausgabevollstreckung in Natur, ohne daß der Gläubiger auf den Umweg über eine Schadensersatzforderung verwiesen wäre. Diese Möglichkeit besteht, wenn der Schuldner bewegliche Sachen (erstmalig) zu liefern hat oder sie zurückzugeben hat, also in beiden Fällen eine Besitzverschaffungspflicht besteht. Sonderregeln gelten lediglich für die Herausgabe von Kraftfahrzeugen und von Sachen in Bankschließfächern. Die Rechtfertigung für diese ausnahmsweise Naturalvollstreckung wird unter anderem darin gesehen, daß die Sachen dem Schuldner nicht gehören[52] und somit der Grundsatz des Selbsthilfeverbots nicht verletzt werde[53].

---

[51] s. i. e. Donnier, Rn. 934-972.

[52] Das Eigentum geht bei Stückschulden bereits durch den Vertragsschluß über, Art. 1138 Abs. 2 C.civ., bei Gattungsschulden nach h. M. mit der Konkretisierung (*Ferid/Sonnenberger*, Rn. 2 G 210 ff.). Deshalb scheint es, daß die Konkretisierung gegebenenfalls zunächst mittels Zwangsgeldes (*astreinte*, s. sogleich bb)) erzwungen werden muß. Denn bei einer Herausgabevollstreckung - insbesondere aufgrund einer notariellen Urkunde - wird der Schuldner materiellrechtlich einwenden, ihn treffe (noch) keine Pflicht zur Herausgabe *bestimmter* Sachen, und wird verfahrensrechtlich die Unbestimmtheit des Titels rügen. Der Akt der Konkretisierung kann aber in Übereinstimmung mit Art. 1142 C.civ. nur indirekt über eine *astreinte* erzwungen werden.

Das Gesetz scheint ebenfalls von dieser Sichtweise auszugehen, denn der Text spricht mit dem bestimmten Artikel von „les *biens*", und Art. 149 Abs. 1 D1992 fordert ausdrücklich ein „*bien meuble* déterminé". In Art. 144 D1992 schließlich heißt es „*Si* le *bien a été appréhendé pour être remis à son* propriétaire ..."; bei Gattungsschulden kann der Pfändungsgläubiger aber erst nach Konkretisierung Eigentümer sein.

[53] *Donnier*, Rn. 474.

bb) Vollstreckung durch Zwangsgeld (astreinte)

Die in der Reformgesetzgebung in den Art. 33-37 G1991 und 51-53 D1992 neu[54] kodifizierte *astreinte* als gläubigernütziges Zwangsgeld dient der Durchsetzung von Verhaltensverpflichtungen[55]. Nach Art. 33 Abs. 1 G1991 muß sich eine solche Verpflichtung allerdings aus einem richterlichen Ausspruch ergeben und die *astreinte* somit der Durchsetzung einer *richterlichen* Entscheidung dienen. Diese Regelung ist Konsequenz der Konzeption der *astreinte* als Zwangsmittel, das dem Gericht aufgrund seiner Amtsgewalt zur Verfügung steht, um seinen Entscheidungen Nachdruck zu verleihen[56]. Einige Erwägungen im *Bericht an die Assemblée nationale*[57] sprechen dafür, auch notarielle Urkunden mittels *astreinte* zu vollstrecken: So soll dem Richter das wirkungsvollste Mittel an die Hand gegeben werden, um eventuelle Schwierigkeiten bei der Vollstreckung zu beseitigen[58]; wenn nun ein Anspruch auf höchstpersönliche Handlung beurkundet ist, stellt die *astreinte* das einzige Durchsetzungsmittel dar. Außerdem wird dem Vollstreckungsrichter die Möglichkeit eingeräumt, auch Aussprüche *anderer* Gerichte mit Zwangsgeld durchsetzen können[59]. Damit geht es nicht mehr nur darum, der *eigenen* Entscheidung Respekt zu verschaffen, sondern um eine effektive und effiziente Verwirklichung des Anspruchs, der auch durch Beurkundung durch den Notar vollstreckbar gestellt werden kann.

Gegen diese Sichtweise kann ins Feld geführt werden, daß das Gesetz eindeutig von „*exécution de sa* décision“ spricht[60]. Auch solche Titel, die andere Rechtspflegeorgane als der Vollstreckungsrichter geschaffen haben, sind nur *astreinte*-fähig, wenn es sich um Entscheidungen handelt; zu deren Erlaß sind die Notare jedoch keinesfalls befugt. Die systematische Stellung der *astreinte* im G1991, nämlich bei den allgemeinen Vorschriften des Kapitels II und nicht bei den Vorschriften über Zwangsvollstreckungsmaßnahmen, deutet ebenfalls darauf hin, daß sie eine Maßnahme darstellt, die sich noch nicht voll zum generell anwendbaren Zwangsmittel entfaltet hat.

---

[54] Das richterrechtlich entwickelte Institut wurde erstmals im Gesetz Nr. 72-625 vom 5.7.1972 legislatorisch geregelt.

[55] s. etwa *Donnier*, Rn. 187.

[56] Vgl. hierzu *Donnier*, Rn. 192.

[57] *Catala*, 72 f.; der erläuterte Gesetzesvorschlag ist in dieser Form Gesetz geworden.

[58] *Catala*, S. 73.

[59] *Catala*, S. 73.

[60] Art. 33 Abs. 1 G1991; *Donnier*, Rn. 186 hält diesen Gesichtspunkt für entscheidend.

Donnier vertritt die Ansicht, daß die Verwirkung einer *astreinte* vertraglich bedungen werden kann, letztlich aber vom Richter festzusetzen ist[61]. Diese Auslegung kommt sicherlich den Bedürfnissen der Praxis entgegen, steht aber im Widerspruch zum - auch von *Donnier* für ausschlaggebend gehaltenen - Gesetzeswortlaut. M. E. ist deshalb zu folgern, daß Verhaltensansprüche zwar notariell beurkundet werden können, daß für ihre Durchsetzung jedoch das für Urteile gebräuchliche Zwangsmittel der *astreinte* nicht zur Verfügung steht[62].

III. Die Rechtsbehelfe des Schuldners

1. Systematisierung

Anders als die dt. ZPO mit ihrer Unterscheidung zwischen Erinnerung und materiellen Rechtsbehelfen ordnet das französische Recht jeder Pfändungsart ihre eigenen Behelfe zu: so etwa für die *saisie-vente* die Einwendungen nach Art. 126-133 D1992, für die *saisie-attribution* die Einwendungen nach Art. 65-68 D1992. Dabei wird nur bei der *saisie-vente* nach dem Inhalt der Einwendungen unterschieden (*contestations relatives aux biens saisis* und *relatives à la validité de la saisie*), während bei der *saisie-attribution* ganz allgemein von *contestations* die Rede ist. Die Literatur systematisiert diese *contestations* aber nach der gewohnten Unterscheidung zwischen materiellen und formellen Fehlern[63].

Zusätzlich bestehen weitere Möglichkeiten des Schuldners, durch bestimmte Anträge die Vollstreckung ganz oder teilweise zu hindern. Diese dienen aber nicht der gerichtlichen Korrektur einer mit dem Recht nicht übereinstimmenden Entscheidung oder Maßnahme, sondern sollen eher eine fallweise Verwirklichung der Wertungen des Vollstreckungsrechts ermöglichen. Zu diesem Zweck sind sie häufig als Ermessenvorschriften ausgestaltet, die erst auf Antrag des Schuldners eingreifen. Im französischen Regelungswerk von 1991/92 erscheinen sie als *allgemeine* Vorschriften für alle Vollstreckungsmaßnahmen, wobei allerdings im Zusammenhang mit den einzelnen *saisies* Wiederholungen und Präzisierungen auftreten, die als *leges speciales* zu betrachten sind[64]. Diese Billigkeitsbehelfe können allerdings nur im Rahmen einer in Frankreich begon-

---

61 *Donnier*, Rn. 186, Fn. 3.

62 Als die vollstreckbare notarielle Urkunde 1803 gesetzlich neu geregelt wurde, war die *astreinte* zwar noch nicht entwickelt. Dagegen existierte bis 1867 das Zwangsmittel der Haft (*contrainte par corps*, vgl. *Donnier*, Rn. 179), so daß ursprünglich auch Ansprüche auf höchstpersönliche Handlungen aufgrund eines Notariatsakts vollstreckt werden konnten.

63 *Donnier*, Rn. 690.

64 Am deutlichsten Art. 58 S. 2 im Verhältnis zu Art. 22 Abs. 2 G1991.

nenen Exekution ergriffen werden; auf die Vollstreckbarkeit der Urkunde und ihre Exequaturfähigkeit haben sie keine Auswirkungen.

Hervorzuheben sind eingangs zwei allgemeine Regeln des n.C.p.c. über die Folgen von Verfahrensfehlern: Art. 114 Abs. 1 bestimmt, daß Fehler nur zur Nichtigkeit eines Vollstreckungsaktes führen, wenn diese ausdrücklich gesetzlich vorgesehen ist, es sei denn, es handelt sich um die Verletzung einer wesentlichen oder zwingenden Förmlichkeit („*pas de nullité sans texte*"). Abs. 2 verlangt aber - selbst für diese beiden Sonderfälle -, daß der den Fehler Vorbringende eine ihm dadurch entstandene Beschwer (*grief*) beweist („*pas de nullité sans grief*"). Schließlich gestattet Art. 115 die spätere Heilung, wenn der Fehler bis dahin nicht gerügt wurde und sie jegliche Beschwer ausräumt.

Ebenfalls im n.C.p.c. (Art. 9) findet sich die auch für vollstreckungsrechtliche Behelfe einschlägige allgemeine Beweislastregelung, derzufolge es jeder Partei obliegt, die Tatsachen zu beweisen, die zum Erfolg ihrer Behauptung (*prétention*) erforderlich sind. Deshalb ist mit der vollstreckbaren Urkunde keine Beweislastumkehr zuungunsten des Schuldners verbunden.

2. *Zuständigkeit*

Zuständig für die Entscheidung über alle Rechtsbehelfe ist der Vollstreckungsrichter. Dies ergibt sich zum einen aus der allgemeinen Kompetenznorm des Art. L.311-12-1 C.o.j. und zusätzlich aus einzelnen Zuweisungen im Zusammenhang mit dem jeweiligen Rechtsbehelf[65]. Eine Ausnahme bildet Art. L.145-5 i. V. m. R.145-6 C.trav. mit der Zuweisung an das *tribunal d'instance* bei Einkommenspfändungen.

3. *Rechtsmittel gegen Entscheidungen des Vollstreckungsgerichts*

Von den vollstreckungsspezifischen Rechtsbehelfen zu unterscheiden ist die Möglichkeit, gegen jede Entscheidung des Vollstreckungsrichters Berufung (*appel*) einzulegen, die Art. 28 f. D1992 innerhalb einer Frist von fünfzehn Tagen einräumen. Damit wird die Überprüfbarkeit der Entscheidung im Instanzenzug gewährleistet. Lediglich für das Verfahren der Immobiliarvollstreckung besteht ein besonderes, eingeschränktes Instanzensystem[66] nach Art. 732 a.C.p.c., das den Einspruch gegen Versäumnisentscheidungen vollständig und die Berufung weitestgehend ausschließt. Aufschiebende Wirkung entfaltet der

---

[65] Z. B Art. 65 und 130 D1992.

[66] *Donnier*, Rn. 1074.

appel nur dann, wenn der erste Präsident der *Cour d'appel* einem entsprechenden Antrag stattgibt (Art. 311-12-1 Abs. 5 S. 3 C.o.j. und i. e. Art. 30 D1992).

4. Die Vollstreckung beeinflussende Anträge des Schuldners

Der Schuldner kann Antrag auf Gewährung eines Zahlungsaufschubs (*délai de grâce*) stellen. Diese richterliche Anordnung eines Zahlungsziels war schon vor 1993 in Art. 1244 Abs. 2 C.civ. vorgesehen. Nach der Reform stellt Art. 1244-2 C.civ. klar, daß die Anordnung eines *délai de grâce* bereits eingeleitete Vollstreckungsmaßnahmen suspendiert, wohingegen sie nach Art. 513 n.C.p.c. Sicherungsmaßnahmen nicht berührt. Daneben kann beim Vollstreckungsrichter die Aufhebung einer unnützen oder mißbräuchlichen Maßnahme[67] beantragt werden.

5. Vollstreckungsrechtsbehelfe

a) Forderungspfändung (*saisie-attribution*)

Art. 45 G1991 setzt voraus, daß Einwendungen gegen die Forderungspfändung vorgebracht werden können. Eine nähere Systematisierung nehmen auch die einschlägigen Art. 65-68 D1992 nicht vor. *Donnier* unterscheidet zwischen materiellen Einwendungen - wie etwa Nichtbestehen der die Pfändung begründenden Forderung, ihrer mangelnden Bestimmtheit oder Fälligkeit oder der Unpfändbarkeit der Forderung - und formellen Rügen - beispielsweise Fehler des Titels oder des Pfändungsaktes, Mißachtung von Fristen[68].

Erhebt der Schuldner Einwendungen, so bestimmt Art. 46 G1991, daß die Zahlung durch den Drittschuldner aufgeschoben wird, wenn der Richter sie nicht gestattet. In Ausgestaltung dieser Vorschrift gestattet Art. 67 Abs. 2 D1992 dem Vollstreckungsrichter, vorläufig die Zahlung einer von ihm zu bestimmenden Summe anzuordnen (*...ordonner provisionnellement...*), falls es sich im Rahmen des Rechtsbehelfsverfahrens ergibt, daß weder der Betrag der Forderung des Pfändungsgläubigers noch die Schuld des Dritten ernsthaft bestreitbar sind; er erlegt dann dem Gläubiger ggf. die Pflicht zur Sicherheitsleistung auf.

---

[67] Am ehesten läßt sich dieser Behelf wohl mit einigen Fallgruppen des § 765a dt. ZPO vergleichen (s. i. e. *Baur/Stürner*, Rn. 804 m. w. N.): Wie § 765a ZPO sanktioniert auch Art. 22 Abs. 2 G1991 den Rechtsmißbrauch im Vollstreckungsrecht (Zum einen Baumbach/Lauterbach-*Hartmann*, § 765a Rn. 1, zum anderen *Blanc*, S. 42 f. m. N. aus der Rechtsprechung, allerdings mit einem starken Schwerpunkt auf dem Rechtsmißbrauch durch Überpfändung).

[68] *Donnier*, Rn. 690.

Alle Einwendungen des Schuldners bezüglich der Pfändung sind innerhalb einer Frist eines Monats geltend zu machen, Art. 45 Abs. 1 G1991; anschließend ist nur mehr die Klage auf Rückforderung einer ungerechtfertigten Bereicherung möglich, Abs. 3.

b) Einkommenspfändung (*saisie des rémunérations*)

Einwendungen - wieder im umfassenden Sinn[69] - können ohne gesetzliche Fristbestimmung vorgebracht werden. Da die Materie im C.trav. angesiedelt ist, verweist dessen Art. R.145-6 hierfür auf das gewöhnliche zivilprozessuale Verfahren.

c) Mobiliarvollstreckung (*saisie-vente*)

Art. 126 ff. D1992 regeln die Einwendungen bezüglich der gepfändeten Güter (*contestations relatives aux biens saisis*). In diesem Rahmen unterscheidet der Text zwischen Einwendungen hinsichtlich des Eigentums und hinsichtlich der Pfändbarkeit. Über den Rechtsbehelf entscheidet der Vollstreckungsrichter. Der Antrag hindert die Pfändung nicht, setzt aber das nachfolgende Verfahren aus, Art. 126 D1992.

Fremdeigentum kann nicht nur der Dritteigentümer[70] geltend machen, sondern auch der gepfändete Schuldner. Während jener die „Entziehung“ (*distraction*) der gepfändeten Sache aus dem Verfahren verlangt, beantragt dieser die Nichtigkeitserklärung der Pfändung der fremden Sache. Die Unpfändbarkeit[71] können sowohl der Schuldner als auch der jeweilige Gerichtsvollzieher vorbringen, jener allerdings nur während eines Monats ab Benachrichtigung vom Pfändungsakt.

Andere formelle oder inhaltliche Mängel der Pfändung kann der Schuldner bis zum Verkauf durch Antrag auf Nichtigerklärung geltend machen, Art. 131

---

[69] Bezogen auf den Anwendungsbereich der Einkommenspfändung, ihre Voraussetzungen, das Verfahren und die Wirkungen, *Donnier*, Rn. 760.

[70] *Donnier* (Rn. 620 f.) stellt dem Dritteigentümer den Inhaber anderer dinglicher Rechte (Nießbrauch, Pfand) gleich, was wohl dem traditionellen Begriff der *distraction* entspricht, aber im D1992 keine Stütze findet, das in Art. 128 von *propriétaire d'un bien saisi* spricht.

[71] Art. 131 Abs. 1 D1992 lautet: ... *un vice de forme ou de fond* autre que *l'insaisissabilité* ...; die Pfändbarkeit wird also den materiellen Vollstreckungsvoraussetzungen zugeordnet, während sie in Deutschland im Rahmen von § 766 ZPO vorzubringen wäre, vgl. Baumbach/Lauterbach-*Hartmann*, § 811 Rn. 14.

D1992. Dieser Nichtigkeitsantrag setzt den Pfändungsvorgang[72] nur dann aus, wenn es der Richter ausdrücklich anordnet.

d) Herausgabevollstreckung (*saisie-appréhension*)[73]

Rechtsbehelf gegen die Herausgabevollstreckung ist das Vorbringen von *contestations*, von Einwendungen. Art. 141 Abs. 1 Nr. 4 D1992 über die Abfassung des *commandement* setzt diese Möglichkeit voraus und bestimmt die Zuständigkeit des Vollstreckungsrichters für die Entscheidung hierüber. Eine Frist für das Vorbringen wird nicht angeordnet.

e) Immobiliarvollstreckung (*saisie immobilière*)

aa) Billigkeitsbehelfe

Zur Beschränkung der Pfändung auf das zur Befriedigung Notwendige kann der Schuldner nach Art. 2209 C.civ. gegenüber Hypotheken- und bevorzugten Gläubigern die vorrangige Haftung belasteter vor unbelasteten Grundstücken geltend machen. Ebenso ist nach Art. 2212 C.civ. eine Aussetzung der Vollstreckung möglich, wenn der Schuldner nachweist, daß die Erträge der betroffenen Grundstücke zur Begleichung von Schuld, Zinsen und Kosten hinlangen. Schließlich erlaubt Art. 676 a.C.p.c. die Begrenzung der Vollstreckung auf eines von mehreren zu pfändenden Grundstücken, wenn der Schuldner nachweisen kann, daß dessen Wert den oder die Gläubiger vollständig befriedigen wird. In allen drei Fällen ist die Vollstreckung über das erforderliche Grundstück hinaus unzulässig, ohne daß jedoch der Titel als solcher davon berührt wird. Wegen schwerwiegender Gründe kann das Gericht - nur auf Antrag - den Zuschlag um bis zu sechzig Tage aufschieben, Art. 703 a.C.p.c. Gegen seine Ermessensentscheidung ist kein Rechtsmittel gegeben[74].

bb) Rüge der Nichtigkeit der Pfändung, Art. 727 f. a.C.p.c.

Die Nichtigkeit kann von jeder Partei mit Ausnahme des Verursachers vorgebracht werden. Die Rechtsfolgen unterscheiden sich danach, ob der Nichtig-

---

[72] Art. 126 und 133 D1992 verwenden keine einheitliche Terminologie: während es in Art. 126 heißt: „... *ne font pas obstacle à* la saisie, *mais suspendent* la procédure ...", bestimmt Art. 133: „... *ne suspend pas* les opérations de saisie ...".

[73] Die Sonderregeln bei Pfändung aufgrund richterlicher Anordnung (Art. 152 D1992) sind, soweit eine vollstreckbare Urkunde als Titel vorliegt, nicht anwendbar und sollen deshalb hier nicht erörtert werden.

[74] Zu den Ausnahmen der Rspr. *Donnier*, Rn. 987, Fn. 151.

keitsgrund vor oder während und nach der *audience éventuelle* (Termin, der u. a. zur Klärung von Einwendungen dient[75]) entstanden ist:

Formelle und materielle Nichtigkeitsgründe müssen spätestens fünf Tage vor der *audience* geltend gemacht werden. Über sie wird in der *audience* entschieden; ein späteres Vorbringen ist damit ausgeschlossen. Rechtliches Gehör wird dadurch gewährleistet, daß die Präklusion nur bei korrekter Ladung zur *audience* eintreten kann. Ist eine formelle Einwendung begründet, werden der durch sie berührte Verfahrensschritt und die folgenden für ungültig erklärt. Begründete materielle Einwendungen haben die Ungültigkeit des gesamten bisherigen Verfahrens zur Folge.

Während oder nach der *audience* entstandene Verfahrensmängel müssen bis spätestens fünf Tage vor dem Zuschlagstermin geltend gemacht werden. Materielle Einwendungen sind hier nicht mehr zu berücksichtigen. Wird der Einwendung stattgegeben, wird eine neue *audience éventuelle* angesetzt, in der sämtliche Einwendungen definitiv und mit Präklusionswirkung vorzubringen sind.

6. Besondere Behelfe gegen vollstreckbare Urkunden

Das französische Recht sieht für alle Arten von Titeln die gleichen Rechtsbehelfe vor. Gegen vollstreckbare Urkunden sind zwei weitere spezielle Behelfe gegeben. Sie können damit als nicht rechtskraftfähige Titel *jederzeit* zum Gegenstand inhaltlicher Nachprüfung gemacht werden[76].

a) Feststellung der Unechtheit der Urkunde (*inscription de faux*)

Dieses besondere Verfahren[77] dient der Überprüfung des öffentlichen Glaubens der Urkunde. Es kann inzident oder als Hauptsache durchgeführt werden. Man unterscheidet den *faux matériel* (ursprüngliche Fälschung oder spätere Änderung des Dokuments) und den *faux intellectuel* (inhaltlich falsche Beurkundung von Erklärungen)[78]. Das *inscription*-Verfahren fällt als Hauptsache in die Zuständigkeit des *tribunal de grande instance*[79]; bis zu seiner Entscheidung hat jedes andere Gericht das Verfahren grundsätzlich auszusetzen (Art. 286, 313 n.C.p.c.). Der Richter kann alle ihm notwendig erscheinenden Nachfor-

---

[75] I. e. *Donnier*, Rn. 954 ff.

[76] *Pamboukis*, Rn. 464.

[77] Nach *UINL*, S. 170, Fn. 54, handelt es sich um ein schwerfälliges Verfahren, das weniger als ein Mal jährlich zur Anwendung kommt.

[78] *Vincent/Guinchard*, Rn. 1142.

[79] Als Zwischenstreit zusätzlich in die der *cour d'appel*.

schungen anstellen und von Amts wegen über den Antrag hinausgehen. Durch Urteil stellt er ggf. die Falschheit der Urkunde fest und ordnet ihre Berichtigung an.

Die Rechtsfolgen eines *inscription*-Verfahrens (Art. 19 Abs. 2 Gesetz vom 25. ventôse XI) erhellen die Bedeutung, die das französische Recht der ordnungsgemäßen Beurkundung als Grundlage für die Vollstreckungswirkung zumißt: Wird nämlich ein Hauptsacheverfahren eröffnet, so ist die Vollstreckung aus der betreffenden Urkunde auszusetzen. Der Einfluß eines Inzidentverfahrens ist schwächer; hier *kann* das Gericht entsprechend der Schwere der Umstände die Vollstreckung vorläufig aussetzen.

b) Klage auf Feststellung der Unwirksamkeit des beurkundeten Geschäfts (*action en nullité*)

Notarielle Urkunden können jederzeit vor Gericht beanstandet werden[80]. Anfängliche Einwendungen gegen die materielle Gültigkeit des Geschäfts (*validité*) müssen grundsätzlich mit einer besonderen Klage, der *action en nullité*, vorgebracht werden (Art. 1117 C.civ.). Allerdings läßt man auch die einredeweise Geltendmachung zu (*exception en nullité*)[81, 82], die demnach auch im Rahmen eines laufenden Vollstreckungsverfahrens oder theoretisch im Rahmen des Exequaturverfahrens erfolgen kann. Ob die *action en nullité* auch nachträglich entstandene Einwendungen abdeckt, geht aus der französischen Literatur nicht mit letzter Klarheit hervor. Bestimmte Äußerungen sprechen m. E. jedoch für diese weite Auslegung[83]. Die Feststellung der materiellen Unwirksamkeit des Vertrags hat automatisch den Wegfall der Titeleigenschaft zur Folge, die Feststellungsklage dient insofern als präventiver Vollstreckungsrechtsbehelf.

---

80 *Moreau*, S. 133.

81 *Ferid/Sonnenberger*, Rn. 1 F 905 m. N.

82 *Droz*, Rn. 619, nennt im Rahmen des Art. 50 als Beispiele: Formmängel, Unzuständigkeit des beurkundenden Beamten, Geschäftsunfähigkeit, Willensmängel.

83 Mit der Erwähnung der *Beurkundungszuständigkeit* verläßt *Droz* (vgl. Fn. 82) den Kreis der Wirksamkeitsvoraussetzungen eines Vertrags nach Art. 1108 C.civ (gültige Willenserklärung, Geschäftsfähigkeit, bestimmter Gegenstand der Verpflichtung, zulässiger Verpflichtungsgrund). Wenn man diese Äußerung als repräsentativ für die französische Lehre betrachten darf, so scheint sie auch *nachträgliche* materielle Einwendungen („*action en nullité ... quant au fond*“) wie etwa das Erlöschen der Forderung durch Aufrechnung (*compensation légale*, Art. 1289 f. C.civ.) unter die *action en nullité* zu fassen. - *Pamboukis*, Rn. 451 a. E., spricht im Zusammenhang mit der Feststellung der *validité* des Vertrags von einer *action déclaratoire de la validité* (Klage auf Feststellung der Gültigkeit).

Umgekehrt lassen gewisse Form- und Zuständigkeitsfehler der Beurkundung das materielle Rechtsgeschäft unberührt[84].

Das erforderliche Klaginteresse (*intérêt pour agir*) stellt *Pamboukis*[85] für den Fall in Frage, daß die Parteien - wie bei notariellen Verträgen - völlige Dispositionsfreiheit besitzen. Dies erscheint mir deshalb zu restriktiv, weil beispielsweise Willensmängel erst nach der Beurkundung offenkundig werden. Dann stellt aber die negative Feststellungsklage für den Schuldner das einzige Mittel dar, eine eventuelle Zwangsvollstreckung aus der Urkunde von vornherein zu verhindern.

IV. Die Vollstreckbarerklärung

Schon Art. 546 a.C.p.c. sah die grundsätzliche Möglichkeit der Vollstreckung ausländischer Urkunden in gesetzlich besonders geregelten Fällen (d. h. nach Exequatur[86]) vor; Art. 54 Dekret Nr. 72-788 schrieb diese Regelung fort, die nunmehr in Art. 509 n.C.p.c. eingangen ist. Die Vorschrift bringt die weitgehende Gleichstellung von Urteilen und Urkunden als Vollstreckungstitel zum Ausdruck, die typisch für das französische Verfahrensrecht ist[87].

Exequaturvoraussetzung gemäß Art. 509 n.C.p.c. ist, daß die Vollstreckung der Urkunde den französischen ordre public nicht verletzt, aber auch, daß sie „entsprechenden französischen Urkunden gleichwertige Garantien“ bietet[88]. Damit soll ein dem französischen vergleichbares neutrales Beurkundungsverfahren sichergestellt werden[89].

Was die *inhaltliche* Kontrolle der Urkunde durch das Gericht betrifft, so ist umstritten, ob die Vollstreckungswirkung lediglich Reflex des beurkundeten materiellen Geschäfts sei[90], mit der Folge, daß nur materiell wirksame Instrumente vollstreckbar und damit exequaturfähig wären. Einer demnach erforderlichen materiellen Wirksamkeitskontrolle im Rahmen der Vollstreckbarerklärung wird jedoch entgegengehalten, daß man bei französischen Urkunden auch dar-

---

[84] s. z. B. Art. 9 Dekret Nr. 71-942 vom 26.11.1971, wonach von einem unzuständigen Notar aufgenommene Verträge gültig sind, wenn sie die Unterschriften aller Parteien tragen.

[85] *Pamboukis*, Rn. 452.

[86] *Batiffol/Lagarde*, Rn. 716 mit Gesetzesnachweisen; ausdrücklich für Hypotheken Art. 2123 Abs. 2 C.civ.

[87] *Geimer*, DNotZ 1975, 464, Fn. 8.

[88] *Holleaux/Foyer/de Geouffre de La Pradelle*, Rn. 919.

[89] M. E. handelt es sich hier um einen Anwendungsfall des verfahrensrechtlichen ordre public.

[90] So laut *Pamboukis*, Rn. 348, die h. L.

auf verzichte[91] und daß ja bereits das Beurkundungsorgan eine *prima facie*-Kontrolle des materiellen Rechtsgeschäfts vornehme[92]. Schließlich würde eine derartige Kontrolle auf eine ansonsten unbekannte anfängliche Überprüfung eines privaten Rechtsgeschäfts hinauslaufen[93].

Pamboukis führt dazu Beispiele aus der Rechtsprechung an, die auf eine materielle Kontrolle verzichtet[94]. Zusammenfassend stellt er fest, daß das französische Recht sich beim Exequatur auf eine formelle Kontrolle des Instrumentes beschränke, während das materielle Geschäft nach kollisionsrechtlichen Regeln zu beurteilen sei[95]; jenes unterliege als „Aufnahmevorgang" (*opération de réception*) den Regeln der „Wirksamkeitsanerkennung" (*reconnaissance de l'efficacité*), auf dieses seien dagegen als Ausdruck eines privaten Willens die Regeln des internationalen Privatrechts anwendbar[96]. Zwar wird eingeräumt, die Unterscheidung falle nicht immer leicht; für Beurkundungen *vertraglicher Beziehungen* ergäben sich jedoch keine Schwierigkeiten[97].

Damit beinhaltet das Exequatur keine Entscheidung über die Gültigkeit des materiellen Geschäfts[98]; die förmliche Vollstreckbarkeit im Erststaat genügt[99]. Der Schuldner ist durch diese Konzeption mit seinen materiellen Verteidigungsmitteln ausschließlich auf einen vollsteckungsrechtlichen Behelf verwiesen. Allenfalls bei ernsthaften Zweifeln an der Gültigkeit des Dokuments soll ein Entscheidungsaufschub gestattet sein, um den Schuldner das für den materiellen Anspruch zuständige Gericht anrufen zu lassen[100].

Zuständig ist das *Tribunal de grande instance*, Art. L311-11 Abs. 1 C.o.j., das auf Antrag des Gläubigers hin entscheidet. Das Vollstreckbarerklärungsverfahren ist kontradiktorisch angelegt[101]. Gegen das Exequatururteil kann der Schuldner Berufung einlegen[102].

---

91 *Pamboukis*, Rn. 348; *Holleaux/Foyer/de Geouffre de La Pradelle*, Rn. 919.

92 *Pamboukis*, Rn. 348; ähnlich *Holleaux/Foyer/de Geouffre de La Pradelle*, Rn. 919.

93 *Holleaux/Foyer/de Geouffre de La Pradelle*, Rn. 919.

94 *Pamboukis*, Rn. 351.

95 *Pamboukis*, Rn. 352.

96 *Pamboukis*, Rn. 347; ähnlich *Droz*, Rn. 619; *Holleaux*, Clunet 1974, 595.

97 *Pamboukis*, Rn. 349.

98 *Pamboukis*, Rn. 451.

99 *Holleaux/Foyer/de Geouffre de La Pradelle*, Rn. 921; damit muß aber die sich aus der Form des Dokuments - insbesondere der Klausel - *prima vista* ergebende Vollstreckbarkeit gemeint sein, denn das Durchschlagen materieller Fehler auf die Vollstrekkungswirkung der Urkunde bleibt unerörtert.

100 *Holleaux/Foyer/de Geouffre de La Pradelle*, Rn. 919.

101 *Pamboukis*, Rn. 455 m. N.; er steht jedoch einem *einseitigen* Verfahren bei vertraglich vereinbarten Titeln aufgeschlossen gegenüber; *Holleaux/Foyer/de Geouffre de La Pradelle*, Rn. 1023.

102 s. i. e. *Holleaux/Foyer/de Geouffre de La Pradelle*, Rn. 1034.

Präventiv kann er vor dem *tribunal de grande instance* die *action en inopposabilité* anstrengen, die auf die Feststellung gerichtet ist, daß der ausländische Titel an exequaturrechtlichen Mängeln leide und deshalb weder anerkennungs- noch vollstreckungsfähig sei[103]. Diese Klage stellt das Gegenstück zum Antrag auf das umfassend begriffene Exequatur dar. Das Feststellungsurteil erwächst in Rechtskraft und bildet für spätere Exequaturanträge ein Verfahrenshindernis[104].

V. Zusammenfassung

Die französische vollstreckbare Urkunde ist stets eine öffentliche i. S. des Art. 1317 C.civ. und erfüllt insofern die Voraussetzungen des Art. 50. Bestimmte urkundliche Titel kommen dabei ohne Beteiligung des Schuldners zustande. Inhaltlich kommen nur Geldansprüche in Betracht. Die Vollstreckung einer Urkunde über höchstpersönliche Leistungen mittels Zwangsgelds ist in Frankreich nicht möglich. Neben den eigentlichen Zwangsvollstreckungsbehelfen, die eine wenig abstrakte und systematische Gesamtregelung ergeben, existieren als besondere Behelfe gegen Urkunden die Fälschungs- und die negative Feststellungsklage, die unabhängig von einer konkreten Exekution zulässig sind. Zum Verhältnis von Exequatur und materiellen Behelfen wird mehrheitlich für eine Trennung beider Vorgänge plädiert, um den jeweiligen Verfahrenseigenarten gerecht werden zu können.

B. Belgien und Luxemburg

I. Der Titel

1. Einführung der vollstreckbaren Urkunde

Zurückgehend auf die Annexion Belgiens durch Frankreich im Jahr 1795 gilt auch hier Art. 19 des Gesetzes vom 25. ventôse des Jahres XI, der der notariellen Urkunde Vollstreckungswirkung verleiht. Gleiches gilt für Luxemburg, das von 1795 bis 1815 zu Frankreich gehörte.

---

103 *Holleaux,/Foyer/de Geouffre de La Pradelle*, Rn. 1016, 1035 ff.

104 *Holleaux/Foyer/de Geouffre de La Pradelle*, Rn. 1039.

2. Errichtung der Urkunde

Nach Art. 19 des Gesetzes vom 25. ventôse XI kommen als Beurkundungspersonen nur Notare in Betracht. Ihr rechtlicher Status und ihr Verfahrensrecht[105] sind in Belgien im Ventôse-Gesetz mit späteren Einfügungen und Aktualisierungen[106] geregelt; die Kodifikation wurde in Belgien pfleglicher behandelt als im Herkunftsland Frankreich. In Luxemburg gilt das Gesetz über die Organisation des Notariats vom 9.12.1976[107].

Für authentische Beurkundungen mit unmittelbarer Vollstreckungswirkung haben die belgischen Notare ein Quasi-Monopol inne; diese Tätigkeit wird als Wahrnehmung übertragener staatlicher Kompetenz betrachtet. Es können nur Belgier ernannt werden, die die akademischen Grade der *licence en droit* und der *licence en notariat* erreicht sowie eine dreijährige praktische Ausbildung absolviert haben. Vom Status her ist der belgische Notar ein öffentlicher Amtsträger außerhalb der Verwaltungshierarchie, ein „Freiberufler am Übergang zum öffentlichen Dienst“[108]. Er erhält keine staatliche Alimentation, sondern die Honorare seiner Klientel, der gegenüber er auch persönlich haftet.

Der Berufsstand ist nach dem lateinischen Muster organisiert und in einer öffentlich-rechtlichen Körperschaft mit beratender *assemblée générale* und ausführender *chambre de discipline* zusammengefaßt.

Bei der Errichtung einer notariellen Urkunde ist zu beachten, daß eventuelle privatschriftliche Abreden, auf die die Urkunde Bezug nimmt, ihr beigeheftet sein müssen[109].

3. Mit vollstreckbaren Urkunden vollstreckungsfähige Ansprüche

Die Frage, welcher Urkundeninhalt zur Vollstreckung gebracht werden kann, wurde als eines der heikelsten Probleme des belgischen Vollstreckungsrechts betrachtet[110]. Nach bis vor kurzem herrschender Ansicht konnten nur Geldansprüche Gegenstand einer vollstreckbaren Urkunde sein[111]. Die belgische *Cour de cassation* hat jedoch mittlerweile in einem Grundsatzurteil klargestellt, daß

---

105 s. zum folgenden *de Valkeneer*, Rn. 36 ff.

106 s. i. e. *de Valkeneer*, Rn. 25 ff.

107 *UINL* 1992, Rapports officiels Thème IV, S. 170.

108 *De Valkeneer*, Rn. 37.

109 *Cass.* v. 21.06.1990, RAJB 1992, 1047 (Nr. 2).

110 *Civ. Liège* v. 24.06.1991, RAJP 1992, 1048 (Nr. 13).

111 *De Valkeneer*, Rn. 284: Ein Anspruch auf „eine Geldsumme oder die Lieferung von Waren, deren Wert feststellbar ist“ sei Voraussetzung der Klauselerteilung; *O'Malley/Layton*, Rn. 48.70; aus der Rechtsprechung *Civ. Liège* v. 24.06.1991, RAJP 1992, 1049 (Nr. 13).

es keine Norm gebe, die eine vollstreckbare Beurkundung anderer Ansprüche ausschließe und diese mithin grundsätzlich möglich sei[112]. Der Anspruch muß allerdings hinreichend bestimmt sein[113], und es muß eine geeignete Vollstrekkungsart zur Verfügung stehen[114].

Im Zusammenhang mit der Immobiliarvollstreckung verbietet Art. 1626 Code judiciaire (C.j.) die Vereinbarung der *voie parée*, also der formlosen Verwertung von Grundstücken durch den Gläubiger.

II. Die Durchführung der Vollstreckung

Das belgische Zwangsvollstreckungsrecht war bis 1967 im aus Frankreich übernommenen Code de procédure civile von 1806 geregelt; seither gilt der Code judiciaire/Gerechtelijk Wetboek (C.j.). Luxemburg wendet nach wie vor den französischen C.p.c. von 1806 an, woraus sich aber keine grundlegenden Besonderheiten der Zwangsvollstreckung ergeben.

1. Einleitung des Vollstreckungsverfahrens

Die Geldvollstreckung kann nach Art. 1494 C.j. nur beginnen, wenn ein Titel über *choses liquides et certaines* (bestimmte und sichere Forderung) vorliegt. Das Kriterium der *créance certaine et liquide* wird von der Rechtsprechung streng ausgelegt. Dies führt dazu, daß Zweifel an der Höhe des Forderungsbetrags der Urkunde von vornherein ihre Vollstreckbarkeit nehmen und der Gläubiger auf ein gerichtliches Liquidationsverfahren verwiesen ist. Die Vollstreckung ist nur dann zulässig, wenn sie auf keine ernsthafte Einwendung (*contestation sérieuse*) stößt; während der gerichtlichen Überprüfung des Anspruchs ist die Vollstreckung zu suspendieren[115]. Ausschlaggebendes Kriterium ist, ob der Gerichtsvollzieher als Vollstreckungsorgan den Anspruch *unmittel-*

---

[112] *Cass.* v. 23.5.1991, Rechtskundig Weekblad 1991-1992, 463 m. Anm. *Laenens*, der für beide Ansichten Nachweise aufführt. Im konkreten Fall war streitig, ob eine Räumungsverpflichtung, die zusammen mit einem Kaufvertrag über ein Hausgrundstück notariell beurkundet worden war, im Wege der Zwangsräumung durch den Gerichtsvollzieher durchsetzbar war. Der Gerichtsvollzieher hatte den Standpunkt vertreten, der Notar sei nicht befugt, Vollstreckungsmaßnahmen zu treffen, und der Käufer müsse deshalb erst einen gerichtlichen Räumungstitel erlangen.

[113] s. i. e. unten II. 1.

[114] s. i. e. unten II. 2.

[115] s. *Civ. Liège* v. 24.6.1985, referiert bei *de Valkeneer*, Rn. 284, und v. 16.10. 1989, RAJB 1991, 1071 f. (Nr. 30) Die zweite Entscheidung behandelt die Einrede des Unterhaltsschuldners, die Gläubigerin habe die Pflicht, sich um ein eigenes Einkommen zu bemühen und daher einen geminderten Unterhaltsanspruch.

bar durchsetzen kann. Dies ist beispielsweise dann nicht der Fall, wenn die Vollstreckung von einer Vertragsklausel *subjektiver* Prägung abhängt; da in diesem Fall nicht einmal der Forderungs*grund* unstreitig ist, muß der Gläubiger seinen Anspruch einklagen[116].

Diese Rechtsprechung verlagert also vom theoretischen Ansatz her Zweifelsfragen, die andere Systeme mittels Vollstreckungsgegenklage oder ähnlicher Behelfe klären, auf die Ebene der Vollstreckungsvoraussetzungen und nimmt dem Gläubiger damit von Anfang an den Vollstreckungsvorsprung, den ihm die Urkunde sichern könnte. In der Praxis wird man jedoch dem Notar, der die vollstreckbare Ausfertigung erteilt, keine derart detaillierte Prüfung aufgeben können; diesbezügliche Einwendungen ergeben sich deshalb erst während einer laufenden Vollstreckung, so daß wohl kein Unterschied zu Rechtsordnungen mit großzügigeren Bestimmtheitsanforderungen besteht.

Wie auch bei anderen Titeln kann aufgrund einer notariellen Urkunde nur vollstreckt werden, wenn die Ausfertigung mit dem Ausführungsbefehl an die Vollstreckungsorgane (*formule exécutoire; formulier van tenuitvoerlegging*, Art. 1386 C.j.) versehen ist.

Mit einem *argumentum e contrario* läßt sich aus Art. 1495 Abs. 1 C.j. schließen, daß der in einer notariellen Urkunde bezeichnete Gläubiger diesen Titel vor Beginn der Vollstreckung - im Gegensatz zu einem Urteil - nicht zuzustellen braucht. Dieser Vorteil wird ihm im Anwendungsbereich von GVÜ und LugÜ jedoch genommen: Art. 47 Nr. 1 schreibt den Nachweis über die Zustellung im Herkunftsstaat als Exequaturvoraussetzung vor[117]. Somit kann keine Situation auftreten, in der die Urkunde weder im Erst- noch im Zweitstaat zugestellt wird; ein dahingehender ordre public-Einwand entfällt also von vornherein.

2. *Mittel der Zwangsvollstreckung*

Die Vollstreckung wegen *Geldforderungen* untergliedert sich je nach Zugriffsobjekt in die Pfändung beweglicher Sachen (*saisie-exécution mobilière*, Art. 1499-1528 C.j.), die Pfändung von Früchten auf dem Halm (*saisie-brandon*, Art. 1529-1538 C.j.), die Forderungspfändung (*saisie-arrêt-exécution*, Art. 1539-1544 C.j.) und die Immobiliarpfändung (*saisie-exécution immobilière*, Art. 1560-1626 C.j.).

---

116 *Civ. Liège* v. 28.09.1989, RAJB 1991, 1071 (Nr. 31); im gleichen Sinn *Civ. Liège* v. 24.06.1991, RAJB 1992, 1048 f. (Nr. 13) mit der ausdrücklichen Unterscheidung von Einwendungen gegen den Anspruchsgrund und gegen die Anspruchshöhe.

117 A. A. *I. Meier*, S. 193, der Art. 47 Nr. 1 nur dann anwenden will, wenn das Recht des Errichtungsstaats die Zustellung vorschreibt.

Die Haft als Mittel zur Durchsetzung einer *Verhaltenspflicht* wurde 1980 abgeschafft. Seitdem steht ein indirektes Druckmittel nur noch in Gestalt des Zwangsgeldes (*astreinte; dwangsom*) zur Verfügung. Es ist im einheitlichen Benelux-Zwangsgeldgesetz geregelt und mit den Art. 1385bis - 1385^{nonies} in den C.j. integriert. Allerdings dient es nach Art. 1385bis Abs. 1 S. 1 und 2 C.j. lediglich der Durchsetzung *gerichtlicher Entscheidungen* über Nichtgeldleistungen und scheidet folglich für die Realisierung eines notariellen Nichtgeldtitels aus. Zwar kann der Gläubiger nach Art. 1142 C.civ. vom Anspruch auf die Handlung zur Schadensersatzforderung übergehen; diese muß jedoch zunächst *gerichtlich* liquidiert werden. Damit ergibt sich wie im französischen[118] und im niederländischen Recht[119] eine faktische Einschränkung des möglichen Urkundeninhalts, und zwar nicht bezüglich der Anspruchsart, sondern im Hinblick auf die Durchsetzungsmöglichkeit.

III. Die Rechtsbehelfe des Schuldners

Der C.j. eröffnet dem Schuldner in der Zwangsvollstreckung zwei sehr allgemein gehaltene Rechtsschutzmöglichkeiten. Nach Art. 1395 C.j. entscheidet der Vollstreckungsrichter über alle Anträge, die Bezug zu Sicherungsmaßnahmen und zur Zwangsvollstreckung haben. Daneben kann sich gemäß Art. 1498 C.j. jede Partei im Fall von Schwierigkeiten bei der Vollstreckung an den Vollstreckungsrichter wenden, ohne daß diese Klage jedoch aufschiebende Wirkung entfalten würde.

Besondere Behelfe sind im Zusammenhang mit den einzelnen Vollstreckungsarten normiert, so etwa der Widerspruch des Schuldners gegen die Forderungspfändung (Art. 1541 C.j.) und der Widerspruch gegen das Lastenheft in der Immobiliarvollstreckung (*cahier des charges*, Art. 1582 C.j.).

Sachlich zuständig für alle vollstreckungsrechtlichen Behelfe ist nach Art. 1395 C.j. der Vollstreckungsrichter am Gericht erster Instanz. Die örtliche Zuständigkeit ergibt sich aus der Belegenheit des Pfändungsgutes, Art. 633 C.j.

Die Falschheit einer Urkunde wird im Verfahren des *faux civil* (Art. 895-914 C.j.) festgestellt. Es kann sich auf Verfälschungen des Dokuments oder die falsche Wiedergabe der Parteiäußerungen beziehen und sowohl in der Hauptsache als auch inzident durchgeführt werden. Im letzteren Fall wird das Hauptverfahren ausgesetzt, wenn die Urkunde entscheidungserheblich ist.

---

118 s. oben A. II. b) bb).
119 s. unten E. II. 2. b) cc).

IV. Die Vollstreckbarerklärung

Gemäß Art. 586 Nr. 2 C.j. wird das Exequatur auf Antrag bei Urkunden über Hypotheken auf in Belgien gelegenen Grundstücken erteilt, wobei der Exequaturrichter die Voraussetzungen für die Beweiskraft der Urkunde nach dem Recht des Errichtungsstaates nachzuprüfen hat. Im übrigen läßt Art. 586 Nr. 3 C.j. das Urkundenexequatur nur aufgrund eines völkerrechtlichen Vertrags zu.

Der *luxemburgische* C.p.c. sieht wie sein französisches Vorbild in Art. 546 das Exequatur ausländischer Urkunden in den Fällen der Art. 2123 und 2128 C.civ. vor, d. h. bei gerichtlicher Bestellung einer Sicherungshypothek und unter Ausschluß von im Ausland vertraglich bestellten Hypotheken. Die Urkunde muß im Ursprungsstaat vollstreckbar sein, dem dortigen Verfahrensrecht entsprechend zustandegekommen sein, das luxemburgische Kollisionsrecht beachten, und ihre Vollstreckung darf dem luxemburgischen ordre public nicht widersprechen[120]. Im übrigen werden bei der Exequaturprüfung keine inhaltlichen Fragen behandelt; insbesondere die Widerklage ist unzulässig[121].

V. Zusammenfassung

Das belgische Recht ermöglicht eine Vollstreckung notariell beurkundeter Ansprüche, sofern die Verpflichtung durch den Gerichtsvollzieher zwangsweise durchgesetzt werden kann. Sämtliche Unklarheiten über Art, Umfang und Fortbestehen des Anspruchs werden auf Antrag des Schuldners durch das Vollstrekkungsgericht geklärt. Die daraus folgende faktische Begrenzung des Urkundeninhalts gilt - mangels geeigneter Zwangsmittel - auch für ausländische Urkunden, die nach Art. 50 für vollstreckbar erklärt worden sind. Belgische notarielle Urkunden fallen stets unter die „öffentlichen Urkunden" nach Art. 1317 C.civ. und erfüllen damit die Voraussetzungen des Art. 50.

C. Griechenland

Das griechische Vollstreckungsrecht, das dem lateinisch-germanischen System gegenüber keine hier interessierenden Besonderheiten aufweist, soll nur in einigen wenigen Punkten referiert werden.

---

120 *Bernecker*, RabelsZ 1962/63, 326 f.
121 *Bernecker*, RabelsZ 1962/63, 326.

Schon die griechische ZPO von 1834, die unter maßgeblicher Mitgestaltung des bayerischen Juristen *Georg Ludwig Ritter von Maurer* zustande kam[122], erwähnte in Art. 856 Nr. 2 „Notariatsacte" als vollstreckbare Titel. Gemäß Art. 904 § 2d gr. ZPO 1968 i. d. F. von 1971[123] ist die von einem griechischen Notar aufgenommene Urkunde vollstreckbar, soweit sie einen Anspruch auf Zahlung einer bestimmten Geldsumme, die Leistung einer bestimmten Menge vertretbarer Sachen oder auf ein Tun oder Unterlassen verbrieft. Eine gesonderte Unterwerfungserklärung des Schuldners ist nach h. M. nicht erforderlich[124]. Griechenland hat auch bei der Notariatsverfassung westeuropäische, insbesondere französische Vorstellungen übernommen. Somit entspricht das Bild des Notars dem lateinisch-germanischen Modell[125].

Die Vollstreckung von Entscheidungen und Urkunden unterliegt demselben Verfahren. Die Urkunde muß mit der Vollstreckungsklausel versehen sein (Art. 918 gr. ZPO), die der Notar erteilt[126]. Weitere Voraussetzungen sind die Zustellung an den Schuldner und ggf. der Ablauf einer kalendermäßig bestimmten Frist und das Angebot der Gegenleistung[127].

An *Vollstreckungsmitteln* stellt das griechische Prozeßrecht im großen und ganzen alle Institute zur Verfügung, die aus der dt. ZPO geläufig sind[128].

Einwendungen formeller wie materieller Art kann der Schuldner nach Art. 995 gr. ZPO mit dem einheitlichen Behelf der Vollstreckungsbeschwerde[129] geltend machen. Präklusion kann nur aufgrund von Rechtskraft eintreten[130], ist also bei vollstreckbaren Urkunden ausgeschlossen. Es gilt eine Einlegungsfrist von fünf Tagen bis zu sechs Monaten. Das Urteil über die Beschwerde ist im regulären Rechtsmittelzug angreifbar. Nach Abschluß der Vollstreckung ist die Vollstreckungsbeschwerde ausgeschlossen[131]. Die Beschwerde entfaltet zwar keine suspensive Wirkung; der Schuldner kann jedoch Aussetzung der Vollstreckung bis zur Entscheidung über den Widerspruch beantragen[132]. Nach Art. 938 gr. ZPO kann aufgrund eines summarischen Verfahrens Einstellung der

---

122 *Klamaris/Orfanidis*, Rev. hell. dr. int. 1985-1986, 337.

123 Die Vorschriftenzitate entsprechen der Numerierung von 1971; vgl. die Konkordanztafel bei *Baur/Stürner*, Rn. 59.156.

124 *Tsikrikas*, S. 15.

125 s. i. e. *de Valkeneer*, Rn. 433 ff.

126 *Tsikrikas*, S. 15.

127 *Tsikrikas*, S. 16.

128 s. i. e. *Klamaris/Orfanidis*, Rev. hell. dr. int. 1985-1986, 343 ff.

129 *Tsikrikas*, S. 4; *Klamaris/Orfanidis*, Rev. hell. dr. int. 1985-1986, 342, verwenden den Terminus „Widerspruch gegen die Vollstreckung".

130 *Tsikrikas*, S. 6.

131 *Tsikrikas*, S. 17.

132 *Klamaris/Orfanidis*, Rev. hell. dr. int. 1985-1986, 342.

Vollstreckung angeordnet werden, wenn durch die Fortsetzung irreparable Schäden drohen.

Hinsichtlich ausländischer Gerichtsurteile unterscheidet das griechische Prozeßrecht zwischen Anerkennung und Vollstreckbarerklärung. Jene kann jederzeit inzident erfolgen, während diese ausgesprochen werden kann, sobald eine - auch lediglich vorläufig - vollstreckbare ausländische Entscheidung vorliegt, Art. 905 Abs. 2, 3 gr. ZPO. Ausländische exekutorische Urkunden können ebenfalls nach Art. 905 gr. ZPO zur Zwangsvollstreckung zugelassen werden.

Zusätzlich zur ordre public-Prüfung wird eine Kontrolle auf die Vereinbarkeit des Titels mit den guten Sitten vorgenommen (Art. 905 Abs. 2 gr. ZPO). Das Verfahren richtet sich gemäß Art. 905 Abs. 1 Satz 2 gr. ZPO nach den Vorschriften über die freiwillige Gerichtsbarkeit, das in der Regel einseitig ausgestaltet ist[133], nach Ermessen des Gerichts aber auch kontradiktorisch durchgeführt werden kann. Gegen die Exequaturentscheidung des Richters erster Instanz sind Berufung (Art. 761-766, 741, 518 gr. ZPO) und Kassation (Art. 769-772, 741, 564 gr. ZPO) gegeben.

Zusammenfassend ist festzuhalten, daß griechische notarielle Urkunden stets „öffentlich" i. S. v. Art. 50 sind. Ihre Exequierung unter den Übereinkommen bereitet daher keine Schwierigkeiten. Intern stellt das griechische Recht hinreichende Verteidigungsmittel zur Verfügung, die den Rechtsschutz des Schuldners gewährleisten.

D. Italien

I. Der Titel

1. Regelung der vollstreckbaren Urkunde

Wenn Frankreich das Mutterland der vollstreckbaren Urkunde moderner Prägung ist, so darf man getrost die „Großmutterrolle" Italiens hervorheben: sowohl das *instrumentum guarentigiatum* als Vorläuferinstitut der exekutorischen Urkunde als auch das Notarswesen lateinischer Prägung haben hier ihren Ursprung. Nach dem bereits früh einsetzenden Niedergang des *instrumentum guarentigiatum* kam aber erst Anfang des 19. Jahrhunderts im Zuge der Eingliederung nord- und mittelitalienischer Gebiete nach Frankreich mit dem Ventôse-Gesetz die vollstreckbare Urkunde moderner Gestalt nach Italien[134].

---

[133] *Tsikrikas*, S. 24.

[134] *Hofmeister*, öst. NotZ 1982, 105 re. Sp., 112 li. Sp.

Heute regelt Art. 474 S. 2 Nr. 2 c.p.c., daß die vom Notar oder einer anderen gesetzlich dazu ermächtigten Amtsperson aufgenommenen Urkunden Vollstreckungstitel sind in bezug auf die in ihnen enthaltenen Verpflichtungen zur Zahlung einer Geldsumme - ein für ein romanisches Land erstaunlich eingeschränkter Inhalt. Ungewöhnlich ist auch, daß zur Verdeutlichung nur „Verpflichtungen" vollstreckbar gestellt werden - gestaltende Akte und Feststellungen werden damit ausgeschieden.

2. Errichtung der Urkunde

Die öffentliche Urkunde (*atto pubblico)* wird in Art. 2699 c.c. mit der auch in anderen Rechtsordnungen geläufigen Formel definiert als „Urkunde, die mit den vorgeschriebenen Förmlichkeiten von einem Notar oder anderen öffentlichen Beamten abgefaßt wurde, der befugt ist, ihr öffentlichen Glauben zu verleihen an dem Ort, an dem der Akt aufgenommen wird"[135]. Derartige Urkunden erbringen gemäß Art. 2700 c.c. vollen Beweis über die Herkunft der Urkunde und über Erklärungen der Parteien und andere Tatsachen, die die Amtsperson als in ihrer Anwesenheit vorgefallen oder von ihr vorgenommen bestätigt, und zwar bis zur Erhebung einer Fälschungsklage[136].

Das Recht der Notare ist im Notarsgesetz von 1913 niedergelegt. Es organisiert den Berufsstand auf ähnliche Weise wie Frankreich und die Benelux-Staaten[137].

3. Mit vollstreckbaren Urkunden vollstreckungsfähige Ansprüche

Der c.p.c. formuliert eindeutig und restriktiv: nur Geldforderungen - nicht einmal Ansprüche über vertretbare Leistungen - können Gegenstand einer vollstreckbaren Urkunde sein.

II. Die Durchführung der Vollstreckung

1. Einleitung des Vollstreckungsverfahrens

Art. 474 S. 1 c.p.c. schreibt vor, daß der zu vollstreckende Anspruch sicher (*certo*), im Ausmaß bestimmbar (*liquido*) und einforderbar (*esegibile*) zu sein

---

135 *„Il documento redatto, con le richieste formalità, da un notaio o da altro pubblico ufficiale autorizzato ad attribuirgli pubblica fede nel luogo dove l'atto è formato".*

136 s. unten III. 2.

137 s. i. e. *de Valkeneer*, Rn. 437.

hat. Die nach Art. 475 c.p.c. erforderliche Vollstreckungsklausel beinhaltet die in Rechtsordnungen mit Gerichtsvollzieher übliche Vollstreckungsanweisung.

Vor Beginn der Exekution muß der Titel samt einer Leistungsaufforderung (*precetto*) zugestellt werden. Der *precetto* hat neben der Aufforderung, den beurkundeten Anspruch zu erfüllen, auch eine Leistungsfrist von mindestens zehn Tagen zu enthalten (Art. 480 c.p.c.); bei Dringlichkeit kann die Vollstrekkungsbehörde - d. h. das Vollstreckungsgericht - gemäß Art. 482 c.p.c. zur sofortigen Vollstreckung ermächtigen. Der *precetto* ist 90 Tage lang wirksam, Art. 479 c.p.c.

2. Mittel der Zwangsvollstreckung

Zur Realisierung von Geldforderungen erfolgt Zugriff auf das Schuldnervermögen in Gestalt der „zwangsweisen Enteignung“ (*espropriazione forzata*, Art. 483 ff. c.p.c.) von Mobilien, Forderungen und Immobilien. Die Leitung der Vollstreckung in Mobilien und Forderungen obliegt dem Vollstreckungsgericht, Art. 484 c.p.c.; dies ist grundsätzlich das Bezirksgericht (*pretore*), Art. 16 c.p.c. Die Immobiliarvollstreckung dagegen stehen unter Aufsicht des Landesgerichts (*tribunale*). Als örtlich zuständiges Gericht ergibt sich aus Art. 26 Abs. 1 S. 1 c.p.c. jeweils dasjenige des Belegenheitsortes des Vollstreckungsgutes.

Mit der Übergabe- oder Freigabevollstreckung (*esecuzione per consegno o rilascio*, Art. 605 ff. c.p.c.) werden dingliche und schuldrechtliche Herausgabeansprüche bezüglich beweglicher und unbeweglicher Sachen durchgesetzt. Mobilien werden durch den Gerichtsvollzieher (*ufficiale giudiziario*) weggenommen, bei Immobilien weist er den Gläubiger in den Besitz ein.

Die Handlungsvollstreckung (*esecuzione forzata di obblighi di fare e di non fare*, Art. 612 ff. c.p.c.) ist nur auf vertretbare Handlungen anwendbar. Dazu wird beim Gericht ein Antrag auf Festsetzung der geeigneten Maßnahmen gestellt. Die in diesem Rahmen stattfindende Anhörung des Schuldners gibt Raum für dessen Einwendungen.

Geht es um die Erfüllung einer nicht fungiblen Handlung, so ist der Gläubiger auf Schadensersatz verwiesen.

III. Die Rechtsbehelfe des Schuldners

1. Allgemeine Rechtsbehelfe in der Zwangsvollstreckung

Das italienische Recht folgt der Unterscheidung zwischen der Berechtigung zur Vollstreckung an sich und der Rechtmäßigkeit einzelner Vollstreckungsakte. Dementsprechend hat der Schuldner den Behelf der Widerspruchsklage gegen die Zwangsvollstreckung (*opposizione all'esecuzione*) und der Widerspruchsklage gegen einzelne Vollstreckungsakte (*opposizione agli atti esecutivi*). Beide Male handelt es sich um ein Klagverfahren mit Zustellung an den Vollstreckungsgläubiger.

a) *Opposizione all'esecuzione* (Art. 615 c.p.c.)

Hier bestreitet der Schuldner mittels negativer Feststellungsklage das Recht zur Vollstreckung. Er kann sich dabei auf materielle Einreden, aber auch die Unpfändbarkeit bestimmter Gegenstände berufen. Es findet eine § 767 Abs. 2 dt. ZPO entsprechende Präklusionsregelung Anwendung[138]. Durch stattgebendes Urteil werden alle erfolgten Vollstreckungsakte hinfällig.

Unterschieden wird innerhalb der *opposizione* nach Art. 615 c.p.c. danach, ob der Behelf vor oder nach Beginn der Vollstreckung ergriffen wurde: im ersten Fall handelt es sich um die Anfechtung der Leistungsaufforderung (*opposizione al precetto*) mit Zuständigkeit des Prozeßgerichts[139], im zweiten um den Rekurs (*ricorso*) beim Vollstreckungsgericht.

Die Widerspruchsklage entfaltet nur dann aufschiebende Wirkung, wenn der Vollstreckungsrichter dies gesondert anordnet (Art. 623 c.p.c.). Fakultativ wird die Exekution nach summarischer Prüfung der Gründe und ihrer Erfolgsaussichten ausgesetzt. Obligatorisch muß eine solche Anordnung dagegen im Fall der Klage gegen die Vollstreckungsberechtigung nach begonnener Vollstreckung ergehen, wenn schwerwiegende Gründe vorgebracht werden (Art. 624 c.p.c.).

b) *Opposizione agli atti esecutivi* (Art. 617 c.p.c.)

Die Widerspruchsklage gegen Vollstreckungsakte hat das „Wie", nicht das „Ob" der Vollstreckung zum Gegenstand[140]. Im Rahmen dieses Behelfs kann der Schuldner Formfehler des Titels und Mängel des *precetto*, insbesondere auch der Zustellung, sowie die Unrechtmäßigkeit einzelner Vollstreckungsakte geltend machen. Die Zuständigkeit wechselt wie bei Art. 615 c.p.c. mit dem Beginn der Exekution.

Die *opposizione* bewirkt keine Hemmung der Vollstreckung; Aussetzung ist aber auf Antrag möglich.

---

[138] *Corsaro/Bozzi*, Art. 615 Anm. 2: „nur Erlöschenstatsachen, die der Titulierung nachfolgen"; da diese Regelung mit der Rechtskraft gerichtliche Entscheidungen begründet wird, dürfte es bei Urkunden überhaupt keine Präklusionsgrenze geben.

[139] Eine Sonderregelung für die Urkundenvollstreckung, bei der ja ein Prozeßgericht fehlt, war nicht auszumachen.

[140] *Corsaro/Bozzi*, Art. 617 Anm. 1.

2. *Fälschungsklage (querela di falso), Art. 221 ff. c.p.c.*

Mit dieser besonderen Verfahrensart kann der Schuldner die Falschheit der zu vollstreckenden Urkunde gerichtlich feststellen lassen. Das Verfahren kann entweder als Hauptsache anhängig gemacht oder aber inzident eingeleitet werden. Falls das Gericht die Fälschung feststellt, wird das weitere Verfahren mit der Strafverfolgung verknüpft[141].

IV. Die Vollstreckbarerklärung

Bis 1995 waren exequierbar „Vertragsurkunden, die im Ausland von Amtspersonen aufgenommen wurden". Gemäß Art. 804 c.p.c. prüfte der Richter die Vollstreckungskraft der Urkunde gemäß dem Recht des Errichtungsstaates und die Vereinbarkeit mit dem italienischen ordre public, bevor er die Vollstrekkungswirkung (*eficacia esecutiva*) des Dokuments erklärte. Zwar sprach der c.p.c. hinsichtlich der ausländischen Urkunde keine ausdrückliche inhaltliche Einschränkung aus; allerdings dürfte es unwahrscheinlich sein, daß solche Titel über den in Art. 474 S. 2 Nr. 3 c.p.c. definierten Inhalt - Geldforderungen - hinausgehen konnten[142].

Das neue IPRG bringt in Art. 68 für das Urkundenexequatur einen Verweis auf die Vorschriften über das Urteilsexequatur. Dies ist recht eigentümlich, denn das Urteilsexequatur wird als gerichtliche Feststellung der Anerkennungsfähigkeit einer Entscheidung gedacht, die bei öffentlichen Urkunden aufgrund deren außergerichtlicher Entstehung streng genommen nicht in Betracht kommt. Art. 68 IPRG eliminiert auch nicht jene Anerkennungsvoraussetzungen des Art. 64 IPRG, die auf Urkunden gar nicht sinnvoll anzuwenden sind (Kenntnis vom verfahrenseinleitenden Akt, Konstituierung der Parteien, Rechtskraft, keine doppelte Rechtshängigkeit, Unvereinbarkeit mit italienischen rechtskräftigen Entscheidungen). Damit ist - zumindest nach dem bloßen Wortlaut des Gesetzes - offen, an welchem Maßstab der italienische Exequaturrichter die Anerkennungsfähigkeit einer ausländischen öffentlichen Urkunde prüfen soll; eigentlich bleibt nur der der ordre public (Art. 64 lit f)).

Das neue Gesetz zeigt sich fortschrittlich, indem es unterschiedliche Verfahrensweisen für Anerkennung und Vollstreckbarerklärung normiert, formuliert aber in bezug auf die Exequierung vollstreckbarer Urkunden dogmatisch nicht so trennscharf wie der abgeschaffte Art. 804 c.p.c.

---

141 Vgl. Art. 480 it. StPO.

142 *Carpi/Colesanti/Taruffo*, Art. 804 Rn. 3 m. N. bemerken, daß Exequaturfähigkeit der ausländischen Urkunde nur gegeben sei, wenn aus dem beurkundeten Geschäft ein sicheres, liquides und fälliges Recht vermögensrechtlichen Inhalts hervorgehe.

V. Zusammenfassung

Nach italienischem Recht sind notarielle Urkunden über Geldansprüche vollstreckbar. Das autonome Recht betrachtet sie ausnahmslos als „öffentliche Urkunden“, so daß ihre Vollstreckbarerklärung nach Art. 50 keine Schwierigkeiten aufwirft. Ausländische Urkunden können in Italien zur Exekution gebracht werden, wenn man von solchen über höchstpersönliche Leistungen einmal absieht. Art. 50 bringt für das Urkundenexequatur in Italien sowohl eine Erweiterung des möglichen Inhalts ausländischer Urkunden als auch eine deutliche Verfahrensvereinfachung mit sich.

E. Niederlande

I. Der Titel

1. Entwicklung der vollstreckbaren Urkunde

Den Ursprung der vollstreckbaren Urkunde sieht die niederländische Rechtswissenschaft bei den norditalienischen Juristen-Notaren des zwölften Jahrhunderts; über Burgund und die vom römischen Recht beeinflußte deutsche Lehensherrschaft gelangte das Notarswesen in die Niederlande[143]. Wie in Frankreich erlitt der Berufsstand auch hier durch Gefälligkeitsernennungen einen Niedergang seines Ansehens in dem Maße, daß ihm vollstreckbare Beurkundungen nicht mehr anvertraut wurden und sich der Rechtsverkehr lieber an die vielfältigen Verwaltungsbehörden wandte[144]. Das Notariat erlebte jedoch ab 1810 eine Renaissance, als die Niederlande Frankreich eingegliedert wurden und das Ventôse-Gesetz auch hier in Kraft trat.

Während Art. 436 Wetboek van Burgerlijke Rechtsvordering (Rv.) von 1838 hinsichtlich der Vollstreckungskraft von Urkunden mit einem Verweis auf die Bestimmungen über Urteile arbeitete[145], führt Art. 430 Rv. n. F.[146] die zur Vollstreckung geeigneten Dokumente auf, darunter Ausfertigungen öffentlicher

---

[143] *Jongbloed*, S. 142 f.

[144] *Jongbloed*, S. 143.

[145] Der frühere Art. 436 Rv. legte der öffentlichen Urkunde dieselbe *kracht* (Kraft) bei wie Urteilen und bediente sich einer ähnlichen Verweisungstechnik wie § 794 Abs. 1 dt. ZPO. *Geimer*, DNotZ 1975, 463 Fn. 5, übersetzt *kracht* mit *Rechts*kraft, wofür aber anderswo der Begriff *kracht van gewijsde* verwandt wird. Allerdings erläutert *Cleverlinga* ohne weiteres *kracht* mit *executoriale kracht*; Cleverlinga, Art. 436 Anm. 1. Der neue Gesetzeswortlaut stellt nur mehr auf die Vollstreckungswirkung ab.

[146] Seit 1.1.1992.

Urkunden (*grossen van authentieke akten*)[147]. Das Gesetz spricht durchgehend von der (vollstreckbaren) „Ausfertigung" (*grosse*) in Abgrenzung zur eigentlichen Urkunde, die ja bei der Beurkundungsperson verbleibt. Die authentische Urkunde wird nicht als Unterfall außergerichtlicher Titel betrachtet, sondern bezeichnet im Gegenteil eine Vielzahl verschiedener Dokumente[148] in Abgrenzung zur gerichtlichen Entscheidung. Viele davon fallen bereits unter den Begriff „Entscheidung" des Art. 25. Die praktisch wichtigste authentische Urkunde ist die Notariatsurkunde (*notariële akte*).

Deutlich äußert sich das niederländische Recht zu ausländischen Beurkundungen: die Urkunde muß *innerhalb der Niederlande* aufgenommen sein[149]. Nach autonomem Prozeßrecht verbietet es sich also, ausländische Urkunden, die im Herkunftsland wegen der Anspruchsart nicht vollstreckbar sind, bloß wegen ihrer inhaltlichen Ausrichtung auf eine Vollstreckung in den Niederlanden als vollstreckbar i. S. v. Art. 50 zu betrachten[150].

2. Zusammenhang von materiellem Anspruch und Titel

Die Zuerkennung der Vollstreckungswirkung beruht auf der Auffassung, daß der Schuldner durch den notariellen Akt quasi sein eigenes Urteil unterschrieben hat[151], so daß ein richterliches Urteil überflüssig ist[152]. Hier liegt der Schwerpunkt also eher auf einer urteilsersetzenden Prozeßhandlung denn auf der Beweiswirkung der Urkunde. Eine besondere Unterwerfungserklärung des Schuldners ist dagegen nicht erforderlich.

---

[147] Den gesetzlich nicht näher definierten Begriff „*grosse*" umreißt *Jongbloed* (S. 145) folgendermaßen: die für den Berechtigten bestimmte erste Abschrift einer authentischen Schrift oder eines Urteils im Gegensatz zur Urschrift, die bei der betreffenden Amtsperson verbleibt.

[148] s. die beispielhafte Aufstellung bei *Jongbloed*, S. 158 f., darunter die Urschrift des Gerichtsurteils und das Protokoll des gerichtlichen Vergleichs gemäß Art. 19 Abs. 3 Rv.

[149] Im Unterschied zu § 794 Abs. 1 Nr. 5 dt. ZPO, der vom „deutschen Notar" spricht und damit keine territoriale, sondern eine personelle Einschränkung vornimmt.

[150] s. zur konventionsrechtlichen Beurteilung dieses Problems unten § 8 C. I. 2. b). Mit Art. 436 i. V. m. Art. 431 Abs. 1 Rv. a. F. wurde die Vollstreckbarkeit von Urkunden ausgeschlossen, die von ausländischen Amtsträgern in den Niederlanden aufgenommen wurden, *Jongbloed*, S. 149. Ausschließliche Beurkundungszuständigkeiten für „strikt inländische Sachverhalte" wurden hieraus jedoch nicht abgeleitet.

[151] *Jongbloed*, S. 150 m. N. der Rspr.

[152] *Stein*, S. 273.

3. Errichtung der Urkunde

Die Legaldefinition der authentischen Urkunde war bis vor kurzem im Burgerlijk Wetboek mit einer Art. 1317 C.civ. entsprechenden Vorschrift[153] angesiedelt, ist aber nun mit Art. 183 Abs. 2 Rv. n. F. auch äußerlich im Prozeßrecht verankert. Er präzisiert, daß der Beurkundungsbeamte nur seine (eigenen) Wahrnehmungen und Verrichtungen authentisch beurkunden kann[154]. Sowohl die Urkunde selbst als auch die authentische Ausfertigung erbringen vor Gericht vollen Beweis ihres Inhalts[155].

Die Rechtfertigung für die privilegierte Stellung solcher Dokumente liegt hauptsächlich in der Vertrauenswürdigkeit der Person begründet, die die Urkunde aufnimmt[156]. Das Notarsgesetz (Wet op het notarisambt) löste 1842 das Ventôse-Gesetz ab und verlieh den Notaren ausschließliche Zuständigkeit zur Errichtung authentischer Urkunden[157]. Diese Vorschrift hat nun im neuen Art. 183 Abs. 2 Satz 2 Rv. dadurch eine gewisse Abschwächung erfahren, daß der Kreis der Beurkundungspersonen etwas erweitert wurde[158], worunter die Verläßlichkeit der Urkunde allerdings nicht leidet[159].

Notare sind nach niederländischem Recht öffentliche Beamte[160], die auf Lebenszeit ernannt werden. Ihre Tätigkeit ist inkompatibel mit bestimmten öffentlichen Aufgaben, hauptsächlich im Justizbereich. Ernennungsvoraussetzung ist ein Rechtsstudium mit Ausrichtung auf das Notariat und ein praktischer Ausbildungsgang als Notarskandidat von drei Jahren. Die Neutralität des Notars wird u. a. dadurch gewährleistet, daß ihm die Beurkundung von Geschäften untersagt ist, die eine ihm nahestehende Partei abschließt.

Detailregelungen zur Abfassung des Notariatsakts in Hinblick auf seine Vollstreckbarkeit finden sich in Art. 43 Abs. 2 Wet op het notarisambt. Die Ausfertigung der Urkunde muß mit den Worten *„uitgegeven voor eerste gros-*

---

153 „Die Urkunde muß in gesetzmäßiger Form durch einen oder vor einem öffentlichen Amtsinhaber errichtet sein, der hierzu am Errichtungsort die Befugnis besitzt."

154 *„Authentieke akten zijn akten in de vereiste vorm en bevoegdelijk opgemaakt door ambtenaren aan wie bij of krachtens de wet is opgedragen op die wijze te doen blijken van door hen gedane waarnemingen of verrichtingen.*"

155 Art. 183, 187 Rv. n. F.

156 *Jongbloed*, S. 141.

157 Art. 1 Wet op het notarisambt.

158 Als authentisch werden auch Urkunden angesehen, deren Aufnahme das Gesetz in bestimmten Fällen anderen als Amtspersonen zuweist, Art. 183 Abs. 2 S. 2 Rv.

159 Hierbei handelt es sich um einige wenige Ausnahmezuständigkeiten, wie etwa die Errichtung von Nottestamenten auf See (Doek-*Jansen*, Art. 183 Anm. 4), die aber im Zusammenhang mit der vollstreckbaren Urkunde nicht interessieren.

160 Sie müssen nach Art. 10 Nr. 1 Wet op het notarisambt die niederländische Staatsbürgerschaft besitzen.

se"[161] enden; die Mißachtung dieser Form beeinträchtigt aber die Vollstreckbarkeit nicht[162]. Grundsätzlich erhält jede Partei nur *eine* Ausfertigung; Zweitausfertigungen werden an denselben Beteiligten nur aufgrund spezieller gesetzlicher Regelung erteilt.

4. Mit vollstreckbaren Urkunden vollstreckungsfähige Ansprüche

Der Titel ist inhaltlich nicht beschränkt[163], so daß beispielsweise Räumungen vollstreckbar beurkundet werden können[164]. Ausdrücklich ausgeschlossen ist dagegen nach Art. 589, 434 Rv., daß der Gerichtsvollzieher bei der Vollstrekkung einer Urkunde das Vollstreckungs*mittel* der Haft (*executie bij lijfsdwang*[165]) anwendet[166].

II. Die Durchführung der Vollstreckung

1. Einleitung des Vollstreckungsverfahrens

An die *Bestimmtheit des Urkundeninhalts* stellt die Rechtsprechung recht geringe Anforderungen; so genügt es, daß die Höhe der Schuld aus dem Titel in eindeutiger und für den Schuldner bindenden Weise feststellbar ist[167]. Eine Rechtfertigung dieser großzügigen Behandlung läßt sich aus den besonderen Umständen der konsensualen Titelschaffung herleiten: die Parteien befinden sich (noch) in Eintracht und lassen deshalb u. U. die Präzision vermissen, die ein im Streitverfahren erlangter Titel aufweisen müßte[168].

Der Vollstreckung muß die Zustellung des Titels (*exploit*) zusammen mit einer Leistungsaufforderung durch den Gerichtsvollzieher vorangehen. Die für die Leistung zu setzende Frist ist für jede Vollstreckungsart gesondert geregelt: zwei Tage bei Mobiliarvollstreckung (Art. 439 Abs. 1 S. 1 Rv.), ebenso bei der Immobiliarvollstreckung (Art. 502 Abs. 1 S. 1 Rv.), drei Tage bei Räumungsvollstreckung (Art. 555 S. 1 Rv.), vierundzwanzig Stunden bei der Vollstrek-

---

[161] „Erteilt als erste Ausfertigung".

[162] *Jongbloed*, S. 147 m. w. N.

[163] Allerdings wurde im Gesetzgebungsverfahren zum Notarsgesetz 1842 eine Beschränkung auf Geldansprüche erwogen und auch noch später *de lege lata* vertreten; *Jongbloed*, S. 151.

[164] *Cleverlinga*, Art. 436 Anm. 2 m. N.

[165] Die Haft als Erzwingungsmittel ist laut *Stein*, S. 325, in der Praxis ungebräuchlich.

[166] s. i. e. unten II. 2. b) cc).

[167] *Stein*, S. 273 m. N.

[168] *Jongbloed*, S. 150.

kung in Schiffe (Art. 563 Abs. 1 S. 1 Rv.) und verständlicherweise keine Frist bei der Vollstreckung in Forderungen.

Eine *Vollstreckungsklausel* kennt das niederländische Recht nicht; die notarielle Urkunde ist sich insofern selbst genug. Sie muß dagegen die Überschrift *In naam des Konings* bzw. *der Koningin* tragen; diese Formel ist unabdingbare Vollstreckbarkeitsvoraussetzung, besitzt aber keine der Klausel vergleichbare Formalisierungswirkung.

2. Mittel der Zwangsvollstreckung

a) Geldforderungsvollstreckung (*uitwinning*), Art. 439 ff. Rv.

Unterschieden wird die Vollstreckung in Güter, die nicht registriert werden (Art. 439-474, 480-490d Rv.)[169], diejenige in Inhaber-, Order- und Namensrechte (Art. 474a-474bb Rv.), in Gesellschaftsanteile (Art. 474c-474i Rv.) und in Forderungen (Art. 475-479k Rv.) sowie die Vollstreckung in Immobilien (Art. 505-554 Rv.) und in Schiffe (Art. 562a-584r Rv.).

Eine wichtige Neuerung des Burgerlijk Wetboek (BW) n. F. besteht darin, daß nach Art. 3:268 der Hypothekengläubiger auch ohne Titel über die Duldung der Zwangsvollstreckung zur Verwertung schreiten kann[170]. Damit entfällt in den Niederlanden ein im deutschen Recht wichtiger Anwendungsfall der vollstreckbaren Urkunde.

b) Nichtgeldleistungsvollstreckung (*reële executie*)

Der Anspruch auf Naturalerfüllung, den Art. 3:296 BW gewährt, wird obstinaten Schuldnern gegenüber durch Ersatzvornahme auf Kosten des Schuldners durchgesetzt. Hierzu muß eine richterliche Ermächtigung eingeholt werden (Art. 3:299 BW). Dieses Erfordernis ist aber durch Abrede in der notariellen Urkunde abdingbar[171]. Da der Vollstreckungsrechtsschutz sich in diesem Fall problematisch gestalten könnte, schlägt *Jongbloed* vor, dem Schuldner den

---

[169] Nach Art. 3:10 BW sind Registergüter solche, für deren Übertragung oder Errichtung die Eintragung in ein dazu bestimmtes öffentliches Register erforderlich ist.

[170] s. i. e. *Stein*, S. 274 ff., unter dem Stichwort „*parate executie*"; die Hypothek wird durch notariellen Vertrag und Eintragung ins Register bestellt, Art. 3:260 BW. Bei der Verwertung muß wiederum ein Notar anwesend sein, Art. 544 Rv.

[171] *Jongbloed*, S. 153.

allgemeinen Vollstreckungsrechtsbehelf[172] zu gewähren, wenn er bezweifelt, daß die Voraussetzungen der Ersatzvornahme gegeben sind[173].

Besonders geregelt sind die Übergabe/Lieferung beweglicher Sachen (Art. 491-500 Rv.) und die Räumungsvollstreckung (Art. 555-558 Rv.).

Sonderfälle der Ersatzvornahme ergeben sich aus punktuellen Regelungen von BW und Rv.: die richterliche Ernennung eines unabhängigen Dritten zur Auseinandersetzung einer Gemeinschaft (Art. 3:181 BW[174]), die Ersetzung der Vornahme einer Rechtshandlung durch den Urteilsausspruch des Richters (Art. 3:300 BW, z. B. Übertragung des Eigentums an einer Immobilie[175]), die Ersetzung der Übergabe einer zu liefernden Sache durch die Wegnahme und Übergabe durch den Gerichtsvollzieher (Art. 491 Rv.), und schließlich die Räumung einer Immobilie durch den Gerichtsvollzieher (Art. 556 Rv., und zwar aufgrund eines *executoriale titel*, also auch einer vollstreckbaren Urkunde).

Beugemittel sind die Haft (*lijfsdwang*) und das Zwangs- bzw. Ordnungsgeld zugunsten des Gläubigers (*dwangsom*)[176]. Da nicht entscheidend zwischen der Vollstreckung vertretbarer und unvertretbarer Handlungen unterschieden wird, stehen Zwangsmittel auch neben der Ermächtigung zur Ersatzvornahme zur Verfügung. Haft ist zulässig aufgrund eines richterlichen *Urteils*. Sie kann bereits im Titel angeordnet oder aufgrund einer gesonderten Ermächtigung verhängt werden. Die Literatur geht deshalb davon aus, daß dieses Vollstrekkungsmittel für vollstreckbare Urkunden nicht zur Verfügung steht[177]. Für exekutorische Urkunden über Zahlungen von Lebensunterhalt ordnet Art. 598a Rv. jedoch abweichend davon die *unmittelbare* Vollstreckbarkeit durch Haft an.

Die *dwangsom* wird auf Antrag durch den Richter verhängt, wenn der Schuldner die ausgeurteilte Verbindlichkeit nicht erfüllt; es muß sich dabei um

---

[172] s. unten III.

[173] *Jongbloed*, S. 153.

[174] Nach dem Gesetzeswortlaut muß die Auseinandersetzung *gerichtlich* angeordnet sein; ob eine vollstreckbare Urkunde hierfür genügt, ist unklar.

[175] Hier geht die Literatur wieder von der unproblematischen Gleichstellung von Urteil und Urkunde aus. *Jongbloed*, S. 154, sieht allerdings keinen praktischen Anwendungsfall. M. E. kommt aber hier wie in anderen Ländern immerhin die Beurkundung einer Verpflichtung zur zukünftigen Vornahme einer Rechtshandlung in Betracht.

[176] Art. 611a-611i Rv. als Umsetzung des Benelux-Übereinkommens betreffend ein einheitliches Gesetz über das Zwangsgeld vom 26.11.1973 ins autonome Prozeßrecht.

[177] *Jongbloed*, S. 149 f. Die Gleichstellung beider Titelarten geht nicht so weit, daß man die Möglichkeit einer richterlichen Anordnung *aufgrund* der Urkunde gemäß Art. 587 i. V. m. Art. 430 Rv. in Betracht ziehen würde. Für diese strikte Gesetzesauslegung spricht m. E. auch, daß die Vollstreckungsvorschriften, die auf beide Titelarten anwendbar sind, den allgemeineren Begriff „*executoriale titels*" verwenden, Art. 589 und 611a Rv. jedoch nur das „*vonnis*" (Urteil) erwähnen.

eine Nichtgeldleistung handeln, also Übergabe/Lieferung, Tun, Unterlassen oder Duldung. Für vollstreckbare Urkunden steht das Zwangsgeld wegen des Erfordernisses der richterlichen Anordnung also ebenfalls nicht zur Verfügung[178]. Somit sind unvertretbare Handlungen zwar wie in Frankreich vollstreckbar beurkundbar, letztlich aber nicht durchsetzungsfähig[179].

III. Die Rechtsbehelfe des Schuldners

Ein wirkliches System vollstreckungsrechtlicher Behelfe kennt das niederländische Recht nicht. Das Wetboek van burgerlijke rechtsvordering enthält hierzu im allgemeinen Teil des Vollstreckungsrechts mit Art. 438 gerade eine - wenn auch sehr umfangreiche - Vorschrift mit vielfältigen Verweisen auf andere Verfahrensregeln. Das Gesetz spricht von „Streitigkeiten, die im Zusammenhang mit einer Vollstreckung entstehen“[180]; die Literatur verwendet die Termini *tegenspraak* oder *verzet* (Widerspruch)[181].

1. Anwendungsbereich des Art. 438 Rv.

Die Vorschrift deckt generalklauselartig alle Kategorien vollstreckungsrechtlicher Streitigkeiten ab[182]. So fallen hierunter Einwendungen gegen die Vollstreckbarkeit der Urkunde überhaupt - etwa wegen Unbestimmtheit der Forderung oder weil der Anspruch auf nicht nachvollziehbare Weise bedingt ist[183] -, gegen ihre Echtheit und Einwendungen, die sich aus dem Inhalt der

---

[178] s. die Erwägungen zur Haft.

[179] *Jongbloed*, S. 153: „Es kann nur um Leistungen gehen, die auch durch andere erbracht werden können“.

[180] Art. 438 Rv.: *„geschillen die in verband met een executie rijzen“*. *Oudelaar*, S. 128 f. möchte diese Formulierung weit auslegen und beispielsweise auch das Vorbringen einer aufrechenbaren Gegenforderung darunter fassen. Ein Argument hierfür ist der engere Ausdruck in Art. 435 Rv. a. F., wo von „Streitigkeiten über die Vollstreckung“ die Rede war.

[181] s. etwa *Stein*, S. 281.

[182] s. i. e. *Oudelaar*, S. 318 ff. Auch dem Gerichtsvollzieher eröffnet Art. 438 Abs. 4 Rv. den Widerspruch, wenn er bei der Durchführung der Vollstreckung auf eine Einwendung stößt, die eine sofortige Maßnahme erfordert. Der Präsident der *rechtbank* fällt seine Entscheidung grundsätzlich nach Ladung der Parteien zu einem *kort geding*, kann hierauf jedoch auch verzichten, wenn er einen unmittelbaren Beschluß für geboten erachtet.

Dem mit der Vollstreckung betrauten *Notar* steht der *verzet* nur in den zwei Sonderfällen des Art. 3:270 Abs. 4 BW (Schwierigkeiten im hypothekarischen Verteilungsverfahren) und des Art. 539 Rv. (Drittwiderspruch bei Pfändung unbeweglicher Sachen) offen.

[183] *Jongbloed*, S. 156.

Urkunde selbst ergeben, wie beispielsweise nicht eingetretene Fälligkeit oder das Fehlen einer allfälligen Kündigung[184]. An materiellen Vorbringen sind sowohl die eigentliche Vollstreckungsberechtigung (*materiële geldigheid*)[185] als auch ein eventueller Rechtsmißbrauch durch Vollstreckung[186] denkbar. Schließlich können in diesem Rahmen auch die Art und Weise der Vollstreckung (z. B. Überpfändung) sowie ihre Opportunität zur richterlichen Überprüfung gebracht werden[187]. Ausgeschlossen sind bei der Urteilsvollstreckung Einwendungen, die vor der Titulierung hätten vorgebracht werden müssen; ob und wie dies auch in bezug auf Urkunden gilt, findet keine Erörterung.

Für die Pfändung wiederkehrender Geldforderungen wegen Unterhaltsansprüchen gilt die Sonderregel des Art. 479d Rv., wonach der Vollstreckungsschuldner jederzeit Widerspruch einlegen kann, wenn die (zu vollstreckende) Entscheidung über die Zahlungsverpflichtung mittlerweile geändert oder aufgehoben wurde oder wenn das Recht auf Zahlung nicht mehr besteht. Eine eigenständige Bedeutung der Vorschrift neben der Generalklausel des Art. 438 Rv. ist nicht erkennbar.

2. *Wirkung des Rechtsbehelfs und weiteres Verfahren*

Der Behelf bewirkt grundsätzlich[188] keine Hemmung der Zwangsvollstrekkung, eröffnet dem Schuldner aber die Möglichkeit, in einem *kort geding*-Verfahren[189] vor dem Präsidenten der *rechtbank*[190] vorläufige Maßnahmen in bezug auf den Fortgang der Vollstreckung zu erreichen, insbesondere Aussetzung, Aufhebung der Beschlagnahme und Anordnung einer Sicherheitsleistung. Verfahrensvoraussetzung für den *kort geding* ist - auch nach neuem Recht - die Dringlichkeit der Sache[191]. Das Gericht kann im Rahmen dieses Verfahrens anordnen, daß und wie einzelne versäumte Formalitäten nachgeholt werden, um nicht das gesamte bisherige Verfahren hinfällig werden zu lassen. Es handelt sich also bei Art. 438 Rv. auf Tatbestands- wie auf Rechtsfolgenseite um eine

---

184 *Jongbloed*, S. 155.

185 Genannt werden Erfüllung, Novation, Erlaß und Stundung.

186 *Stein*, S. 281; ein Beispiel für Titelmißbrauch ist die Ausnutzung eines Berechnungsfehlers im Titel.

187 *Oudelaar*, S. 320 f.; ob die Zweckmäßigkeit überprüft werden kann, ist umstritten. *Oudelaar* entnimmt diese Kompetenz des Gerichts einzelnen Vorschriften des BW und des Rv.

188 Ausnahme etwa: Art. 479e Abs. 2 Rv. (Pfändung wegen Unterhaltsleistungen).

189 Ein dem französischen *référé*-Verfahren nachgebildetes Eilverfahren; s. dazu Art. 289 ff. Rv.

190 Gericht zweiter Instanz.

191 *Oudelaar*, S. 131.

sehr flexible Regelung, die dem Richter einigen Gestaltungsspielraum gibt[192]; der Beschleunigungsgedanke spielt dabei eine zentrale Rolle.

Nur soweit[193] die Sache sich nicht zum *kort geding* eignet, wird die Hauptverhandlung anberaumt, sofern der Kläger dies beantragt; andernfalls weist das Gericht den Antrag ab. Damit scheint es möglich, daß eine formelle Einwendung wegen ihrer Komplexität zu einem vollumfänglichen Prozeß führt, in dem dann wohl auch materielle Einwendungen vorgebracht werden können[194]; auch der umgekehrte Fall ist denkbar. Das Kriterium für das richtige Verfahren besteht demnach nicht in der Art der schuldnerischen Einwendung, sondern in der Komplexität der zu entscheidenden Frage; die Vorgabe macht nicht das Gesetz *in abstracto*, sondern es entscheidet der Richter in der jeweiligen Situation.

Beweisrechtlich unterliegt das Verfahren keinen Besonderheiten: Es gilt die allgemeine Regel des Art. 177 Rv., wonach die Partei, die sich auf die Rechtsfolgen von durch sie behaupteten Tatsachen oder Rechten beruft, hierfür die Beweislast trägt, wenn sich nicht aus den Geboten der Redlichkeit und Billigkeit eine andere Beweislastverteilung ergibt.

3. *Zuständigkeit für den Rechtsbehelf*

Instanziell zuständig ist stets die *rechtbank*. Wählt der gegenklagende Schuldner das *kort geding*-Verfahren, um eine vorläufige Maßnahme zu erwirken, so muß er es beim Präsidenten der *rechtbank* anhängig machen.

Interessant und ungewöhnlich ist die Bestimmung der örtlichen Zuständigkeit: wahlweise[195] kann nämlich das „nach den allgemeinen Regeln zuständige Gericht“ - d. h. dasjenige am Wohnsitz des Beklagten[196] -, das Gericht des

---

192 s. i. e. *Oudelaar*, S. 329 ff.

193 Damit ist eine Aufspaltung des Behelfs möglich; s. Doek-*Jansen*, Art. 438 Anm. 8.

194 Ob der Schuldner auf die im ursprünglichen Antrag vorgebrachten Einwendungen *beschränkt* ist, geht aus der Literatur nicht hervor.

195 So ausdrücklich Doek-*Jansen*, Art. 438 Anm. 4. Ich entnehme das Wahlrecht des *Schuldners* zudem den Ausführungen *Oudelaars* (S. 151) zum Wahlrecht des *Gerichtsvollziehers*. - Der Gesetzgeber scheint darauf zu vertrauen, daß der Schuldner aus eigenem Interesse den sachnächsten Gerichtsstand wählen wird.

196 Art. 126 Nr. 16 Rv.; dies ist nach Doek-*Jansen*, Art. 438 Anm. 1, das *Wahldomizil* des Vollstreckungsgläubigers, das dieser nach Art. 439 Abs. 3 Rv. bis zum Ende der Vollstreckung beim Büro des Gerichtsvollziehers oder bei einem Anwalt zu nehmen hat. Die Regelung stellt damit grundsätzlich und im Gegensatz zu § 797 Abs. 5 dt.ZPO auf den Gläubiger ab, dürfte aber meist auch zum Gericht am Schuldnerwohnsitz führen, da der Gläubiger den dortigen Gerichtsvollzieher beauftragen wird. Schlecht vereinbar mit dieser Auslegung erscheint mir *Oudelaars* These, daß dieser Gerichtsstand sinnvoll

Beschlagnahmeorts, das Gericht der belegenen Sache oder das Gericht, in dessen Bezirk die Vollstreckung erfolgen soll, angegangen werden. Prorogation ist in Vollstreckungsstreitigkeiten ausgeschlossen[197].

Motivation für die variable Zuständigkeit war es, ein möglichst sachnahes Forum zur Verfügung zu stellen und möglichst viele Streitpunkte in einem Verfahren zu konzentrieren; so beschleunigt bei Vollstreckung in verschiedenen Bezirken die Konzentration der Einwendungen vor *einem* Gericht das Verfahren[198]. Von Schuldnerschutzgesichtspunkten ist dagegen nicht die Rede[199].

Gerichtsstandsvereinbarungen sind zulässig hinsichtlich einer aufrechenbaren Gegenforderung und gehen dann der örtlichen Zuständigkeit nach Art. 438 Rv. vor; man hält jedoch die Aussetzung der Vollstreckung bis zur Entscheidung über die Gegenforderung für möglich[200].

Eine bedeutende Einschränkung der weiten Zuständigkeitsregelung des Art. 438 Rv. ergibt sich für Vollstreckungsstreitigkeiten, die durch Antrag (*verzoekschrift*[201]) eingeleitet werden, aus der Sonderregel des Art. 429c Abs. 8 Rv.[202] Hierbei geht es um einzelne Akte der Vollstreckung in unregistrierte und in unbewegliche Sachen sowie der Verwirklichung von Pfand- und Hypothekenrechten[203]. Die örtliche Zuständigkeit ergibt sich dann aus der Belegenheit der Sache oder dem Vollstreckungsort.

---

für die Einwendung von Gegenforderungen sei (*Oudelaar*, S. 124). *Oudelaar* geht wohl vom Wohnsitzgerichtsstand nach Art. 126 Nr. 1 Rv. aus.

Nach *Oudelaar*, S. 123, zählen zu den „nach den gewöhnlichen Regeln zuständigen Gerichten" auch die nach dem GVÜ/LugÜ berufenen, was etwa bei Art. 5 zu einem zusätzlichen Forum führt.

[197] *Oudelaar*, S. 117.

[198] Vgl. *Oudelaar*, S. 124.

[199] Dies erübrigt sich wohl auch in einem flächenmäßig kleinen Staat.

[200] *Oudelaar*, S. 129.

[201] In Unterscheidung zur *dagvaarding*, der Ladung zum Prozeß.

[202] *Oudelaar*, S. 123, zum früheren Abs. 6.

[203] Dies sind Anträge zur wirtschaftlichen Erhaltung des Sicherungsgegenstands (etwa die Ernte von Früchten auf dem Halm, Art. 3:237 Abs. 4 BW), aber auch Anträge auf richterliche Genehmigung zur Abweichung von vorgeschriebenen Modalitäten der Verwertung, so etwa in Art. 3:234 Abs. 3 BW (Streit um vorrangigen Verkauf bei mehreren Sicherungsgegenständen), in Art. 3:251 und 3:268 Abs. 3 BW (richterliche Bestimmung, auf welche Art die Pfandsache bzw. das mit einer Hypothek belastete Grundstück verwertet werden soll), in Art. 439 Abs. 3 Rv. (richterliche Verkürzung der Frist nach Zustellung). Soweit der Schuldner überhaupt antragsberechtigt ist, entspricht diese Liste einzelnen Fällen der Erinnerung nach § 766 dt. ZPO.

4. Zeitliche Reichweite des Rechtsbehelfs

Da nur Streitigkeiten erfaßt sind, die „in Verbindung mit einer Vollstreckung" entstehen, ist präventiver Rechtsschutz nach Art. 438 Rv. nicht möglich[204]. Die Möglichkeit einer vorsorglichen negativen Feststellungsklage wird - soweit ersichtlich - nicht erörtert. Erweist sich aber die Vollstreckung nach der Verwertung als unrechtmäßig, so steht dem Vollstreckungsschuldner ein Schadensersatzanspruch zu[205].

IV. Die Vollstreckbarerklärung

Ausländische Urteile können nach *autonomem Recht* - ähnlich wie in England mit der *action on the judgment*[206] - nach einem neuen, jedoch zur Formalität verkürzten Erkenntnisverfahren zur Vollstreckung gebracht werden[207]. Der Gläubiger stützt sich zur Erlangung dieses *„verkapt exequatur"* auf die ausländische Entscheidung, und der Schuldner erhält keine Möglichkeit des Gegenbeweises[208]. Aufgrund von *Staatsverträgen oder Gesetzes* können nach Art. 985-991 Rv. ausländische Entscheidungen in einem kontradiktorischen Verfahren ohne Nachprüfung in der Sache exequiert werden. Zuständig ist die *rechtbank* des Schuldnerwohnsitzes oder des Vollstreckungsortes. Dies gilt nach Art. 993 Abs. 1 Rv. entsprechend für ausländische öffentliche Urkunden.

Die Niederlande haben 1972 ein besonders Ausführungsgesetz zum GVÜ erlassen, das 1978 geändert wurde[209]. Seine Bestimmungen sind nach Art. 10 auf vollstreckbare Urkunden (*executoriale titels*) entsprechend anwendbar. Art. 2 Abs. 1 AusfG schließt die Anwendung des gewöhnlichen Vollstreckbarerklärungsverfahrens nach Art. 985-991 Rv. in Sachen, die dem GVÜ unterfallen, aus. Hauptsächlich regelt das Gesetz die Vollstreckbarerklärung und die Prozedur der in Art. 36-39 vorgesehenen Rechtsbehelfe. Dabei wird aber nicht ausgeführt, welche Arten von Einwendungen in diesen Verfahren geltend gemacht werden können. Für Streitigkeiten, die die eigentliche Exekution der nach GVÜ vollstreckbar erklärten Titel betreffen (*geschillen over de tenuitvoerlegging*), wurde in Art. 9 AusfG die örtliche und sachliche Zuständigkeit des Richters[210]

---

204 So implizit *Stein*, S. 281: *„aangevangen executie"*; *Oudelaar*, S. 130, faßt die drohende und die laufende Vollstreckung unter diese Vorschrift.

205 *Oudelaar*, S. 339.

206 s. unten § 6 A. IV.

207 Art. 431 Rv.

208 *Verheul* 1989, S. 98.

209 Text bei *Bülow/Böckstiegel*, B I 1 d.

210 Mit *„rechter"* ist hier wohl den Richter am *kantonsgerecht*, also die unterste Instanz, gemeint.

des Vollstreckungsortes angeordnet. Aus der Tatsache, daß dies nicht der Präsident der *rechtbank* als Exequaturrichter gemäß Art. 32 Abs. 1, 2 GVÜ ist, hätte man schließen können, daß vollstreckungsrechtliche Behelfe nach autonomem niederländischem Prozeßrecht nicht im Exequaturverfahren vorgebracht werden sollen. Da diese Spezialvorschrift jedoch mittlerweile aufgehoben wurde[211], lassen sich derartige Folgerungen nicht mehr begründen.

V. Zusammenfassung

Nach niederländischem Recht ist die notarielle vollstreckbare Urkunde inhaltlich unbeschränkt; für die Vollstreckung höchstpersönlicher Handlungen fehlt allerdings ein geeignetes Zwangsmittel. Die vollstreckbare Urkunde ist stets „authentisch" i. S. des autonomen Prozeßrechts und erfüllt damit die Voraussetzungen des Art. 50. Die Exekution ausländischer Urkunden stößt in den Niederlanden auf keine Hindernisse. Der umfassende Rechtsbehelf nach Art. 438 Rv. gewährleistet dem Schuldner hinreichende Möglichkeiten, Berechtigung und Art der Vollstreckung überprüfen zu lassen.

F. Deutschland

I. Der Titel

1. Entwicklung der vollstreckbaren Urkunde

Die vollstreckbare Urkunde nach deutschem Recht läßt sich auf germanisch-deutsche und auf römisch-kanonische Wurzeln zurückführen. Vorläufer sind die exekutorischen Einträge in die Gerichtsbücher und das norditalienische *instrumentum guarentigiatum*, die jeweils aus Scheinrechtsstreiten entwickelt wurden[212].

Eine gewisse Vereinheitlichung der notariellen Beurkundungstätigkeit erfolgte durch die kaiserliche Notariatsordnung von 1512, die erst mit dem Ende des Heiligen Römischen Reiches 1806 hinfällig wurde. Sie konnte jedoch wegen der Schwäche der kaiserlichen Gewalt das Notarswesen nicht abschließend regeln[213]: Zum einen existierte mit den päpstlichen Notaren noch eine weitere Kategorie, zum anderen sah das Landesrecht gelegentlich Ergänzungen und

---

[211] Gesetz vom 25.10.1989, in Kraft seit 1.1.1992.
[212] *Münch*, S. 18 ff.
[213] *Hofmeister*, öst. NotZ 1982, 110 re. Sp.

Einschränkungen vor und regelte die eigentliche Zulassung[214]. Das bayerische Notariat, das wenig Ansehen genoß, wurde 1807 abgeschafft[215].

Nach der territorialen Neuordnung 1815 fanden sich im Gebiet des Deutschen Bundes verschiedene Beurkundungssysteme: meist übten die Gerichte die Funktion des ehemals kaiserlichen Notariats aus[216], aber in den vorübergehend französisch regierten Landesteilen hatte sich bereits das im Ventôse-Gesetz modernisierte lateinische Notariat etabliert und guten Anklang gefunden[217]. Die vollstreckbare Urkunde sah man in Bayern als so vorteilhaft an, daß sie unabhängig von der Wiedererrichtung des Notariats 1856 eingeführt wurde[218]. Auch andere deutsche Prozeßordnungen sahen exekutorische Urkunden vor[219], teils mit, teils ohne das Erfordernis einer gesonderten Unterwerfung des Schuldners unter die sofortige Zwangsvollstreckung.

Mit § 702 Nr. 5 der CPO von 1877/1879 und dem inhaltsgleichen § 794 Abs. 1 Nr. 5 ZPO 1900 wurde die vollstreckbare Urkunde einheitlich in ganz Deutschland eingeführt. Inhaltlich ist sie auf Zahlungsansprüche und Ansprüche auf Leistung einer bestimmten Menge vertretbarer Sachen oder Wertpapiere beschränkt, wobei Ansprüche aus Grund- und Schiffspfandrechten den Zahlungsansprüchen gleichgestellt werden.

Die zulässigerweise beurkundbaren Ansprüche sind demnach dieselben, die im Urkundenprozeß nach § 592 ZPO verfolgt werden können; dort ist Prozeßvoraussetzung[220], daß der Gläubiger einen derartigen Anspruch geltend macht. Zugriff auf das Schuldnervermögen wird jedoch erst aufgrund des der Klage stattgebenden Urteils möglich, das sogar ohne Sicherheitsleistung vorläufig vollstreckbar ist (§ 708 Nr. 5 ZPO). Im Vergleich hierzu bringt die vollstreckbare Urkunde eine weitere Verfahrenskürzung durch *sofortigen* Zugriff und den Vorteil für den Betreibenden, daß sein Titel nicht unter dem Vorbehalt der Aufhebung im Nachverfahren steht, sondern die Vollstreckung nur auf Inititative des Schuldners eingestellt wird (§§ 767, 769, 775 Nr. 1 ZPO). Der Entwurf

---

214 Z. B. die bayerische Landesordnung von 1516, vgl. *Lieberich*, S. 9.

215 *Vollhardt*, S. 11.

216 *Lieberich*, S. 9.

217 *Vollhardt*, S. 14.

218 *Vollhardt*, S. 17; dieses Beispiel zeigt, daß die vollstreckbare Urkunde zwar in ihrer Konzeption vom System des lateinischen Notariats inspiriert ist, aber doch auch unabhängig von diesem Berufsstand konstruiert werden kann. In Bayern nahmen bis 1862 die Gerichte Beurkundungsfunktionen wahr, danach wieder das Notariat.

219 CPO Hannover 1853, CPO Württemberg 1868; s. *Wolfsteiner*, Rn. 2.3.

220 Baumbach/Lauterbach-*Hartmann*, § 592 Rn. 1.

einer 2. Zwangsvollstreckungsnovelle 1995[221] beseitigt die inhaltliche Beschränkung der beurkundbaren Ansprüche weitestgehend[222].

Außerhalb des Kreises der traditionellen exekutorischen Urkunden steht der 1932 eingeführte Vergleich, der vor wettbewerbsrechtlichen Einigungsstellen bei den Industrie- und Handelskammern geschlossen wird (§ 27a Abs. 6, 7 UWG)[223]. Die Einigungsstellen sind keine Gerichte[224], wegen ihrer Anbindung an die Kammern jedoch als öffentliche Stellen zu betrachten. Sie setzen sich aus einem zum Richteramt befähigten, auf dem Gebiet des Wettbewerbsrechts erfahrenen Vorsitzenden und mehreren Gewerbetreibenden und Verbrauchern als Beisitzern zusammen. Das Einigungsverfahren findet auf Antrag eines Verbrauchers oder eines Verbraucherverbands statt und soll unter Vermittlung der Einigungsstelle zu einem Vergleich führen. Dabei handelt es sich um kein Schiedsgerichtsverfahren[225], sondern um die Vermittlung eines gütlichen Ausgleichs. Inhaltlich bezieht sich der Vergleich auf Ansprüche nach dem UWG, d. h. insbesondere auf *Unterlassungsansprüche* gemäß § 13 Abs. 1 UWG. Er ist von den mitwirkenden Mitgliedern der Einigungsstelle sowie von den Parteien zu unterschreiben und entfaltet gemäß § 27a Abs. 7 UWG Vollstreckungskraft. Die Vollstreckungsklausel erteilt jedoch nicht die Einigungsstelle selbst, sondern das Amtsgericht in Bezirk des Sitzes der Einigungsstelle[226].

Eine weitere vollstreckungsrechtliche Innovation stellt der 1990 eingeführte Vergleich nach § 1044b ZPO dar, den die Parteien und ihre Rechtsanwälte unterschreiben müssen. Er ist nicht per se exekutorisch, sondern bedarf gemäß §§ 1044b, 1044a ZPO der gerichtlichen Vollstreckbarerklärung[227]. Die Spielart des notariell verwahrten und für vollstreckbar erklärten Anwaltsvergleichs dagegen kommt sehr wohl als vollstreckbare öffentliche Urkunde in Betracht[228]. Die Exekutionsfähigkeit ergibt sich hier aus der Vollstreckbarerklärung durch den Notar. Hervorzuheben ist hier ferner, daß es hinsichtlich der beurkundeten

---

[221] BT-Drs. 13/341 vom 27.1.1995; nach der ersten Beratung im Bundestag am 30.11.1995 befindet sich der Entwurf nun beim Rechtsausschuß des Bundestages.

[222] s. i. e. unten 4.

[223] Zur praktischen Bedeutung vgl. *Köhler*, WRP 1991, 617 f. Danach hat die *Wettbewerbszentrale* von 1986 bis 1990 Vergleiche nach § 27a UWG in der Größenordnung zwischen 430 und 830 pro Jahr abgeschlossen.

Gemäß § 13 Rabattgesetz können die in § 27a UWG genannten Einigungsstellen auch bei bürgerlichen Rechtsstreitigkeiten aus dem Rabattgesetz angerufen werden.

[224] *Kropholler*, Art. 51 Rn. 1; *Baumbach/Hefermehl*, § 27a Rn. 1.

[225] *Baumbach/Hefermehl*, § 27a Rn. 1; als Schiedsspruch wäre der Vergleich vom Anwendungsbereich von GVÜ und LugÜ von vornherein ausgeschlossen, vgl. Art. 1 Abs. 2 Nr. 4.

[226] § 797a ZPO in entsprechender Anwendung; s. *Baumbach/Hefermehl*, § 27a Rn. 14.

[227] MünchKomm ZPO-*Gottwald*, Art. 50 Rn. 9.

[228] *Ziege*, NJW 1991, 1581.

Leistungsverpflichtung keine dem § 794 Abs. 1 Nr. 5 ZPO gegenwärtiger Fassung entsprechende Beschränkung gibt - eine Diskrepanz, die mit der 2. Zwangsvollstreckungsnovelle 1995 verschwindet. Der Notar hat schließlich - anders als bei der klassischen vollstreckbaren Urkunde - das Exequatur zu verweigern, wenn ihm der Vergleich materiell unwirksam erscheint[229].

Sämtlichen genannten Urkundentiteln ist gemeinsam, daß sie aufgrund übereinstimmender Erklärungen der Parteien oder zumindest durch eine Rechtshandlung des Schuldners errichtet werden. Titel, für die dies nicht zutrifft, tauchen im deutschen Schrifttum im Zusammenhang mit Art. 50 nicht auf[230]. Daher erübrigt sich für das deutschen Recht die Frage, ob vollstreckbare Urkunden, die allein auf Initiative des Gläubigers zustande kommen - wie etwa die notariellen Wechsel - und Scheckproteste in romanischen Ländern - unter Art. 50 fallen.

2. Zusammenhang von materiellem Anspruch und Titel

Die Konstruktion der Vollstreckungsunterwerfung als Prozeßvertrag mit enger Anbindung an das materielle Geschäft - sozusagen sein vollstreckungsrechtlicher Reflex - wurde in der älteren deutschen Lehre ähnlich wie heute noch in Frankreich vertreten[231]. Schuldrechtlicher und vollstreckungsrechtlicher Vertrag sind dabei zwei Seiten derselben Medaille.

Ein besonderes Kennzeichen der vollstreckbaren Urkunde nach heutigem deutschen Recht ist dagegen, daß § 794 Abs. 1 Nr. 5 ZPO eine ausdrückliche Unterwerfung des Schuldners unter die sofortige Zwangsvollstreckung verlangt, eine den romanischen Ländern unbekannte Figur. Sie erfüllt eine gewisse Warnfunktion[232] und wird allgemein als Prozeßhandlung aufgefaßt[233], die allerdings außerhalb eines Prozeßverfahrens vorgenommen wird. Die Erklärung der Unterwerfung erfolgt einseitig durch den Schuldner, jedoch in aller Regel aufgrund einer entsprechenden Parteivereinbarung[234]. Ungeachtet ihrer dogmatischen

---

229 *Ziege*, NJW 1991, 1583.

230 In Betracht kommen beispielsweise gerichtliche Beschlüsse, die die einem Rechtsanwalt zustehende gesetzliche Vergütung festsetzen und Vollstreckungstitel sind (§ 19 BRAGO). Zwar ist die Gegenseite vor der Festsetzung zu hören; der Titel kommt dann aber kraft Entscheidung des Gerichts, nicht kraft Zusammenwirkens der Parteien zustande.

231 s. etwa *Kohler*, AcP 1893, S. 142 f., der in den vollstreckbaren Urkunden „die vollstreckbaren Verträge“ erblickt und den „executiven Urkundentitel“ doppelt definiert als „gültigen executorischen Vertrag“ (d. h. die causa der Vollstreckung) und als urkundlichen äußeren Anschein dieses Vertrags.

232 *Wolfsteiner*, Rn. 5.9.

233 *Wolfsteiner*, Rn. 8.3. m. w. N.

234 *Wolfsteiner*, Rn. 9.1. ff.; vgl. z. B. unten zu Verpflichtungsabreden in AGB.

Einordnung ist sie - anders als in anderen Rechtsordnungen - Voraussetzung für eine wirksame vollstreckbare Urkunde. Heute unterscheidet man daher zwischen dem beurkundeten Anspruch, der sich aus materiellem Recht ergibt[235], und der Unterwerfungserklärung wegen des Anspruchs[236]. Beide entfalten grundsätzlich getrennt voneinander Wirksamkeit und müssen sich auch nicht betragsmäßig decken[237]. Dementsprechend differenziert stellt sich auch das Rechsbehelfssystem dar[238], was u. U. zu Unsicherheiten bei der Bestimmung des richtigen Behelfs führen kann[239].

Die Unwirksamkeit des materiellen Geschäfts - beispielsweise wegen Verstoßes gegen die Form des § 313 S. 1 BGB - berührt die Wirksamkeit der Unterwerfung und damit die Titelschaffung nicht. Da die Unterwerfungserklärung eine Prozeßhandlung darstellt, kann sich auch aus § 139 BGB keine Gesamtnichtigkeit ergeben[240].

§ 800 ZPO beinhaltet eine weitere Besonderheit des deutschen Rechts. Danach kann die Vollstreckungsunterwerfung hinsichtlich eines Grundpfandrechts auf den jeweiligen Grundstückseigentümer erstreckt und dinglich ausgestaltet werden. Wirksamkeitsvoraussetzung hierfür ist die Eintragung der Unterwerfung in das Grundbuch.

3. Errichtung der Urkunde

Das deutsche Recht definiert die öffentliche Urkunde in § 415 Abs. 1 ZPO im Zusammenhang mit dem Urkundenbeweis als „von einer öffentlichen Behörde innerhalb der Grenzen ihrer Amtsbefugnisse oder von einer mit öffentlichem Glauben versehenen Person innerhalb des ihr zugewiesenen Geschäftskreises in der vorgeschriebenen Form aufgenommen“ - die Vorschrift ist fast identisch mit den entsprechenden Normen der vom C.civ. beeinflußten Rechtsordnungen.

Um zusätzlich vollstreckbar zu sein, muß die Urkunde von einem deutschen Gericht oder Notar aufgenommen worden sein und die Unterwerfungserklärung des Schuldners enthalten, § 794 Abs. 1 Nr. 5 ZPO. Dabei ist eine räumliche

---

[235] Das gilt selbst dann, wenn man den Anspruchsbegriff des § 794 Abs. 1 Nr. 5 ZPO parallel zu dem des § 253 Abs. 2 Nr. 2 ZPO formuliert; vgl. zur Bedeutung des materiellen Anspruchs *Münch*, S. 183 ff.

[236] Ihr Umfang soll durch die Formulierung „zu bezeichnenden Anspruch“ im zukünftigen Recht präzise abgesteckt werden.

[237] *Wolfsteiner*, Rn. 14.22.

[238] s. unten III.

[239] *Olzen*, DNotZ 1993, 212.

[240] *BGH* NJW 1985, 2423.

Trennung von Vertragsurkunde und Unterwerfungsurkunde möglich[241], sofern die Urkunde, auf die in der Unterwerfung Bezug genommen wird, dieser beigefügt ist[242]. Ebenso kann bezüglich eines bereits entstandenen Anspruchs erst nachfolgend eine Unterwerfung abgegeben werden[243].

Die Aufnahme exekutorischer Urkunden obliegt in Deutschland in der Praxis hauptsächlich den Notaren. Dabei bietet die deutsche Notariatsorganisation im europäischen Vergleich neben der schweizerischen die größte Vielfalt: neben dem dem zur hauptberuflichen Amtsausübung bestellten Notar (§ 3 Abs. 1 BNotO), dem sogenannten Nur-Notar[244], gibt es den nebenberuflichen oder Anwaltsnotar (§ 3 Abs. 2 BNotO)[245, 246] sowie in Baden-Württemberg die beamteten Notare (§§ 114, 115 BNotO, Art. 138 Grundgesetz). Baden-Württemberg weist dabei innerhalb eines einzelnen Bundeslandes eine ähnliche Buntheit auf wie die Schweiz: neben dem württembergischen Bezirksnotar und dem badischen Amtsnotar werden im Oberlandesgerichtsbezirk Stuttgart, dem württembergisch-hohenzollerschen Rechtsgebiet, entsprechend dem Bedarf hauptamtliche und nebenberufliche Notare bestellt[247]. Im Gebiet der neuen Bundesländer ist noch vor der Wiedervereinigung das hauptberufliche Notariat eingerichtet worden[248]. Bei aller Vielfalt ist den freiberuflich tätigen Notaren gemein, daß sie gemäß § 1 BNotO als „unabhängige Träger eines öffentlichen Amtes ... für die Beurkundung von Rechtsvorgängen und andere Aufgaben auf dem Gebiete der vorsorgenden Rechtspflege“ bestellt werden und demzufolge mit der Amtsautorität ausgestattet sind, die die Notare des lateinisch-germanischen Systems auszeichnet.

---

[241] *Wolfsteiner*, Rn. 14.18, Fn. 10.

[242] *Wolfsteiner*, Rn. 16.11 ff.

[243] *Wolfsteiner*, Rn. 14.18.

[244] In den Ländern Bayern, Rheinland-Pfalz, Hamburg, Saarland, Nordrhein-Westfalen (hier nur in den Oberlandesgerichtsbezirken Köln und Düsseldorf).

[245] In den Ländern Berlin, Bremen, Hessen, Niedersachsen, Schleswig-Holstein und im restlichen Gebiet Nordrhein-Westfalens.

[246] Diese Gestaltung, bei der der Notar gleichzeitig als Anwalt tätig wird, findet sich in keinem anderen Vertragsstaat. Ganz im Gegenteil betrachten viele nationale Rechte die anwaltliche Tätigkeit des Notars als Risiko für seine Neutralität den Parteien gegenüber und verbieten die kombinierte Amtsausübung (vgl. etwa für Österreich unten § 4 G. I. 3., für Portugal unten § 6 D. I. 2.); zu möglichen Zweifeln an der Neutralität des Anwaltsnotars s. a. *Stürner*, JZ 1974, 154 ff.

In diesen Ländern liegt m. E. die Berufung auf den ordre public zur Sanktion eines als nicht tragbar erachteten Beurkundungsverfahrens nicht fern, wenn die Urkunde eines deutschen Anwaltsnotars, der in derselben Sache anwaltlich tätig geworden ist, für vollstreckbar erklärt werden soll.

[247] § 3 Abs. 2 Landesgesetz über die freiwillige Gerichtsbarkeit.

[248] § 3 Abs. 1 VO über die Tätigkeit von Notaren in eigener Praxis vom 20.6.1990, die gemäß Art. 8 Einigungsvertrag in Kraft bleibt.

Neben den Notaren können die Amtsgerichte nach § 62 Nr. 2 und 3 BeurkG und die Jugendämter nach § 60 SGB VIII vollstreckbare Urkunden in gewissen Unterhaltssachen aufnehmen[249]. Wie bei der notariellen Beurkundung wird dabei eine mit einem öffentlichen Amt betraute Person tätig, die die Neutralität des Verfahrens gewährleistet[250].

Im Beurkundungsverfahren nach den §§ 1 ff. BeurkG, §§ 1, 20 BNotO besteht für den Beurkundenden lediglich eine formelle Prüfungspflicht[251]. Eine detaillierte materielle Vorprüfung des zu beurkundenden Anspruchs erfolgt ausnahmsweise dort, wo dem Notar das Verfahrens- und Amtsrecht die Beurkundung verbieten, weil sie mit den Amtspflichten unvereinbar wäre, insbesondere weil sie erkennbar unerlaubte oder unredliche Zwecke verfolgt[252]. Hierunter fallen vornehmlich Geschäfte, deren Unzulässigkeit wegen Gesetzes- oder Sittenverstoßes (§§ 134, 138 BGB) naheliegt[253].

Im Kreditgewerbe, insbesondere bei der Vergabe von Baudarlehen, sind Unterwerfungserklärungen in allgemeinen Geschäftsbedingungen oder aufgrund solcher vorformulierter Vertragsbestandteile üblich. Sie unterliegen nach ganz h. M. der Kontrolle nach dem AGBG[254], was aber nach der Rechtsprechung nur in bestimmten Fällen der Einbeziehung Dritter in die Darlehenshaftung zur Unwirksamkeit nach § 9 Abs. 2 Nr. 1 AGBG führt; die notarielle Belehrungspflicht verhindere die Überraschung durch die Unterwerfungsklausel (§ 3 AGBG), Unangemessenheit der rechtlichen Gestaltung (§ 9 AGBG) liege wegen der Gleichwertigkeit von Unterwerfung und gerichtlicher Titulierung nicht vor, und eine Beweislastumkehr (§ 11 Nr. 15 AGBG) sei mit der Unterwerfung nicht verbunden[255].

Einen weiteren Zeitvorteil und eine weitergehende Verlagerung der Initiativlast auf den Schuldner kann der Gläubiger dadurch bewirken, daß er mit dem Schuldner in der Unterwerfungserklärung möglichst geringe Anforderungen an

---

249 Unter die Beurkundungszuständigkeit der Jugendämter fallen Unterhalts- oder Abfindungsansprüche von Abkömmlingen unter 21 Jahren und die Ansprüche einer Frau auf Zahlung von Entbindungskosten und Unterhalt gemäß §§ 1615k und 1615l BGB. Die Amtsgerichte können Unterhaltsansprüche minderjähriger nichtehelicher Kinder und die Ansprüche nach §§ 1615k und 1615l BGB beurkunden.

250 *Baur*, S. 322, äußert demgegenüber Bedenken gegen die Neutralität des Jugendamts, das von Amts wegen verpflichtet sei, die Interessen nur einer Partei wahrzunehmen.

251 Zöller-*Stöber* § 797, Rn. 4.

252 § 4 BeurkG, § 14 Abs. 2 BNotO.

253 *Münch*, S. 197 ff.

254 s. aus der Rspr. z. B. *OLG Celle* v. 9.10.1990, NJW-RR 1991, 667 und *OLG Hamm* v. 23.4.1991, NJW-RR 1991, 1151; a. A. für Unterwerfungen *in* AGB MünchKomm ZPO-*Wolfsteiner*, § 794 Rn. 126.

255 *Baur/Stürner*, Rn. 16.19 m. N.

die für die Erteilung der vollstreckbaren Ausfertigung zu erbringenden Nachweise vereinbart[256]. Er kann dann ggf. eine Ausfertigung erlangen, ohne den in § 726 ZPO vorgesehenen Urkundsbeweis über den Eintritt der vollstreckbarkeitsbegründenden Tatsache führen zu müssen. Dem Schuldner seinerseits ist insofern der Rechtsbehelf der Klauselerinnerung wegen fehlenden Nachweises[257] abgeschnitten.

4. Mit vollstreckbaren Urkunden vollstreckungsfähige Ansprüche

Was den beurkundeten Anspruch betrifft, so muß er auf eine bestimmte Geldsumme oder die Leistung einer bestimmten Menge vertretbarer Sachen oder Wertpapiere gerichtet sein; Grund- und Schiffspfandrechte werden derartigen Ansprüchen ausdrücklich gleichgestellt. Mit dieser Regelung stellt die ZPO gemessen an anderen europäischen Rechtsordnungen mittlere inhaltliche Anforderungen. Nach bislang geltendem Recht sind also Handlungs-, Unterlassungs- und Duldungsansprüche sowie Ansprüche auf Abgabe einer Willenserklärung nicht mittels vollstreckbarer Urkunde durchsetzbar.

Dies wird sich mit § 794 Abs. 1 Nr. 5 in der Fassung der 2. Zwangsvollstreckungsnovelle ändern. Zukünftig wird danach jeder Anspruch, der - entsprechend der schon bestehenden österreichischen Regelung - einem Vergleich zugänglich ist, aus notariellen Urkunden vollstreckbar sein. Ausgenommen werden allein Ansprüche auf Abgabe einer Willenserklärung und solche, die den Bestand eines Wohnraummietverhältnisses betreffen[258]; die Vollstreckung nach § 894 ZPO wird hier als ausreichend betrachtet, und dem Mieterschutz war Rechnung zu tragen[259]. Auch im letztgenannten Punkt fällt die Ähnlichkeit mit dem österreichischen Recht auf. Grund für die Erweiterung der Vollstreckbarkeit ist die Hoffnung auf zusätzliche Entlastung der Gerichte und die Herstellung der „Waffengleichheit" zwischen beiden Parteien, da nun auch die Gegenleistung der Geldzahlung vereinfacht erzwingbar wird[260]. Unklarheiten bei der Vollstreckung, die wegen der Anspruchsausweitung zu befürchten sein könnten,

---

[256] Diese Vereinbarung wird auch als Verzicht auf den Nachweis der die Vollstreckbarkeit begründenden Tatsachen bezeichnet, *Wolfsteiner*, Rn. 36.3, und ist in der Praxis durchaus gängig.

[257] s. unten III. 1. a).

[258] BT-Drs. 13/341, 5.

[259] BT-Drs. 13/341, 21.

[260] Es bleibt m. E. jedoch abzuwarten, ob Kreditunternehmen mit der ihnen eigenen Marktmacht überhaupt bereit sein werden, eine Vollstreckungsunterwerfung zugunsten des Darlehensnehmers abzugeben. Der Automatismus einer zweiseitigen Vollstreckbarkeit, wie ihn Rechtsordnungen ohne Unterwerfungserklärung kennen, wird mit der Gesetzesänderung nämlich nicht hergestellt.

sollen dadurch vermieden werden, daß die Unterwerfungserklärung sich zukünftig auf einen „zu bezeichnenden Anspruch" beziehen muß[261].

II. Die Durchführung der Vollstreckung

1. Einleitung des Vollstreckungsverfahrens

Das Verfahren unterscheidet sich wegen der umfangreichen Verweisung in § 795 Satz 1 ZPO nur unwesentlich von dem der Urteilsvollstreckung. Notwendig sind also der mit der Vollstreckungsklausel versehene Titel und die Zustellung an den Schuldner. Für die Erteilung der vollstreckbaren Ausfertigung[262] ist nach § 797 Abs. 1, 2 ZPO diejenige Stelle zuständig, die die Urkunde verwahrt. Sie prüft in formeller Hinsicht, ob eine wirksame Unterwerfungserklärung und ein unterwerfungsfähiger Anspruch vorliegen[263] (*Voraussetzungen der Vollstreckbarkeit der Urkunde*) und ggf. eine abschließende Zahl *materieller Vollstreckungsvoraussetzungen*, nämlich gegenstandsbezogen Bedingungseintritt, Zug-um-Zug-Leistung einer Willenserklärung (§ 726 ZPO) sowie parteienbezogen Rechtsnachfolge, Nacherbschaft, Vermögens- oder Firmenübernahme (§§ 727-729 ZPO[264]). Andere Einwendungen oder Zweifel der erteilenden Stelle an der Wirksamkeit können die Klauselerteilung in aller Regel nicht hindern[265].

Die Vollstreckung darf nach der Sonderregel des § 798 ZPO frühestens nach einer Wartefrist von zwei Wochen[266] nach Zustellung der Urkunde beginnen, während deren der Schuldner noch leisten oder aber die Vollstreckungsberechtigung bestreiten kann. Diese Regelung trägt der besonderen Bedeutung von Rechtsbehelfen gegen die Urkunde Rechnung[267].

---

[261] BT-Drs. 13/341, 20; das österreichische Recht stellt die erforderliche Bestimmtheit dadurch her, daß in der Urkunde der Rechtstitel sowie Gegenstand, Art, Umfang und Zeit der Leistung aufzuführen sind, vgl. unten G. I. 3.

[262] s. i. e. *Wolfsteiner*, §§ 33-47.

[263] *Wolfsteiner*, Rn. 35.2.

[264] Hinzu kommen: Titel gegen den Nießbraucher an einem Vermögen oder einer Erbschaft, § 738 ZPO; Titel für die Vollstreckung in das Gesamtgut bei nachträglich eingetretener oder beendeter oder fortgesetzter Gütergemeinschaft, §§ 742, 744, 745 Abs. 2 ZPO; Titel für oder gegen den Testamentsvollstrecker, § 749 ZPO.

[265] *Wolfsteiner*, Rn. 35.4 f.; als Beispiele nennt er Zweifel über die Geschäftsfähigkeit des Schuldners oder die Sittenwidrigkeit des Anspruchs.

[266] Bis 1990: eine Woche; nach der elsaß-lothringischen ZPO gilt noch die Frist von drei Tagen, s. *Encyclopédie Dalloz „Procédure"*, *„Alsace et Lorraine (Voies d'exécution)"* von 1981, Rn. 24.

[267] s. unten III. 3. und zum Vergleich mit der provisorischen Rechtsöffnung in der Schweiz § 7 A. III. 3.

2. Mittel der Zwangsvollstreckung

Die ZPO stellt über den Verweis auf die Urteilsvollstreckung (§ 795 ZPO) für jeden denkbaren Urkundeninhalt ein adäquates Durchsetzungsmittel zur Verfügung: Sowohl Geldtitel als auch solche, die zu einer Handlung oder Unterlassung oder zur Abgabe einer Willenserklärung verpflichten, sind prinzipiell problemlos vollstreckbar. Die Begrenzung der exekutorischen Kraft der deutschen Urkunde erfolgt nicht über den Ausschluß einzelner Vollstreckungsmittel, sondern dadurch, daß bestimmte Kategorien von *Ansprüchen* nicht zugelassen werden.

III. Die Rechtsbehelfe des Schuldners[268]

Das System der Rechtsbehelfe gegen die vollstreckbare Urkunde zeichnet sich dadurch aus, daß wegen ihrer fehlenden Rechtskraft verstärkt materielle Einwendungen vorgebracht werden können. Den Vorwürfen mangelnder Kohärenz des gesamten Systems, insbesondere in der Zuständigkeitszuweisung[269], soll hier nicht weiter nachgegangen werden; zu erwähnen ist jedoch, daß die Konkurrenzen der Behelfe zueinander einem effizienten Rechtsschutz im Wege stehen können[270]. Im einzelnen hat der Schuldner gegen die einmal errichtete[271] Urkunde folgende Verteidigungsmöglichkeiten zur Verfügung[272]:

1. Formelle Einwendungen gegen den Titel oder die Art der Vollstreckung

a) Erinnerung gegen die Zulässigkeit der Vollstreckungsklausel, § 732 ZPO

Der Rechtsbehelf richtet sich gegen die Erteilung der Klausel und stützt sich darauf, daß eine förmliche Voraussetzung dafür nicht vorgelegen hat. Die Erinnerung kann sich neben Angriffen auf Vollstreckungsfähigkeit oder Vollstreckbarkeitsumfang des Titels auch darauf beziehen, daß ein erforderlicher Nachweis materiellrechtlicher Gegebenheiten unterblieben ist. So ist es dem Schuldner beispielsweise möglich, den fehlenden Fälligkeits*nachweis* zu rügen, ohne den tatsächlichen Fälligkeits*eintritt* zu bestreiten.

---

[268] Die Frankfurter Dissertation von *Schultheis* über die „Rechtsbehelfe bei vollstreckbaren Urkunden“ konnte nicht mehr berücksichtigt werden.

[269] s. etwa *Wolfsteiner*, Rn. 54.1 ff.

[270] Vgl. etwa zur Rspr. zur Vollstreckungsgegenklage bei einer aus materiellrechtlichen Gründen unwirksamen Unterwerfungserklärung *Olzen*, DNotZ 1993, 212 ff.

[271] s. zu den Behelfen im Beurkundungsverfahren *Wolfsteiner*, Rn. 55.1 ff.

[272] Systematisierung in Anlehnung an *Wolfsteiner*, §§ 58-61.

Zuständig ist nach § 797 Abs. 3 ZPO das Gericht im Bezirk der Stelle (Gericht, Notar, Behörde), die die Urkunde verwahrt und die vollstreckbare Ausfertigung erteilt. Gibt der Richter dem Begehren statt, so erklärt er die Zwangsvollstreckung aus der Urkunde für unzulässig.

Gegen den Beschluß des Richters steht dem Gläubiger und dem Schuldner die einfache Beschwerde nach § 567 ZPO zu, unter den Voraussetzungen des § 568 Abs. 2 ZPO auch die weitere Beschwerde.

Probleme tauchen dann auf, wenn die Unterwerfungserklärung aus materiellrechtlichen Gründen (z. B. Geschäftsunfähigkeit) unwirksam ist und damit nur dem Anschein nach ein Titel vorliegt. Dem Notar kann im Rahmen der Klauselerteilung eine diesbezügliche Prüfung schwerlich abverlangt werden[273]. Die neuere Rechtsprechung verweist den Schuldner mit diesem Verteidigungsmittel nun nicht mehr auf die Klauselerinnerung, sondern läßt die Vollstreckungsgegenklage zu[274]. *Olzen* hingegen schlägt vor, das Vorliegen eines wirksamen Titels in einer Feststellungsklage nach § 256 ZPO überprüfen zu lassen[275].

Diese komplizierte Differenzierung ist der Preis für die Aufspaltung der vollstreckbaren Urkunde in einen materiellrechtlichen und einen prozessualen Teil; da beide Aspekte abstrakt voneinander Wirkung entfalten, müssen sie auch gesondert angreifbar sein.

b) Vollstreckungserinnerung, § 766 ZPO, und sofortige Beschwerde, § 793 ZPO

Mit der Erinnerung können alle Einwendungen gegen die Art und Weise der Zwangsvollstreckung oder das vom Gerichtsvollzieher bei ihr zu beobachtende Verfahren geltend gemacht werden. Zuständig ist das Amtsgericht am Vollstreckungsort als Vollstreckungsgericht, § 764 ZPO. Rechtsmittel gegen die Entscheidung ist für beide Parteien die sofortige Beschwerde zum nächsthöheren Gericht, §§ 793, 568 Abs. 1 ZPO.

Daß Vollstreckungsakte des Gerichtsvollziehers mittels Erinnerung gerügt werden können, steht außer Frage. Umstritten[276] ist dagegen, inwiefern auch Akte des Vollstreckungsgerichts unter § 766 ZPO fallen, wie also das Verhältnis der Erinnerung zur sofortigen Beschwerde nach § 793 ZPO zu bestimmen ist. Die sofortige Beschwerde ist nach dem Gesetzeswortlaut gegen Entscheidungen statthaft, die im Zwangsvollstreckungsverfahren ohne mündliche Ver-

---

273 *Olzen*, DNotZ 1993, 217 f.

274 s. unten 2. a).

275 *Olzen*, DNotZ 1993, 222.

276 Überblick zum Meinungsstand bei MünchKomm ZPO-*K. Schmidt*, § 766 Rn. 11.

handlung ergehen können. Während eine Ansicht mit einem organisatorischen Kriterium Maßnahmen des Gerichtsvollziehers unter § 766 ZPO und solche des Gerichts unter § 793 ZPO faßt, unterscheidet eine zweite nach dem Inhalt der gerichtlichen Entscheidung und will nur für Beschlüsse des Gerichts, die keine Vollstreckungshandlungen sind, die Beschwerde eröffnen. Die h. M.[277] schließlich stellt auf das der gerichtlichen Maßnahme vorangehende Verfahren ab und subsumiert Vollstreckungshandlungen des Gerichts nur dann unter § 793 ZPO, falls vorgängig tatsächlich rechtliches Gehör gewährt wurde; ansonsten ist die Erinnerung einschlägig. Aus diesen Abgrenzungsschwierigkeiten resultiert manche Rechtsunsicherheit[278].

c) Klage auf Feststellung der Unechtheit der Urkunde, § 256 Abs. 1 ZPO

Hierbei handelt es sich um einen spezifischen Urkundenbehelf, der vom französischen Recht inspiriert ist, sich jedoch deutlich von der dortigen Ausgestaltung absetzt[279]. Das notwendige Feststellungsinteresse dürfte in der Abwehr einer unrechtmäßigen Vollstreckung zu erblicken sein. Die Urkundenfeststellungsklage ist in der Praxis sehr selten[280]; ihre Zulassung im Gesetz wird in der Literatur als verfehlt bezeichnet, da es sich um eine regelwidrige *Tatsachenfeststellungsklage* handelt[281].

2. Materielle Einwendungen gegen die Vollstreckungsberechtigung an sich

a) Vollstreckungsgegenklage, §§ 767, 797 ZPO, und Klage gegen die Vollstreckungsklausel, § 768 ZPO

Hiermit greift der Schuldner den vollstreckbar gestellten Anspruch an. Er kann dies nach § 797 Abs. 4 ZPO auch ohne die zeitliche Beschränkung des § 767 Abs. 2 ZPO tun. Damit dreht sich bei der vollstreckbaren Urkunde der gewöhnliche Verfahrensgang - erst Erkenntnisverfahren, danach Titulierung - um[282], die Abwehrklage des Schuldners gewinnt aus dieser Gestaltung ihre besondere Bedeutung[283]. Zuständig ist *ausschließlich* das Gericht des Wohnsit-

---

277 So MünchKomm ZPO-*K. Schmidt*, § 766 Rn. 15 mit zahlreichen Nachweisen der Rspr. (Fn. 29).

278 MünchKomm ZPO-*K. Schmidt*, § 766 Rn. 10.

279 Vgl. *Hahn/Mugdan*, S. 256.

280 Der Gesetzgeber hatte demgegenüber „(d)asselbe praktische Bedürfniß“ wie für die allgemeine Feststellungsklage angenommen, *Hahn/Mugdan*, S. 256.

281 Baumbach/Lauterbach-*Hartmann*, § 256 Rn. 107.

282 *Jauernig*, § 12 II.

283 *Baur/Stürner*, Rn. 16.22.

zes des Schuldners, § 797 Abs. 5 ZPO i. V. m. § 13 ZPO und § 802 ZPO. Der Gesetzgeber wollte durch diese Zuweisung widersprüchliche Entscheidungen im Erkenntnis- und Vollstreckungsverfahren vermeiden[284].

Mit der Vollstreckungsgegenklage kann sich der Schuldner nach der neueren Rechtsprechung auch in dem Fall wehren, daß die Unterwerfungserklärung zwar aus materiellen Gründen unwirksam ist - und es deswegen überhaupt an einem vollstreckbaren Titel fehlt, aber nach Form und Inhalt - sozusagen nach dem äußeren Schein - zur Vollstreckung geeignet ist[285]. Hierin mag man eine Rechtsschutzerleichterung für den Schuldner sehen, dem die systembedingten Differenzierungen der bestehenden Rechtsbehelfe nicht zum Schaden gereichen sollen[286].

Die Klage nach § 767 ZPO steht gegen jede drohende Vollstreckung zur Verfügung[287]. Ein Rechtsschutzinteresse ist nicht nur bei anlaufender Vollstreckung gegeben, sondern bereits bei bloßer Möglichkeit dazu[288]. Eine *vorgezogene* Gegenklage ist damit möglich[289], auch und gerade während der Wartefrist von zwei Wochen zwischen Zustellung des Titels und Vollstreckungsbeginn. Die Vollstreckungsgegenklage übernimmt in diesem Fall die Funktion der präventiven negativen Feststellungsklage gegen den beurkundeten Anspruch.

Die Klage gegen die Vollstreckungsklausel nach § 768 ZPO, auch als „beschränkte Vollstreckungsabwehrklage" bezeichnet[290], ermöglicht dem Schuldner ein Vorgehen nach § 767 ZPO auch bei nur vorübergehender Unzulässigkeit der Zwangsvollstreckung. Er hat in diesem Verfahren zu beweisen, daß eine *materielle* Voraussetzung für die Erteilung der vollstreckbaren Ausfertigung gefehlt hat[291]. Die weniger weit gehende Klauselerinnerung nach § 732 ZPO bleibt ihm unbenommen.

---

284 *Gaul*, ZZP 1972, 271 m. N.

285 Seit BGHZ 118, 229, 233 f.

286 In diesem Sinn auch *Baur/Stürner*, Rn. 16.27. *Olzen*, DNotZ 1993, 219 f., erörtert die Möglichkeit, *jedes* die Vollstreckung hindernde Vorbringen unter § 767 ZPO zu subsumieren - und damit einen Einheitsrechtsbehelf, wie er in anderen Ländern üblich ist -, um sie schließlich *de lege lata* abzulehnen.

287 BGHZ 120, 387, 391.

288 *BGH* NJW 1994, 1161 m. N.

289 *Jauernig*, § 12 I.; die ähnlich gerichtete Klage auf Feststellung des Nichtbestehens des Anspruchs vermag jedoch das Kostenrisiko des § 93 ZPO auszuschließen, das den Schuldner u. U. trifft, wenn er vor Beginn der Vollstreckung Gegenklage erhebt, vgl. Baumbach/Lauterbach-*Hartmann*, § 767 Rn. 49.

290 Baumbach/Lauterbach-*Hartmann*, § 768 Rn. 1.

291 Beispielsweise: Bestreiten der Rechtsnachfolge, § 727 ZPO; Bestreiten des Verfalls bei Vereinbarung einer Verfallsklausel.

b) Negative Feststellungsklage gegen den materiellen Anspruch, § 256 Abs. 1 ZPO

Der Schuldner kann aber auch eine präventive negative Feststellungsklage erheben, da er damit ein über § 767 ZPO hinausgehendes Rechtsschutzziel - die rechtskräftige Verneinung des Anspruchs und damit den Ausschluß *jeglicher* Zwangsvollstreckung daraus - verfolgt[292]. Ein stattgebendes Urteil beseitigt die Vollstreckbarkeit der Urkunde zwar nicht[293]; m. E. kann der Schuldner jedoch mit der Ausfertigung gemäß § 775 Nr. 1 oder Nr. 4 ZPO in entsprechender Anwendung die Einstellung der Zwangsvollstreckung erreichen. Die Präklusion durch eine nicht rechtzeitig betriebene Gegenklage schließt eine spätere negative Feststellungsklage gegen denselben Anspruch nicht aus[294].

c) Abänderungsklage, § 323 ZPO

Hiermit kann der Schuldner bei einer Unterwerfung wegen wiederkehrender Leistungen geltend machen, die anspruchsbegründenden Umstände hätten sich nachträglich derartig verändert, daß die ursprüngliche Bemessungsgrundlage obsolet geworden sei; deren anfängliche Richtigkeit kann aber nicht in Frage gestellt werden[295]. Die Abänderungsklage gegen Urkunden kommt insbesondere gegen die gemäß § 62 Abs. 1 Nr. 2 BeurkG und §§ 60, 59 Abs. 1 Nr. 3 beurkundeten Unterhaltsansprüche in Betracht.

Dogmatisch gesehen bezweckt die Abänderungsklage eine Anpassung des Titels auf dem Weg der Rechtskraftdurchbrechung[296]. Da die vollstreckbare Urkunde niemals Rechtskraft entfalten kann, hätte die Möglichkeit bestanden, materielle Angriffe gegen diesen insofern „weicheren“ Titel über die Vollstrekkungsgegenklage vorbringen zu lassen, statt das spezielle Instrument der Abänderungsklage in § 323 Abs. 4 ZPO auch auf die Urkunde anwendbar zu erklären. Diese Vorschrift leuchtet daher nicht recht ein und kann wohl nur mit den Zeitumständen erklärt werden, die bei ihrer Einführung 1919 herrschten[297]. Die Abgrenzung zur Vollstreckungsgegenklage, die die Rechtsprechung angesichts der konkurrierenden, aber ähnlich gerichteten Vorschriften versuchen muß,

---

292 Baumbach/Lauterbach-*Hartmann*, § 767 Rn. 6 m. N.

293 *Geimer*, DNotZ 1975, 482.

294 RGZ 158, 145, 149 f.

295 *Wolfsteiner*, Rn. 61.2 m. w. N.

296 Baumbach/Lauterbach-*Hartmann*, § 323 Rn. 1; Stein/Jonas[20]-*Leipold*, § 323 Rn. 1.

297 Vgl. dazu Stein/Jonas[20]-*Leipold*, § 323 Rn. 49: angesichts des Währungsverfalls benötigte man ein Instrument zur Anpassung von Forderungen an die Realitäten. Das Institut des Wegfalls der Geschäftsgrundlage war noch nicht entwickelt.

wirkt dementsprechend etwas gewunden, soweit es um die vollstreckbare Urkunde geht[298].

3. *Wirkung materieller Behelfe und Verlängerung des Rechtsschutzes nach Ende der Vollstreckung*

Vollstreckungsrechtsbehelfe entfalten keinen Suspensiveffekt, um „Schikanen und Verzögerungen" auszuschließen[299]. So hindert insbesondere die hängige Gegenklage weitere Vollstreckungsmaßnahmen nicht. Den Schutz des Schuldners vor ungerechtfertigten Maßnahmen verstärkt allerdings § 769 ZPO. Danach kann das Prozeßgericht[300], in dringenden Fällen auch das Vollstrekkungsgericht, anordnen, daß bis zur Entscheidung über die Gegenklage die Vollstreckung gegen oder ohne Sicherheitsleistung des Schuldners eingestellt werde. Auch die Anordnung der Sicherheitsleistung durch den Gläubiger zur Fortsetzung der Vollstreckung ist möglich. Die seinen Antrag begründenden Tatsachen hat der Schuldner glaubhaft zu machen und kann sich dazu gemäß § 294 ZPO aller liquiden Beweismittel einschließlich der eidesstattlichen Versicherung bedienen. Aufgrund dieser Verfahrensgestaltung besteht die Möglichkeit, daß der Schuldner bereits während der Wartefrist zwischen Zustellung und Vollstreckungsbeginn die Gegenklage und einen Vollstreckungsschutzantrag betreibt[301] und es damit bereits vor den ersten Zwangsmaßnahmen zum summarischen Erkenntnis über den zugrundeliegenden Anspruch kommt. Die günstige Gläubigerposition erschüttert dies jedoch nicht: zum einen darf die Vollstreckung bei Einlegung eines Rechtsbehelfs nicht routinemäßig, sondern nur nach Einzelfallprüfung eingestellt werden[302], zum anderen wird der Schuldner in aller Regel zur Sicherheitsleistung verpflichtet[303]

---

[298] Die Rspr. hat sich hauptsächlich zur Parallelproblematik des vollstreckbaren Vergleichs geäußert. Nach *OLG Düsseldorf* vom 24.9.1971, MDR 1972, 56/57 können Abänderungsgründe i. S. d. § 323 ZPO keine Einwendungen i. S. d. § 767 ZPO sein. Begründet wird diese Ansicht damit, dem Schuldner stünde bei alternativer Klagemöglichkeit ungerechtfertigterweise ein zweiter Gerichtsstand zur Wahl. Die Unterscheidung zwischen §§ 323 und 767 ZPO sei danach zu treffen, ob sich die äußeren Verhältnisse geändert hätten oder ob der Anspruch weggefallen sei. Andererseits hat der *BGH* (*BGH* vom 21.12.1977, WM 1978, 556 sub 3.) entschieden, die gesetzliche Erhöhung des Kindergeldes - m. E. eine Änderung der Verhältnisse - sei durch ergänzende Auslegung des streitigen gerichtlichen Vergleichs als Erfüllung zu werten, so daß § 767 ZPO anwendbar sei.

[299] *Gaul*, ZZP 1972, 272 m. N.

[300] Bei der Urkundenvollstreckung das Gericht am Schuldnerwohnsitz, § 797 Abs. 5 ZPO.

[301] Vgl. Baumbach/Lauterbach-*Hartmann*, § 769 Rn. 2.

[302] *Gaul*, ZZP 1972, 273.

[303] MünchKomm ZPO-*K. Schmidt*, § 769 Rn. 16.

Das Urteil, das die Vollstreckung aus der Urkunde für unzulässig erklärt, läßt bereits vorgenommene Vollstreckungsakte nicht entfallen, sondern der Schuldner muß ihre Aufhebung betreiben, §§ 775 Nr. 1, 776 ZPO. Nach h. M. erlischt dagegen ein entstandenes Pfändungspfandrecht mit dem Urteil von selbst[304].

Erweist sich die Vollstreckung als ungerechtfertigt, so hat der Schuldner nach ihrer Beendigung die Möglichkeit, Bereicherungs- oder Deliktsansprüche geltend zu machen[305]. Im Unterschied zur vorläufigen Vollstreckung eines Urteils greift hier nicht die Schadensersatzvorschrift des § 717 Abs. 2 ZPO, sondern der Schuldner ist allein auf die §§ 812 ff., 823 ff. BGB verwiesen[306].

IV. Die Vollstreckbarerklärung

§ 794 Abs. 1 Nr. 5 ZPO erlaubt die Zwangsvollstreckung aus vollstreckbaren Urkunden. Damit sind allerdings explizit nur vor *deutschen* Stellen (Gerichten oder Notaren) errichtete Titel gemeint[307]. Eine Parallelvorschrift zu den für die Vollstreckbarerklärung ausländischer *Urteile* geltenden §§ 722 f. kennt die ZPO für vollstreckbare Urkunden nicht; selbst unter den weiten Urteilsbegriff der Rechtsprechung[308] läßt sich die vollstreckbare Urkunde nicht subsumieren[309], da der Beurkundung das kontradiktorische und das dezisive Element fehlt. Allenfalls kommt eine entsprechende Anwendung der §§ 722 f. in Betracht. Dazu müßte aber die ausländische Urkunde einem Urteil vergleichbar sein, was die Literatur überwiegend ablehnt[310]. Nach autonomem deutschen Prozeßrecht war

---

304 *Jauernig*, § 12 V.

305 *Gaul*, ZZP 1972, 260 m. N.

306 *Rosenberg/Gaul/Schilken*, S. 129. Zu Recht kritisiert *Baur*, S. 320, die Wertung der ZPO, wonach die Exekution aus einem notariellen Titel schadensersatzrechtlich ungefährlicher ist als diejenige aus einem vorläufig vollstreckbaren *gerichtlichen* Titel.

307 *Schack*, Rn. 816.

308 RGZ 16, 427, 428 zu § 661 CPO: „nur solche gerichtlichen Entscheidungen ..., welche einen Rechtsstreit zwischen Parteien auf Grund eines beiden Parteien Gehör gewährenden, ordentlichen oder summarischen prozessualen Verfahrens erledigen“; BGHZ 20, 323, 329 zu § 328 ZPO: § 328 ZPO ist Genüge getan, wenn es sich um „eine mit staatlicher Autorität bekleidete Stelle handelt, die nach den in Frage kommenden ausländischen Gesetzen auf Grund eines prozessualen Verfahrens zur Entscheidung von privatrechtlichen Streitigkeiten berufen ist“.

309 Allerdings trägt m. E. die diesbezügliche Erwägung *Wolfsteiners* (Rn. 5.11 f.) nicht, wonach nur völkerrechtliche Vollstreckungsverträge die Unterschiede der verschiedenen nationalen Urkunden angemessen überbrücken können: die oben § 3 aufgezeigten Schwierigkeiten bei der Auslegung von Art. 50 zeigen, daß zumindest unter diesem Aspekt auch die Übereinkommen keinen Fortschritt darstellen.

310 *Geimer*, DNotZ 1975, 464 f. m. N., der aber selbst - m. E. mit Recht - für eine analoge Anwendung eintritt, weil die Skepsis gegenüber der ausländischen Rechtspflege hinsichtlich der auf dem Gedanken der Privatautonomie fußenden vollstreckbaren Ur-

eine Vollstreckbarerklärung ausländischer öffentlicher Urkunden demnach nicht möglich[311].

Das Urteilsexequatur der ZPO stellt sich als Klagverfahren dar, als *actio judicati*[312], das auf Verleihung der Vollstreckbarkeit gerichtet ist[313]. Das *Reichsgericht* hat aus dieser Verfahrensgestaltung in einer Entscheidung zu § 660 CPO den Schluß gezogen, daß in diesem Rahmen die Vollstreckungsberechtigung zum Zeitpunkt des Exequaturs *vollumfänglich* zu überprüfen sei[314]. Damit wird die Vollstreckungsgegenklage in die Klage auf Vollstreckbarerklärung integriert, das Vollstreckungsgericht nimmt im Prozeß um die Zulässigkeit der Vollstreckung auch die Aufgabe des Prozeßgerichts erster Instanz wahr[315]. Tatsächlich scheint mir jedoch hinter der Argumentation mit der Verfahrensausgestaltung zu stehen, daß das *RG* eine Verweisung des Gegenklägers an ein nicht näher definiertes ausländisches „Prozeßgericht erster Instanz" vermeiden wollte[316, 317].

Dieser Linie folgen die spätere Rechtsprechung[318] und der Gesetzgeber bei Ausführungsvorschriften zu Vollstreckungsverträgen[319]. Das Gesetz zur Aus-

---

kunde nicht angebracht sei. Ähnlich argumentiert in anderem Zusammenhang *Hofmannsthal*, öst. AnwZ 1925, 144 li. Sp.

311 *Baugniet*, S. 713, irrt also, wenn er behauptet, in Deutschland gebe es ein Verfahren zur Exequierung ausländischer Urkunden.

312 Vgl. RGZ 13, 347, 348; man beachte die Ähnlichkeit zur Judikatsklage nach englischem *Common law*, die gerne als im europäischen Kontext exzentrisch dargestellt wird.

313 *Geimer* IZPR, Rn. 3100 f.

314 RGZ 13, 347, 348 f.; konkret ging es hier um den Zahlungseinwand des Schuldners.

315 *RG* JW 1904, 42 re. Sp.

316 RGZ 13, 347, 349: „eine Verweisung des Beklagten damit an das ausländische Gericht, ..., (ist) nicht gerechtfertigt".

317 Selbst bei dieser Zielsetzung ist die Lösung des *RG* nicht zwingend: ebensogut hätte man § 797 Abs. 5 ZPO (Schuldnerwohnsitz als Gegenklagegerichtsstand bei vollstreckbaren Urkunden) entsprechend anwenden können, der ja auch eine Situation regelt, in der es kein „Prozeßgericht erster Instanz" gibt. Weitere Lösungen über §§ 12 ff. ZPO wären ebenfalls denkbar.

318 Vgl. etwa RGZ 114, 171, 173; *BGH* NJW 1993, 1270, 1271 li. Sp.; Die Rechtsprechung des *BGH* zur innerdeutschen Vollstreckbarerklärung (s. etwa *BGH* IPRax 1983, 33, 35) soll wegen der besonderen Konstellation nicht zur Argumentation herangezogen werden.

319 s. etwa § 5 AusfG zum dt.-öst. Vollstreckungsvertrag 1960 (BGBl 1960 I, 169) und § 4 AusfG 1961 zum Haager Übereinkommen über die Anerkennung und Vollstreckung von Entscheidungen auf dem Gebiet der Unterhaltspflicht gegenüber Kindern (BGBl 1961 I, 1033) §§ 14 f. AusfG zum GVÜ 1972 (BGBl 1972 I, 1328). Die Begründung zum AusfG 1961 zum Haager Übereinkommen zitiert die o. a. Entscheidungen des *Reichsgerichts* zur Begründung für die Integration ins Exequaturverfahren, BT-Drucks. III/2584, S. 7, li. Sp.

führung zwischenstaatlicher Anerkennungs- und Vollstreckungsverträge in Zivil- und Handelssachen (AVAG)[320], das das Ausführungsgesetz zum GVÜ von 1972 [321] abgelöst hat, enthält entsprechende Regelungen, die nun auch für vollstreckbare Urkunden gelten: § 13 AVAG gestattet dem Schuldner das Vorbrigen materieller Einwendungen im Rechtsbehelfsverfahren gegen das Exequatur - Abs. 2 hebt entsprechend § 797 Abs. 4 ZPO die zeitliche Beschränkung auf. Damit wird eine Ansicht, die sich ausschließlich aus dem autonomen Recht und seinen Mechanismen erklären läßt, - m. E. unbesehen - auf die Klauselerteilung nach internationalen Übereinkommen übertragen. Die Regelung des § 15 Abs. 1 AVAG, die den Schuldner bei Androhung der Präklusion sogar dazu zwingt, materielle Behelfe im Rechtsbehelfsverfahren vorzubringen, ergibt sich nicht bereits aus der zitierten Rechtsprechung. Einzelne Entscheidungen zu §§ 722 f. ZPO gehen jedoch in dieselbe Richtung: danach ist der Schuldner aufgrund seiner Prozeßförderungspflicht gehalten, seine Einwendungen möglichst früh vorzubringen; daraus rechtfertige sich die Sanktion des Einwendungsausschlusses[322].

Die Kritik am AVAG geht in zwei[323] Richtungen: Zum einen hat das deutsche autonome Zivilprozeßrecht ein Exequatur ausländischer vollstreckbarer Urkunden nie zugelassen; es ist daher zumindest unvorsichtig, sie bei der Umsetzung der Übereinkommen ohne weiteres Urteilen gleichzustellen[324]. Zum anderen erscheint es sehr fraglich, ob die Ausgestaltung durch das AVAG den Anforderungen einer beschleunigten Vollstreckbarerklärung, wie sie die Art. 31 ff. bezwecken, gerecht wird. Dieser zweite Punkt soll später im Zusammenhang mit den Rechtsbehelfen des Schuldners in der grenzüberschreitenden Vollstreckung genauer erörtert werden.

Im übrigen gelten für die Beschwerde gegen die *Ablehnung* der Klauselerteilung, bei der nach Art. 40 Abs. 2 der Schuldner zwingend zu hören ist, die §§

---

320 BGBl. 1988 I, 662; Die Ausführung des LugÜ in Deutschland soll dergestalt vonstatten gehen, daß das Übereinkommen in den Katalog der auszuführenden Verträge des § 35 AVAG aufgenommen wird. Ein entsprechender Gesetzesentwurf befindet sich derzeit nach Billigung durch den Bundesrat beim Rechtsausschuß des Bundestages.

321 BGBl. 1972 I, 1328.

322 *OLG Düsseldorf*, FamRZ 1981, 79; ausführlich Baumbach/Lauterbach-*Hartmann* § 723 Rn. 1.

323 *Stürners* grundrechtsbezogene Kritik (*Baur/Stürner*, Rn. 57.3) an einer Präklusion ohne gesetzliche Grundlage bezieht sich lediglich auf die erwähnte Rechtsprechung und nicht auf § 15 AVAG.

324 Die Einwendungspräklusion ist bei der Urkundenvollstreckung ungewöhnlich, da die Klauselerteilung bei inländischen Urkunden keine entsprechende Wirkung zeitigt. *Gottwald* (MünchKomm ZPO), Art. 50 Rn. 15, plädiert daher für eine restriktive Auslegung des § 15 AVAG dahingehend, bei nicht rechtskraftfähigen Titeln keine Präklusion eintreten zu lassen. Zum selben Ergebnis wird diese Arbeit in § 9 D. kommen, allerdings mit größtenteils anderer Begründung.

13 Abs. 1 und 15 Abs. 1 AVAG mangels Verweisung in § 16 Abs. 1 AVAG nicht[325]. Diese Gestaltung ist inkonsistent, da auch hier am Ende des Verfahrens die Klauselerteilung stehen kann. Mir scheint eine unbeabsichtigte Gesetzeslücke vorzuliegen, die die Befürworter der §§ 13, 15 AVAG zu einer analogen Anwendung veranlassen müßte.

Auf ein weiteres materielles Verteidigungsmittel, die Abänderungsklage nach § 323 ZPO, sind §§ 13 und 15 AVAG nach dem Gesetzeswortlaut[326] nicht anwendbar. Dies erstaunt, da auch dieser Behelf die nachträgliche Änderung der Vollstreckungsberechtigung betrifft und die Verfahrenskonzentration deshalb eine Ansiedlung im Rechtsbehelfsverfahren nahelegen würde.

V. Zusammenfassung

Nach deutschem Recht vollstreckbare Urkunden werden stets von öffentlichen Amtsträgern aufgenommen und fallen damit unter die Definition der öffentlichen Urkunde in § 415 Abs. 1 ZPO, so daß sie insofern problemlos unter Art. 50 subsumiert werden können. Das Erfordernis der Unterwerfung stellt sicher, daß der Schuldner an der Titelschaffung stets beteiligt ist. Mit dem wettbewerbsrechtlichen Vergleich nach § 27a UWG kennt das deutsche Recht auch vollstreckbare Urkunden ohne Unterwerfungserklärung. Was den Urkundeninhalt betrifft, so nähert es sich den zumeist großzügigeren übrigen Vollstreckungssystemen an; dabei stehen in Deutschland auch die Vollstreckungsmittel zur Verfügung, die zur tatsächlichen Durchsetzung der zulässigen Urkundeninhalte erforderlich sind. - Die Integration der Vollstreckungsgegenklage in das Rechtsbehelfsverfahren nach Art. 36 der Übereinkommen, die die §§ 13, 15 AVAG anordnen, stellt eine deutsche Besonderheit dar.

G. Österreich

I. Der Titel

1. Entwicklung der vollstreckbaren Urkunde

Während der Zugehörigkeit Österreichs zum Heiligen Römischen Reich verlief die Entwicklung der Instrumente parater Vollstreckung wie im übrigen Deutschland. In Österreich ist das Notariat nie förmlich abgeschafft worden, hatte aber eine weitgehende Beschneidung seines Aufgabenkreises und einen

---

325 Anders ohne Begründung *Kropholler*, 36 Rn. 18 a. E.

326 Gegen eine entsprechende Anwendung *KG*, NJW 1991, 644, 645.

starken Verfall seines Ansehens erfahren[327]. 1850 wurde es mit der französisch inspirierten Notariatsordnung neu errichtet, in der dann 1871 auch die Vollstreckbarkeit des Notariatsakts festgelegt wurde; seit 1895/96 nennt die Exekutionsordnung (EO) in § 1 Nr. 17 die nach § 3 NotO errichteten Notariatsakte als Vollstreckungstitel[328].

2. Verhältnis von Anspruch und Titel

Über den Zusammenhang von materiellem Anspruch und Titel äußert sich die Rechtsprechung nur indirekt, nämlich hinsichtlich der Stellvertretung bei der Urkundenerrichtung. Hierfür sei nicht die Prozeßvollmacht einschlägig, sondern das materielle Vertretungsrecht[329].

Die vollstreckbare Beurkundung schließt eine spätere Leistungsklage nicht aus, da der Gläubiger u. U. auf die Rechtskraft eines Urteils angewiesen ist[330].

3. Errichtung der Urkunde

Nach österreichischem Recht sind ausschließlich Notare[331] zur Errichtung vollstreckbarer Urkunden berufen. Sie werden vom Staat bestellt, sind jedoch keine Beamten. Das Notarsamt ist österreichischen Staatsbürgern vorbehalten, die sowohl die allgemeinen juristischen als auch eine besondere Notariatsprüfung abgelegt haben und sieben Jahre praktisch juristisch gearbeitet haben müssen. Die Neutralität als Beurkundungsperson wird durch Unvereinbarkeitsregeln sichergestellt; insbesondere kann ein Notar nicht als Anwalt tätig sein. Weiterhin trägt die disziplinarische Aufsicht durch Kammern und Gerichte zur Gewährleistung eines hohen Niveaus bei. Jede regulär aufgenommene notarielle Urkunde ist gemäß § 2 NotO öffentliche Urkunde. Die öffentliche Urkunde ist in Österreich in § 292 ZPO im Zusammenhang mit dem Urkundsbeweis ähnlich wie in § 415 dt. ZPO definiert[332]; sie erbringt vollen Beweis dessen, was darin von der Behörde amtlich verfügt oder erklärt oder von der Behörde oder Urkundsperson bezeugt wird.

---

327 *Dengler*, öst. NotZ 1967, 130 f.

328 *Hofmeister*, öst. NotZ 1982, 117 re. Sp.

329 *OGH*, öst. NotZ 1974, 156.

330 *Rechberger/Oberhammer/Bogensberger*, S. 77.

331 Überblick zum Notarsrecht bei *Fasching*, Rn. 452 f.

332 Die öffentliche Urkunde ist die „von einer öffentlichen Behörde innerhalb der Grenzen ihrer Amtsbefugnisse oder von einer mit öffentlichem Glauben versehenen Person innerhalb des ihr zugewiesenen Geschäftskreises in der vorgeschriebenen Form“ errichtete Urkunde. Gemäß § 1 Abs. 1 NotO gehört die Errichtung von öffentlichen Urkunden zum Wirkungskreis der Notare.

Vollstreckbar ist der Notariatsakt überdies, wenn er die Zustimmung des Schuldners zur Vollstreckbarkeit enthält. Hierin ist eine nur dem Wortlaut nach abgemilderte Entsprechung zur Unterwerfungserklärung des deutschen Rechts zu sehen[333]; wie dort besitzt sie für den Schuldner eine Warnfunktion, die der jeweils gewählte Wortlaut erfüllen muß[334]. Die Zustimmungserklärung stellt den Grund für die Verzichtbarkeit eines vorgängigen Erkenntnisverfahrens dar[335]. Ebenso wie im deutschen Recht wird sie überwiegend als *einseitige* Prozeßhandlung angesehen[336]. Interessanterweise ist zugleich aber auch von einer Willens*einigung* über die Vollstreckbarkeit als zentrale Voraussetzung für das Zustandekommen einer vollstreckbaren Urkunde die Rede[337].

Andere Auszüge als der Originalakt besitzen nach § 102 Abs. 2 NotO keine Vollstreckungswirkung, selbst wenn in ihnen die Unterwerfung wiedergegeben ist[338]. § 3 NotO schreibt in formeller Hinsicht vor, daß aus dem Akt die Person des Berechtigten und des Verpflichteten, der Rechtstitel - also der *Grund der Forderung*, und zwar aus Schuldnerschutzgründen auch, soweit die Urkunde einen bereits bestehenden Anspruch lediglich *feststellt*[339] - sowie Gegenstand, Art, Umfang und Zeit der Leistung oder Unterlassung hervorgehen müssen.

4. Mit vollstreckbaren Urkunden vollstreckungsfähige Ansprüche

Die notarielle vollstreckbare Urkunde war anfangs inhaltlich auf Geldforderungen beschränkt, kann aber seit 1962 über Verpflichtungen zu jedem Tun oder Unterlassen ausgestellt werden. Ausgenommen sind zur Gewährleistung der Mieterschutzvorschriften Ansprüche auf Wohnungsräumung, soweit sie sich nicht gegen den Eigentümer richten. Allerdings muß die beurkundete Verpflichtung Gegenstand eines Vergleichs sein können, § 3 NotO, d. h. der Parteiautonomie unterliegen[340].

Ebenso wie nach § 800 dt. ZPO ist gemäß § 3a NotO eine Anmerkung (Eintragung) der Vollstreckbarkeit in das Grundbuch mit dinglicher Wirkung gegen jeden späteren Erwerber möglich. Die gesetzliche Einschränkung auf Hypotheken und Reallasten wird in der Literatur als unbeabsichtigt betrachtet;

---

[333] *Baur*, S. 316.
[334] *Rechberger/Oberhammer/Bogensberger*, S. 38.
[335] *Holzhammer*, S. 67.
[336] *Holzhammer*, S. 68; *Rechberger/Oberhammer/Bogensberger*, S. 38.
[337] *Rechberger/Oberhammer/Bogensberger*, S. 38.
[338] *Rechberger/Oberhammer/Bogensberger*, S. 44.
[339] *Rechberger/Oberhammer/Bogensberger*, S. 36.
[340] Zur einschränkenden Auslegung s. *Rechberger/Oberhammer/Bogensberger*, S. 25 f.

gemäß dieser Ansicht sollen z. B. auch Dienstbarkeiten entsprechend eintragbar sein[341].

Die Beurkundung einer Vertragsstrafe ist umstritten, da sie wegen der Möglichkeit der Herabsetzung durch den Richter nach § 1336 ABGB der erforderlichen Bestimmtheit ermangeln könnte. Man läßt sie dennoch zu, da die Anwendung des § 1336 ABGB im Vollstreckungsverfahren gar nicht in Betracht kommt[342].

II. Die Durchführung der Vollstreckung

1. Einleitung des Vollstreckungsverfahrens

Ein signifikanter Unterschied zum ansonsten recht ähnlichen deutschen Recht besteht darin, daß das österreichische Vollstreckungsverfahren vollständig den Gerichten obliegt. Der österreichische Notar kann folglich keine Titulierung vornehmen, wie dies seinem deutschen Kollegen durch Erteilung der mit der Klausel versehenen Ausfertigung (§ 797 Abs. 2 dt. ZPO) möglich ist.

Die Vollstreckung gliedert sich in die *Bewilligungsphase* und die *Vollzugsphase*, für die aber bei Urkundenvollstreckung nur *ein* Gericht zuständig ist. Unselbständige[343] Hilfsorgane des Gerichts sind die Gerichtsvollzieher, auch „Vollstrecker“ genannt. Das Gericht entscheidet über die Bewilligung grundsätzlich durch Beschluß, § 62 EO, über den Widerspruch gegen die Exekutionsbewilligung eines ausländischen Titels jedoch nach mündlicher Verhandlung durch Urteil, § 83 Abs. 2 EO.

a) Bestimmtheit des Titels

Der Titel muß nach § 7 Abs. 1 EO Gegenstand, Art, Umfang und Zeit des Anspruchs wiedergeben. Als Verfahren zur Konkretisierung steht ggf. die Purifikations- oder Titelergängzungsklage nach § 10 EO zur Verfügung. Sie dient darüber hinaus zur Behebung *inhaltlicher Mängel* des Titels, insbesondere zur ergänzenden Bestimmung des Anspruchs[344]. Ihr Ziel ist nach h. M. die Feststel-

---

341 *Rechberger/Oberhammer/Bogensberger*, S. 41.

342 *Rechberger/Oberhammer/Bogensberger*, S. 26; diese Perspektive kehrt die belgische (s. oben B. II. 1.) geradezu um: während dort jede Notwendigkeit richterlicher Beteiligung zum Fortfall der unmittelbaren Vollstreckbarkeit führt, wird hier richterliche Beteiligung gerade wegen der unmittelbaren Vollstreckbarkeit ausgeschlossen.

343 *Burghardt*, S. 89.

344 *Rechberger/Oberhammer/Bogensberger*, S. 29.

lung des Vollstreckungsanspruchs[345]. I. d. R. wird sie vor dem Exekutionsantrag verfolgt, kann aber auch inzident angebracht werden. In der Literatur wird deshalb zur Vollstreckungsfähigkeit bereits ein Titel über eine *bestimmbare* Leistung[346], deren Rechtsgrund feststeht, als hinreichend erachtet. Zweifel an der unmittelbaren Vollstreckbarkeit solcher Urkunden nach österreichischem Recht wären m. E. unbegründet, da die Konkretisierung eben *auch* inzident erfolgen kann.

b) Antrag auf Exekutionsbewilligung

Zuständig ist - mangels „Titelgerichts" - nach § 4 Abs. 1 Nr. 6 EO das Exekutionsgericht. Diese Funktion erfüllt das Bezirksgericht, wobei sich die örtliche Zuständigkeit aus § 18 Abs. 1 EO ergibt (grundbuchführendes Gericht, Belegenheit der zu pfändenden Mobilien, Wohnsitz des Schuldners etc.).

Bewilligungsgrundlage ist der Titel, nicht der materielle Rechtszustand. § 7 EO nennt als allgemeine Voraussetzungen neben der Bestimmtheit die Fälligkeit des Anspruchs und ggf. den Eintritt einer Bedingung. Außerdem darf die Schuld noch nicht verjährt sein. Kann eine nicht kalendermäßig bestimmte Fälligkeit nicht durch öffentliche oder öffentlich beglaubigte Urkunde bewiesen werden, so muß der Betreibende Titelergänzungsklage gemäß § 10 EO erheben. Die Erbringung einer Zug um Zug zu bewirkenden Gegenleistung muß nicht nachgewiesen, die Bewilligung aber mit einer entsprechenden Einschränkung versehen werden.

Eine Vollstreckungsklausel[347] ist im Gegensatz zu anderen außergerichtlichen Titeln nach § 54 Abs. 2 EO nicht erforderlich, da sich der Schuldner bereits der Exekution unterworfen hat. Hieran wird die weitgehende Gleichstellung des Notariatsakts mit gerichtlichen Entscheidungen deutlich, etwa im Unterschied zur Schweiz, wo eine notarielle Urkunde lediglich Titel zur *provisorischen Rechtsöffnung* ist.

Bei der Urkundenvollstreckung prüft das Gericht die förmlichen und inhaltlichen Vollstreckbarkeitsvoraussetzungen. Gemäß § 55 Abs. 2 Satz 2 EO ist dabei ein Beweisverfahren ausgeschlossen, soweit nicht Titelergänzungsklage erhoben wird. Eine Prüfung auch der materiellen Gültigkeit des Anspruchs wird vereinzelt vertreten, wenn Mängel aus der Urkunde selbst hervorgehen. Diese

---

345 *Rechberger/Simotta*, Rn. 247.

346 *Rechberger/Oberhammer/Bogensberger*, S. 32 f.

347 Sie ist lediglich eine amtliche Vollstreckbarkeitsbescheinigung, die das Bewilligungsgericht von inhaltlichen Prüfungen des Titels entlasten soll, und ersetzt die Exekutionsbewilligung nicht, vgl. *Holzhammer*, S. 69 f. Die EO-Novelle 1995 (s. unten c)) bringt insofern keine Neuerung; vgl. *Mohr*, ÖJZ 1995, 892.

Ansicht stützt sich darauf, daß der Notar auch zur Beurkundung ihm unwirksam erscheinender Rechtsgeschäfte verpflichtet ist und daß der Rechtsgrund des Anspruchs obligatorisch im Titel benannt werden muß. Sie wird aber mehrheitlich abgelehnt, da der Exekutionsrichter vor der Bewilligung nur die *Schlüssigkeit* des zur Vollstreckung beantragten Anspruchs prüfe[348].

Das Gericht erläßt schließlich aufgrund der Aktenlage und grundsätzlich ohne Anhörung des Schuldners die Exekutionsbewilligung, in der u. a. neben dem Anspruch und seinen Annexforderungen die anzuwendenden Exekutionsmittel aufgeführt werden. Es können mehrere Mittel parallel bewilligt werden. Der Bewilligungsbeschluß wirkt nur für die konkret erstrebte Exekution und ist der materiellen Rechtskraft fähig[349]. Mit dem Beschluß wird zur Vollzugsphase übergegangen, die in den Händen des Bezirksgerichts als Exekutionsgericht liegt.

c) Vereinfachtes Bewilligungsverfahren

Durch die am 1.10.1995 in Kraft getretene EO-Novelle[350] wurde das vereinfachte Bewilligungsverfahren gemäß §§ 54b - 54g EO eingeführt[351]. Danach wird bei Geldleistungstiteln - auch rechtskräftig für vollstreckbar erklärten ausländischen Titeln - unter 100000 Schilling[352] über den Antrag auf Exekutionsbewilligung zwingend ohne Prüfung des Titels entschieden. Es hatte sich nämlich erwiesen, daß bei der Geldvollstreckung nur die allerwenigsten Titel tatsächlich einer Überprüfung bedürfen[353]. Die im vereinfachten Verfahren erteilte Bewilligung ist dem Schuldner zuzustellen, und Vollzugshandlungen können erst 14 Tage danach erfolgen. Nur ausnahmsweise kann der Gläubiger sofort pfänden lassen, wenn er unter Angabe konkreter Verdachtsgründe[354] dartut, daß die Zustellung die Durchführung der Exekution gefährden würde.

Dem Schuldner steht 14 Tage nach Zustellung der Behelf des Einspruchs zu, mit dem er das Fehlen eines Titels oder die Abweichung des Exekutionsantrags vom Titel rügen kann. Verwertungshandlungen dürfen bis zur rechtskräftigen Entscheidung über den Einspruch nicht durchgeführt werden. Zusätzlich zum Einspruch kann der Schuldner einen Antrag auf Einstellung der Vollstreckung stellen und damit einen Aufschiebungsantrag verbinden[355].

---

348 *Rechberger/Oberhammer/Bogensberger*, S. 53 f.
349 *Rechberger/Simotta*, Rn. 245.
350 BGBl. 1995, 519.
351 s. dazu *Klicka/Albrecht*, ecolex 1995, 707 f.
352 Entsprechend 14000 DM.
353 *Klicka/Albrecht*, ecolex 1995, 707.
354 *Mohr*, ÖJZ 1995, 890.
355 *Mohr*, ÖJZ 1995, 893.

Festzuhalten ist, daß im vereinfachten Verfahren nicht wie im Mahnverfahren nach deutschem Recht ein Titel zustandekommt, sondern daß lediglich das Exekutionsgericht von der intensiven Prüfung eines bereits bestehenden Titels entbunden wird.

2. *Mittel der Zwangsvollstreckung*

a) Das System der Vollstreckungsmittel im allgemeinen

Die Vollstreckung nach der EO gliedert sich - wie in Deutschland - in die Vollstreckung wegen Geldschuld, innerhalb derer nach dem Zugriffsobjekt differenziert wird, und die Handlungs- und Unterlassungsvollstreckung. Wegen Geldforderungen wird in unbewegliches Vermögen mit der zwangsweisen Pfandrechtsbegründung, der Zwangsverwaltung und der Zwangsversteigerung vollstreckt (§§ 87-239 EO), außerdem in bewegliche Sachen (§§ 249-289 EO), in Geldforderungen (§§ 290-324 EO), in Ansprüche auf Herausgabe und Leistung körperlicher Sachen (§§ 325-329 EO) und in andere Vermögensrechte (§§ 330-345 EO). Zu den anderen Vermögensrechten zählen wirtschaftliche Unternehmungen als Sachgesamtheiten, die der Exekution durch Zwangsverwaltung und -verpachtung unterliegen, und auch Anwartschaftsrechte[356].

Für die Naturalvollstreckung stehen folgende Maßnahmen zur Verfügung (§§ 346-369 EO): Herausgabe- und Räumungsvollstreckung durch den Gerichtsvollzieher, die Einräumung oder Aufhebung im Grundbuch eingetragener Rechte[357], Naturalteilung gemeinsamen Vermögens[358], Verwertungsverkauf gemeinschaftlicher Liegenschaften, Ersatzvornahme (nötigenfalls mit Hilfe eines Vollstreckungsorgans), für unvertretbare Handlungen und Unterlassungen die Androhung und Verhängung von Geldstrafe oder Haft und schließlich die Fiktion der Abgabe einer Willenserklärung[359]. Sonstige hier interessierende Besonderheiten gegenüber dem deutschen System bestehen nicht.

---

[356] *Rechberger/Simotta*, Rn. 786 m. N. der Rspr. im Gegensatz zum deutschen Recht, vgl. dazu *Jauernig*, § 20 III. 2.

[357] Ersetzung der „Aufsandungserklärung“ (Zustimmungserklärung) des Schuldners durch die Exekutionsbewilligung, *Rechberger/Simotta*, Rn. 804; dies dürfte aber aufgrund einer vollstreckbaren Urkunde nur dann aktuell werden, wenn die Abgabe der Erklärung von einer Gegenleistung abhängig gemacht wird.

[358] s. i. e. *Rechberger/Simotta*, Rn. 806-809.

[359] Verpflichtungen zur Abgabe einer Willenserklärung sind zwar notariell beurkundbar; die Fiktion tritt in diesen Fällen ein, sobald ein Bewilligungsantrag gestellt werden könnte, *Rechberger/Simotta*, Rn. 834. Dies ist aber praktisch nur in Ausnahmekonstellationen denkbar (z. B. Abhängigmachen der Erklärung von einer Gegenleistung und anschließende Verweigerung trotz erfolgter Leistung).

b) Bei Urkunden zur Verfügung stehende Vollstreckungsmittel

Der Urkundenvollstreckung stehen sämtliche für die verbrieften Ansprüche geeigneten Vollstreckungsmittel und sämtliche Vermögensgegenstände des Schuldners zur Verfügung. Eine Ausnahme gilt bei Vereinbarung der Beschränkung der Vollstreckbarkeit auf bestimmte Gegenstände[360]. Daneben ist Exekution zur Sicherstellung[361] aufgrund einer vollstreckbaren Urkunde nicht möglich[362]. Eine Sicherung der genannten Ansprüche durch einstweilige Verfügung bleibt unbenommen, die Urkunde entfaltet hierbei jedoch lediglich Beweiswirkung.

III. Die Rechtsbehelfe des Schuldners

Wie im deutschen Recht sind die Vollstreckungsbehelfe grundsätzlich unabhängig von der Vollstreckungsart einheitlich geregelt (1.-5.). Für notarielle Urkunden ergeben sich jedoch Besonderheiten (6.).

1. Rekurs, §§ 65-67 EO

Der Rekurs ist der umfassende Behelf gegen Beschlüsse im Exekutionsverfahren, die den Schuldner formell oder materiell beschweren. Er entfaltet grundsätzlich keine aufschiebende Wirkung, es kann jedoch nach § 42 Abs. 1 Nr. 7 EO Aufschub beantragt werden. Die Entscheidung über den Behelf erfolgt ohne Anhörung der Gegenpartei. In Einzelfällen ist der Rekurs bei einer Betreibungssumme von weniger als 15000 Schilling[363] ausgeschlossen[364]. Er ist innerhalb von 14 Tagen ab Wirksamkeit des Beschlusses vorzubringen. Inhaltlich kann der Schuldner die Nichtigkeit des Beschlusses (§ 514 Abs. 2 ZPO) oder fehlerhafte Rechtsanwendung (§ 520 Abs. 2 ZPO) rügen.

Die Rekursinstanz entscheidet ohne Berücksichtigung neu vorgebrachter oder neu eingetretener Verteidigungsmittel; ein weiterführender Behelf, der

---

360 s. i. e. *Rechberger/Oberhammer/Bogensberger*, S. 39 f.

361 Die Exekution zur Sicherstellung (§§ 370-377 EO) ermöglicht die Sicherung von Geldforderungen vor Eintritt der Rechtskraft des Titels.

362 Eine Unterausnahme hierzu besteht nach § 372 EO hinsichtlich von Unterhaltsansprüchen und noch nicht fälligen Geldrenten wegen Delikts gegen Leib oder Leben. Diese Sicherungsexekution ist auch aufgrund einer notariellen Urkunde zulässig, allerdings nur im Zusammenhang mit einer Befriedigungsexekution wegen rückständiger Ansprüche vgl. *Rechberger/Simotta*, Rn. 858.

363 Entsprechend etwa DM 2150,--.

364 I. e. *Rechberger/Simotta*, Rn. 313.

Revisionsrekurs, ist grundsätzlich von einer Rekurssumme (50000 Schilling[365]) oder der Zulassung durch das Rekursgericht abhängig[366]. Der Rekurs hat grundsätzlich Devolutiveffekt. Über den *Rekurs gegen die Exekutionsbewilligung* entscheidet jedoch das Bewilligungsgericht[367], das bei Urkundenvollstreckung mit dem Exekutionsgericht identisch ist, selbst.

Weisungen an den Gerichtsvollzieher hinsichtlich einzelner Maßnahmen werden als gerichtsintern betrachtet und können nicht überprüft werden, § 66 EO. Gegen nicht oder nur beschränkt rekursfähige Maßnahmen des Rechtspflegers ist die Vorstellung gemäß § 12 RPflG gegeben, um sie richterlicher Kontrolle zuzuführen.

2. *Widerspruch*

Dieser Behelf dient dem Vorbringen neuer Tatsachen. Er bewirkt keine Devolution. Der Beschluß ergeht aufgrund mündlicher Verhandlung. Widerspruch ist nur in wenigen abschließend festgelegten Fällen zulässig, darunter gegen die Exekutionsbewilligung aufgrund eines ausländischen Titels[368].

3. *Beschwerde, § 68 EO*

Hiermit kann der Schuldner wie bei der Erinnerung nach § 766 dt. ZPO[369] einzelne Vollstreckungshandlungen des Vollstreckers überprüfen lassen. Überdies ist die Aufsichtsbeschwerde gegen den Vollstrecker an das Exekutionsgericht wegen Unterlassung einer Amtshandlung möglich. Beide Formen haben keinen Devolutiveffekt. Bei Verzögerung der Entscheidung ist die Exekution auf Antrag aufzuschieben, § 42 Abs. 1 Nr. 8 EO.

4. *Oppositionsklage, § 35 EO*

Einwendungen gegen den zu vollstreckenden Anspruch kann der Schuldner mittels Oppositionsklage geltend machen. Diese richtet sich gegen die konkret laufende Vollstreckung[370], führt aber nach der Rechtsprechung darüber hinaus

---

[365] Entsprechend etwa DM 7150,--.

[366] I. e. *Rechberger/Simotta*, Rn. 323-326.

[367] Gegenschluß aus § 70 Abs. 1 EO.

[368] s. unten IV.

[369] Die „Erinnerung" nach der EO richtet sich gegen Maßnahmen des Zwangsverwalters und des Kurators, *Rechberger/Simotta*, Rn. 334 ff.

[370] Die rechtskräftige Exekutionsbewilligung ist laut Rspr. Zulässigkeitsvoraussetzung, ebenso die Fortdauer der Vollstreckung, *Rechberger/Simotta*, Rn. 351.

zu einer endgültigen Entscheidung über den betriebenen Anspruch; die Oppositionsklage ist damit negative Feststellungsklage[371]. Zuständig ist das Exekutionsgericht als Bewilligungsgericht; Gerichtsstandsvereinbarungen sind aber möglich[372].

Inhaltlich geht es bei der Oppositionsklage um materielle Einwendungen rechtsvernichtender oder rechtshemmender Art. Im Unterschied zu § 797 Abs. 4 dt. ZPO, der für Urkunden die Präklusionsgrenze aufhebt, muß sich nach § 35 Abs. 1 EO die einwendungsbegründende Tatsache *nach Entstehung* des Titels, also nach der Beurkundung, ergeben haben[373]. Hinsichtlich anspruchsfeindlicher Gestaltungsrechte stellen h. L. und Rechtsprechung wie die deutsche Rechtsprechung[374] auf den Zeitpunkt ab, zu dem das Recht entstanden ist und ausgeübt werden konnte[375]. Für alle Einwendungen gilt nach § 35 Abs. 3 EO - entsprechend § 767 Abs. 3 dt. ZPO - die Eventualmaxime bei sonstiger Präklusion. Decken sich Rekurs- und Oppositionsgrund, so räumt § 35 Abs. 2 Satz 1 EO dem Schuldner ein Wahlrecht zwischen beiden Behelfen ein.

Die Klage hat keinen automatischen Einfluß auf den Fortgang der Vollstreckung. Der Schuldner kann sie aber mit einem Aufschiebungsantrag nach § 42 Abs. 1 Nr. 5 EO verbinden. Eine stattgebende Entscheidung hat die Einstellung der Vollstreckung von Amts wegen zur Folge, § 35 Abs. 4 EO.

Eine Vorstufe zur Klage bildet das Oppositionsgesuch beim Exekutionsgericht um Einstellung oder Einschränkung der Vollstreckung, mit dem der Schuldner Befriedigung oder Stundung einwendet, § 40 Abs. 1 Satz 1 EO. Auch hiermit kann ein Aufschiebungsantrag verbunden werden. In einem summarischen Verfahren mit auf qualifizierte Urkunden und Gläubigervernehmung beschränkten Beweismöglichkeiten wird über den Antrag entschieden; ergeben sich weiter streitige Sachverhalte, so ist der Schuldner auf die Oppositionsklage zu verweisen.

5. Impugnationsklage, § 36 EO

Hiermit greift der Schuldner nicht die grundsätzliche Berechtigung zur Vollstreckung an, sondern erhebt Einwendungen gegen die Exekutionsbewilligung;

---

371 *Rechberger/Simotta*, Rn. 344. Man beachte den einschneidenden Unterschied zum deutschen Recht, wo der Streitgegenstand der Vollstreckungsgegenklage nicht im materiellen Anspruch, sondern in der Vollstreckbarkeit des Titels zu sehen ist, vgl. Baumbach/Lauterbach-*Hartmann*, § 767 Rn. 2.

372 *Rechberger/Simotta*, Rn. 349.

373 Über diesen Unterschied und die sich daraus ergebenden Rechtsschutzfragen im österreichischen Recht (s. unten III.) geht *Baur*, S. 319, hinweg.

374 *Jauernig*, § 12 III. m. N.

375 *Rechberger/Simotta*, Rn. 347.

Rechtsschutzziel ist nach h. M. die Unzulässigerklärung einer bestimmten Exekution[376]. Der Impugnationsklage entspricht funktional die Klauselerinnerung nach § 732 dt. ZPO[377]. Fünf Gründe können vorgebracht werden: Fehlen der Fälligkeit oder der Vollstreckbarkeit; Fehler beim Nachweis der Rechtsnachfolge; Fehlen eines gültigen Aufwertungsschlüssels bei Wertsicherungsklauseln; Exekutionsverzicht und -stundung; bei Urkunden außerdem: Fehlen der Exekutionskraft[378].

Zeitlich kann die Klage von der Exekutionsbewilligung an bis zur Beendigung der Exekution angebracht werden; Präklusionsvorschriften bestehen nicht. Der Schuldner kann wiederum mit der Klage einen Aufschiebungsantrag verbinden. Im Fall des Erfolgs wird die Vollstreckung von Amts wegen eingestellt. Als Vorstufe gibt es auch hier das Impugnationsgesuch, gegründet auf endgültigen oder vorläufigen Vollstreckungsverzicht des Gläubigers. Das Verhältnis zur Klage bestimmt sich wie bei der Opposition.

6. Besondere Rechtsbehelfe gegen die Vollstreckung aus Urkunden

a) Klage auf Feststellung des Fehlens der Exekutionskraft eines Notariatsakts, Art. XVII Einführungsgesetz EO

Dieser Behelf ist nicht ganz trennscharf von der allgemeinen Impugnationsklage gegen vollstreckbare Urkunden abzugrenzen. Im Unterschied zu ihr richtet sich die Klage nach Art. XVII nur gegen Mängel, die sich aus der Verletzung von Vorschriften der NotO über die Vollstreckungsfähigkeit der Urkunde ergeben (Fehlen der Unterwerfungsklausel, Formmängel bei der Errichtung)[379], d. h. gegen die konkrete Vollstreckungseignung des Titels. Eine Präklusionsgrenze wird hier nicht gesetzt. Materielle Mängel der Urkunde können mit der Impugnationsklage nicht vorgebracht werden.

Wird die Klage vor der Bewilligung erhoben, so ergibt sich die Zuständigkeit aus den allgemeinen Klagegerichtsständen[380]. Nach der Bewilligung ist das Exekutionsgericht als Bewilligungsgericht zuständig. Die Exekution ist bei Erfolg der Klage einzustellen , § 36 Abs. 3 EO. Über die allgemeine Möglichkeit der Aufschiebung nach § 42 Abs. 1 Nr. 5 EO hinaus wird auf Antrag die Vollstreckung aufgeschoben, wenn durch gerichtlichen Augenschein oder vollen Beweis ergebende Urkunden dargetan wird, daß die Vollstreckungsfähigkeit

---

376 *Rechberger/Simotta*, Rn. 359.

377 *Gaul*, ZZP 1972, 281; *Holzhammer*, S. 157, dagegen zieht die Parallele zu § 768 dt. ZPO.

378 s. unten 6. a).

379 *Rechberger/Oberhammer/Bogensberger*, S. 63.

380 *Rechberger/Oberhammer/Bogensberger*, S. 64.

begründende Vorschriften der NotO verletzt wurden (§ 4 Abs. 2 NotO i. V. m. Art. XVII Einführungsgesetz EO)[381].

b) Klage auf Feststellung des Nichtbestehens des beurkundeten Anspruchs[382]

Da der Schuldner hiermit dasselbe Rechtsschutzziel wie mit der Oppositionsklage verfolgt[383], schließt eine bereits anhängige Oppositionsklage diesen Behelf aus; parallel laufen die Verfahren, wenn zunächst die Feststellung beantragt wurde. Eine Entscheidung ist für das jeweils andere Verfahren bindend[384]. M. E. hat die Feststellungsklage ihre eigenständige Bedeutung für das Vorbringen rechts*hindernder* Einwendungen, die zumindest nach dem Gesetzeswortlaut aus dem Anwendungsbereich der Oppositionsklage herausfallen[385]. Damit wird die rechtspolitisch bedenkliche Präklusion anfänglicher Einwendungen gegen den beurkundeten Anspruch im Rahmen des § 35 EO ausgeschaltet.

Die Wirkung der Klage auf ein bereits laufendes Vollstreckungsverfahren ist umstritten: in Betracht kommen Aufschiebung der Exekution, § 42 Abs. 1 Nr. 1 EO bei Erhebung der Klage und Einstellung der Exekution, § 39 Abs. 1 Nr. 1 EO bei Erfolg der Klage. Gegen die erste Lösung spricht, daß darunter die im „Vollstreckungsvorsprung" begründete Effektivität des Instruments leidet. Die Rechtsprechung dagegen verwirklicht das Prinzip der Abhängigkeit der Vollstreckung von ihrem Rechtsgrund und entscheidet sich für Aufschiebung bzw. Einstellung[386].

c) Klage auf Feststellung der Unechtheit der Urkunde

Mit § 228 enthält die öst. ZPO eine dem § 256 Abs. 1 dt. ZPO fast genau entsprechende Vorschrift über die Klage auf Anerkennung der Echtheit oder auf Feststellung der Unechtheit einer Urkunde. Sie ist jedoch auch hier in der Praxis bedeutungslos[387].

---

381 *Rechberger/Oberhammer/Bogensberger*, S. 65.

382 *Rechberger/Oberhammer/Bogensberger*, S. 65 ff.

383 Nachweise der insofern wohl uneinheitlichen Rspr. bei *Rechberger/Simotta*, Rn. 354.

384 *Rechberger/Simotta*, Rn. 354.

385 s. oben 4. Die Literatur handhabt die Präklusionsgrenze unabhängig von der Titelart streng: das gültige Zustandekommen des Titels ist keine Rüge, die im Rahmen der Oppositionsklage vorgebracht werden kann; die Rechtsunwirksamkeit des Titels ist mit der Feststellungsklage geltend zu machen (*Feil*, § 35 Rn. 1 f.).

386 Vgl. *Rechberger/Oberhammer/Bogensberger*, S. 68.

387 *Fasching*, Rn. 1094.

IV. Die Vollstreckbarerklärung

Im Hinblick auf das Inkrafttreten des LugÜ für Österreich und den geplanten Beitritt zum GVÜ wurde mit der EO-Novelle 1995 auch die Vollstreckbarerklärung grundlegend reformiert[388]. Die Anforderungen der Übereinkommen wurden dadurch größtenteils direkt in die EO integriert. So wird das Exequatur nun nicht mehr vorfraglich für eine konkrete Vollstreckung und nur mit Wirkung für diese erteilt, sondern bewirkt die allgemeine Vollstreckbarkeit des Titels in Österreich. Dies gilt auch für vollstreckbare Urkunden. § 86 EO gewährleistet den Vorrang internationaler Abkommen vor abweichenden Vorschriften der EO.

1. Exequaturvoraussetzungen

Die Voraussetzungen des Exequaturs (§§ 79-81 EO) bleiben unverändert. Erforderlich sind die Gegenseitigkeit, die internationale Zuständigkeit des Erststaates, Zustellung des verfahrenseinleitenden Schriftstücks zu Händen des Schuldners, Gewährung rechtlichen Gehörs, erststaatliches Vollstreckbarkeitszeugnis und Vereinbarkeit mit der österreichischen Rechtsordnung. Über den Exequaturantrag entscheidet das Bezirksgericht (§ 82 EO) ohne Anhörung des Schuldners (§ 83 EO).

2. Rechtsbehelfe des Schuldners gegen die Bewilligung

Mit dem *Rekurs* gegen den Bewilligungsbeschluß (§ 84 Abs. 4 EO) kann der Schuldner binnen zwei Wochen rügen, die Exequaturvoraussetzungen lägen nicht vor. Kumulativ zum Rekurs ist innerhalb eines Monats der *Widerspruch gegen die Bewilligung* (§ 84 Abs. 1 EO) möglich, mit dem mittlerweile bekannt gewordene oder eingetretene Verteidigungsmittel vorgebracht werden können. Nachträgliche Änderungen des ausländischen Titels berechtigen den Schuldner, Antrag auf Aufhebung oder Abänderung der Vollstreckbarerklärung zu stellen (§ 84c EO) und diesen ggf. mit dem Antrag auf Einstellung oder Beschränkung der Exekution zu verbinden.

Österreich ist mit der EO-Novelle von der grundsätzlich problematischen Zusammenfassung von internationalrechtlicher und interner Vollstreckungsbewilligung abgerückt. Aufgrund der neuen Verfahrensgestaltung sind keine Verzögerungen der Vollstreckbarerklärung unter dem LugÜ zu befürchten. Einwendungen gegen die Vollstreckungsberechtigung können während der

---

388 *Klicka/Albrecht*, ecolex 1995, 708 f.; *Mohr*, ÖJZ 1995, 895.

späteren Exekution mit der gewöhnlichen Oppositionsklage vorgebracht werden.

Aus dieser Verfahrensgestaltung heraus und mit dem Hinweis auf die intensivere Prüfung des ausländischen Titels nach altem Recht läßt sich argumentieren, daß in Österreich unter dem LugÜ materielle Einwendungen nicht im Exequaturverfahren, sondern erst daran anschließend behandelt werden. Dagegen wird in der Literatur zum Exequatur unter dem LugÜ vertreten, der Schuldner könne im Rechtsbehelfsverfahren gegen die Exekutionsbewilligung Einwendungen auch gegen den Anspruch erheben[389].

V. Zusammenfassung

Die Urkundenvollstreckung nach österreichischem Recht reicht, was die möglichen Ansprüche wie auch die Durchsetzungsmittel betrifft, im Bereich von GVÜ und LugÜ am weitesten. Da jeder vollstreckbare Notariatsakt nach der NotO eine öffentliche Urkunde darstellt, fällt diese Titelart problemlos unter Art. 50 LugÜ. Wie die deutsche ZPO kennt die EO ein umfassendes Instrumentarium an Rechtsbehelfen, die die Überprüfbarkeit ausländischer Urkunden im Verlauf der Exekution sicherstellen. Die Präklusion anfänglicher Einwendungen gegen den beurkundeten Anspruch im Rahmen der Oppositionsklage ist eine österreichische Spezialität, deren Härten aber mit der negativen Feststellungsklage überwunden werden können.

[389] *Rechberger/Oberhammer/Bogensberger*, S. 61, unter Berufung auf *Kropholler* und die Ausgestaltung im deutschen AVAG, aber vor Inkrafttreten der EO-Novelle 1995.

§ 5 Zwischenergebnis: Vorverständnis der vollstreckbaren Urkunde 1968

A. Bilanz der autonomen Rechte

Alle sechs ursprünglichen Vertragsstaaten des GVÜ sowie Österreich und Griechenland kennen die vollstreckbare Urkunde in der einen oder der anderen Form. Unterschiede bestehen hauptsächlich darin, welche materiellen Ansprüche derartig beurkundbar sind, wie bestimmt sie sein müssen und bezüglich der Frage, ob eine explizite Vollstreckungsunterwerfung des Schuldners erforderlich ist. Im Zusammenhang damit bestehen auch unterschiedliche Vorstellungen darüber, wie die beiden Aspekte der vollstreckbaren Urkunde - der materiellrechtliche und der verfahrensrechtliche - miteinander verknüpft sind. Während in Deutschland und Österreich schon rein äußerlich durch das Erfordernis der Unterwerfungserklärung der materiellrechliche Aspekt vom prozessualen getrennt wird, betrachten andere Rechtsordnungen die vollstreckbare Urkunde als Verträge mit schuldrechtlicher und prozessualer Doppelwirkung, als exekutorische Verträge[1]. In diesen Systemen schlägt dann nahezu jeder materielle Mangel der Urkunde - fehlende Geschäftsfähigkeit, Nichtigkeit wegen Gesetzes- oder Sittenverstoßes - auf die prozessuale Seite, auf die Vollstreckbarkeit durch.

Hinsichtlich der exekutorisch beurkundbaren Ansprüche reicht die Bandbreite von der strikten Begrenzung auf Geldforderungen in Italien über die Erweiterung um vertretbare Sachen in Deutschland bis hin zur - theoretischen - Schrankenlosigkeit in Benelux und Frankreich. Die dt. ZPO nähert sich mit der 2. Zwangsvollstreckungsnovelle 1995 dieser letzten Gruppe an.

B. Art. 50 als Ausdruck einer gemeinsamen Rechtstradition

Die geschichtliche Entwicklung und die positivrechtliche Ausgestaltung der vollstreckbaren Urkunde in den sechs GVÜ-Staaten von 1968 erlauben eine erste Annäherung an das gemeinsame Verständnis der „öffentlichen Urkunde" nach lateinisch-germanischer Tradition, auf dem die Fassung des Art. 50 GVÜ beruht. Dieses Vorverständnis bildet die Grundlage für eine vertragsautonome

---

1 *Geimer*, DNotZ 1975, 463, Fn. 5; *85e Congrès des notaires de France*, Tagungsbericht S. 870.

Auslegung des Art. 50 und für den Versuch, später hinzugekommene Rechtsordnungen in dieses System der Urkundenexequierung zu integrieren.

Im Ergebnis kristallisieren sich drei Vorgaben heraus, die aber im autonomen Recht und in der wissenschaftlichen Erörterung unterschiedlich klar zutage treten.

I. Unbestreitbarkeit der Schuld

Die Urkunde muß zunächst einmal die Verpflichtung des Schuldners unbestreitbar feststellen, so daß ein gerichtliches Erkenntnisverfahren entbehrlich erscheint. Der Anspruch wird dabei so unumstößlich dokumentiert, daß die Berechtigung des Gläubigers, Zwangsmittel anzuwenden, nicht ohne weiteres in Frage gestellt werden kann. Grundlage für diese Sichtweise ist die beweisrechtliche Wirkung der Urkunde, wie sie aus den Prozeß- oder Zivilgesetzen hervorgeht[2]: Die öffentliche Urkunde erbringt vollen Beweis der darin niedergelegten Vorgänge und Rechtshandlungen. Aufgrund dieser beweisrechtlichen Privilegierung ist es gerechtfertigt, die verbriefte Verbindlichkeit (einstweilen) als derartig gesichert zu betrachten, daß sie zwangsweise durchgesetzt werden kann.

II. Richtigkeitsgewähr durch öffentliche Beurkundung

Da Vollstreckung nur aufgrund eines verläßlichen Titels möglich ist, muß die Errichtung der Urkunde Gewähr für eine gewisse Authentizität bieten, die die Urheberschaft der Parteien sowie den Inhalt des Rechtsgeschäfts vertrauenswürdig ausweist; Verwechslungen und Unsicherheiten müssen ebenso ausgeschlossen sein[3] wie der Mißbrauch des Vollstreckungsapparates zur Durchsetzung bloß vorgeblicher Ansprüche[4].

Authentizität der Urkunde wird ursprünglich durch die Amtsautorität von Richtern und Notaren gewährleistet, heute durch die Notariate sowie in freiweilliger Gerichtsbarkeit durch Gerichte und Behörden. Erhellend ist hierfür die historische Entwicklung im lateinisch-germanischen Rechtskreis, in deren Verlauf unter der allmählichen Zulassung rein privater Exekutivurkunden in der frühen Neuzeit die Gleichstellung mit Urteilen und damit die unmittelbare

---

2 Art. 1319 C.civ. Frankreich, Belgien und Luxemburg, § 415 dt. ZPO, Art. 2700 c.c., Art. 183, 187 Rv., § 292 öst. ZPO.

3 *Moreau*, S. 143.

4 *Baur*, S. 317.

Vollstreckung litt[5]. Nachdem Ende des 19. Jahrhunderts in allen fraglichen Ländern Notariate nach französischen Vorbild eingerichtet worden waren, wurde die Aufnahme vollstreckbarer Urkunden diesen amtlichen Autoritätspersonen aufgetragen. Sie fungieren dabei nicht als bloße Schreiber, sondern leisten rechtskundige „Hebammendienste“[6] beim Vertragsschluß.

Die Anforderungen, die an die Verläßlichkeit der Herkunft und des Inhalts der Urkunde gestellt werden, sind in das Merkmal „öffentlich“ eingegangen. Im Kreis der GVÜ-Gründerstaaten von 1968 war dieses Merkmal allerdings redundant, da jede damals „vollstreckbare“ Urkunde nur vor Personen und in einem Verfahren zustande kommen konnte, das den Titel als „öffentlich“ im Sinne des lateinisch-germanischen Systems auswies. Das Tatbestandsmerkmal „öffentlich“ kann daher eigenständige Bedeutung erst bei der Beurteilung vollstreckbarer Urkunden später beigetretener Staaten gewinnen.

III. Konsens zwischen Schuldner und Gläubiger über die Titelschaffung

Das dritte Element, das den klassischen exekutorischen Urkunden der lateinisch-germanischen Ländergruppe gemein ist, springt nicht so deutlich ins Auge. Es ergibt sich weniger aus positivrechtlichen Regelungen[7], sondern findet sich eher zwischen den Zeilen der wissenschaftlichen Erörterung. Gemeint ist die Notwendigkeit einer *privatautonomen, konsensualen Titelschaffung*. Gläubiger und Schuldner müssen einen prozeßrechtlichen Vertrag abschließen, der eine Titulierung „auf Vorrat“[8] enthält. Grundlage der Zwangsvollstreckung ist die Erklärungen der Parteien[9] und keine anordnende hoheitliche Entscheidung. Die Schaffung eines Titels muß sich demnach als Element - zumindest als Reflex - des Vertrags, des *pactum executivum*, darstellen und darf sich nicht erst aus einem späteren amtlichen Akt ergeben, bei dem der Schuldner nicht beteiligt ist. Indem die Parteien bei der Beurkundung zusammenwirken, ersetzen sie

---

[5] Man hielt in Norditalien die Vorschaltung eines summarischen Exekutivprozesses mit umfangreichen Einwendungsmöglichkeiten des Schuldners für erforderlich; vgl. *Münch*, S. 29 f.

[6] *Edel*, zitiert bei *Vollhardt*, S. 17.

[7] Ein Beispiel hierfür wäre Art. 9 décret Nr. 71-942 i. d. F. des décret Nr. 86-728, wonach die Urkunde bei Unzuständigkeit des Notars wenigstens schuldrechtliche Wirkung hat, wenn beide Parteien sie unterschrieben haben; daraus geht hervor, daß der Schuldner an der Titulierung regelmäßig mitwirkt.

Auch die Unterwerfungserklärung nach deutschem und die Zustimmungserklärung nach österreichischem Recht lassen sich in diesem Sinn zitieren. Die Unterwerfung ist zwar *einseitige* Prozeßhandlung des Schuldners (*Wolfsteiner*, Rn. 8.3, 9.1), stellt aber dessen unabdingbaren Mitwirkungsakt an der Schaffung des Titels dar.

[8] *Münch*, S. 171 ff.

[9] *Hofmeister*, öst. NotZ 1982, 97/98.

durch ihren übereinstimmenden Willen den streitigen Charakter des gerichtlichen Verfahrens; der Konsensualismus tritt an die Stelle des Kontradiktorischen. Eine technische, jedoch nicht prinzipielle Ausnahme bilden das deutsche und das österreichische Recht, wo auf prozessualer Ebene die einseitige Unterwerfungserklärung des Schuldners genügt. Die Unterwerfungserklärung wird als *einseitige* Erklärung des Schuldners betrachtet, und auch sämtliche Verfahrensschritte, die letztendlich zur Erteilung der vollstreckbaren Ausfertigung an den Gläubiger führen, liegen grundsätzlich in der Willensgewalt des Schuldners[10]. Man darf dennoch davon ausgehen, daß niemand seinem Gläubiger grundlos, d. h. ohne entsprechende Abrede, ein solches Vollstreckungsinstrument in die Hand gibt. Damit findet sich das Konsensprinzip auch hier, lediglich auf eine andere Ebene verlagert. Praktisches Beispiel für die erwähnte Abrede sind Vereinbarungen in Darlehensverträgen, wonach der Schuldner sich zur Abgabe einer Unterwerfungserklärung verpflichtet[11].

Es wirken also in aller Regel *zwei* Seiten bei der förmlichen Titelschaffung mit, beim Sonderfall der Urkunde mit Unterwerfungserklärung in Deutschland und in Österreich zumindest der Schuldner.

In dieser Konzeption spiegelt sich die freiheitliche Grundstimmung wider, die nach der französischen Revolution herrschte und sich später in den französisch inspirierten Notariatssystemen niedergeschlagen hat[12]: die Bürger suchen sich nun, statt auf die obrigkeitliche Gerichtsbarkeit zurückzugreifen, mit dem Notar einen juristischen Fachmann aus ihrer Mitte, der ihren übereinstimmenden Willen beurkundet und ihm rechtliche Wirksamkeit verleiht; eine Titulierung ohne Beteiligung des Schuldners verträgt sich damit nicht.

Aufschlußreich ist in diesem Zusammenhang, wie die Briten *Lasok* und *Stone* ihr Verständnis von der kontinentaleuropäischen vollstreckbaren Urkunde äußern: danach gehört zur Errichtung eines solchen Dokuments durch eine öffentliche Amtsperson auch, daß *die Parteien* das Rechtsgeschäft in deren Anwesenheit unterschreiben[13]. Zwei weitere Zitate aus dem Schrifttum des lateinisch-germanischen Rechtskreises illustrieren, daß die Zweiseitigkeit der Titelerrichtung bei den Erörterungen zur vollstreckbaren Urkunde immer mitschwingt. *Jongbloed* referiert aus der niederländischen Rechtsprechung die Auffassung, daß der Schuldner mit der qualifiziert beweiskräftigen Urkunde quasi sein eigenes Urteil unterschreibt[14]. Ein Schulbeispiel für erzwungene

---

[10] s. zum Recht auf Ausfertigung § 51 BeurkG und vgl. zum ganzen i. e. *Wolfsteiner*, Rn. 9.1 ff.

[11] Vgl. oben § 4 F. I. 3.

[12] Vgl. *Dengler*, öst. NotZ 1967, 131 re. Sp.

[13] *Lasok/Stone*, S. 325; Hervorhebung von mir.

[14] *Jongbloed*, S. 150.

Mitwirkung des Schuldners bringt *Geimer*[15]. Auch die Unterscheidung zwischen Vollstreckungstitel (*instrumentum*) und schuldrechtlicher Verpflichtung (*negotium*) in der französischen Literatur[16] geht in dieselbe Richtung: das materielle Geschäft kommt ausschließlich durch den übereinstimmenden Willen der Parteien zustande, dem die notarielle Form vollstreckungsrechtliche Wirkung verleiht[17].

Daß im Lauf der Zeit in einzelnen Staaten auch protestierte Wechsel[18] und Schecks[19] als einseitig öffentlich errichtete Urkunden[20] zu Vollstreckungstiteln erhoben wurden, läßt diesen Befund unberührt. Denn hier schuf man lediglich neue Anwendungsfälle eines etablierten Instituts rascher Rechtsdurchsetzung, ohne jedoch dessen ursprüngliche Konzeption aufzugeben.

Zusammenfassend läßt sich festhalten, daß vollstreckbare Urkunden nach dem insofern übereinstimmenden Recht der Signatarstaaten von 1968 dadurch charakterisiert sind, daß sie eine Verpflichtung unbestreitbar verbriefen, deren Ent- oder Bestehen von einer Person öffentlichen Glaubens urkundlich attestiert wurde, und daß der Schuldner und - wenn nicht beim Beurkundungsakt selbst, so doch im Vorfeld - der Gläubiger an dieser Attestierung konsensual mitwirken.

C. Rechtsschutzfragen

Es hat sich gezeigt, daß die „lateinisch-germanischen" Vertragsstaaten der vollstreckbaren Urkunde durchweg geringere Bestandskraft als dem Urteil beilegen und für den Schuldner entsprechende Behelfe zur gerichtlichen Geltendmachung seiner Rechte vorsehen. Diese Behelfe lassen sich gliedern in solche, die im Zusammenhang mit einem angelaufenen Vollstreckungsverfahren statthaft sind[21] und solche, die die Urkunde unabhängig von jeder Exekution einer Überprüfung unterwerfen[22]. Hinsichtlich ihrer Wirkung ist beiden Gruppen ge-

---

[15] *Geimer*, DNotZ 1975, 478.

[16] s. oben § 4 A. I. 2.

[17] *Moreau*, S. 143.

[18] Art. 474 S. 2 Nr. 2 c.p.c. Italien; Art. 1429 Nr. 4 LEC Spanien.

[19] Art. 3 Nr. 5 G1991 Frankreich; Art. 1429 Nr. 4 LEC Spanien.

[20] Alle denkbaren konsensualen Akte der Parteien, wie etwa die Begebung des Wertpapiers oder ein eventuelles Akzept, erfolgen vor der öffentlichen Beurkundung des Protestes.

[21] Z. B.: Vollstreckungsgegenklage gemäß §§ 797, 767 dt. ZPO; die verschiedenen *contestations* nach französischem Recht; *verzet* nach Art. 438 Rv.; Oppositionsklage des § 35 öst. EO; *opposizione all'esecuzione*, Art. 615 c.p.c.

[22] Gewöhnliche Feststellungsklage gemäß § 256 Abs. 1 dt. ZPO; *action en nullité* in Frankreich; *inscription de faux* in Frankreich, *querela di falso* in Italien, Feststel-

meinsam, daß sie in aller Regel keine aufschiebende Wirkung auf eine konkrete Vollstreckung entfalten[23]; nur in Einzelfällen und auf Antrag kommt die richterliche Anordnung der Aussetzung der Vollstreckung oder ähnlicher suspensiver Maßnahmen in Betracht[24]. Damit kann der Schuldner auf diesem Weg die Vollstreckbarkeit i. S. v. Art. 50 allenfalls vorübergehend ausschalten. Endgültig wird die Exekutionswirkung im Gegenteil erst in dem Augenblick beseitigt, in dem der Schuldner mit seinem Behelf durchdringt; damit entfällt dann eine Voraussetzung des Art. 50[25].

Angesichts dieser recht deutlichen Tendenz und der Unüberschaubarkeit der Ausnahmen erscheint mir eine Systematisierung und Schematisierung der erststaatlichen Rechtsbehelfe in Hinblick auf ihre Auswirkungen auf die dortige Vollstreckbarkeit bereits im relativ homogenen kerneuropäischen Rahmen kaum möglich und zudem nicht ergiebig. Jedenfalls darf nicht davon ausgegangen werden, daß die Einlegung eines Rechtsbehelfs außerhalb des Zweitstaates *per se* zum Wegfall der Vollstreckbarkeit i. S. v. Art. 50 führt.

---

lungsklage bezüglich der Unechtheit der Urkunde nach § 256 dt. ZPO und § 228 öst. ZPO.

[23] Ausnahme: *inscription de faux*, vgl. oben § 4 A. III. 6. a).

[24] Vgl. etwa Art. 131 D1992 für die französische Mobiliarvollstreckung; § 769 dt. ZPO im Zusammenhang mit der Vollstreckungsgegenklage; Art. 438 Rv.

[25] Vgl. i. e. unten § 8 C. II. 3.

§ 6 Das Recht der später dem GVÜ beigetretenen Staaten

A. Die britischen Inseln

I. Der Titel

1. Das weitgehende Fehlen der vollstreckbaren Urkunde im Common Law-Rechtskreis

In England, Wales und Nordirland ist die vollstreckbare Urkunde kontinentaleuropäischer Prägung vollkommen unbekannt[1]. Dies mag historisch gesehen daran liegen, daß das englische Recht seit jeher dem Zeugen höhere Beweiskraft zumißt als der Urkunde[2], so daß diese ein Erkenntnisverfahren nicht ersetzen konnte. Als Faktoren, die die Entstehung eines organisierten und angesehenen staatlichen Notariats verhindert haben[3], werden die Abkoppelung von der frühneuzeitlichen Rezeption des römischen Rechts mit seiner Schriftlichkeit[4] sowie die Tatsache genannt, daß die aufblühende britische Handelsgesellschaft inhaltliche Vertragskontrolle durch Außenstehende für entbehrlich hielt. Zudem habe der König, durch die *magna charta* gebunden, nicht die Durchsetzungskraft besessen, ein staatliches Notariat zu errichten[5].

Auf der Suche nach Urkunden, die möglicherweise dennoch zur Auslandsvollstreckung nach Art. 50 taugen, stößt man auf zwei Arten von Dokumenten, die scheinbar in Betracht kommen, nämlich die *sollicitors' undertakings* (County Courts Act (CCA) s. 142; County Court Rules (CCR) Ord. 29 r. 2(1)) und die Urkunden der *Scriveners' notaries* in London[6].

Bei *undertakings* handelt es sich um Versprechen, die ein Anwalt im Lauf eines Prozesses abgibt, um damit Konzessionen des Gerichts oder der Gegenpartei zu erwirken. Solche Verpflichtungen kommen zwar ohne Erkenntnisver-

---

[1] *O'Malley/Layton*, Rn. 56.70, 57.70;*Schütze*, DNotZ 1992, 79; *Hartley*, 100; nach *Kaye*, S. 1681, fehlt ein „exaktes Äquivalent".

[2] *UINL* 1992, Rapports officiels Thème IV, S. 172; Begründung zum Entschließungsantrag des Europäischen Parlaments, S. 7, Nr. 6.

[3] s. zur Entstehung eines klerikalen Notariats mit vom Papst abgeleiteter Autorität ab 1279 *Ready*, S. 8 ff.

[4] *Lieberich*, S. 2, bezeichnet die kontinentale Rechtsauffassung des 16. Jahrhunderts als „buchstabengläubig und schreibfreudig".

[5] *Moreau*, S. 75 ff., dem aber offenbar sehr daran gelegen ist, das englische Recht als „juristischen Dschungel" (*Moreau*) erscheinen zu lassen, von dem sich die französischen Kodifikationen positiv abheben.

[6] Zu ihrer Rechtsstellung und Bedeutung s. unten 2.

fahren zustande, sind aber nur dadurch vollstreckbar, daß der Richter die Verhaftung des betreffenden Anwalts anordnet; Exekutionsfähigkeit aus sich selbst heraus kommt den *undertakings* damit nicht zu. Die Möglichkeit der Vollstrekkungseinleitung *ex officio* läßt eher an eine gerichtsorganisatorische Ordnungsmaßnahme als an eine zivilrechtliche Vollstreckungsprozedur denken.

Die Tätigkeit der in der Londoner *Scriveners' company* organisierten Notare zielt vor allem auf den internationalen Rechtsverkehr ab, für den sie allgemein anerkannte Dokumente erstellen. Hieraus wird ersichtlich, daß auch das englische Recht Möglichkeiten authentischer Beurkundung kennt und diese insbesondere für den Auslandsrechtsverkehr bereithält. Unmittelbare Vollstrekkungswirkung entfalten die Urkunden der *Scriveners' notaries* jedoch nie. Ihnen fehlt damit eine ausschlaggebende Voraussetzung des Art. 50. Englische Notare sind durch diesen Umstand gegenüber ihren kontinentalen Kollegen benachteiligt, versuchen aber dennoch nicht, für ihre Urkunden urteilsgleichen Status in Anspruch zu nehmen[7]. Damit bleibt die englische Rechtsentwicklung hinter der Reformdiskussion in den EFTA-Staaten zurück[8].

Eine andere Beurteilung würde sich äußerstenfalls dann ergeben, wenn man es für Art. 50 genügen ließe, daß die öffentlich oder in einem entsprechenden Verfahren aufgenommene Urkunde inhaltlich auf einen Staat bezogen ist, in dem sie tatsächlich unmittelbar vollstreckt werden kann[9].

Das *schottische Recht* kennt ein Institut, das dem deutschrechtlichen exekutorischen Eintrag in die Gerichtsbücher[10] ähnelt. Es handelt sich um die gerichtliche Registrierung einer Schuld in den *Books of Council and Session* oder in den Büchern eines *sheriff court*[11], die eine der kontinentaleuropäischen vollstreckbaren Urkunde vergleichbare Vollstreckungswirkung entfaltet[12]. Zur Registrierung geeignet ist jegliche schuldrechtliche Verpflichtung. Eine Beschränkung auf Geldschulden existiert nicht, auch wenn dieses Verfahren häufig für Wechselverbindlichkeiten in Anspruch genommen wird. Das ersuchte Gericht muß sachliche Entscheidungszuständigkeit für den Anspruch besitzen. Die Registrierung mit Vollstreckungswirkung erfolgt grundsätzlich nur, wenn der Schuldner sein Einverständnis hierzu erteilt hat - auch hier herrscht also das Prinzip der Zweiseitigkeit der Titelerrichtung. In formeller Hinsicht ist erforderlich, daß zwei Personen den Abschluß des exekutorischen Vertrags bezeugen; eine weitergehende Prüfung durch das Gericht findet nicht statt. Die Registrierung bewirkt die Vollstreckbarkeit des Vertrages, so als ob es sich um ein

---

[7] *Ready*, S. 73.

[8] Vgl. für die Schweiz unten § 7 A. I., für Norwegen unten § 7 B. I.

[9] s. oben § 3 C. und unten § 8 C. II. 2. b).

[10] Vgl. *Münch*, S. 20 ff.

[11] *Anton*, Rn. 8.58.

[12] Vgl. zum Folgenden *O'Malley/Layton*, Rn. 58.70.

Urteil des registrierenden Gerichts handeln würde. Der Gläubiger erhält erforderlichenfalls einen Registerauszug, der als Vollstreckungsanweisung dient.

Das *irische* Verfahrensrecht wiederum besitzt kein der vollstreckbaren Urkunde entsprechendes Institut[13].

2. *Errichtung von Urkunden*

Ob der in England tätige *notary public* eine Person öffentlichen Glaubens ist, wird sehr unterschiedlich beurteilt: einerseits wird behauptet, seine Urkundstätigkeit sei nicht mit der des Lateinischen Notars vergleichbar[14]; *Bellet* spricht dem *notary* die notwendige aktive Rolle bei der Abfassung der Urkunde ab[15]. Andererseits wird dargelegt, daß englische Notare ein öffentliches Amt bekleiden und daß ihre Akte aufgrund ihres Ansehens öffentlichen Glauben genössen[16]. Hierfür sprechen sowohl die strengen Ausbildungsanforderungen[17] als auch die disziplinarrechtliche Einbindung[18] und das Verfahrensrecht[19]. Die

---

[13] *O'Malley/Layton*, Rn. 52.70.

[14] *Droz*, Rn. 614, Fn. 1; zum Beleg führt er allerdings die Rechtsstellung des *US-amerikanischen notary public* an, ohne auf die für das GVÜ/LugÜ interessanten *europäischen* Common-law-Systeme einzugehen. Die Qualifikationsanforderungen, die an amerikanische Notare gestellt werden, sind nach *Ready*, S. 33, und *Dengler*, öst. NotZ 1967, 129, Fn. 5, tatsächlich mit denen in England nicht zu vergleichen. So ist nur in den wenigsten Fällen eine juristische Ausbildung vorgeschrieben.

Ähnliche Zweifel hegt *de Valkeneer*, Rn. 457, obwohl er zumindest die Tätigkeit der *Scriveners' notaries* als mit der ihrer kontinentalen Kollegen durchaus vergleichbar betrachtet.

[15] *„Rôle réceptif actif"*, *Bellet*, S. 35.

[16] *Mann*, NJW 1955, 1178 re. Sp.

[17] Bei einer Vortätigkeit als *solicitor* wird die *examination in notarial practice* verlangt, ohne eine solche zusätzlich zur *examination* Einzelprüfungen aus der Notars- oder *solicitor*-Ausbildung, *Ready*, S. 20.

[18] Die Disziplinargewalt über die Notare wird vom *Court of Faculties* beim Erzbischof von Canterbury ausgeübt, *Ready*, S. 20.

[19] Aufgabe der Notare ist nach *Ready*, S. 20, das Aufsetzen von Dokumenten, Bescheinigen und Zertifizieren mit offiziellem Siegel, so daß die erstellten Urkunden beweistauglich sind. In diesen Aufgabenbereich fällt auch die Erstellung von *„public instruments"* zum Gebrauch in Ländern des Kontinents (S. 22). Den Notar trifft eine Beurkundungspflicht (S. 27) und eine Verpflichtung, nicht tätig zu werden, wenn er an der ihm angetragenen Angelegenheit ein (persönliches) Interesse hat (S. 27/28). Die Authentizität der notariellen Urkunden wird dadurch gewährleistet, daß die Notare Verzeichnisse ihrer Urkunden aufstellen müssen. Für die *Scriveners' notaries* berichtet *de Valkeneer*, Rn. 457, daß sie „gewöhnlich" ein Exemplar des ausgefertigten Dokuments behielten.

notaries sind damit ihren kontinentalen Kollegen in Status und Tätigkeit durchaus vergleichbar[20].

Eine besondere Rolle spielen die Notare der 1373 auf Privatinitiative gegründeten *Company of Scriveners of the City of London.* Sie haben im Umkreis von drei Meilen um die *city of London* ein traditionelles und immer wieder gesetzlich bestätigtes Monopol für die Abfassung authentischer Dokumente inne[21] und sind speziell für Beurkundungen mit Auslandsbezug zuständig. Dazu sind sie durch eine international ausgerichtete Ausbildung mit Vermittlung von Kenntnissen in fremden Rechten und Sprachen[22] befähigt. Die Art, auf die sie ihre Tätigkeit ausüben, ist ein Entgegenkommen des *Common law*-Systems gegenüber dem Lateinischen Notariat[23], das Reibungen im internationalen Rechtsverkehr abbauen helfen soll. Die *Scriveners' notaries* berücksichtigen deshalb bei ihrer auslandsbezogenen Tätigkeit das dort geltende Sach- und Verfahrensrecht[24].

II. Die Durchführung der Vollstreckung (England und Wales)

Obwohl also England keine vollstreckbaren Urkunden besitzt, muß es dennoch die Urkunden des GVÜ/LugÜ-Auslandes zur Exekution bringen. Dies ist ebenso wie die vielzitierte Zunahme von *non-money*-Vollstreckungen[25] Folge der Implementierung gemeineuropäischer Vollstreckungsregeln, die das autonome Recht nicht nur überlagern, sondern es auch mit bislang wenig oder völlig unbekannten Rechtsinstituten konfrontieren.

1. Einleitung des Vollstreckungsverfahrens

Es existiert kein der Vollstreckungsklausel entsprechendes Instrument zur Schaffung eines formalisierten Titels. Der Titel muß bei Gericht eingetragen werden, um Vollstreckungswirkung zu entfalten. Diese sogenannte *entry* ist zu unterscheiden von der *registration,* die die Eintragung *ausländischer* Titel betrifft und die Zulassung zur Zwangsvollstreckung beinhaltet[26]. Vollstreckungsvoraussetzungen sind ggf. der Bedingungseintritt sowie das Angebot oder die

---

[20] So auch *Stauch,* S. 124 ff., und von französischer Seite *Holleaux,* RCritDIP 1979, 108.

[21] *Ready,* S. 14 f. Nach *de Valkeneer,* Rn. 457, amtierten 1988 26 solcher Notare.

[22] *Ready,* S. 22.

[23] Bericht des Europäischen Parlaments, S. 9, Nr. 18.

[24] Bericht des Europäischen Parlaments, S. 9, Nr. 18.

[25] s. etwa *Collins,* S. 105; *Dashwood/Hacon/White,* S. 35; *Hartley,* S. 101; der Grundtyp des englischen Urteils geht auf Geldzahlung.

[26] s. unten IV.

Erbringung der Gegenleistung[27]. Bei Titeln über Handlungsverpflichtungen kann die Vollstreckung erst erfolgen, wenn die Frist für die freiwillige Erfüllung fruchtlos verstrichen ist (Rules of the Supreme Court (RSC) Ord. 42, r. 2). Vollstreckungsgericht ist grundsätzlich der *High Court* für Titel, die 5000 Pfund[28] übersteigen[29], bei Titeln über weniger als 2000 Pfund der *county court*; für Summen dazwischen können beide Gerichte Vollstreckungsgericht sein[30].

2. *Mittel der Zwangsvollstreckung*

Das System der Vollstreckungsmaßnahmen mit ihren Überschneidungen und kompetenziellen Zuordnungen ist Folge des für den kontinentaleuropäischen Juristen ungewohnten englischen Gerichtsverfassungsrechts. Das Verständnis wird zusätzlich durch die Ordnung der verschiedenen dinglichen Rechte[31] erschwert.

a) Geldleistungstitel

Der *writ of fieri facias* („Veranlassungsanweisung", RSC Ord. 47) ist die Anweisung des *High Court* an den *sheriff* als Vollstreckungsbeamten, die Geldforderung durch Pfändung und Verwertung beweglichen Vermögens zu befriedigen. Er dient auch der Vollstreckung in bestimmte dingliche Nutzungsrechte[32]. Beim *county court* heißt die entsprechende Verfügung *warrant of execution* (CCR Ord. 26), Vollstreckungsbeamter ist hier der *bailiff* des Gerichts. *Magistrates' Courts* erlassen im Rahmen ihrer Gerichtsbarkeit[33] *warrants of distress*.

Die *charging order on land or on securities* (RSC Ord. 50) ist das Mittel für die Vollsteckung von Geldforderungen in Liegenschaften und bestimmte verbriefte Anteile an Handelsgesellschaften[34]. Sein Erlaß führt zur - grundsätzlich eintragungsfähigen - Belastung des Grundstücks, die dem Gläubiger ein einem Pfandrecht entsprechendes Verwertungsrecht verschafft. Dieses muß aber noch gesondert realisiert werden, was durch Zwangsverwaltung oder Zwangsverkauf

---

27 *Bunge*, S. 181.

28 Entsprechend etwa DM 11200,--.

29 Art. 8 High Court and County Court Jurisdiction Order 1991.

30 *O'Hare/Hill*, S. 590.

31 Übersicht bei *Bunge*, S. 171-177.

32 O'Hare/Hill, S. 590; Bunge, S. 213.

33 Unter der Geltung von GVÜ und LugÜ ist insbesondere ihre Zuständigkeit für Unterhaltssachen von Interesse.

34 *Bunge*, S. 201; s. i. e. *O'Hare/Hill*, S. 600.

geschehen kann[35]. Die Zuständigkeit für die Gewährung eines Zwangsgrundpfandrechts liegt in erster Linie beim *county court*, in einigen Fällen beim *High Court*[36].

Mit *garnishee proceedings* (Drittschuldnerverfahren, RSC Ord. 49) kann wegen Geldforderungen von über 25 Pfund[37] in Geldforderungen vollstreckt werden. Dazu verbietet der *High Court* dem Drittschuldner, seinen Gläubiger zu befriedigen, und gibt ihm auf, an den Betreibenden zu leisten und ggf. Einwendungen zu erheben (*order to show cause*). Nimmt der Drittschuldner diese Gelegenheit zu einem integrierten Erkenntnisverfahren nicht wahr, so ergeht der endgültige Pfändungsbeschluß; er wirkt ihm gegenüber als vollstreckbarer Titel. Entsprechendes gilt für das *county court*-Verfahren, CCR Ord. 30.

Auch in England gelten für die Gehaltspfändung Sonderregeln; der *county court* kann gemäß CCR Ord. 27 und dem *Attachment of earnings Act 1971* sogenannte *attachment of earnings orders* (Gehaltspfändungsverfügungen) aussprechen. Der Arbeitgeber muß dann bestimmte Gehaltsanteile an das Vollstreckungsgericht überweisen.

Das Zwangsmittel des *appointment of a receiver* (Ernennung eines Zwangsverwalters, RSC Ord. 51) ordnen *High Court* und *county court* subsidiär zur Sach- und Forderungspfändung an[38]. Es dient der Realisierung bestimmter Vermögenswerte, bei denen der *writ of fieri facias* nicht zur Verfügung steht, etwa Einkommen aus einem gemeinsam betriebenen Gewerbe[39], und steht unter dem Vorbehalt der Verhältnismäßigkeit[40].

Die meisten anderen Vermögensrechte werden durch *writ of fieri facias* gepfändet, Mitgliedschaftsrechte allerdings durch *charging order*[41], die nicht zur sofortigen Verwertung führt.

Schließlich können durch *judgment summons* (CCR, Ord. 28) Unterhaltsforderungen gegen zahlungsfähige, aber -unwillige Schuldner verwirklicht werden. Die Maßnahme besteht in einem Haftbefehl, der während der Zahlung der geschuldeten Leistungen suspendiert wird[42].

---

35 *Bunge*, S. 212.
36 s. i. e. *O'Hare/Hill*, S. 599.
37 Entsprechend etwa DM 56,--.
38 *Bunge*, S. 194 f.
39 *O'Hare/Hill*, S. 601.
40 Abwägungsgesichtspunkte sind Forderungsbetrag, erzielbare Summe, Kosten der Verwaltung.
41 *Bunge*, S. 214.
42 *O'Hare/Hill*, S. 602.

b) Nichtgeldleistungstitel

Diese Art Titel kommt im englischen Recht durch *injunctions* (Anordnungs-[43] oder Unterlassungsverfügungen) zustande, die dadurch vollstreckt werden, daß die Nichtbefolgung als *contempt of court* (Mißachtung des Gerichts) betrachtet und dementsprechend mit Haft, Geldbuße oder Zwangsverwahrung des gesamten Vermögens (*sequestration of property*) geahndet wird[44]. RSC Ord. 45, r. 8 ermöglicht die gerichtliche Anordnung der Ersatzvornahme.

Ein Problem für die Durchschlagskraft ausländischer Nichtgeldleistungsurkunden ergibt sich daraus, daß die *contempt*-Sanktion als Mittel betrachtet wird, den Respekt vor dem Gericht und seiner Entscheidung sicherzustellen. Liegt nun eine Urkunde zur Vollstreckung vor, so erscheint es unwahrscheinlich, daß sich der englische Richter bereit erklärt, die Autorität einer ausländischen Beurkungsperson durchzusetzen. Vielmehr wird er die Anordnung von Haft, Buße oder Zwangsverwahrung verweigern. Es ist also ein gerichtlicher Exequaturakt - die Registrierung - erforderlich, der die ausländische Urkunde einer englischen Entscheidung gleichstellt. Nun erst ist sie ebenfalls mittels Strafdrohung vollstreckbar[45].

Für Räumungstitel steht je nach Gerichtsbarkeit der *writ* bzw. *warrant of possession* zur Verfügung. Interessant ist auch hier die Einschränkung des Vollstreckungszugriffs durch Mieterschutzregeln: Zwangsräumung ist selbst nach Ablauf des Mietverhältnisses durch den *Rent Act* so lange ausgeschlossen, wie der Mieter den Mietzins entrichtet und den Wohnraum sorgfältig benutzt[46].

Herausgabeansprüche zur Wieder- oder erstmaligen Verschaffung des Besitzes an Mobilien werden mittels *writ of delivery* (RSC Ord. 45, r. 4) vollstreckt, aufgrund dessen der *sheriff* die Sache an sich nimmt und dem Gläubiger aushändigt; bleibt er damit erfolglos, pfändet er Vermögenswerte in Höhe des entstandenen Schadens[47]. Beim *county court* ergeht ggf. der entsprechende *warrant of delivery*.

III. Die Rechtsbehelfe des Schuldners

Zur Überprüfung der Gesetzmäßigkeit einer gerichtlichen Verfügung ist i. d. R. der *appeal* (Berufung) zum *Court of Appeal* gegeben, nach Zulassung weiter

---

[43] Einschließlich Anordnung der *specific performance*, d. h. der Naturalerfüllung, *O'Hare/Hill*, S. 609.

[44] *O'Malley/Layton*, Rn. 10.58; Bunge, S. 198 f.

[45] *O'Malley/Layton*, Rn. 10.59 f.

[46] *Bunge*, S. 215.

[47] *Bunge*, S. 191 f.

zum *House of Lords*[48]. Zusätzlich zu diesen beiden Rechtsmitteln mit Devolutivwirkung kann das Vollsteckungsgericht selbst seine Entscheidungen korrigieren, insbesondere dann, wenn neue Tatsachen oder Beweismittel („*good grounds*") vorgebracht werden[49]. Insbesondere kann der Schuldner folgende Anträge stellen:

Die Einstellung der Vollstreckung (*stay of execution*, RSC Ord. 47, r. 1 (1), Ord. 45, r. 11) wird bewilligt, wenn die Vollstreckung wegen besonderer Umstände unzweckmäßig oder der Antragsteller zeitweilig völlig zahlungsunfähig ist. Sie kann zeitlich begrenzt oder absolut sein und im einzelnen nach Ermessen des Gerichts ausgestaltet werden[50]. Es müssen nennenswerte tatsächliche Gründe für eine Einstellung vorgetragen werden[51]. Der Antragsteller unterliegt mit seinem Antrag keinen zeitlichen Beschränkungen.

Mit dem Antrag auf *order to set aside execution* (RSC Ord. 70, r. 1) kann der Schuldner Verstöße gegen das Vollstreckungsverfahren rügen.

Das *rehearing* (Wiederholung des Verfahrens, CCR Ord. 37, r. 1) dient der Behebung von Verfahrensmängeln, die den Parteien und nicht dem Gericht zuzurechnen sind. Der *county court* kann die Wiederholung auf Antrag anordnen, der innerhalb von vierzehn Tagen nach der Verhandlung gestellt werden muß[52]. Der *High Court* hat keine entsprechende Kompetenz.

Bei der *instalment order* (*county court*) oder dem *stay of execution on terms* (*High Court*) handelt es sich um einen besonderen Billigkeitsbehelf, der in der gerichtlichen Anordnung oder Abänderung von Ratenzahlungen auf den Titel besteht[53].

IV. Die Vollstreckbarerklärung

Dem angelsächsischen Recht war bis zum Beitritt Großbritanniens und Irlands zum GVÜ das Exequatur zumindest nominell nicht bekannt. Nach *common law* bestand und besteht in England und Wales die Möglichkeit der *action on the judgment* (Klage aus dem Urteil) auf der Grundlage von schuldrechtlichen Titeln über eine Geldleistung[54, 55]; in diesem summarischen Verfahren

---

48 *O'Hare/Hill*, S. 643 ff., 653 ff.

49 s. z. B. für *interlocutory injuctions O'Hare/Hill*, S. 650.

50 Z. B. durch Anordnung von Sicherheitsleistung.

51 *Jacob*, Ord. 47/1/1 a. E.

52 *O'Hare/Hill*, S. 652.

53 *O'Hare/Hill*, S. 605.

54 *Bunge*, S. 227 m. N. der Rspr.

55 Obwohl der Streitgegenstand bei dieser Klage nicht die Vollstreckbarkeit, sondern die materiellrechtliche Leistungsverpflichtung aufgrund des ausländischen Titels ist

werden i. d. R. lediglich die internationale Zuständigkeit des ausländischen Gerichts sowie die ordre-public-Verträglichkeit geprüft, nicht jedoch materielle Fragen und nachträglich eingetretene Umstände[56]. Für Urkunden gelten diese Regeln allerdings nicht, da nur instanzbeendende (*final*) und sachlich abschließende (*conclusive*)[57] Entscheidungen in Betracht kommen.

Mit dem United Kingdom's Civil Jurisdiction and Judgments Act (CJJA) von 1982, dem Umsetzungs- und Ausführungsgesetz zum GVÜ[58], übernahm Großbritannien zwar nicht das kontinentale Vollstreckbarerklärungsverfahren, führte aber das funktional entsprechende Registrierungsverfahren ein. Im Geltungsbereich des GVÜ ergeht nun auf Antrag eine *order for registration*. Der ausländische Titel wird nach s. 4 (3) CJJA durch die Registrierung so gestellt, als sei er vom registrierenden Gericht[59] erlassen; gemäß s. 5 (4) gilt Entsprechendes für Unterhaltstitel der *Magistrates' courts*. S. 13(1) CJJA ermächtigt zum Erlaß einer Verordnung, die den Besonderheiten öffentlicher Urkunden Rechnung trägt, bisher aber nicht ergangen ist. Art. 50 und 31 ff. sind deshalb direkt anwendbar.

Im Rahmen des autonomrechtlichen Vollstreckungsverfahrens überwacht der *High Court* den Vollstreckungsablauf durch *writs of execution* (Vollstreckungsverfügungen) und *ancillary orders* (unterstützende Verfügungen)[60] und hat insbesondere die Möglichkeit, einen *stay of execution*[61] aufgrund nachträglich eingetretener Umstände anzuordnen oder einen *writ of fieri facias* zu erlassen, wenn besondere Umstände die Vollstreckung nicht ratsam erscheinen lassen[62]. Die Registrierung wird auf Antrag des Schuldners wieder aufgehoben, wenn er nachweisen kann, daß er nach der Titulierung oder nach der Registrierung seine Leistung erbracht hat[63].

Schottland anerkennt fremde Urteile wie die übrigen britischen Rechtsordnungen nur, wenn das erlassende Gericht international zuständig war und die Entscheidung endgültig (*conclusive*) ist; eine Nachprüfung in der Sache findet nicht statt, und der Schuldner ist mit Verteidigungsmitteln ausgeschlossen, die er im Erststaat hätte vorbringen können[64].

(vgl. *Bunge*, S. 226 f.), ähnelt die *action on the judgment* doch in Ablauf und Ergebnis der Klage nach §§ 722 f. dt. ZPO.

56 *O'Malley/Layton*, Rn. 10.03.

57 Vgl. Erläuterungen bei *Bunge*, S. 229.

58 Ausführungsgesetz zum LugÜ ist der Civil Jurisdiction and Judgments Act 1991.

59 Gemäß Art. 32 Abs. 1 ist dies der *High Court*.

60 *O'Malley/Layton*, Rn. 10.53.

61 s. oben III.

62 *O'Malley/Layton*, Rn. 10.54.

63 *Bunge*, S. 230.

64 *Anton*, S. 223 f., 233 f.

Auch *Irland* hat ein Ausführungsgesetz zum GVÜ erlassen, den Jurisdiction of Courts and Enforcement of Judgments (European Communities) Act von 1988. Es enthält jedoch keine Sonderregeln für ausländische vollstreckbare Urkunden.

V. Zusammenfassung

Obwohl Großbritannien und Irland bis auf die schottischen Einträge in die Gerichtsbücher keine Mechanismen parater Exekution besitzen, sind sie verpflichtet, ausländische Urkundstitel nach Art. 50 zur Vollstreckung zuzulassen. Für die zwangsweise Anspruchsdurchsetzung sind keine Schwierigkeiten abzusehen; Nichtgeldleistungsurkunden werden durch die Registrierung gerichtlichen Entscheidungen gleichgestellt und sind dann mit der *contempt*-Sanktion bewehrt. Was den Rechtsschutz des Schuldners betrifft, so darf vermutet werden, daß der Pragmatismus der britischen und irischen Gerichte im Umgang mit einem neuartigen Institut zu einem ähnlichen Schutzstandard wie auf dem Kontinent führt.

B. Dänemark[65]

I. Der Titel

1. Das Institut der vollstreckbaren Urkunde

Ein Institut, das der vollstreckbaren Urkunde des lateinischen Notariats entsprechen würde, kennt das dänische Recht nicht[66]. Zwangsvollstreckung ohne vorangehende gerichtliche Rechtsverfolgung ist dennoch in zahlreichen Fällen möglich. Diese besondere Verfahrensgestaltung wurde in § 478 Abs. 2 Rechtspflegegesetz (Lov om rettens pleje, Rpl.) a. F. auch ausdrücklich angesprochen[67]. Die sukzessive Neufassung des § 478 Rpl.[68] hat eine Ausweitung und Erleichterung der außergerichtlichen Titelschaffung mit sich gebracht; die Anforderungen an die Errichtungsmodalitäten und die Begrenzung der zur Errich-

---

[65] Mein Dank geht an *Henrik Hannemann* für seine Hilfe bei der Übersetzung dänischer und norwegischer Quellen.

[66] *Svenné Schmidt*, S. 139 und Gomard/Møller-*Svenné Schmidt*, Art. 50 GVÜ Anm. 1.

[67] „Pfändung sowie Besitzentziehung und -einweisung können ohne vorausgehende Rechtsverfolgung und Urteil unter den im 4. Abschnitt aufgeführten Bedingungen stattfinden.“

[68] Insbesondere durch die Gesetze Nr. 258 v. 26.5.1976, Nr. 226 v. 6.7.1985 und Nr. 320 v. 4.6.1986.

tung befugten Stellen wurden gelockert. Im einzelnen nennt die Vorschrift nun in den Nrn. 2-7 folgende Varianten:

- gerichtliche oder behördliche Vergleiche - die im Anwendungsbereich von GVÜ/LugÜ teilweise unter Art. 51 fallen - (Nr. 2);
- familienrechtliche „Absprachen, die vom Staatsamt genehmigt wurden" (Nr. 3);
- außergerichtliche Vergleiche (*udenretlige forlig*) in Schriftform, die eine fällige Schuld[69] verbriefen und eine ausdrückliche Parteivereinbarung über die Vollstreckbarkeit enthalten (Nr. 4);
- die nicht von Nr. 4 umfaßten Schuldbriefe[70] bei entsprechender Vollstreckbarkeitsabrede (Nr. 5);
- „Pfandbriefe" (*pantebreve*)[71] aller Art, Eigentümerpfandbriefe (*ejerpantebreve*)[72] und Sicherungshypotheken (*skadesløsbreve*)[73] jedoch nur für den Fall, daß der Schuldbetrag und der Fälligkeitseintritt vom Schuldner anerkannt sind oder sich klar aus den Umständen ergeben (Nr. 6);
- schließlich in der erst 1986 eingefügten Nr. 7 Wechsel, soweit wechselrechtliche Ansprüche in Frage stehen, und Schecks, soweit es um Rückgriffsansprüche geht.

---

[69] Der außergerichtliche Vergleich ist nur dann vollstreckbar, wenn er sich auf eine Geldschuld bezieht, die bei Vergleichsabschluß fällig ist (Gomard/Møller-*Jochimsen*, § 478 Anm. 14 m. N. der Rspr.). Dieses Erfordernis könnte Zweifel an der „Titelschaffung auf Vorrat" wecken: der Vergleich wird angesichts konkreter Meinungsverschiedenheiten nach Entstehung der betreffenden Verbindlichkeit abgeschlossen. Legt man dem Vergleich jedoch novierende Wirkung bei, so fallen die Begründung der neuen Verbindlichkeit und die diesbezügliche Vollstreckungsabrede zeitlich zusammen.

[70] Eine Legaldefinition existiert nicht.Laut Gomard/Møller-*Jochimsen*, § 478 Anm. 16, gehen die Gesetzesmotive von „schriftlichen Erklärungen über eine einseitige Geldforderung" aus. Bei entsprechender Vollstreckungsabrede liegt demnach ein *pactum executivum* vor.

[71] Über bewegliches und unbewegliches Eigentum, vgl. Gomard/Møller-*Jochimsen*, § 478 Anm. 19.

[72] Ein Eigentümerpfandbrief ist ein Pfandbrief, durch den der Eigentümer einer unbeweglichen oder einer beweglichen Sache für einen bestimmten Betrag sich selbst oder demjenigen, dem der Eigentümerpfandbrief übertragen wird, ein Pfandrecht an dem betreffenden Gegenstand für diesen Betrag einräumt; erst mit Übertragung des Briefes wird also das Pfandrecht geschaffen, Gomard/Møller-*Jochimsen*, § 478 Anm. 20.1 m. w. N.

[73] *Skadesløsbreve* (wörtlich: „Schadlosbriefe") sind Dokumente, durch die einer darin näher bestimmten Person innerhalb eines bestimmten Höchstbetrags ein Pfandrecht dafür eingeräumt wird, was der Aussteller dem Betreffenden schulden wird, Gomard/Møller-*Jochimsen*, § 478 Anm. 20.1.

Die Vollstreckbarkeit der Titel nach Nr. 4-7 wird noch dadurch erweitert, daß sie sich gegen jeden richtet, der sich durch seine Unterschrift auf dem Dokument als Schuldner, selbstschuldnerischer Bürge oder Pfandbesteller verpflichtet hat (§ 478 Abs. 4 Rpl.).

Die Vollstreckungsabrede, die § 478 Rpl. bei einigen Titeln verlangt, hat in Dänemark nicht den strikt prozessualen Charakter, wie ihn die deutsche und österreichische Lehre der Unterwerfungs- bzw. Zustimmungserklärung zuschreiben[74].
Sinn und Zweck der Vollstreckbarkeit privat vereinbarter Titel sieht man in Dänemark in der Vermeidung des „beschwerlichen Rechtsweg(s)“. Dieser Grundgedanke ist der gleiche wie in Deutschland, und so vergleicht *Munch-Petersen* denn auch vollstreckbare Vergleiche in ihrer Funktion ausdrücklich mit exekutorischen Urkunden nach „§ 794 V ZPO“[75]. Dies ändert jedoch nichts an seiner prinzipiellen Bewertung, wonach das dänische Recht „allgemein keine Exekutionsurkunden“ kenne[76]. Dies ist sicherlich richtig, wenn man vom Leitbild der Urkunde lateinisch-germanischen Typs ausgeht, stimmt aber dann nicht mehr, wenn man lediglich auf die unmittelbare Vollstreckbarkeit privater Vereinbarungen abstellt, wie sie § 478 Rpl. ermöglicht.

Die authentische Beurkundung ist dem dänischen Recht bekannt[77], führt aber zu keiner weiteren vollstreckungsrechtlichen Privilegierung solcher Urkunden. Die notarielle Urkunde bildet damit nur einen Unterfall der vollstreckbaren Urkunde, der nach autonomem Recht keine weitere Bedeutung besitzt. Allerdings hat es Dänemark schon einmal mit vollstreckbaren notariellen Urkunden zu tun gehabt: im 1920 vom Deutschen Reich abgetretenen Nordschleswig waren derartige Titel vorhanden. Ihre Vollstreckungswirkung mußte jedoch erst in § 17 Abs. 1 des Gesetzes zur Einführung der Rechtspflege in südjütischen Landesteilen gesondert anerkannt werden; sie reichte zudem nicht über das Abtretungsgebiet hinaus[78].

2. Errichtung öffentlicher Urkunden

Die meisten vollstreckbaren Urkunden nach § 478 Abs. 1 Rpl. werden durch rein private Abrede errichtet, ohne daß es einer besonderen Beurkundungsperson bedürfte. Die Parteien können jedoch ebenso ihre Vereinbarung vor einem Notar treffen, der diesen Rechtsvorgang beurkundet. Notare existierten bis 1973 in Kopenhagen: dort amtierten ein *overnotar* und mehrere gewöhnliche *notarii*

---

[74] s. dazu oben § 4 F. I. 2. und G. I. 3.
[75] *Munch-Petersen*, S. 181; gemeint ist § 794 Abs. 1 Nr. 5 ZPO.
[76] *Munch-Petersen*, S. 182.
[77] s. unten 2.
[78] *Oberneck/Sternberg*, S. 94 f., 97.

publici, denen u. a. die Aufnahme von Wechsel- und Scheckprotesten (§ 88 WechselG; § 66 ScheckG) und die Errichtung von Testamenten oblag[79]. Dieses Amt wurde dann aufgehoben und die notariellen Geschäfte dem Kopenhagener Stadtgericht (*Københavns Byret*) übertragen. Außerhalb der Hauptstadt waren sie bereits vor 1972 den Richtern unterster Instanz (*underretsdommer*) zugewiesen. Die Beurkundungen, die diese Stellen vornehmen, sind weniger für den innerdänischen Rechtsverkehr bestimmt, so daß man die Existenz eines Notariats lateinisch-germanischer Tradition verneinen möchte[80]. Es finden sich jedoch auch Autoren, die das dänische Notariat ausdrücklich dieser Familie zurechnen[81]. Die Frage kenn letztlich offenbleiben, denn jedenfalls genügt die von einem bei Gericht amtierenden *notarius publicus* aufgenommene Urkunde den Authentizitätsanforderungen des lateinisch-germanischen Systems: Der Notar ist als Richter juristisch ausgebildet, hat den Parteien gegenüber eine Belehrungspflicht und darf bei Befangenheit nicht tätig werden[82]

3. Mit vollstreckbaren Urkunden vollstreckungsfähige Ansprüche

Außergerichtliche vollstreckbare Vergleiche können nur über Geldansprüche geschlossen werden, die bei Eingehen des Vergleichs bereits fällig sind[83]. Auch die anderen außergerichtlichen Titel des § 478 Rpl. können sich nur auf Geldansprüche beziehen.

II. Die Durchführung der Vollstreckung

1. Einleitung des Vollstreckungsverfahrens

Für die außergerichtlichen Titel des § 478 Abs. 1 Nrn. 4-7 Rpl. schreibt § 484 Rpl. eine Wartefrist von 14 Tagen ab Fälligkeit vor; die Parteien können in der Urkunde anderes vorsehen, dürfen jedoch vier Werktage nicht unterschreiten. Erst nach Ablauf dieser Frist kann um Vollstreckung nachgesucht werden (§ 486 Rpl.). Das Vollstreckungsgericht muß den Schuldner nun zunächst förmlich zur Leistung auffordern (§ 496 Abs. 1 Rpl.). Örtlich zuständig ist nach Wahl des Gläubigers (§ 487 Abs. 1 Rpl.) das Gericht am Wohnort oder Geschäftssitz des Schuldners, am Belegenheitsort des Pfändungsgutes oder der Belegenheit der Sache bei Nichtgeldleistungen.

---

79 Zum Tätigkeitsbereich der dänischen Notare *Cornelius*, DNotZ 1996, 356 ff.

80 So auch *Cornelius*, DNotZ 1996, 354.

81 Doek-*Vlas*, Art. 50 GVÜ Anm. 2.

82 Zu Einzelheiten des Errichtungsverfahrens s. *Cornelius*, DNotZ 1996, 359 f.

83 Gomard/Møller-*Jochimsen*, § 478 Anm. 14.1.

Im dänischen Vollstreckungsrecht gibt es keine Klausel. Es genügt, wenn ein Titel inhaltlich und formell die Anforderungen der §§ 478 f. Rpl. erfüllt. Insgesamt ist die Vollstreckung geprägt durch die umfassende Zuständigkeit richterlicher Instanzen, sei es für die Vornahme von Vollstreckungshandlungen, sei es für deren Beaufsichtigung.

2. *Mittel der Zwangsvollstreckung*

a) Geldforderungen

Mit der Pfändung (*udlæg*, §§ 507 ff. Rpl.) kann auf Bargeld sowie unbewegliche und bewegliche Sachen, Forderungen und andere Vermögenswerte, deren Identität feststellbar ist, zugegriffen werden, jedoch nicht auf zukünftige Erwerbungen (§ 508 Rpl.).

b) Naturalvollstreckung

Zur Durchsetzung anderer als Geldansprüche kennt das Rpl. die Räumungs- und Herausgabevollstreckung (§ 528 Rpl.), die Ersatzvornahme (§ 529 Rpl.), die Ersetzung der Ausstellung eines Dokuments durch das Gericht (§ 530 Rpl.), die Vollstreckung zur Unterlassung und Rückgängigmachung (§ 532 Rpl.) und - hilfsweise oder auf Antrag des Gläubigers - die gerichtliche Errechnung des Interesses einer geschuldeten Handlung, das dann wie eine Geldschuld vollstreckt wird (§ 533 Rpl.). Grundsätzlich steht überdies die private Strafklage nach § 535 Rpl. zur Verfügung, wenn der Schuldner seiner Verpflichtung vorsätzlich nicht nachkommt; dem Schuldner droht dann Geldstrafe oder Haft. Die Vorschrift ist jedoch nur auf Urteile anwendbar[84], so daß außergerichtliche Titel auf diesem Weg nicht durchsetzbar sind.

Die im früheren Recht vorgesehene Ersatzvornahme bei Herausgabeansprüchen durch Wegnahme und Übergabe[85] existiert heute nicht mehr, eine Erzwingung der Besitzeinräumung ist ausgeschlossen. Statt dessen berechnet das Vollstreckungsgericht den Geldwert der Erfüllung, der dann wie eine Geldschuld vollstreckt wird (§ 528 Rpl.).

---

[84] § 535 Abs. 1 Rpl.: „Wer vorsätzlich ein Urteil mißachtet, ..."

[85] s. i. e. *Munch-Petersen*, S. 206.

III. Die Rechtsbehelfe des Schuldners

In der ursprünglichen Fassung des Rpl. gliederten sich die Verteidigungsmittel des Schuldners in materielle, die mittels Berufung geltend zu machen waren, und in formelle, für die die Beschwerde einschlägig war[86]. Mittlerweile ist dieses System dem einheitlichen Behelf der Beschwerde gewichen.

1. Beschwerde (kære), § 584 Rpl.

Der Schuldner kann auf diesem Weg Vollstreckungshandlungen und Beschlüsse des Vollstreckungsgerichts angreifen. Interessant ist, daß, soweit es um die Vollstreckung von Ansprüchen im Wert unter 10000 dänischen Kronen[87] geht, eine besondere Zulassung der Beschwerde durch das Justizministerium erforderlich ist. Die Beschwerde entfaltet nur dann aussetzende Wirkung, wenn das Vollstreckungsgericht oder das Beschwerdegericht dies anordnen (§§ 395, 587 Abs. 1 Rpl.).

2. Berufung gegen die Beschwerdeentscheidung, § 585 Rpl.

Grundsätzlich ist gegen die Beschwerdeentscheidung kein Behelf mehr gegeben. Die Zulassung der zweiten Instanz wird dem Schuldner vom Justizministerium nur bei Vorliegen besonderer Gründe gewährt.

3. Zeitliche Verlängerung des Vollstreckungsrechtsschutzes

Stellt sich die Vollstreckung als rechtswidrig heraus und ist dem Schuldner dadurch ein Schaden entstanden, so ist der Gläubiger zu dessen Ersatz verpflichtet[88].

IV. Die Vollstreckbarerklärung

Grundsätzlich können ausländische Titel nur mittels Vollstreckbarerklärung durch Urteil zur Exekution zugelassen werden[89]. Das dänische Vollstreckungsrecht eröffnet darüber hinaus mit § 479 Rpl. die Vollstreckung von Urteilen und - an vollstreckbaren Urkunden - öffentlichen Vergleichen in Zivilsachen aufgrund eines völkerrechtlichen Vertrags, wenn die Gegenseitigkeit verbürgt ist

---

[86] s. i. e. *Munch-Petersen*, S. 196 f.
[87] Entsprechend DM 2700,--.
[88] *Munch-Petersen*, S. 197.
[89] *Munch-Petersen*, S. 182.

und die Vollstreckung nicht offenbar mit der dänischen Rechtsordnung unvereinbar ist.

Zum GVÜ hat Dänemark hat ein Ausführungsgesetz erlassen[90]. § 6 Abs. 2 S. 2 AusfG bestimmt, daß das Exequatur von Urkunden nur unter den in Art. 50 aufgeführten Voraussetzungen versagt werden kann. Das Gesetz enthält dagegen keine Regelung über den Prüfungsumfang im Beschwerdeverfahren. Der älteren dänischen Literatur läßt sich hierzu entnehmen, daß das Vollstreckungsgericht, das gleichzeitig Exequaturgericht ist, bei der Exekution von ausländischen Vergleichen anders als bei Urteilen über jeden Einspruch bezüglich der Gültigkeit des Vergleichs entscheiden kann[91]. Damit werden Exequatur und Rechtsbehelfe in einem Verfahren zusammengezogen. Ob auch das heutige Schrifttum an dieser Ansicht festhält, war nicht festzustellen.

V. Verknüpfung des dänischen Vollstreckungsrechts mit Art. 50

Schütze bezeichnet die Urkunden des § 478 Rpl. in seiner Kommentierung zu Art. 50 ohne weiteres als vollstreckbar im Sinn der Übereinkommen[92]. *Svenné Schmidt* hält es dagegen zusätzlich für erforderlich, daß ein außergerichtlicher Vergleich dadurch zu einer öffentlichen Urkunde wird, daß ein Notar[93] ihn beglaubigt oder er vor einer solchen Stelle abgeschlossen wird[94]; er ist jedoch der Auffassung, daß dieser Fall keine größere praktische Bedeutung hat[95]. Philip dehnt das Erfordernis notarieller Beurkundung auf alle außergerichtlichen Titel des § 478 Abs. 1 Rpl. aus[96]. Ich möchte dieser Ansicht beipflichten, die es ermöglicht, aus „Bausteinen" des autonomen Rechts - Titel nach § 478 Rpl. plus öffentliche Beurkundung - eine vollstreckbare öffentliche Urkunde i. S. des Art. 50 herzustellen.

VI. Zusammenfassung

Nach dänischem Recht sind zahlreiche Privaturkunden über Geldansprüche aus sich heraus vollstreckbar. Die öffentliche Beurkundung i. S. des lateinisch-germanischen Systems existiert, wird in der Praxis allerdings wenig gebraucht. Durch eine Kombination lassen sich authentische Urkunden schaffen, die im

---

90 Lovtidende for Kongeriget Danmark 1986, Afd. A, Nr. 325; deutsche Übersetzung in IPRax 1987, 261.

91 *Munch-Petersen*, S. 184.

92 Geimer/Schütze-*Schütze*, § 173 II. 3. h).

93 Bzw. ein funktionell entsprechendes Organ, s. oben I. 2. b).

94 *Svenné Schmidt*, S. 140.

95 Gomard/Møller-*Svenné Schmidt*, Art. 50 GVÜ Anm. 1 a. E.

96 *Philip*, S. 231.

europäischen Rechtsverkehr nach Art. 50 zur Vollstreckung gebracht werden können. In Dänemark selbst stößt die Naturalvollstreckung auf gewisse Schwierigkeiten.

C. Spanien[97]

I. Der Titel

1. Regelungen über vollstreckbare Urkunden

Das spanische Recht regelt in weitverstreuten Vorschriften eine Vielzahl unterschiedlicher vollstreckbarer Urkunden. Sozusagen im Kernvollstreckungsrecht nennt Art. 1429 Abs. 1 Ley de enjuiciamiento civil (Zivilverfahrensgesetz, LEC) folgende Titel, mittels derer im summarischen Urkundenvollstreckungsverfahren (*juicio ejecutivo*)[98] zur Vollstreckung geschritten werden kann:

- in Nr. 1 die öffentliche Urkunde (*escritura pública*) in ihrer ersten Ausfertigung[99];
- in Nr. 2 die vor dem zuständigen Richter unter Eid anerkannte privatschriftliche Urkunde (*documento privado reconocido*), die sich ausdrücklich nur auf einen Geldanspruch beziehen kann[100];
- in Nr. 3 das Schuldanerkenntnis vor dem zuständigen Gericht[101];
- in Nr. 4 Wechsel, Solawechsel (*pagarés*) und Schecks;
- in Nr. 5 regulär ausgegebene, fällige Inhaber- oder Namenspapiere und ihre Kupons;
- in Nr. 6 Policen über Handelsverträge (bei Unterzeichnung durch die Parteien und den eingeschalteten Börsenmakler (*Agente de Cambio y Bolsa*) bzw. Handelsmakler (*Corredor de Comercio colegiado*[102]);
- in Nr. 7 bestimmte von Buchungsstellen ausgegebene Zertifikate[103].

---

97 Ich danke Frau Rechtsanwältin *María Teresa López Vilaseco*, La Coruña, für die freundliche Suche und Überlassung von ausführlichen Quellen zum spanischen Recht.

98 s. unten II. 1.

99 Für die zweite und weitere Ausfertigungen gelten die den Rechtsverkehr schützenden Sondervorschriften der Notarsordnung (Reglamento notarial vom 2.6.1944), so etwa der obligatorische Vermerk bei Erteilung an den Empfänger der Erstausfertigung, daß die weitere Ausfertigung keine Vollstreckungswirkung habe, wenn die Ausfertigung nicht auf richterlicher Anordnung beruht.

100 *Ramos Méndez*, S. 1105.

101 Im Gegensatz zum gerichtlichen Geständnis, das nach Art. 1434 LEC keinen Vollstreckungstitel darstellt.

Daneben existiert das (hauptsächlich see)handelsrechtliche Vollstreckungsverfahren (*apremio en negocios de comercio*) nach Art. 1544 ff. LEC, bei dem die Vorlage entsprechender handelsrechtlicher Dokumente über Geldschulden den gerichtlichen Titel ersetzt[104]. Vollstreckbar ist ebenfalls die beschworene offene Honorarrechnung des Rechtsanwalts (*cuenta jurada*) nach Art. 7, 8, 12 LEC.

Ein besonderes summarisches Vollstreckungsverfahren gilt schließlich auch für die Exekution notarieller Urkunden über durch eingetragene Hypotheken gesicherte Darlehen, Art. 131 ff. Ley hipotecaria (LH)[105]. Es findet Anwendung auf folgende Titel:

- die Bescheinigung des Eigentumsregisters über die Rechtsgültigkeit der Eintragung eines Rechts, aufgrund dessen dingliche Klagen erhoben werden können (Art. 41 LH);
- die öffentliche Urkunde über die Errichtung einer Immobiliarhypothek (Art. 129 f. LH);
- die öffentliche Urkunde über ein vom *Banco Hipotecario de España* gewährtes hypothekengesichertes Darlehen (Dekret vom 5.2.1869);
- die öffentliche Urkunde über die Errichtung einer Schiffshypothek (Gesetz vom 21.8.1893);
- die öffentliche Urkunde über die Errichtung einer Mobiliarhypothek (Gesetz vom 16.12.1954);
- der Titel über eine Pfandbestellung ohne Besitzverschaffung (Gesetz vom 16.12.1954).

---

[102] Die *corredores* können nicht vollständig mit den Maklern nach deutschem Handelsrecht gleichgesetzt werden. Art. 88 ff. Código de comercio sehen für sie ein besonderes Statut vor, das die Organisation in „Kollegien" umfaßt, den Maklern strenge Neutralität auferlegt und sie insbesondere verpflichtet, „bei Kaufverträgen bei der Lieferung der Ware und ihrer Zahlung anwesend zu sein und diese zu beglaubigen, sofern die Parteien dies verlangen" (Art. 106 Nr. 2 Código de comercio). Calvo Caravaca-*Iriarte Angel*, S. 666 m. w. N., betrachtet die Urkunden der *corredores* daher zu Recht als öffentlich i. S. des Art. 50.

[103] Da die Funktion dieser Buchungsstellen in einem königlichen Dekret von 1992 dem *Servicio de Compensación y Liquidación de Valores*, einer öffentlichen Stelle, übertragen wurde, subsumiert Calvo Caravaca-*Iriarte Angel*, S. 665, die genannten Zertifikate unter Art. 50.

[104] s. i. e. *Ramos Méndez* Bd. II, S. 1141 ff.; zulässige Einwendungen sind nach Art. 1551 LEC die Unechtheit des Titels, die Prozeßunfähigkeit des Inhabers, die Zahlung sowie der Vergleich oder die Schiedsabrede; sie sind innerhalb von drei Tagen geltend zu machen und durch Urkunden zu beweisen. Berufung gegen die Entscheidung findet nicht statt, ein Erkenntnisverfahren bleibt jedoch unbenommen, Art. 1558 LEC.

[105] s. i. e. *Ramos Méndez* Bd. II, S. 1150 ff.

Schließlich existieren außergerichtliche Titel im Bereich der Kraftfahrzeugpflichtversicherung[106, 107].

All diese verschiedenartigen Urkunden betrachtet man in Spanien als direkt vollstreckbar. Dies mag auch der Grund dafür sein, daß die spanische LugÜ-Verhandlungsdelegation sich zunächst einmal Bedenkzeit ausbat[108], bevor sie die einschränkende Beschreibung des Berichts *Jenard/Möller* akzeptierte. Angesichts der außergewöhnlichen Vielfalt und Buntheit der vollstreckbaren Urkunde in Spanien ist im Anwendungsbereich des Art. 50 jeweils zu prüfen, welche dieser Dokumente als öffentlich errichtet und gleichzeitig als „auf Vorrat geschaffene Titel" betrachtet werden können.

2. Zusammenhang von materiellem Anspruch und Titel

Die ältere Doktrin geht von einer strikten Abstraktion des Titels vom zugrundeliegenden Recht aus; daraus leitet sie eine auf formelle Gesichtspunkte beschränkte Überprüfung durch den Richter ab[109]. Dagegen läßt das geltende Recht zahlreiche materielle Einwendungsmöglichkeiten zu; sie sind jedoch um der Funktionalität des außergerichtlichen Titels willen inhaltlich beschränkt[110].

3. Errichtung der Urkunde

Art. 1216 CC definiert die öffentliche Urkunde (*documento público*) als „durch einen zuständigen Notar oder öffentlichen Bediensteten mit den gesetzlich vorgeschriebenen Förmlichkeiten beglaubigt"[111]. Das Notariat ist in Spanien dem lateinischen Modell folgend als mit öffentlicher Gewalt ausgestatteter freier Beruf organisiert[112]. Eine besondere prozeßrechtliche Legaldefinition des *documento público* enthält Art. 596 LEC mit einer abschließenden Liste. Darin tauchen neben den Zertifikaten der *Agentes de Bolsa* auch wieder die Beschei-

---

106 *Ramos Méndez* Bd. II, S. 1117 f., 1140 f.

107 *Ortiz Navacerrada*, Titulo ejecutivo y liquidez de las pólizas de crédito a efectos del despacho de ejecución, S. 64 f. (zitiert bei Calvo Caravaca-*Iriarte Angel*, S. 665, Fn. 14), nennt außerdem: Titel nach Art. 44 Abs. 2 AktienG, nach Art. 3 des G über Vorauszahlungen bei Wohungsbau und -verkauf, nach Art. 15 VersicherungsvertragsG und nach Art. 90 des EherechtsänderungsG vom 7.7.1981.

108 Lugano Convention, II. „travaux préparatoires", 93.

109 *Ramos Méndez* Bd. II, S. 995 m. N.

110 *Ramos Méndez* Bd. II, S. 996, 1104 f.; s. i. e. unten III. 4. a).

111 *„Autorizado por un notario o empleado público competente, con las solemnidades requeridas por la ley"*.

112 s. i. e. *de Valkeneer*, Rn. 417 ff.

nigungen der *Corredores de Comercio* auf. Sie sind also tatsächlich öffentliche vollstreckbare Urkunden. Im Rahmen des Art. 596 LEC fällt der Notar unter den Begriff des „öffentlichen Beamten“ der Nr. 3 und findet keine gesonderte Erwähnung.

Außer den Personen, die eine *escritura pública* erstellen können - der Notar oder ein zuständiger öffentlicher Bediensteter -, nehmen weitere Stellen vollstreckbare Urkunden auf.

Bei der *eidlich anerkannten Privaturkunde* (Art. 1429 Nr. 2 LEC) ist dies der Richter, der auf Antrag die vom Schuldner anerkannte Unterschrift überprüft; bei Säumnis des Schuldners ergeht eine weitere Ladung mit der Androhung der Geständnisfiktion zum Zweck der Vollstreckung. Bei Säumnis im zweiten Termin beginnt nach Leistungsaufforderung in notarieller Urkunde oder Protest die Vollstreckung. Hier wird der Titel also nicht „auf Vorrat“ geschaffen, sondern unmittelbar vor und ausschließlich zum Zweck der Exekution.

Beim *eidlichen Schuldanerkenntnis* (Art. 1429 Nr. 3 LEC) obliegt die Titulierung ebenfalls dem Richter; das Verfahren ähnelt mit den Ladungen und der Zugeständnisfiktion dem der anerkannten Privaturkunde. Auch hier wird die Vollstreckbarkeit nicht bereits bei Vertragsschluß vereinbart[113]. Bei den *Handelspolicen* schließlich erstellt der von den Parteien eingeschaltete Handelsmakler die Urkunde, worin er die Übereinstimmung der Police mit seinem Register bezeugt[114].

4. Mit vollstreckbaren Urkunden vollstreckungsfähige Ansprüche

Die Urkunde selbst ist inhaltlich nicht beschränkt; im *juicio ejecutivo* sind jedoch ausschließlich liquide Geldansprüche durchsetzbar[115]. Handlungs- und Unterlassungsvollstreckung kommen somit nicht in Betracht, soweit es um den Primäranspruch geht. Aber auch Sekundäransprüche werden jeweils gerichtlich ermittelt[116], so daß sie ebenfalls nicht zur Urkundenvollstreckung führen können.

---

113 Calvo Caravaca-*Iriarte Angel*, S. 665, zieht das anerkannte Privatdokument und das gerichtliche Schuldanerkenntnis für Art. 50 nicht einmal in Betracht.

114 Vgl. oben Fn. 102.

115 *Ramos Méndez* Bd. II, S. 1103.

116 s. unten II. 2. c).

II. Die Durchführung der Vollstreckung

1. Einleitung der Urkundenvollstreckung (juicio ejecutivo)

Das spanische Recht geht vom der Vollstreckung vorangehenden Erkenntnisverfahren aus und faßt die Exekution außergerichtlicher Titel als Ausnahme dazu auf[117]. Die Vollstreckungstätigkeit fällt als Verwirklichung des im Erkenntnisverfahren gefundenen Rechts nach Art. 117 Abs. 3 span. Verfassung in die Zuständigkeit der Gerichte. Die Prozeßgerichte haben die Exekution einschließlich der Erhebung der nötigen Informationen vollständig in der Hand; der *Agente Judicial* ist lediglich Hilfsorgan und dem deutschen Gerichtsvollzieher nicht vergleichbar. Deshalb kennt das spanische Recht auch nicht die der Formalisierung des Titels dienende Vollstreckungsklausel. Damit ist aber eine gerichtliche Beteiligung bei der Einleitung des Vollstreckungsverfahrens unumgänglich; sie ist folglich kein Argument gegen die Existenz *unmittelbar* vollstreckbarer außergerichtlicher Titel.

Der Vollstreckungsablauf deckt sich bei gerichtlichen und außergerichtlichen Titeln[118] mit einer bedeutenden Abweichung bei der Verfahrenseinleitung. Das Verfahren des *juicio ejecutivo* („Vollstreckungsverfahren") stellt die einzige Durchsetzungsmöglichkeit für außergerichtliche Titel dar[119]. In diesem Zusammenhang sind überraschenderweise auch die Einzelheiten der Geldurteilsvollstreckung geregelt; Art. 922 LEC verweist für Zahlungsurteile auf die Pfändungs- und Verwertungsvorschriften des *juicio ejecutivo*[120].

Der *Erkenntnis*teil dieses summarischen Verfahrens wird als Preis dafür betrachtet, daß der gewöhnliche Gang der Rechtsverfolgung durch Erkenntnisverfahren und Vollstreckung aus Gründen der Opportunität umgekehrt wird; der Richter hat diejenigen formalisierten Vollstreckungsvoraussetzungen zu prüfen, die das Überspringen des ausführlichen Erkenntnisverfahrens rechtfertigen[121], und der Schuldner erhält begrenzt die Möglichkeit, Einwendungen zu erheben. Ob es sich hierbei um ein summarisches Erkenntnisverfahren oder aber um einen summarischen Exekutivprozeß handelt, ist in der spanischen Literatur sehr umstritten[122]. Da aber die Einwendungsmöglichkeiten des Schuldners

---

117 Diese Titel stellen nach *Ramos Méndez*, Bd. II, S. 993, 996, die eigentliche Herausforderung für die Dogmatik der Vollstreckungstitel dar, da sie nicht auf einem gerichtlichen Erkenntnis beruhen und das Verhältnis von Titel und materiellem Recht deshalb besonders klärungsbedürftig ist.

118 *Ramos Méndez* Bd. II, S. 994.

119 *Ramos Méndez*, RIW 1984, 101.

120 Dies rührt daher, daß im früheren Recht bis 1855 auch Urteile im *juicio ejecutivo* durchgesetzt wurden, vgl. *Fernández López*, ZZP 1979, 287.

121 *Ramos Méndez* Bd. II, S. 1103; ähnlich *Ortiz Navacerrada*, S. 73.

122 *Ramos Méndez* Bd. II, S. 1122 m. w. N.

gesetzlich positiviert sind, ist dieser Streit für die vorliegende Arbeit unerheblich[123]. Auch für die Beweislast ergeben sich aus der Urkundenvollstreckung keine Besonderheiten. Wie im Erkenntnisverfahren muß nach Art. 1214 CC jede Partei die ihrem Vorbringen günstigen Tatsachen beweisen[124].

Der *juicio ejecutivo* dient der Vollstreckung von Forderungen ab 50000 Peseten[125]; ggf. können mehrere Titel addiert werden, um diese Summe zu erreichen. Der Titel als solcher unterliegt keinen inhaltlichen Beschränkungen, muß jedoch nach Art. 1435 LEC auf eine bestimmte Geldsumme lauten (*cantidad líquida en dinero efectivo*)[126]. Diese indirekte Restriktion wird durch die Legaldefinition des Begriffs *líquido* (bestimmt) etwas abgeschwächt. Danach ist neben einer Summe inländischer Währung auch eine Summe konvertierbarer ausländischer Währung mit offiziellem Kurs zulässig; bei Stück- oder Gattungsschulden kommt es auf die Umrechenbarkeit in eine Geldsumme an[127]. Die erforderliche Bestimmtheit der Forderung nimmt die Rechtsprechung bereits dann an, wenn lediglich einfache Rechenvorgänge zur Ermittlung des Forderungsbetrages notwendig sind[128]. Weitere Voraussetzung ist nach Art. 1435 LEC die Fälligkeit der Forderung. Werden im Laufe des Verfahrens weitere Teilsummen des Anspruchs fällig, so kann die Erweiterung der Vollstreckung beantragt werden.

Sachlich zuständig ist das Gericht erster Instanz. Mangels eines Prozeßgerichts bestimmt sich die örtliche Zuständigkeit im Rahmen der Urkundenvollstreckung nach dem Erfüllungsort, dem Wohnsitz des Schuldners oder der Belegenheit der hypothekenbelasteten Immobilie, Art. 62 LEC. Hält sich der Richter für zuständig, so prüft er, ob der vorgelegte Titel *abstrakt* vollstreckbar ist, ob der Titel und der in ihm verbriefte Anspruch *konkret* wirksam sind, ob der Titel *konkret* vollstreckbar ist sowie die Aktiv- und die Passivlegitimation.

Darauf ergeht - anders als bei Zahlungs*urteilen* - durch den *Agente del Juzgado* eine Leistungsaufforderung an den Schuldner; dieser kann direkt zahlen oder die geforderte Summe einstweilen hinterlegen. Verweigert er beides, so werden sofort zur Deckung des eingeforderten Betrages sowie der Kosten hinreichende Güter und Forderungen durch den *Agente* als „verlängerten Arm des Gerichts" gepfändet. Nach diesen ersten Sicherungsmaßnahmen tritt ein Schwe-

---

[123] *Ramos Méndez*, Bd. II, S. 1122 f., hält die Abfolge der Erkenntnis- und Vollstreckungsphase für nicht ausschlaggebend und Bedenken hinsichtlich von Erkenntniselementen in der Vollstreckungsphase für unbegründet.

[124] Vgl. i. e. *Gomez de Liaño González*, S. 139 f.

[125] Entsprechend ca. DM 650,--.

[126] *Ramos Méndez* Bd. II, S. 1104 f.

[127] Damit befindet man sich nahe am nach § 794 Abs. 1 Nr. 5 dt. ZPO zulässigen Inhalt.

[128] *Ramos Méndez* Bd. II, S. 1118, Fn. 11.

bezustand der Vollstreckung ein, und es schließt sich die kontradiktorische Phase an. Der Schuldner wird unter Übermittlung der die Vollstreckung stützenden Dokumente zur *remate* (Verkauf) geladen, Art. 1459 LEC. Er kann in diesem Termin zahlen, unter Vorbehalt von Einwendungen hinterlegen, oder gemäß Art. 1461 LEC innerhalb von drei Werktagen nach Ladung der Vollstreckung widersprechen. Falls der Schuldner ausbleibt, wird er für säumig erklärt und die Vollstreckung ohne ihn fortgesetzt. Jedenfalls hat eine *sentencia de remate* (Veräußerungsurteil) zu ergehen, auch wenn sich der Schuldner nicht zur Wehr setzt. Es ist im stattgebenden Fall Grundlage der Verwertung der gepfändeten Sachen bzw. der Ablieferung gepfändeten Geldes, Art. 1481 LEC.

Die Vollstreckung beginnt nach Art. 1440 Abs. 3 LEC mit der einstweiligen Pfändung ohne Anhörung des Schuldners[129]. Damit ist der *juicio ejecutivo* trotz seines Charakters als Vollstreckungs*klage*[130], mit der obligatorisch eine summarische Anspruchsprüfung sowie Verteidigungsmöglichkeiten verbunden sind, ein Verfahren *sofortiger* Vollstreckung. Es ähnelt in seinem Ablauf dem aus dem italienischen Exekutivprozeß hervorgegangenen deutschen Exekutivprozeß des 18./19. Jahrhunderts[131].

Die *gewöhnliche Hypothekenvollstreckung* findet in einem besonderen Verfahren vor dem Richter erster Instanz am Ort des Grundstücks statt. Er prüft nach Zahlungsaufforderung des Gläubigers an den Schuldner aufgrund der eingereichten Dokumente das Bestehen und die Fälligkeit der Schuld sowie deren exakten Betrag und seine Zuständigkeit. Nur wenige materielle Einwendungen können vorgebracht werden, der Großteil bleibt einem Erkenntnisverfahren vorbehalten, das aber die Hypothekenvollstreckung durch öffentliche Versteigerung nicht suspendiert.

Eine außergewöhnliche Stärkung erfährt die vollstreckbare Hypothekenurkunde durch Art. 129 Abs. 2 LH[132], der das außergerichtliche Vollstreckungsverfahren (*procedimiento ejecutivo extrajudicial*) ermöglicht. Durch eine entsprechende ausdrückliche Vereinbarung - dem Inhalt nach vergleichbar mit der Unterwerfungserklärung nach deutschem Recht - können die Parteien das summarische gerichtliche Verfahren ausschließen[133]. Zuständig für die Vollstreckung ist dann der Notar am Ort des betreffenden Grundstücks. Dieses Verfahren setzt voraus, daß der hypothekengesichterte Anspruch exakt beziffert ist, da sonst ein gerichtliches Liquidierungsverfahren nötig wäre[134]. Einen besonde-

---

[129] *Ramos Méndez* Bd. II, S. 1103.

[130] *Ramos Méndez* Bd. II, S. 1104.

[131] Vgl. dazu *Münch*, S. 33 ff.

[132] I. V. m. Art. 234-236 Reglamento hipotecario i. d. F. von 1992.

[133] Zum möglichen Verstoß gegen das Recht auf richterlichen Schutz und den gesetzlichen Richter gemäß Art. 24 Abs. 1, 2 span. Verfassung *López Liz*, S. 43 ff.

[134] *López Liz*, S. 77 f.

ren Einstellungsgrund bildet hier der Widerspruch des Schuldners gegen die Veräußerung im Rahmen eines Erkenntnisverfahrens, den das erkennende Gericht dem Notar mitzuteilen hat[135]. Der Gläubiger kann aber bei der gewöhnlichen Hypothek wie auch bei Vereinbarung außergerichtlicher Vollstreckung auch den *juicio ejecutivo* nach Art. 1429 ff. LEC wählen, da er ja über eine öffentliche Urkunde verfügt.

2. *Mittel der Zwangsvollstreckung*

Unterschieden werden Vollstreckungsmittel (*medios de subrogación*) und Zwangsmittel (*medios de coacción*).

a) Geldleistung

Aufgrund von Urteilen über die Leistung einer bestimmten Summe Geldes wird ohne weitere Benachrichtigung an den Schuldner zur Pfändung (*embargo*, eigentlich „Beschlagnahme") geschritten. Zuständig ist der Richter, ihn vertritt der *Agente del Juzgado*. Die Verwertung (*apremio*) erfolgt dann gemäß Art. 1481 ff. LEC durch die Ablieferung gepfändeten Geldes, die Veräußerung durch Börsen- und Handelsmakler sowie ggf. die öffentliche Versteigerung und weist ansonsten keine nennenswerten Besonderheiten auf.

b) Handlungs- und Unterlassungsvollstreckung

Urteile über die Lieferung bestimmter Sachen werden nach Art. 926 LEC vollstreckt, indem der Besitz an der geschuldeten - unbeweglichen oder beweglichen - Sache dem Schuldner entzogen und dem Gläubiger übertragen wird. Scheitert die Naturalerfüllung, insbesondere wegen anfänglicher Unmöglichkeit oder wegen Untergangs der Sache während des Erkenntnisverfahrens, so erhält der Gläubiger Schadensersatz[136].

Zur Vollstreckung von Urteilen über vertretbare Handlungen kann der Richter nach Art. 924 LEC die Ermächtigung zur Ersatzvornahme auf Kosten des Schuldners aussprechen. Ausgeurteilte unvertretbare Handlungen (*hechos personalísimos*)[137] sind dagegen nicht erzwingbar. Bei Nichterfüllung innerhalb der vom Richter gesetzten Frist tritt die Fiktion der Option des Schuldners für

---

[135] Art. 236 Abs. 1 Reglamento hipotecario.

[136] *Ramos Méndez* Bd. II, S. 1035 ff.

[137] Zur weiten Ausdehnung dieses Begriffs durch die Rspr. *Ramos Méndez*, Bd. II, S. 1023 f.

Schadensersatz ein[138]. Bei Bezifferung des Schadens bereits im Urteil folgt die Vollstreckung wegen Geldschulden, andernfalls sind im Liquidationsverfahren der Art. 928 ff. LEC die Schadensposten und ihre Höhe zu ermitteln. Hierbei wird dem Schuldner eine vom Gläubiger abgefaßte Aufstellung zugestellt. Erhebt er keine Einwendungen, so wird ein *gerichtlicher* Geldzahlungstitel[139] erlassen. Ansonsten kommt es zum kontradiktorischen Schadensfeststellungsverfahren - ebenfalls mit *richterlicher* Entscheidung - und anschließender Vollstreckung wegen Geldschulden.

Die Exekution von Urteilen auf *Abgabe einer Willenserklärung* ist nicht ausdrücklich geregelt. Die neuere Rechtsprechung faßt den Abschluß eines in einem Vorvertrag bereits ausformulierten Vertrags als fungible Rechtshandlung auf und verurteilt zur Erfüllung, statt nur Schadensersatz zu gewähren, indem der Richter selbst zur Ersatzvornahme schreitet[140]. Für vollstreckbare Urkunden kommt dies nicht in Betracht, da ja nach Art. 1435 LEC nur liquide oder liquidierbare Forderungen im *juicio ejecutivo* vollstreckbar sind.

Aufgrund von *Unterlassungsurteilen* ergeht gemäß Art. 923, 925 LEC eine gerichtliche Aufforderung an den Schuldner, die bezeichnete Handlung zu unterlassen. Im Fall des Verstoßes wird wie bei unvertretbaren Handlungen verfahren: die Durchsetzung des Verbotes erfolgt durch Androhung eines Strafverfahrens[141]. Im übrigen kann der Gläubiger lediglich Schadensersatz verlangen. Dieser wird gegebenenfalls durch Beseitigung des rechtswidrig hergestellten Zustands geleistet (Art. 1099 CC). Wie bei der Handlungsvollstreckung ist Pfändung zur Sicherung der Kosten möglich (Art. 923 LEC).

III. Die Rechtsbehelfe des Schuldners

Die Rechtsbehelfe in der Zwangsvollstreckung werden unter dem Begriff *oposición a la ejecución* zusammengefaßt[142]. Sie bilden kein geschlossenes

---

[138] Diese gläubigerunfreundliche Regelung wird durch strafrechtliche Druckmittel nur leicht abgeschwächt: Strafandrohung für Widerstand und schweren Ungehorsam gegenüber der richterlichen Gewalt durch Art. 237 span. StGB und für leichten Ungehorsam durch Art. 570 span. StGB; die Androhung der Strafverfolgung sollte nach *Ramos Méndez*, Bd. II, S. 1026, im Rahmen der Leistungsaufforderung verstärkt genutzt werden, um zu einem § 888 Abs. 1 dt. ZPO vergleichbaren Druckmittel zu gelangen; die Option für Schadensersatz soll erst äußerste Konsequenz der Nichterfüllung sein, um dem Gläubiger die Vornahme der Handlung möglichst umfangreich zu sichern.

[139] Daraus folgt, daß bei Handlungsverpflichtungen auch der Sekundäranspruch nicht zu einem im *juicio ejecutivo* vollstreckbaren Titel führt; vgl. oben I. 4.

[140] *Ramos Méndez* Bd. II, S. 1031 f.; den gleichen Effekt schreibt er § 894 dt. ZPO zu.

[141] *Ramos Méndez* Bd. II, S. 1033 m. N. der Rspr.

[142] *Ortiz Navacerrada*, S. 13.

System[143], und die Literatur versucht praxisbezogen eine flächendeckende Lösung mit Hilfe der allgemeinen Vorschriften über Rechtsbehelfe. Dementsprechend erfolglos ist auch die Ableitung genereller Regeln aus der Gesetzeskasuistik; insbesondere auf eine Dogmatik der Konkurrenzen von Rechtsbehelfen wird verzichtet. Die Systematisierung der zulässigen Rügen gemäß der Unterscheidung von zugrundeliegendem Anspruch, Titel und Verfahren ist auch in Spanien geläufig[144].

1. Reposición, Art. 376 ff. LEC

Es handelt sich um einen Behelf ohne Devolutivwirkung, der keinen Bedingungen und Beschränkungen unterworfen ist[145]. Die Vorschriften über den *juicio ejecutivo* erwähnen ihn lediglich in Art. 1441 LEC gegen die Unzuständigerklärung oder die Verweigerung der Vollstreckung; *reposición* ist aber auch darüber hinaus zulässig gegen *providencias* (verfahrensleitende Verfügungen) und bestimmte *autos* (enumerativ aufgeführte materielle verfahrensleitende Verfügungen, Art. 369 LEC) des Exekutionsgerichts sowie gegen seine Verfahrenshandlungen ohne Entscheidungscharakter (*actuaciones ejecutivas materiales*), die von einem inhaltlich klaren Titel abweichen[146]. Im Einzelfall ist die Abgrenzung unklar[147].

Die Einlegungsfrist beträgt drei Tage, danach ist der Schuldner präkludiert. Der Gläubiger erhält Gelegenheit zur Stellungnahme. Die Einlegung der *reposición* setzt die angefochtene Entscheidung nicht außer Kraft (Art. 376 LEC). Wird die Entscheidung bestätigt, kann der Schuldner nur gegen ein *auto* das weitere Rechtsmittel der Berufung einlegen; diese Regelung trägt der Bedeutung der dort entschiedenen Fragen Rechnung.

2. Berufung (apelación) und Kassation (casación)

Dieser Behelf mit Devolutiveffekt ist bis auf die Fälle gesetzlichen Ausschlusses[148] immer und ohne Beschränkung auf bestimmte Entscheidungsformen oder Verteidigungsmittel zulässig. Gegen die Nichtzulassung der Berufung

---

143 *Ramos Méndez* Bd. II, S. 1006.

144 *Ortiz Navacerrada*, S. 13 f.

145 *Ortiz Navacerrada*, S. 17.

146 *Ortiz Navacerrada*, S. 19; Beispiel: Entscheidung über Rangfolge und Menge der zu pfändenden Güter.

147 *Ortiz Navacerrada*, S. 20, 25 mit den daraus folgenden Rechtsschutzproblemen.

148 Gegen *autos* in den Anspruchsbezifferungsverfahren: Art. 930, 936, 937, 939, 948 LEC; s. Erläuterungen bei *Ortiz Navacerrada*, S. 28.

durch den Vollstreckungsrichter hat der Schuldner den Behelf der Beschwerde (*queja*) beim übergeordneten Gericht. Die Einlegung der Berufung entfaltet in der Regel keine aufschiebende Wirkung[149]. Hat das Rechtsmittel Erfolg, wird das Verfahren in den Stand vor der fehlerhaften Entscheidung zurückversetzt. Wo dies nicht möglich ist, ist der Schuldner auf Schadensersatz verwiesen[150], der insbesondere bei der Geldschuldenvollstreckung durch die Pflicht des Gläubigers gesichert wird, bei vorläufiger Vollstreckung des Veräußerungsurteils Sicherheit zu leisten (Art. 1476 Abs. 2 LEC). Das Rechtsmittel der Kassation dagegen steht dem Schuldner gegen die Vollstreckung außergerichtlicher Titel grundsätzlich nicht zur Verfügung[151].

3. Zwischenstreitigkeiten (incidentes dentro de la ejecución)

Gegenstand eines *incidente* können Tatsachen sein, die nicht im Prozeß vorgebracht wurden und über die nicht im Urteil entschieden wurde[152]. Zwischen materiellen Einwendungen und formellen Fehlern des Titels wird nicht unterschieden. Die hierunter fallenden Verteidigungsmittel sind für die Urkundenvollstreckung im *juicio ejecutivo* in Art. 1461 ff. LEC speziell geregelt[153].

Die unter 1.-3. beschriebenen Rechtsbehelfe decken hauptsächlich formelle Mängel des Titels und fehlerhafte Vollstreckungsmaßnahmen ab und hängen stark mit der jeweiligen förmlichen Qualfizierung des angegriffenen Vollstreckungsaktes zusammen. Einen der Vollstreckungsgegenklage entsprechenden materiellen Behelf gibt es bei der Urteilsvollstreckung nicht[154].

---

149 Art. 949 Abs. 1 LEC für die Urteilsvollstreckung, Art. 1531 Abs. 1 LEC für das Verwertungsverfahren bei Urkundenvollstreckung, Art. 758 LEC für Zwischenurteile über Zwischenstreitigkeiten (*incidentes*).

150 *Ortiz Navacerrada*, S. 34.

151 *Ortiz Navacerrada*, S. 35; vgl. die einschränkenden Voraussetzungen des Art. 1687 Nr. 2 LEC für die Kassation im Vollstreckungsverfahren.

152 Argument aus Art. 949 Abs. 2 LEC.

153 s. unten 4. a).

154 *Fernández López*, ZZP 1979, 305. Dies ist darauf zurückzuführen, daß Urteile nicht mehr wie früher im *juicio ejecutivo* vollstreckt werden, das entsprechende Behelfe bietet (s. sogleich unten 4. a)), ohne daß ein Ersatz hierfür geschaffen wurde. Vorgeschlagen wird deshalb eine negative Feststellungsklage. Die Praxis behilft sich mit der *reposición* und dem Zwischenstreitverfahren nach Art. 745 Nr. 2 LEC.

4. Besondere Behelfe gegen vollstreckbare Urkunden

a) Widerspruch im *juicio ejecutivo*

Im *juicio ejecutivo* steht dem Schuldner dagegen das Widerspruchsverfahren zur Verfügung, das durch *inhaltliche* Kontrolle der Urkunde seinen Schutz vor ungerechtfertigter Vollstreckung gewährleistet[155]. Vorab kann der Schuldner einen Zwischenstreit über die örtliche[156] Zuständigkeit des Gerichts führen; andere Zwischenstreitigkeiten[157] sind im Interesse der Zügigkeit des Verfahrens nicht statthaft.

Widerspricht er der Vollstreckung, erhält er vier Tage Zeit, seine Einwendungen vorzubringen und entsprechende Beweisangebote zu machen. Eine Abschrift geht binnen vier Tagen dem Gläubiger zu. Nach Erhebung des Widerspruchs ist der Zwischenstreit über die Zuständigkeit ausgeschlossen, Art. 1480 Abs. 2 LEC. Zulässig sind nach Art. 1464-1467 LEC lediglich die folgenden abschließend aufgezählten Einwendungen[158]:

1. Bestreiten konstitutiver Tatsachen:
   Unwirksamkeit der Verpflichtung oder des Titels; Unechtheit des Titels; mangelnde Vollstreckbarkeit wegen noch nicht abgelaufener Frist oder fehlender Fälligkeit; Zuvielforderung; Umrechnung von Gattungsschulden in Geld zuungunsten des Schuldners.
2. Vorbringen rechtsvernichtender Tatsachen:
   Zahlung; Erlaß; Novation; Vergleich.
3. Vorbringen rechtshindernder Tatsachen:
   Stundung; fehlende Vollstreckbarkeit des Titels wegen äußerer Mängel oder fehlender Bezifferung des Anspruchs.
4. Erhebung (weiterer) Einwendungen:
   Verjährung; Aufrechnung; *pactum de non petendo.*

---

155 *Ramos Méndez*, RIW 1984, 102.

156 *Ortiz Navacerrada*, S. 75; vgl. Einwendungen der sachlichen und funktionellen Unzuständigkeit nach Art. 1464 Abs. 1 Nr. 11 LEC, s. sogleich Punkt 5. *Ramos Méndez*, Bd. II, S. 1129, subsumiert *jede* Zuständigkeitsrüge unter Art. 1480 Abs. 2 LEC und schlägt vor, die Unzuständigkeit als Haupteinwendung und alle übrigen Einwendungen hilfsweise vorzubringen.

157 Nach dem allgemeinen Zwischenstreitverfahren der Art. 741 ff. LEC.

158 Systematisierung nach *Ortiz Navacerrada*, S. 76; *Ramos Méndez* Bd. II, S. 1132 f. ordnet nach: materiellen Einwendungen mit und ohne Ausschlußwirkung für ein späteres Erkenntnisverfahren, Einwendungen gegen einen Teil des Anspruchs und prozessuale Einwendungen.

5. prozessuale Einwendungen:
   falta de personalidad[159] des Betreibenden; Fehlen der Passivlegitimation; sachliche oder funktionelle Unzuständigkeit des Gerichts; Bestehen einer Schiedsabrede; fehlerhafte Ladung des Schuldners zum Veräußerungstermin.

Das Gesetz läßt damit nicht nur materiellrechtliche Einwendungen zu; eine wirkliche Systematik liegt den Art. 1464-1467 LEC nicht zugrunde[160]. Mit allen übrigen Verteidigungsmitteln ist der Schulder auf ein reguläres Erkenntnisverfahren verwiesen, Art. 1463 Abs. 2 LEC. Hinsichtlich der Beweismittel ist er keinen Einschränkungen unterworfen. Die von beiden Seiten vorgebrachten Ausführungen müssen samt den angebotenen Beweismitteln grundsätzlich innerhalb von zehn Tagen vom Richter gewürdigt werden, der nun erstmalig inhaltlich mit der Sache befaßt ist. Anschließend liegen die Akten vier Tage lang in der Geschäftsstelle zur Einsicht auf. Schließlich lädt der Richter die Parteien zur Entscheidung. Darin spricht er ggf. die zu zahlende Summe aus, weist den Antrag ab oder erklärt das Verfahren ganz oder teilweise für ungültig. Die stattgebende Entscheidung ist mit der Berufung angreifbar[161], aber dennoch gegen Sicherheitsleistung sofort durch Veräußerung vollstreckbar.

Nach Art. 1479 LEC erwachsen Entscheidungen, die im *juicio ejecutivo* ergehen, nicht in Rechtskraft. Dennoch betrachtet die Rechsprechung ein späteres Erkenntnisverfahren als unzulässig, wenn im Vollstreckungsverfahren abschließend über das materielle Recht entschieden wurde[162]. Die Betrachtung des *juicio ejecutivo* zeigt, daß in Spanien materielle Einwendungen gegen vollstreckbare Urkunden unkomplizierter vorgebracht werden können als gegen Urteile.

b) Negative Feststellungsklage gegen den beurkundeten Anspruch

Um einem ungerechtfertigten Vollstreckungsverfahren mit den belastenden Wirkungen einer Pfändung und den damit verbundenen Kosten von vornherein zu entgehen, hat der Schuldner die Möglichkeit, eine präventive Klage auf Feststellung des Nichtbestehens der Verpflichtung und Wirkungslosigkeit des Titels zu erheben[163]. Durch die bloße Vorlage von Urkunden über das Erlöschen der Schuld kann er den Vollstreckungsbeginn nämlich anscheinend nicht aufhalten[164].

---

159 Dieser Begriff umfaßt jedenfalls die Partei- und Prozeßfähigkeit, nach umstrittener Ansicht auch die Aktivlegitimation, *Gomez de Liaño González*, S. 305.

160 *Ramos Mendez* Bd. II, S. 1006; *Ortiz Navacerrada*, S. 75, bescheinigt der Auflistung der Einwendungen „offenkundige Unordnung und nicht wenig Willkür".

161 s. oben 2.

162 *Ramos Méndez* Bd. II, S. 1136 m. N.; s. sogleich b).

163 *Ortiz Navacerrada*, S. 88.

Mit einer Klage *nach* Beendigung der Vollstreckung kann der Schuldner prinzipiell materielle Fragen mangels Rechtskraft des Veräußerungsurteils von neuem aufwerfen. Aus Gründen der Prozeßwirtschaftlichkeit mißt die Rechtsprechung jedoch dem Veräußerungsurteil Rechtskraft hinsichtlich bestimmter materieller Fragen zu; Leitgedanke hierbei ist, daß der Schuldner Gelegenheit hatte, diese Einwendungen zu erheben[165].

c) Überprüfung der Echtheit der Urkunde

Neben der Überprüfung von öffentlichen Urkunden im Erkenntnisverfahren (Art. 597, 599 LEC) gibt es die Möglichkeit einer Verfahrensaussetzung, wenn die Echtheit eines verfahrensentscheidenden Dokuments bestritten wird, Art. 514 LEC. Da jedoch die Fälschungseinrede ein speziell normiertes Verteidigungsmittel gegen die Urkundenvollstreckung darstellt[166], dürften die allgemeinen Urkundenanfechtungsverfahren im Rahmen der Exekution keine eigenständige Rolle spielen.

IV. Die Vollstreckbarerklärung

Die LEC regelt die Urteilsexequierung in den Art. 951-958. Dem Gesetzestext liegt keine begriffliche Unterscheidung von Anerkennung und Vollstreckbarerklärung zugrunde, sondern ausländischen Titeln wird gegebenenfalls dieselbe Kraft (*fuerza*) zuerkannt wie spanischen. In Rechtsprechung und Literatur werden beide Aspekte des Exequaturs unterschieden[167]: die Anerkennung ist danach die „weniger intensive Aufnahme einer ausländischen Entscheidung in einer Rechtsordnung“[168].

Die LEC sieht ein dreigestuftes System der Exequaturregime vor: zunächst das Exequatur aufgrund von Staatsverträgen (*régimen convencional*)[169], subsidiär dazu das Exequatur bei praktizierter Gegenseitigkeit (*régimen de la reciprocidad de hecho*) und schließlich subsidiär hierzu das Exequatur bei Erfül-

---

164 Vgl. *Ortiz Navacerrada*, S. 88.

165 *Ortiz Navacerrada*, S. 90, Nachweis der Rspr. S. 359 ff. Hierunter fallen: Zahlung, Aufrechnung, Verjährung, Erlaß, *pactum de non petendo*, Novation, Vergleich; s. *Ramos Méndez*, Bd. II, S. 1132.

166 s. oben a) Punkt 1.

167 *Estrada de Miguel*, S. 440 sub 4., spricht sich angesichts des GVÜ für eine ausdrückliche Aufnahme dieser Unterscheidung in das spanische Prozeßrecht aus.

168 *Ruiloba Santana*, REDI 1970, 69 f. zum französisch-spanischen Übereinkommen m. N.

169 Etwa Vertrag mit Deutschland vom 14.11.1983 (BGBl. 1987 II, 34); Überblick bei *Ramos Méndez*, Bd. II, S. 1046.

lung bestimmter autonomrechtlicher Voraussetzungen, u. a. der Vereinbarkeit mit der spanischen öffentlichen Ordnung (*régimen de condiciones*). Sachlich zuständig ist das *Tribunal supremo*, das nach kontradiktorischem Verfahren durch *auto* entscheidet. Hiergegen ist kein Rechtsmittel gegeben. Die Zentralisierung der Exequaturentscheidung verwehrt also dem Gläubiger eine rechtliche Kontrolle der Entscheidung und führt darüber hinaus zu langwierigen Verfahren. Für die Vollstreckung selbst gelten anschließend die gewöhnlichen richterlichen Zuständigkeiten (Art. 958 Abs. 2 LEC). Dieses Verfahren gilt auch für Urkunden, soweit Staatsverträge deren Vollstreckbarerklärung vorsehen[170].

V. Verknüpfung der autonomrechtlichen Urkundenvollstreckung mit Art. 50

1. Für Art. 50 in Betracht kommende Urkunden

Uneinigkeit besteht in der Literatur darüber, welche spanischen Urkunden letztlich unter Art. 50 fallen. Die kastellanische Version der Veträge spricht von *documentos auténticos autorizados*. *Iglesias Buígues/Desantes Real* gehen daran anknüpfend von einem Oberbegriff aus, der auf die Errichtung der Urkunde durch eine staatlich ermächtigte Person abstellt, die den öffentlichen Glauben des Dokuments begründet[171]. Wechsel, Schecks und Solawechsel werden nicht von einer Amtsperson aufgenommen[172]; allenfalls der Protest oder - so er entbehrlich ist - die Zulassung zur Vollstreckung im *juicio ejecutivo* durch den Richter könnten aus ihnen „öffentliche Urkunden" machen. Es liegt hier aber keine privatautonome Titulierung „auf Vorrat" vor. Deshalb ist die Ansicht *Ruiloba Santanas* abzulehnen, der schlichtweg alle Titel des Art. 1429 LEC unter die Art. 50 entsprechende Vorschrift des französisch-spanischen Vertrages subsumiert[173]. Sinnvoller erscheint mir seine abstrahierende Definition, wonach öffentliche Urkunden „mit Authentizität versehene Dokumente sind, deren Inhalt also durch die Unterschrift eines öffentlichen Beamten gewährleistet wird"[174]. Die danach in Betracht kommenden Dokumente sind unten § 8 durch das Kriterium der Schuldnerbeteiligung weiter einzugrenzen.

---

170 Z. B. der deutsch-spanische Vertrag.

171 *Iglesias Buígues/Desantes Real*, S. 749.

172 Calvo Caravaca-*Iriarte Angel*, S. 665, spricht sie nicht einmal als für Art. 50 in Betracht kommend an.

173 *Ruiloba Santana*, REDI 1970, 57.

174 *Ruiloba Santana*, REDI 1970, 58.

2. *Verfahrensgestaltung*

Die Exequierung von Geldleistungsurkunden könnte prinzipiell zwanglos in den *juicio ejecutivo* integriert werden[175]. Hierbei müßte die erste, rein formelle Prüfung des Titels um die Tatbestandsmerkmale des Art. 50 ergänzt werden. Diese Kombination von Exequatur und autonomrechtlicher Vollstreckungseinleitung würde jedoch die Gleichbehandlung von Urkunden verschiedener Staaten und den Vollstreckungsvorsprung gefährden, den der Gläubiger durch die unmittelbare Vollstreckbarkeit erlangt[176]. Deshalb ist eine Trennung beider Verfahren zu bevorzugen: erst wenn die Urkunde nach den Vorschriften der Übereinkommen vollstreckbar erklärt wurde, kann sich der *juicio ejecutivo* anschließen.

Bei ausländische Urkunden über Nichtgeldleistungen ergeben sich diese Schwierigkeiten nicht. Sie können nach der Vollstreckbarerklärung gemäß Art. 31 ff. wie spanische Urteile vollstreckt werden, der für den Gläubiger hinderliche *juicio ejecutivo* entfällt. Die Vollstreckungsgegenklage wird zwar bei der Urteilsvollstreckung nur durch Hilfskonstruktionen erreicht[177]; diese gewährleisten aber in ausreichendem Maße Schuldnerschutz.

VI. Zusammenfassung

Die LEC bestätigt bei den außergerichtlichen Vollstreckungstiteln die ihr nachgesagte mangelnde Systematik. Angesichts der Vielfalt vollstreckbarer öffentlicher Urkunden wird die Notwendigkeit deutlich, abstrakte Kriterien für Urkunden i. S. des Art. 50 zu formulieren, die einen eindeutigen Ausschluß bestimmter Titel vom Urkundenexequatur erlauben: viele der nach autonomem Recht als öffentlich eingestuften vollstreckbaren Urkunden fallen entweder aufgrund der Vorgaben der Expertenberichte aus dem Anwendungsbereich des Art. 50 heraus oder wecken Bedenken hinsichtlich der erforderlichen Titulierung auf Vorrat. Bei der Exekution ausländischer Urkunden in Spanien ist die Trennung von internationaler und interner Zulassung zur Vollstreckung zu beachten; Urkunden über höchstpersönliche Leistungen stoßen auf durchsetzungstechnische Grenzen.

---

175 *Ramos Méndez*, RIW 1984, 101.

176 s. zum ähnlich gelagerten Problem der Prüfung materieller Fragen im Rechtsbehelfsverfahren nach Art. 36 ausführlich unten § 9 D.

177 Vgl. oben Fn. 154.

D. Portugal

I. Der Titel

1. Regelung der vollstreckbaren Urkunde

Portugal besitzt mit dem Código de proceso civil (CPC) von 1967 ein gegenüber der spanischen LEC beinahe neunzig Jahre jüngeres Zivilprozeßgesetzbuch, dessen System sich ungleich übersichtlicher und moderner darstellt.

Art. 46 CPC listet die zur Vollstreckung geeigneten Titel auf, darunter unter lit. b) „Urkunden, die vom Notar verfaßt oder beglaubigt wurden“[178]. Art. 50 CPC legt weiterhin fest, daß notarielle Urkunden dann vollstreckbar sind, wenn sie das Bestehen einer Verpflichtung belegen[179]. Zur Beschleunigung des Handelsverkehrs werden in Art. 46 lit. c) CPC ganz allgemein Privaturkunden als Exekutionstitel anerkannt, die vom Schuldner unterzeichnet sind und aus denen eine Verbindlichkeit über die Zahlung einer bestimmten Geldsumme oder über die Lieferung vertretbarer Sachen hervorgeht.

2. Errichtung der Urkunde

Art. 363 Nr. 2 des Código Civil (CC) von 1966 bringt eine Definition der öffentlichen Urkunde (*documento autêntico*) nach dem Vorbild des französischen C.civ.[180] im Zusammenhang mit dem Urkundsbeweis. Die Urkunde erbringt nach Art. 371 CC vollen Beweis der beurkundeten Tatsachen als von der Behörde oder dem öffentlichen Amtsträger vorgenommen oder wahrgenommen, solange kein Fälschungseinwand[181] erhoben wurde.

Das Notariat besitzt kein Monopol für die Errichtung öffentlicher Urkunden, sondern ist nur eine Kategorie von Beurkundungspersonen. Im Gegenzug kommen für die Vollstreckung nicht alle öffentlichen Urkunden in Betracht, sondern nur die von Notaren aufgenommenen. Hierzu zählen nach Art. 51 Nr. 2 Código

---

178 „*Os documentos exarados ou autenticados por notário*“.

179 „*Sempre que* provem *a existêcia de uma obrigação*“; diese eigentlich überflüssige Einschränkung dient - wie die entsprechende Formulierung in Art. 474 S. 2 Nr. 3 C.p.c. Italien dem Ausschluß rein deklaratorischer Urkunden von der Vollstreckung. Der Terminus „*provem*“ dürfte deshalb nicht im technischen Sinn als „beweisen“ zu verstehen sein.

180 „Authentisch sind die Urkunden, die mit den gesetzlichen Formalitäten durch öffentliche Behörden in den Grenzen ihrer Amtsgewalt abgefaßt wurden oder durch den Notar oder einen anderen mit öffentlichem Glauben ausgestatteten öffentlichen Beamten innerhalb des ihnen zugewiesenen Wirkungskreises; alle anderen Urkunden sind private.“

181 s. unten III. 3.

do notariado (C.not.) auch Beglaubigungen (*certificados*), Bescheinigungen (*certidões*) und andere vergleichbare von Notaren angefertigte Dokumente.

Auch in Portugal ist das Notariat eine traditionsreiche Einrichtung. Eine erste Regelung des „*tabelionato*“[182] wurde 1305 durch König Dom Dinis erlassen, umfassend wurde der Berufsstand jedoch erst 1899/1900 normiert und von nun ab auch als *notariado* bezeichnet[183]. Die allmähliche Verstaatlichung des Notariats fand ihren Abschluß mit dem C.not. i. d. F. von 1962, demgemäß der Notar in Portugal heutzutage den Status eines öffentlichen Beamten besitzt[184]. Bezeichnend hierfür ist die Vermengung des Notarswesens mit der staatlichen Registraturverwaltung für Familienstands- und Grundstückssachen[185], die Bezahlung des Notars, die sich aus Fixbeträgen und einer Beteiligung am Gebührenaufkommen zusammensetzt[186], und die Dienstaufsicht durch die Registratur- und Notarsdirektion. Andererseits geht die Tätigkeit des portugiesischen Notars doch über die eines bloßen Schreibers hinaus, denn er muß eine qualifizierte juristische Ausbildung vorweisen. Sein Beruf ist unvereinbar mit jeder anderen öffentlichen oder privaten Erwerbstätigkeit, insbesondere mit der Ausübung der Anwaltschaft[187].

Zum Notarverfahrensrecht soll abschließend noch eine pragmatische Besonderheit des portugiesischen Rechts erwähnt werden. Der C.not. sieht für bestimmte Formfehler Heilungsmöglichkeiten vor. So gilt nach Art. 84 Abs. 2 C.not. das Fehlen der Datums- oder Ortsangabe als geheilt, wenn diese Angaben sich aus dem Text der Urkunde oder Dokumenten in der Notarskanzlei bestimmen lassen. Nach Art. 85 Abs. 1 C.not. i. V. m. Art. 369 CC schadet auch nicht die örtliche oder sachliche Unzuständigkeit der Beurkundungsperson, wenn die Parteien von ihr keine Kenntnis haben. Außerdem besteht die Möglichkeit einer gerichtlichen Heilung (*revalidação*) in einigen Fällen örtlicher Unzuständigkeit oder bestimmter Formfehler (Art. 87 C.not.).

---

182 Von den *tabellae*, den Tafeln der antiken Schreiber.

183 *De Jongh*, S. 12.

184 Einschlägige Regelungswerke sind der Notariatskodex i. d. F. 1967 und das Register- und Notariats-Organisationsgesetz (Gesetzesdekret Nr. 519.F2/79 vom 29.12.1979, geändert durch Gesetzesdekrete Nr. 71/80 vom 15.4.1980 und Nr. 449/80 vom 7.10.80; diese letzten Änderungen hatten auch Teile des Statuts der Notare zum Gegenstand).

185 Durch die Gesetzesdekrete Nr. 44063 und 44064 von 1962, die das einheitliche Organisationsgesetz *Serviços de registo e do notariado, orgânica e regulamento* zum Inhalt hatten. - Eine solche Zuständigkeit findet sich auch in Baden-Württemberg, wo die Notare zugleich Grundbuchbeamte für die zum Notariatsbezirk gehörenden Grundbuchämter sind (§ 29 Abs. 1 LandesG über die freiwillige Gerichsbarkeit).

186 *De Jongh*, S. 206/207; der Einstieg in das System der staatlichen Alimentation ist hier m. E. das deutlichste Merkmal einer Verbeamtung und des Abschieds vom frei ausgeübten Beruf.

187 *De Jongh*, S. 204 f.

Auch wenn die praktische Bedeutung dieser Heilungsvorschriften - zumal im internationalen Rechtsverkehr - gering sein dürfte, stellen sie doch mögliche Repliken auf das Vorbringen dar, eine wirksame öffentliche Urkunde i. S. d. Art. 50 liege nicht vor.

3. Mit vollstreckbaren Urkunden vollstreckungsfähige Ansprüche

Die Urkunde ist als Vollstreckungstitel inhaltlich unbeschränkt. Nach Art. 45 Abs. 2 CPC kann Ziel der Zwangsvollstreckung (aufgrund eines der Titel des Art. 46 CPC) Zahlung einer Geldsumme, Lieferung einer bestimmten Sache oder Leistung eines bestimmten Verhaltens, sei es positiv oder negativ, sein. Dies geht implizit auch aus den Vorschriften über Einwendungen gegen die Lieferungs- und Handlungsvollstreckung hervor. Diese verweisen nämlich auf die Einwendungen gegen die Geldschuldvollstreckung aus Urkunden (Art. 929 Abs. 1 mit Verweis auf Art. 815 CPC) oder setzen die notarielle Urkunde als Titel solchen Inhalts voraus (Art. 933 Abs. 2 CPC: „auch wenn die Vollstrekkung aus einem Urteil stattfindet").

II. Die Durchführung der Vollstreckung

1. Einleitung des Vollstreckungsverfahrens

Die Zwangsvollstreckung liegt wie in Spanien in den Händen der Gerichts (Art. 817 CC[188]). Im Unterschied zum spanischen Recht gibt es allerdings kein spezielles Urkundenvollstreckungsverfahren. Das Gericht stellt dem Schuldner eine Aufforderung (*citação*) zu, innerhalb von zehn Tagen zu leisten (Art. 811 Abs. 1, 928 Abs. 1, 933 Abs. 1 CPC), die das Vollstreckungsverfahren (*processo executivo* oder *acção executiva*) einleitet.

Die Vollstreckung bedingter Ansprüche[189] ist aus öffentlichen Urkunden gemäß Art. 50 Abs. 2 CPC nur dann möglich, wenn die Erbringung der Gegenleistung und damit die Anspruchsentstehung in der in der Urkunde vereinbarten Form oder durch vollstreckbare Urkunde bewiesen wird.

---

188 „... der Gläubiger hat das Recht, die Erfüllung *gerichtlich* zu verlangen".

189 Der CPC formuliert „zukünftige Leistungen" („*prestações futuras*"). Hiermit wird abgezielt auf Krediteröffnungs- und Dauerlieferungsverträge, bei denen die Gegenleistungspflicht erst mit Abruf der Leistung entsteht; *Ferraz de Brito*, Art. 50 Anm. III.

2. Mittel der Zwangsvollstreckung

Hinsichtlich der Vollstreckungsmittel weist das portugiesische Recht keine nennenswerten Besonderheiten auf. Die Pfändung (*penhora*) von Immobilien, Mobilien und Rechten dient der Vollstreckung von Geldforderungen, ggf. kann der Schuldner auf die Lieferungsvollstreckung (*execução para entrega de coisa certa*, Art. 928-932 CPC) und die Handlungsvollstreckung (*execução para prestação de facto*, Art. 933-943 CPC) zurückgreifen. Letztere untergliedert sich in die Ersatzvornahme bei fungiblen Handlungen („Kostenaufwandsvollstreckung", *execução de custeamento*) und die Beseitigung der Folgen bei Zuwiderhandlungen gegen eine Unterlassensverpflichtung; die Verletzung höchstpersönliche Handlungspflichten führt lediglich zu einem Schadensersatzanspruch des Gläubigers.

Jeder Vollstreckungsprozeß aus Urkunden bis auf die Handlungsvollstrekkung kann - je nach Wert - im gewöhnlichen und im summarischen Verfahren durchgeführt werden, Art. 465 CPC[190]. Das Schnellstverfahren (*execução sumaríssima*) steht nach dem Wortlaut des Art. 465 Abs. 3 CPC nur für dieVollstreckung aus Entscheidungen offen.

III. Die Rechtsbehelfe des Schuldners

Die eigentlichen Vollstreckungsbehelfe sind für jede Vollstreckungsart gesondert durch Verweis auf die Geldforderungsvollstreckung geregelt, unterscheiden sich aber nicht grundlegend.

1. Widerspruch (oposição à execução), Art. 812-820 CPC

Die *oposição* ist der Oberbegriff für zwei Verteidigungsmittel[191], [192] mit unterschiedlichem Angriffsobjekt, aber weitestgehend[193] gleichem Inhalt: die Beschwerde gegen die das Vollstreckungsverfahren einleitende Verfügung (*agravo do despacho liminar*) und den Widerspruch gegen die Vollstreckung (*embargos de executado*). Beide stehen dem Schuldner nach Art. 812 CPC parallel oder aufeinander folgend zur Verfügung, solange er nur verschiedene Gründe vorbringt.

---

[190] Im summarischen Verfahren sind die Leistungs- und die Widerspruchsfrist verkürzt, Art. 924 ff. CPC.

[191] *Leitão*, S. 272.

[192] Nach dem Entwurf eines CPC des Justizministeriums von 1988 soll es nur mehr einen einheitlichen Behelf, die *embargos*, geben.

[193] Zu Nuancen *Leitão*, S. 272.

Der Schuldner kann mit der Beschwerde (*agravo do despacho liminar*, Art. 812 CPC) die den Vollstreckungsprozeß einleitende Verfügung angreifen und diesen damit von vornherein verhindern. Es handelt sich nicht um einen Vollstreckungswiderspruch im eigentlichen Sinn[194], sondern um ein Rechtsmittel mit Devolutivwirkung[195].

Ziel des Widerspruchs (*embargos de executado*, Art. 812 ff. CPC) ist es dagegen, die Vollstreckung beim Vollstreckungsgericht anzufechten. Grundsätzlich können in diesem Rahmen nur die in Art. 813 CPC abschließend[196] aufgezählten Gründe geltend gemacht werden. Sie betreffen spezielle verfahrensrechtliche Mängel[197], Billigkeitserwägungen[198] und generalklauselartig „jede die Verpflichtung tilgende oder ändernde Tatsache"[199]. Für diese nachträglichen Einwendungen wird als Präklusionsgrenze der Schluß der mündlichen Verhandlung angesetzt, und sie müssen mit Ausnahme der Verjährung urkundlich bewiesen werden.

Die Regeln über den Widerspruch gegen die Geldforderungsvollstreckung gelten entsprechend für die Lieferungsvollstreckung (Art. 929 Abs. 2 CPC) und die Handlungsvollstreckung (Art. 933 Abs. 2 CPC).

Der Widerspruch muß grundsätzlich[200] innerhalb von zehn Tagen nach der Leistungsaufforderung eingelegt werden (Art. 816 CPC). Hält das Gericht ihn für zulässig, so erhält der Gläubiger zehn Tage lang Gelegenheit zur Stellungnahme; daran schließt sich ohne weitere Darlegungen ein Erkenntnisverfahren an (Art. 817 Abs. 2 CPC). Gegen den Beschluß des Gerichts über die Zulässigkeit ist der Behelf der Beschwerde (*recurso de agravo*, Art. 733 CPC) gegeben, gegen eine sachliche Entscheidung die Berufung (Art. 922 CPC).

Deutlicher als in jeder anderen romanischen Rechtsordnung geht sowohl aus dem Gesetzeswortlaut als auch aus dem Schrifftum hervor, daß das Widerspruchsverfahren gegen die Urkundenvollstreckung als Ersatz für das Erkenntnisverfahren konzipiert ist: die Präklusionsgrenze des Art. 813 CPC lit. h) für nachträgliche Einwendungen wird bei außergerichtlichen Titeln aufgehoben.

---

[194] *Leitão*, S. 272.

[195] *Prata*, S. 429 li. Sp.

[196] *Prata*, S. 429 li. Sp.

[197] U. a. Unvollstreckbarkeit des Titels; Fälschung der Ausfertigung; fehlende Prozeßführungsbefugnis der Parteien; fehlende Sicherheit, Bestimmtheit oder Fälligkeit der zu vollstreckenden Verpflichtung.

[198] Ungebührliche Häufung von Vollstreckungen, verbotenes Zusammengehen von Vollstreckungsgläubigern.

[199] Genannt werden unter dieser Rubrik: Zahlung, Zahlungsangebot mit Hinterlegung, Aufrechnung, Leistung an Erfüllungs Statt, Erlaß und Verzicht, Verjährung; s. *Leitão*, S. 285.

[200] Die Frist verkürzt sich im summarischen Verfahren auf fünf Tage (Art. 924 Abs. 2 CPC).

Gemäß Art. 815 Abs. 1 CPC können alle Einwendungen vorgebracht werden, „die auch im Erkenntnisverfahren zulässige Verteidigungsmittel wären"[201]. Außerdem soll hier nach einer Literaturmeinung die beweisrechtliche Beschränkung auf Urkunden nicht gelten[202]. Zwar übernimmt der Schuldner nun die aktive Klagerolle, aber angesichts der Vollstreckungseinleitung durch den Gläubiger befindet er sich in einer „Lage, die der eines Beklagten zu Beginn des Erkenntnisverfahrens ziemlich identisch ist"; er erhält mit dem Widerspruch erstmals Gelegenheit zur Verteidigung[203].

Das Gericht stellt die Vollstreckung von Amts wegen ein (*oposição oficiosa*, Art. 820 CPC), wenn sie aus einem privat vereinbarten Titel über einen nicht vergleichsfähigen Gegenstand betrieben wird. Diese Vorschrift sichert die Beachtung zwingender Vorschriften gegen sitten- oder gesetzeswidrige Abreden - auch gegen den Willen des Schuldners - und verlagert die inhaltliche Begrenzung, die etwa das österreichische und das zukünftige deutsche Recht beim zulässigerweise beurkundbaren Anspruch vornehmen[204], in das Vollstreckungsverfahren.

Einstweilige Einstellung der Vollstreckung aufgrund eines Widerspruchs erfolgt gemäß Art. 818 CPC nur gegen Sicherheitsleistung. Eine einzige Ausnahme bildet die Beseitigungsvollstreckung bei Unterlassensverpflichtungen. Wendet der Schuldner nämlich ein, die Beseitigung verursache ihm beträchtlich höheren Schaden als der Erfolg der zu unterlassenden Handlung dem Gläubiger, wird die Vollstreckung auch ohne Kaution suspendiert (Art. 941 Abs. 4 CPC).

2. Rüge von Fehlern des gerichtlichen Vollstreckungsverfahrens

Ist das Verfahren erst einmal angelaufen, so kann der Schuldner doch noch zu jedem Zeitpunkt die Rüge erheben, er sei nicht geladen worden (Art. 921 CPC). Dringt er mit dieser Behauptung durch, werden die bereits vollzogenen Vollstreckungsakte für ungültig erklärt.

---

[201] *„Se a execução não se basear em sentença, além dos fundamentos de oposição especificados no artigo 813.º, na parte em que sejam aplicáveis, podem alegar-se quaisquer outros* que seria lícito deduzir como defesa no processo de declaração."

[202] *Ferraz de Brito*, Art. 815 Anm. II m. w. N; dies überzeugt, da der Widerspruch ja die Funktion der Gegenklage übernimmt.

[203] *Leitão*, S. 273 und insbesondere S. 286: *„Se o título executivo não é uma sentença, o executado queda-se perante o requerimento inicial do exequente, em posição assaz idêntica à de um réu ante a petição inicial de uma acção declaratória.*"

[204] Vgl. oben § 4 F. I. 4., G. I. 4.

Beschwerden gegen einzelne Vollstreckungsakte des Gerichts (Art. 923 CPC) sind jederzeit möglich[205]. Die Entscheidung obliegt dem tätig gewordenen Gericht und ergeht zum Zweck der Konzentration nicht sofort, sondern im Zusammenhang mit späteren, ohnehin erforderlichen Entscheidungen des Gerichts bei Abschluß der Pfändung und - falls die Beschwerde nach der Pfändung erhoben wurde - bei der Verwertung.

3. Fälschungseinwand (incidente de falsidade), Art. 360 ff. CPC

Im Vollstreckungsverfahren wird dieser Einwand immer getrennt von der Hauptsache behandelt (Art. 364 Abs. 2 CPC), um die Exekution nicht über Gebühr zu verzögern. Der Einwand ist innerhalb von acht Tagen nach Vorlage des Dokuments zu erheben. In diesem Fall darf der Gläubiger nur gegen Sicherheitsleistung vollstrecken. Der Schuldner kann aber auch unabhängig von einer laufenden Vollstreckung Klage auf Feststellung der Unechtheit der Urkunde erheben (vgl. Art. 4 CPC). Auf ein stattgebendes Urteil kann er sich dann beim Widerspruch gegen die Vollstreckung stützen[206].

IV. Die Vollstreckbarerklärung

Die Rechtswirksamkeit ausländischer Urteile und Schiedsurteile wird nach Art. 49 Abs. 1, 1094 Abs. 1 CPC nach einem von den Parteien zu betreibenden Prozeß „der Prüfung und Bestätigung“[207] verkündet.

Im Ausland *aufgenommene* - d. h. außergerichtliche - Titel bedürfen dagegen keiner Überprüfung, sondern nur der Bestätigung (Art. 49 Abs. 2 CPC). Dies führt jedoch entgegen dem ersten Eindruck zu keiner erweiterten Freizügigkeit, denn die Vollstreckungswirkung dieser Titel richtet sich ausschließlich nach der *lex fori*, also Art. 46 CPC. Daraus folgt, daß die Urkunde der Legalisation bedarf, um als Vollstreckungstitel zu gelten[208]. Diese Lösung ist immerhin großzügiger als die der dt. ZPO, die ausländische Urkunden keinesfalls zur Vollstreckung zuläßt.Von den Punkten *inhaltlicher* Prüfung des ausländischen Titels, die Art. 1096 CPC vorsieht, kommt für Urkunden lediglich der des ordre

---

[205] Sofern nicht einer der drei Sonderfälle des Art. 922 CPC vorliegt, in denen Berufung der statthafte Behelf ist.

[206] *Prata*, S. 222 re. Sp.: Einwand der Fälschung der Ausfertigung, Art. 813 lit. b) CPC.

[207] Nach Art. 49 Abs. 2 CPC muß die ausländische Entscheidung ausdrücklich „*revista e confirmada*“ werden.

[208] *Ferraz de Brito*, Art. 49 Anm. IV m. w. N. Die Legalisation erfolgt gemäß Art. 540 CPC durch eine portugiesische Auslandsvertretung im Errichtungsstaat der öffentlichen Urkunde.

public in Betracht[209]. Für das Exequatur ist nach Art. 1095 CPC das Gericht zweiter Instanz am Schuldnerwohnsitz zuständig. Gegen die Exequaturentscheidung kann der Schuldner gemäß Art. 1100 CPC nur bei Verletzung des ordre public oder gestützt auf einen Wiederaufnahmegrund vorgehen.

V. Zusammenfassung

Bis auf Titel über unvertretbare Handlungen sind alle ausländischen Urkunden in Portugal problemlos vollstreckbar. Das Verfahren des CPC paßt sich bruchlos in die Systematik der Übereinkommen ein. Dabei geht aus dem Gesetz unmißverständlich hervor, daß man materielle Rechtsbehelfe gegen vollstreckbare Urkunden als nachgeholtes Erkenntnisverfahren mit allen Implikationen auffaßt. Das autonome Recht betrachtet nur die notariellen Vollstreckungstitel als öffentliche Urkunden, so daß die exekutorischen Privaturkunden schon *per definitionem* von der Urkundenexequierung gemäß Art. 50 ausgeschlossen sind.

---

[209] Ob Art. 1096 CPC („Anforderungen bei der Bestätigung") auf vollstreckbare Urkunden überhaupt anwendbar ist, ist angesichts der Überschrift des Kapitels XII („Von der Überprüfung ausländischer *Entscheidungen*") nicht klar. Dafür spricht, daß Art. 49 Abs. 2 CPC für solche Titel nur die Überprüfung, nicht aber die Bestätigung erläßt. Dagegen wäre anzuführen, daß der einzige auch für Urkunden sinnvolle Prüfungspunkt des Art. 1096 CPC - der des ordre public - auch über die Vollstreckungseinstellung von Amts wegen (Art. 820 CPC, nötigenfalls in analoger Anwendung) abgehandelt werden könnte.

§ 7 Das Recht der EFTA-Staaten sowie Schwedens und Finnlands

A. Schweiz[1]

I. Der Titel

1. Vollstreckung aus Urkunden

Während der napoleonischen Expansion wurde das französische Notariatsgesetz von 1803 und mit ihm die vollstreckbare Urkunde auch in einigen Teilen der Schweiz eingeführt; im Kanton Genf war es bis 1912 in Geltung[2], und auch im Kanton Waadt existierte nach 1836 eine entsprechende Gesetzesregelung[3]. Das französische Modell hat sich aber nicht dauerhaft behaupten können, so daß in der Schweiz heute das Institut der vollstreckbaren Urkunde sowohl in ihrer notariellen Form als auch in anderen Spielarten unbekannt ist. Im Zusammenhang mit der Umsetzung des LugÜ erwägt man jedoch, es erneut ins Zwangsvollstreckungsrecht aufzunehmen[4]; der Schweizerische Notariatsverband ist 1992 in dieser Richtung gegenüber der Legislative initiativ geworden[5]. Außerdem hat eine Expertenkommission die Einführung einer öffentlich errichteten vollstreckbaren Urkunde mit Untwerfungserklärung des Schuldners angeregt[6]. Eine solche Rechtsanpassung könnte einige der mit der Anwendung von Art. 50 LugÜ in der Schweiz verbundenen Schwierigkeiten ausräumen, zumindest aber für eine vollstreckungsrechtliche Aufwertung schweizerischer Urkun-

---

[1] Ich danke Herrn Fürsprecher *Adrian Lobsiger*, Bern, für seine Hilfe bei der Beschaffung schweizerischer Quellen.

[2] *Colin*, S. 20.

[3] *Hofmeister*, öst. NotZ 1982, 112 li. Sp.

[4] Eingehende Überlegungen hierzu bei *Jametti Greiner*, BN 1993, 59 ff.

[5] *Kellerhals*, BN 1993, 1 f.; die Einführung einer vollstreckbaren Urkunde über Nichtgeldleistungen scheint aber mit den Gesetzgebungskompetenzen unvereinbar, *Kellerhals*, BN 1993, 4; *Jametti Greiner*, BN 1993, 51, Fn. 78.

[6] Bericht der Expertengruppe, S. 21, 41; vgl. dazu *Walter*, ZZP 1994, 343. Der Schuldner soll gemäß diesem Vorschlag 20 Tage nach der Zustellung des Titels Zeit haben, auf den Nichtbestand der Forderung oder auf Unzulässigkeit der Zustellung zu klagen (S. 23 f.).

Zu einer vollstreckbaren Urkunde *ohne* Unterwerfungsklausel kommt dagegen der ursprüngliche Reformvorschlag des Bundesamtes für Justiz, demzufolge eine öffentliche Urkunde zwar nur provisorischer Rechtsöffnungstitel sein, aber ebenso wie Urteile vom umständlichen Einleitungsverfahren befreit werden soll. Daraus ergäbe sich ebenso wie für Urteile eine unmittelbare Vollstreckbarkeit solcher Titel, vgl. *Walter*, ZZP 1994, 349, 352 f.

den sorgen und die Diskriminierung der dortigen Notare im Verhältnis zu ihren euorpäischen Kollegen beseitigen.

Zwar findet auch nach Schweizer Recht in einigen Fällen Exekution aufgrund von außergerichtlich aufgenommenen Urkunden statt, nämlich aus der *privatschriftlichen* und der *öffentlich beurkundeten Schuldanerkennung*. Diese Titel eröffnen dem Gläubiger jedoch bestenfalls die vorläufige Gestattung der Zwangsvollstreckung durch provisorische Pfändung, wobei der Schuldner vorgängig zahlreiche Einwendungen geltend machen kann, und ermangeln daher der Vollstreckungskraft, die einem Urteil zukommt[7]. Selbst die *öffentliche Urkunde* wird vollstreckungsrechtlich nicht privilegiert behandelt[8]; sie entfaltet weder nach Bundes- noch nach kantonalem Recht die vollstreckungsrechtlichen Wirkungen einer gerichtlichen Entscheidung[9].

Der unwidersprochene Zahlungsbefehl[10] ist der Entscheidung zwar insofern gleichwertig; ihm fehlt jedoch die nach Art. 50 LugÜ erforderliche[11] Beurkundung des Urkunden*inhalts*.

2. *Öffentliche Urkunden*

Der Begriff der öffentlichen Urkunde ist im Beweisrecht von Belang: nach Art. 9 ZBG erbringen derartige Dokumente vollen Beweis der darin bezeugten Tatsache. Da das Bundesrecht lediglich die Beweiswirkung der öffentlichen Urkunde regelt, ohne eine Legaldefinition zu geben, muß diesbezüglich auf Umschreibungen der Literatur zurückgegriffen werden, die die öffentliche Urkunde des Art. 9 ZGB auffaßt als „Feststellung bundesrechtlich bezeichneter Tatsachen oder Willenserklärungen durch eine ... zuständige Urkundsperson in gesetzlich ... geregeltem Verfahren“[12]. Die Voraussetzungen der Authentizität einer Urkunde werden dagegen durch kantonales Recht festgelegt (Art. 55 Abs. 1 Schlußtitel ZGB), ebenso wie *Verfahren* zur Feststellung der Echtheit einer Urkunde[13]. Ein dahingehender *Nachweis* ist gemäß Art. 9 Abs. 2 ZGB an keine besondere Form gebunden.

---

[7] *Jametti Greiner*, BN 1993, 58.

[8] Art. 82 Abs. 1 SchKG; vgl. *Kellerhals*, BN 1993, 7.

[9] *Lobsiger*, BN 1995, 15.

[10] s. unten II. 1.

[11] Bericht *Jenard/Möller*, ABl.EG 1990 C 189, 80; *Schmutz*, S. 137 m. w. N.

[12] *Lobsiger*, BN 1995, 7, Fn. 28 m. N.; *B. Meyer*, S. 14, definiert dagegen ohne Nachweis in Anlehnung an den französischen Begriff: „Oeffentliche Urkunden sind solche, die von einer Amtsperson im Rahmen ihrer Zuständigkeit un in der vorgeschriebenen Form errichtet werden.“

[13] *Stojan*, S. 198.

Die Beurkundungstätigkeit obliegt vorrangig dem Notariat, dessen Organisation ebenfalls in die Kompetenz der Kantone fällt. Eine juristische Ausbildung ist nicht generell Voraussetzung für die notarielle Tätigkeit[14]. Dementsprechend herrscht Zersplitterung in der Notariatsorganisation[15]: neben dem beamteten Notar[16] gibt es Mischsysteme[17], die Zuweisung notarieller Aufgaben an Gemeinde- oder Kantonsbeamte oder Anwälte[18] und das freiberufliche Notariat mit Ausübung öffentlicher Gewalt[19].

II. Die Durchführung der Vollstreckung

1. Mehrstufiges Verfahren zur Einleitung der Vollstreckung von Zahlungsansprüchen

Infolge der Zuständigkeitszuweisungen der Bundesverfassung ist in der Schweiz das Vollstreckungsrecht zweigeteilt: die Durchsetzung von Ansprüchen auf Geldzahlung und auf Sicherheitsleistung ist im Bundesgesetz über Schuldbetreibung und Konkurs (SchKG) von 1889 geregelt, andere Ansprüche werden nach kantonalem Recht vollstreckt. Die Kantone sind ebenfalls zuständig für die Organisation der Betreibungsämter und der Gerichte und damit u. a. für die Bestimmung der Zuständigkeit für Vollstreckungsmaßnahmen nach dem SchKG. Aus Gründen der Übersichtlichkeit beschränkt sich die Darstellung auf das Verfahren der Vollstreckung von Geldschulden.

a) Abfolge der Verfahrensphasen

Die getrennte Darstellung von Vollstreckungsverfahren und Rechtsbehelfen im Schweizer Recht bereitet wegen deren verfahrensmäßiger Verschränkung einige Schwierigkeiten. Ein kursorischer Überblick über den Ablauf des gesamten Verfahrens soll das Verständnis erleichtern.

Die Exekution erfolgt durch das *Betreibungsamt*, Art. 1 SchKG. Dem Amtsleiter stehen als Hilfspersonen die Pfändungsbeamten[20] zur Seite, die im Ge-

---

[14] *UINL* 1992, Rapports officiels Thème IV, S. 50.

[15] Vgl. *Colin*, S. 90, und *de Valkeneer*, Rn. 451.

[16] Zürich, Schwyz, Thurgau, Nidwalden.

[17] Solothurn und Graubünden.

[18] Zug, Luzern, Glarus, Basel-Landschaft, Schaffhausen, die beiden Appenzell, Sankt Gallen, Obwalden.

[19] Freiburg, Waadt, Wallis, Neuenburg, Genf, Jura, Bern, Basel-Stadt, Uri, Tessin, Aargau.

[20] Synonym: Betreibungsweibel, Betreibungsgehilfe, *huissier*; vgl. *Burghardt*, S. 58.

gensatz zum deutschen Gerichtsvollzieher keine selbständigen Vollstreckungsorgane sind. Zuständig ist in Übereinstimmung mit der Gerichtsstandsgarantie des Art. 59 Bundesverfassung in aller Regel das Amt am Wohnsitz des Schuldners[21]. Hier leitet der Gläubiger das Betreibungsverfahren ein, indem er einen Zahlungsbefehl beantragt[22]. Läßt der Schuldner diesen unwidersprochen, so kann auf dieser Grundlage und ohne jedes richterliche Erkenntnis ein Jahr lang vollstreckt werden (Art. 88 SchKG).

Zur richterlichen Überprüfung des geltend gemachten Anspruchs kommt es nur, sofern sich der Schuldner durch *Rechtsvorschlag* gegen den Zahlungsbefehl zur Wehr setzt[23]. Die weitere Behandlung der Sache hängt dann davon ab, worauf der Gläubiger seinen Anspruch stützt: besitzt er einen gerichtlichen oder außergerichtlichen „*Vollstreckungstitel*“, d. h. einen Ausweis seiner Forderung, so kann er im summarischen *Rechtsöffnungsverfahren* rasch zumindest sichernden Zugriff auf das Schuldnervermögen erlangen. Andernfalls muß er ein ordentliches Erkenntnisverfahren, die sogenannte *Anerkennungsklage*, einleiten (Art. 79 SchKG). Dieser Ablauf ist, was die Verlagerung der Initiativlast auf den Schuldner betrifft, sowohl mit dem Mahnverfahren als auch mit der vollstreckbaren Urkunde nach deutschem Recht vergleichbar[24]. Hierbei gibt sich das schweizerische Recht bei der Einleitung der Betreibung gläubigerfreundlicher und kompensiert dies damit, daß der Gläubiger nur dann auf eine schnelle und endgültige Befriedigung rechnen kann, wenn er einen *gerichtlichen* Titel - Urteil, Vergleich oder gerichtliche Schuldanerkennung - besitzt.

b) Zahlungsbefehl

Im Betreibungsbegehren sind die Forderungssumme und ggf. Zinssatz und Beginn der Verzinsung zu bezeichnen; Fremdwährungsschulden muß der Gläubiger für das Betreibungsverfahren nach dem Kurs am Tag des Begehrens[25] umrechnen. Die Betreibung in ausländischer Währung ist nur über die kantonalrechtliche Handlungsvollstreckung möglich[26]. Schließlich hat der

---

21 Zu Ausnahmen s. *Fritzsche/Walder*, § 11 Rn. 9 ff.

22 Diese Verfahrenseinleitung entspricht dem Mahnverfahren nach §§ 688 ff. dt. ZPO, ist aber im Gegensatz zum deutschen Recht obligatorischer Teil des Zwangsvollstreckungsverfahrens unabhängig davon, ob bereits ein Titel vorliegt oder nicht, vgl. *Fritzsche/Walder*, § 17 Rn. 19 f.

23 s. unten III. 2.

24 Dagegen ist *I. Meier*, S. 191, der Auffassung, daß die vollstreckbare Urkunde die Möglichkeit einer dem schweizerischen Recht unbekannten erleichterten Rechtsverfolgung bietet. - Zu den einschneidenden Unterschieden s. jedoch unten III. 3.

25 *Fritzsche/Walder*, § 16 Rn. 8.

26 *Fritzsche/Walder*, § 16 Rn. 10.

Gläubiger die „Forderungsurkunde“[27] bzw. den Grund der Forderung zu benennen. Das Betreibungsamt gibt nun dem Schuldner auf, innerhalb von zwanzig Tagen zu leisten oder innerhalb von zehn Tagen die Berechtigung der Vollstreckung durch „Rechtsvorschlag“[28] zu bestreiten. Mit dieser Verfahrensgestaltung weist das Schweizer Recht eine interessante Parallele zum spätmittelalterlichen italienischen Exekutivprozeß[29] auf, die sich im übrigen - soweit ersichtlich - in vergleichbarer Form nur noch bei der Urkundenvollstreckung nach spanischem Recht gehalten hat.

c) Rechtsöffnungsverfahren und Anerkennungsklage

Wehrt sich der Schuldner, muß der Gläubiger die Zulässigerklärung der Vollstreckung im Rechtsöffnungsverfahren betreiben. Dieses summarische Verfahren gibt dem Schuldner Gelegenheit zur inhaltlichen Verteidigung gegen die Exekution aus der Urkunde. Das Gesetz ordnet eine Beschränkung der Beweismittel auf Urkunden oder „sofortige Glaubhaftmachung“ an (Art. 81 f. SchKG). Der Rechtsöffnungsentscheid wird i. d. R. vom Einzelrichter gefällt[30] und ergeht innerhalb von fünf Tagen, Art. 84 SchKG. Obwohl er eine Beurteilung *materieller* Fragen beinhaltet, wird ihm die Rechtskraftfähigkeit abgesprochen[31]. Die Rechtsöffnung unterscheidet sich in ihrer Wirkung danach, ob der Gläubiger einen *definitiven* oder lediglich einen *provisorischen Rechtsöffnungstitel* vorweisen konnte.

Die erste Kategorie umfaßt vollstreckbare Urteile und als deren Surrogate gerichtliche Vergleiche und gerichtliche Schuldanerkennungen[32] - Titel also, die im Rahmen des LugÜ unter Art. 25 und Art. 51 fallen; auf ihrer Grundlage kann der Gläubiger Vollstreckung zur Befriedigung betreiben. Zur Gruppe der *provisorischen Rechtsöffnungstitel* (Art. 82 SchKG) gehören Forderungen, die durch öffentliche Urkunde festgestellt sind oder - recht weit gehend[33] - sich auf eine unterschriebene Schuldanerkennung stützen. Wird die provisorische

---

[27] Dem Schuldner muß nach Erlaß des Zahlungsbefehls Möglichkeit zur Einsichtnahme gegeben werden; sanktioniert wird die Verweigerung seitens des Gläubigers durch die Kostenentscheidung zugunsten des Schuldners in einem eventuell folgenden Erkenntnisverfahren, *Fritzsche/Walder*, § 17 Rn. 15.

[28] s. unten III. 2.

[29] Vgl. *Münch*, S. 29 ff.

[30] *Fritzsche/Walder*, § 18 Rn. 18.

[31] *Fritzsche/Walder*, § 18 Rn. 22.

[32] Anders als nach der dt. ZPO ergeht kein Anerkenntnisurteil; die vollstreckungsrechtliche Gleichstellung der Anerkennung mit dem Urteil führt aber zum gleichen Ergebnis.

[33] Zu Präzisierungen und Einschränkungen der Rspr. s. *Fritzsche/Walder*, § 20 Rn. 5 ff.

Rechtsöffnung erteilt, kann der Gläubiger auf dieser Grundlage zur Sicherungsvollstreckung die provisorische Pfändung verlangen, die ihm jedoch noch kein Verwertungsrecht einbringt. Die provisorische Rechtsöffnung und mit ihr die provisorische Pfändung wird erst dann definitiv, wenn der Gläubiger mit seiner auf den Rechtsvorschlag folgenden *Anerkennungsklage*[34] obsiegt oder der Schuldner keine *Aberkennungsklage*[35] erhebt oder mit ihr unterliegt. In diesem Fall ist ein zweites Rechtsöffnungsverfahren entbehrlich.

2. Mittel der Zwangsvollstreckung

Einzelzwangsvollstreckung wegen Geldschulden erfolgt im Wege der Betreibung auf Pfändung (Art. 88-150 SchKG) und der Betreibung auf Verwertung eines gesetzlichen oder vertraglichen Pfandrechts (Art. 151-158 SchKG). Ansprüche auf Sicherheitsleistung werden vollstreckt, indem dem Schuldner aufgegeben wird, Sicherheit zu hinterlegen oder auf eine andere vom Gläubiger akzeptierte Art zu leisten. Bei Nichtbeachtung erfolgen Pfändung, Verwertung und Hinterlegung des Erlöses.

Die Pfändung ist das umfassende Zugriffsmittel zur Beschlagnahme von Vermögenswerten. Der Gläubiger muß sie gesondert beantragen, sobald sein Recht zur Vollstreckung feststeht. Zuvor hat der Schuldner noch zwanzig Tage ab Zustellung des Zahlungsbefehls Zeit zur freiwilligen Leistung. Mögliche Zugriffsobjekte sind körperliche Sachen (Art. 98 SchKG), Forderungen (Art. 99 SchKG)[36], sonstige Rechte (Art. 100 SchKG), Grundstücke (Art. 101-103 SchKG), Ansprüche aus Lebensversicherungen[37], registrierte Schiffe[38] und Luftfahrzeuge[39]. Die Pfändung hat nach Art. 96 Abs. 1 SchKG ein Verfügungsverbot zu Lasten des Schuldners zur Folge. Wegen der Verwertung muß der Gläubiger i. d. R. einen eigenen Antrag stellen.

---

[34] In Anlehnung an die *Aberkennungsklage* gemäß Art. 83 SchKG; sie ist inhaltlich jedoch eine Leistungsklage.

[35] Art. 83 Abs. 3 SchKG; s. unten III.

[36] Der entscheidende Pfändungsakt ist hier die Erklärung gegenüber dem Schuldner, nicht die Anzeige gegenüber dem Drittschuldner, *Fritzsche/Walder*, § 23 Rn. 42.

[37] Gemäß der Verordnung des Bundesgerichts vom 10.5.1910.

[38] Gemäß Art. 54-61 Schiffsregistergesetz vom 28.9.1923.

[39] Gemäß Art. 52-60 Luftfahrzeugbuchgesetz vom 7.10.1959.

III. Die Rechtsbehelfe des Schuldners

1. Beschwerde gegen Verfügungen des Betreibungsamts, Art. 17-19 SchKG

Die Beschwerde ist einschlägig bei Rügen gegen die Vorgehensweise des Amtes bei der Vollstreckung. Sie richtet sich gegen gesetzeswidrige oder unangemessene[40] Verfügungen oder Rechtsverweigerung und -verzögerung. Gegen gesetzeswidrige Verfügungen, insbesondere solche, die die Unpfändbarkeit oder Pfändungsbeschränkungen mißachten, muß der Schuldner innerhalb von zehn Tagen Beschwerde einlegen. Zuständig ist die jeweilige Aufsichtsbehörde. Der Instanzenzug setzt sich fort über die obere kantonale Aufsichtsbehörde[41] zum Bundesgericht.

Gemäß Art. 36 SchKG hat die Beschwerde nur dann aufschiebende Wirkung, wenn dies besonders angeordnet wird. Die Entscheidung hierüber liegt im Ermessen der Beschwerdebehörde.

2. Rechtsvorschlag gegen den Zahlungsbefehl, Art. 69 Abs. 2 SchKG

Hat der Gläubiger einen Zahlungsbefehl erwirkt, so kann der Schuldner innerhalb von zehn Tagen nach Zustellung des Befehls mit dem Rechtsvorschlag die Berechtigung zur Vollstreckung bestreiten. Er kann hierbei sowohl vollstreckungs- wie materiellrechtliche Gründe geltend machen[42]. Eine besondere Form ist nicht vorgeschrieben - sogar das mündliche Vorbringen gegenüber dem Postzusteller ist hinreichend[43]. Ebensowenig muß der Schuldner überhaupt eine Begründung angeben: es genügt bereits die Unterschrift in der für den Rechtsvorschlag vorgesehenen Spalte des Zahlungsbefehls[44]. Der Schuldner kann also eine ihm unberechtigt erscheinende Vollstreckung ebenso unkompliziert zum Stillstand bringen, wie sie der Gläubiger in Gang setzen konnte. Bei unverschuldeter Verspätung besteht die Möglichkeit, den Rechtsvorschlag bis zur Verwertung nachzuholen.

Läßt das Betreibungsamt den Rechtsvorschlag zu, führt dies zur Einstellung der Betreibung (Art. 78 SchKG), und die Initiativlast geht wieder auf den

---

40 In diesem Fall wird die Ermessensausübung des Betreibungsamts überprüft, *Fritzsche/Walder*, § 8 Rn. 19.

41 Soweit vorgesehen; oft sind dies Gerichte, z. T. aber auch Organe der Exekutive; s. i. e. *Burghardt*, S. 75 und tabellarischer Überblick S. 81-87.

42 *Fritzsche/Walder*, § 17 Rn. 1 m. w. N.

43 *Fritzsche/Walder*, § 17 Rn. 28.

44 *Fritzsche/Walder*, § 17 Rn. 36, Fn. 56.

Gläubiger über. Präventiver Rechtsvorschlag ist unzulässig, nicht dagegen der Rechtsvorschlag vor Zustellung eines bereits beantragten Zahlungsbefehls[45].

3. Einwendungen im Rechtsöffnungsverfahren

Die Suspensivwirkung des Rechtsvorschlags kann der Gläubiger beseitigen, indem er das Verfahren der Rechtsöffnung betreibt. Aber selbst wenn er sein Recht zur Vollstreckung mittels eines definitiven Rechtsöffungstitels in qualifizierter Form vorbringt, hat der Schuldner dennoch Verteidigungsmittel an der Hand: er kann Tilgung[46], Stundung und Verjährung (Art. 81 Abs. 1 SchKG) sowie ggf. Fehler des fremdkantonalen Verfahrens (Art. 81 Abs. 2 SchKG) einwenden. Abs. 3 eröffnet dem Schuldner darüber hinaus die in Staatsverträgen vorgesehenen Einwendungen gegen ausländische Urteile[47].

Lag dagegen nur ein provisorischer Rechtsöffnungstitel vor, so kann der Schuldner inhaltlich unbeschränkt Einwendungen gegen die Vollstreckungsberechtigung vortragen. Eine Einschränkung ergibt sich dagegen auf beweistechnischer Ebene. Der Schuldner muß seine Einwendung sofort glaubhaft machen können (Art. 82 Abs. 2 SchKG), d. h. der Richter muß überwiegend geneigt sein, an die Wahrheit des Vorbringens zu glauben[48].

Angesichts der Ähnlichkeit der Verteidigungssituation in der provisorischen Rechtsöffnung und der Vollstreckungsgegenklage nach deutschem Recht[49], insbesondere des in beiden Rechten herabgesetzten Beweisstandards der Glaubhaftmachung, könnte man geneigt sein, die schweizerische öffentliche Urkunde hinsichtlich ihrer Exekutionskraft der deutschen vollstreckbaren Urkunde gleichzusetzen. Nach beiden Rechtsordnungen scheint es möglich, daß der Gläubiger erst *nach* einem summarischen Erkenntnisverfahren über seinen Anspruch zur sichernden Pfändung schreiten kann. Einige entscheidende Unterschiede seien daher besonders hervorgehoben. Der erste ergibt sich aus der unterschiedlichen Initiativlast. Während in Deutschland der Schuldner mit der entprechenden Belastung durch den Kostenvorschuß[50] Klage erheben und gesondert einstweiligen Vollstreckungsschutz nach § 769 dt. ZPO beantragen muß, hat in der Schweiz der Gläubiger tätig zu werden, um mit der Rechtsöffnung sichernden Zugriff auf das Schuldnervermögen zu erlangen. Eine zweite Abweichung zeigt sich bei der vorläufigen Pfändung, die nach SchKG jeden-

---

45 *Fritzsche/Walder*, § 17 Rn. 34.

46 Einschließlich der Erfüllungssurrogate, *Fritzsche/Walder*, § 19 Rn. 20.

47 s. unten IV. Hierfür gelten die Beweismittelbeschränkungen nicht, *Fritzsche/Walder*, § 19 Rn. 25 m. N. der Rspr.

48 *Fritzsche/Walder*, § 20 Rn. 12, Fn. 16.

49 Vgl. oben § 4 F. III. 2. a).

50 *Baur*, S. 319.

falls erst nach der Prüfung der Einwendungen erfolgt, wohingegen die dt. ZPO die Einstellung zumindest fakultativ - und in der Praxis regelmäßig[51] - mit der Verpflichtung zur Sicherheitsleistung durch den gegenklagenden Schuldner verbindet. Schließlich folgen trotz der übereinstimmenden Voraussetzung der „Glaubhaftmachung" beide Verfahren unterschiedlichen Leitideen. Zwar vermeidet sowohl das deutsche wie das schweizerische Recht eine schematisierende Festlegung des richterlichen Ermessens bei der Entscheidung über die Einwendungen[52]. Während aber in Deutschland selbst bei gelungener Glaubhaftmachung zur Zurückhaltung im Umgang mit der Rechtsfolge „aussetzende Maßnahme" geraten wird[53], verweigern die meisten Schweizer Gerichte die provisorische Rechtsöffnung bei gegenseitigen Verträgen - und dies sind in der Praxis die meisten vollstreckbaren Urkunden - aufgrund eines Katalogs gewisser Einwendungen unter Verzicht auf die Glaubhaftmachung, sofern die Einwendung nicht gerade offenbar haltlos ist[54].

Diese unterschiedliche Gewichtung des Schuldnerschutzes führt dazu, daß der Gläubiger in Deutschland in aller Regel zumindest Sicherung in Form der

---

[51] MünchKomm-*K. Schmidt*, § 769 Rn. 16.

[52] s. für das schweizerische Recht etwa *Fritzsche/Walder*, § 20 Rn. 12 f., für das deutsche Recht Baumbach/Lauterbach-*Hartmann*, § 294 Rn. 1.

[53] s. z B. Baumbach/Lauterbach-*Hartmann*, § 769 Rn. 7; *Gaul*, ZZP 1972, 273.

[54] *Fritzsche/Walder*, § 20 Rn. 14 ff. Diese sogenannte „Basler Rechtsöffnungspraxis" bei zweiseitigen Verträgen (begründet 1947; s. i. e. *B. Meyer*, S. 50 ff.) trägt dem Umstand Rechnung, daß Art. 82 SchKG von einer *vorbehaltlosen* Anerkennung ausgeht (*B. Meyer*, S. 47 m. N.), wie sie in Reinform nur bei einseitigen Zahlungsversprechen auftritt. Damit ergibt sich bei den in der Praxis wichtigeren gegenseitigen Verträgen (*B. Meyer*, S. 18) ein zur provisorischen Rechtsöffnung überhaupt geeigneter Titel grundsätzlich nur dann, wenn der Gläubiger seine Leistung erbracht hat. Eine Ausnahme gilt nur, wenn der Schuldner vorleistungspflichtig ist. Da der Gläubiger die *Beweis*pflicht für die Titelqualität des Vertrags trägt (*B. Meyer*, S. 26), kann der Schuldner durch bloßes Bestreiten der vertragsgemäßen Gegenleistung die Rechtsöffnung verhindern, sofern nicht der Gläubiger durch Urkunden sofort den Gegenbeweis antreten und die Prüfung der Gegenleistung auch sinnvollerweise im Rahmen des summarischen Verfahrens erfolgen kann.

Die in Art. 82 Abs. 2 SchKG verlangte Glaubhaftmachung bezieht sich demzufolge nur auf einen Teil der Verteidigungsmittel, die unter §§ 767, 769 dt. ZPO mit der daraus folgenden Beweiserleichterung fallen - im übrigen ist der *Gläubiger beweisbelastet* -, und wird in der Praxis durch ein recht kompliziertes Beweisschema ergänzt, das dem Schutz vor ungerechtfertigter Betreibung größeren Stellenwert zumißt als dem Interesse des Gläubigers an Sicherungspfändung.

Interessanterweise wird zur Rechtfertigung dieser zurückhaltenden Rechtsöffnungspraxis angeführt, daß nur dem Gläubiger der Geldleistung das Rechtsöffnungsverfahren zur Verfügung stehe, während der Gläubiger der Gegenleistung auf den ordentlichen Prozeß verwiesen sei (*B. Meyer*, S. 53) - ein Begründungsmuster, das auch bei der inhaltlichen Ausdehnung der vollstreckbaren Urkunde nach deutschem Recht 1995 zu finden ist (vgl. oben § 4 F. I. 4.).

Sicherheitsleistung erlangt, bevor über seine Vollstreckungsberechtigung entschieden wird, während dies in der Schweiz gerade umgekehrt ist. Damit erweist sich die vollstreckbare Urkunde der dt. ZPO letztlich doch als schneidiger als die öffentliche Urkunde in der Rechtsöffnung, und es bestätigt sich der Befund, daß es in der Schweiz keine unmittelbar vollstreckbare Urkunde gibt.

4. Aberkennungsklage gegen die provisorische Rechtsöffnung, Art. 83 SchKG

Falls der Gläubiger mit seinem provisorischen Rechtsöffnungstitel durchdringt, kann der Schuldner mittels einer negativen Feststellungsklage, der „Aberkennungsklage“, das Recht zur Vollstreckung bestreiten, ohne daß er mit seinen Einwendungen inhaltlich, beweismäßig oder zeitlich beschränkt wäre. Hinsichtlich der Rollenverteilung und der Beweislast[55] ähnelt sie stark der deutschen Vollstreckungsgegenklage, hinsichtlich der zulässigen Vorbringen dem Sonderfall des § 797 Abs. 4 dt. ZPO.

Örtlich zuständig ist das Gericht des Betreibungsortes, der in aller Regel durch den Wohnsitz des Schuldners bestimmt wird (Art. 83 i. V. m. Art. 46 SchKG); Prorogationen sind zulässig[56]. Die Klage ist innerhalb von zehn Tagen nach Rechtsöffnung zu erheben, ein Verzicht läßt die provisorische Pfändung definitiv werden. Das Aberkennungsurteil befindet über das Bestehen der Forderung - nicht über die Vollstreckbarkeit[57] - und erwächst in Rechtskraft[58]. Obsiegt der Schuldner, so werden alle bisherigen Vollstreckungsakte hinfällig. Verliert er, wird die provisorische Pfändung endgültig.

Der Entwurf[59] eines Art. 85a SchKG erweitert die Klagemöglichkeit des Schuldners um eine *allgemeine negative Feststellungsklage* gegen die materielle Vollstreckungsberechtigung[60]. Zuständig wäre das Gericht am Betreibungsort. Der Schuldner soll bei Obsiegen die Aufhebung oder Einstellung der Betreibung verlangen können. Dieser Rechtsbehelf würde gewährleisten, daß einerseits der vollstreckbaren Urkunde die Durchschlagskraft gerichtlicher Titel

---

[55] s. die allgemeine Regel des Art. 8 ZGB, wonach grundsätzlich derjenige das Vorhandensein einer behaupteten Tatsache zu beweisen hat, der aus ihr Rechte ableitet. Zur Beweislast im Rahmen der Aberkennungsklage s. *Kellerhals*, BN 1993, 6: „Die Parteirollen sind vertauscht ... An der Beweislastverteilung ändert dies nichts ...“.

[56] *Fritzsche/Walder*, § 21 Rn. 5.

[57] Hieran zeigt sich beispielhaft, wie zufällig die Bestimmung des Streitgegenstands der materiellen Vollstreckungsabwehrklage nach autonomem Recht ist.

[58] *Fritzsche/Walder*, § 21 Rn. 1 m. N. der Rspr.

[59] Das revidierte SchKG soll zum 1. Januar 1997 in Kraft treten.

[60] *Kellerhals*, BN 1993, 8.

zukommt, andererseits der Schuldnerschutz adäquat verwirklicht wird[61]. Da diese Vorteile mit der Erschwerung des Zugriffs auf das Schuldnervermögen erkauft würden, ist der Entwurf jedoch heftig umstritten[62].

5. Klage auf Feststellung des Nichtbestehens des Anspruchs bei definitiver Rechtsöffnung?

Feststellungsklagen sind allgemein zulässig, wenn ein besonderes, rechtserhebliches Interesse besteht und Leistungs- oder Gestaltungsklage ausgeschlossen sind[63]. Damit scheint diese Klageart ein geeignetes Abwehrmittel gegen vollstreckbare Urkunden zu sein, sofern man diese als *definitive* Rechtsöffnungstitel[64] mit beschränkter Verteidigungsmöglichkeit betrachtet. Das geltende Recht sieht einen solchen Behelf jedoch ausdrücklich nur in Form der Aberkennungsklage gegen *provisorische* Rechtsöffnungen vor[65] und dürfte insofern abschließend sein.

6. Aufhebung und Einstellung der Vollstreckung wegen Tilgung oder Stundung, Art. 85 SchKG

Kann der Schulder urkundlich die Tilgung oder Stundung beweisen, muß das Gericht des Betreibungsortes[66] die Vollstreckung aufheben bzw. einstellen. Ein entsprechender Antrag ist bis zur Verteilung des Erlöses möglich[67].

7. Rückforderungsklage, Art. 86 SchKG

Der Vollstreckungsrechtsschutz wird dadurch verlängert, daß der Schuldner anschließend an die Verteilung des Erlöses innerhalb eines Jahres die Möglichkeit hat, Klage auf Rückerstattung des unrechtmäßig erlangten Betrags zu erheben. Er kann dies am Betreibungsort oder am Wohnsitz des angeblichen Vollstreckungsgläubigers tun. Verfahrensmäßige Einschränkungen bestehen nicht. Im Gegensatz zum allgemeinen Bereicherungsrecht muß der Schuldner nicht

---

61 s. i. e. unten V. 2.
62 *Kellerhals*, BN 1993, 9; *Jametti Greiner*, BN 1993, 54 f.
63 *Stojan*, S. 197 m. w. N.
64 s. hierzu unten V. 2.
65 *Walter*, ZZP 1994, 338.
66 *Fritzsche/Walder*, § 21 Rn. 5.
67 *Fritzsche/Walder*, § 22 Rn. 3.

nachweisen, daß er über das Bestehen der Verpflichtung im Irrtum war; das verschuldete Versäumen der Aberkennungsklage schadet ihm nicht[68].

IV. Die Vollstreckbarerklärung

1. Zulassung zur Zwangsvollstreckung nach Bundesrecht (SchKG und IPRG)

Aufgrund von Staatsverträgen erfolgt die Vollstreckbarerklärung von Geldzahlungstiteln integriert ins Rechtsöffnungsverfahren (Art. 81 Abs. 3 SchKG): die interne und die konventionsrechtliche Zulassung zur Zwangsvollstreckung werden zusammengefaßt. Allerdings ist es auch möglich, einen Titel unabhängig von einer konkreten Exekution für vollstreckbar erklären zu lassen[69]. Er ist dann nach autonomem Recht den Exequaturregeln des IPR-Gesetzes unterworfen, insbesondere der ordre-public-Prüfung[70]. Eine Vollstreckbarerklärung von *Urkundstiteln* sieht das IPR-Gesetz allerdings nicht vor (Art. 28 IPRG). Lediglich Urkunden in Personenstandssachen werden nach Art. 32 Abs. 1 IPRG aufgrund einer Entscheidung der zuständigen kantonalen Behörde in die Schweizer Register übertragen.

Wählt der Gläubiger schließlich das vereinfachte Exequatur nach dem LugÜ, so verdrängt dieses beide autonomrechtliche Verfahrensarten und schließt insbesondere die Benachrichtigung des Schuldners aus[71]. Das LugÜ nimmt auf die traditionelle Zusammenfassung von interner und internationaler Exekutionszulassung nach Art. 81 Abs. 3 SchKG insofern Rücksicht, als es in Art. 31 Abs. 1 die Zuständigkeit dem „Rechtsöffnungsrichter im Rahmen des Rechtsöffnungsverfahrens" zuweist.

2. Zulassung zur Zwangsvollstreckung nach kantonalem Prozeßrecht

Für die Vollstreckbarerklärung von Titeln über Nichtgeldleistungen sind die Kantone zuständig. Meist erhält der Vollstreckungsschuldner von Anfang an die Möglichkeit zur Stellungnahme[72], häufig verlangt man die Gegenseitigkeit mit

---

[68] I. e. *Fritzsche/Walder*, § 22 Rn. 10.

[69] *Kellerhals*, BN 1993, 16, Fn. 38 m. N. der Rspr.

[70] Hierbei scheint sowohl der kollisionsrechtliche als auch der anerkennungs- und vollstreckungsrechtliche ordre public das Exequatur hindern zu können, *Kellerhals*, BN 1993, 18.

[71] *Jametti Greiner*, BN 1993, 51.

[72] *Stojan*, S. 200; vgl. etwa BE Art. 401 ZPO; UR Art. 295 ZPO.

dem Herkunftsstaat[73]. Die kantonalen Exequaturverfahren sind mit Ausnahme von Basel-Stadt summarisch ausgestaltet, geprüft werden nur *formelle* Voraussetzungen[74].

Vor Inkrafttreten des LugÜ war die Exequierung ausländischer vollstreckbarer Urkunden in keinem der kantonalen Prozeßrechte vorgesehen. Aber auch die Einführungsgesetze zum LugÜ, die mittlerweile ergangen sind[75], erwähnen die vollstreckbare Urkunde nicht als eigenständige Titelart. Im Gegenteil ist nur von „Urteilen“ oder „Entscheidungen“ die Rede. Diese Gesetze enthalten hauptsächlich Zuständigkeits- und Verfahrensregeln und gelten für das Exequatur von Geldleistungs- *und* Realtiteln[76, 77].

3. Autonomrechtliche Behelfe gegen die Erteilung des Exequaturs

In die Zuständigkeit des *Bundesgerichts* fallen die „Staatsvertragsbeschwerde“ wegen der Verletzung eines Staatsvertrages[78] - hier des LugÜ -, bei der der Rechtsweg nicht erschöpft sein muß, und - nach Erschöpfung des Rechtswegs - die „Willkürbeschwerde“ gegen die letztinstanzliche Exequaturentscheidung wegen Verletzung des Willkürverbots des Art. 4 Bundesverfassung.

Das *kantonale Recht* präsentiert sich wiederum sehr vielfältig und bunt: Gegen das Exequatur von Titeln über SchKG-Ansprüche kann der Schuldner nur in einigen Kantonen[79] das ordentliche Rechtsmittel des Rekurses und ggf. ein weiterführendes Rechtsmittel einlegen. Andernorts[80] stehen ihm die Nichtigkeitsbeschwerde und die Revision als außerordentliche Rechtsmittel zur Verfügung.

Einzelne kantonale Umsetzungsvorschriften sprechen sich neuerdings über die Verteidigungsmittel aus, die der Schuldner im Rechtsbehelfsverfahren vor-

---

[73] s. etwa ZH Art. 302 ZPO; BE Art. 401 ZPO; LU Art. 325 ZPO; UR Art. 295 ZPO; SZ Art. 230 ZPO; TI Art. 511 CPC.

[74] *Stojan*, S. 200.

[75] Überblick in: SZIER 1993, 336 ff.

[76] Explizit etwa Abschnitte I und II EinfVO BE.

[77] Exequaturanträge betreffend Titel über nach dem SchKG zu vollstreckende Ansprüche werden von den Zürcher Gerichten laut *Stojan*, S. 207, entweder wegen mangelnden Rechtsschutzinteresses abgewiesen oder aber an das zuständige Betreibungsamt weitergereicht, wie dies der Zuständigkeit nach Art. 31 Abs. 1 entspricht.

[78] Gemäß Art. 84 f. des Bundesgesetzes über die Organisation der Rechtspflege i. V. m. Art. 113 der Bundesverfassung.

[79] ZH Art. 272 Abs. 2 S. 3 ZPO; SO Art. 323 Abs. 3 ZPO; ZG Art. 226 ZPO; SH Art. 354 Nr. 5b ZPO.

[80] s. etwa UR Art. 295 Abs. 1 , 278 Abs. 1, 279 ZPO.

bringen kann. So läßt Art. 5 EinfVO BE[81] i. V. m. Art. 409 Nr. 2 ZPO BE nach dem Urteil entstandene Einwendungen im Appellationsverfahren zu[82]. Er entspricht insoweit § 13 dt. AVAG, ohne aber auf die Besonderheiten der vollstreckbaren Urkunde einzugehen. Eine Auslegung, die bei Urkunden die Präklusionsgrenze aufhebt, bietet sich an. Dieselbe Regelung beinhaltet Art. 7 EinfVO JU i. V. m. Art. 402 Nr. 2 C.p.c. JU[83]. Auf das SchKG mit seinem gestuften Rechtsbehelfssystem verweist schließlich Art. 1 Abs. 2 der Ausführungsbestimmungen OB für das Rechtsbehelfsverfahren gegen Exequaturentscheidungen in Geldleistungssachen.

V. Probleme des Zusammenspiels von LugÜ und autonomem Recht

1. Verhältnis des Exequaturs nach dem LugÜ zur Rechtsöffnung

Es ist umstritten, wie das Verhältnis des Exequaturs zur Rechtsöffnung als interner Vollstreckungsbewilligung richtigerweise zu bestimmen ist. Aspekte der korrekten Umsetzung der Übereinkommen und des Schuldnerschutzes sind hier zu beachten.

Während etwa *Stojan*[84] auch das Exequatur gemäß LugÜ im Rechtsöffnungsverfahren ansiedelt und damit für den Fall, daß der Schuldner keinen Rechtsvorschlag einlegt, auf einen gesonderten Exequaturakt verzichtet, unterscheidet das *Bundesamt für Justiz* zwischen Vollstreckbarerklärung gemäß LugÜ und Betreibung nach schweizerischem Recht[85]. Für diese Sichtweise läßt sich Art. 81 SchKG anführen, der zwar für schweizerische und konventionsausländische Titel dasselbe Verfahren vorsieht, dabei jedoch interne und konventionsrechtliche Einwendungen trennt (Abs. 1 und 2 gegenüber Abs. 3). Nach einer dritten Ansicht soll das Exequatur im Rechtsöffnungsverfahren erfolgen, ohne jedoch dem Schuldner Einredemöglichkeiten zu eröffnen, um das Prinzip des einseitigen Verfahrens nach Art. 34 LugÜ zu wahren[86]. Denn die Rechtsöffnung in Reinform würde wegen ihres kontradiktorischen Ablaufs - Art. 84 SchKG - gegen Art. 34 Abs. 1 LugÜ verstoßen[87]. Minderheitlich wird schließlich auch vertreten, den Gläubiger *vollständig* nach dem LugÜ vollstrecken zu

---

81 Ebenso Art. 400b Abs. 2 des Revisionsentwurfs zur ZPO BE.

82 *Kellerhals*, ZBJV 1992, 84, merkt hierzu an, daß diese Einspruchsmöglichkeit systematisch dem eigentlichten Vollstreckungsverfahren zuzuordnen ist. Gründe der Prozeßökonomie sprächen jedoch dafür, sie bereits in diesem Verfahrensstadium zuzulassen. Ich möchte dieser Ansicht nicht folgen (s. i. e. § 9 D.).

83 Inhaltsgleich mit Art. 409 ZPO BE.

84 *Stojan*, S. 9 f., 190, 196 (dort m. w. N. aus Literatur und Rspr.).

85 *Lobsiger*, BN 1995, 20, Fn. 71; ebenso *Notter*, ZBGR 1993, 87.

86 *Volken*, SJIR 1987, 121; *I. Meier*, S. 193.

87 *Schmutz*, S. 116.

lassen, wenn er diesen Weg wählt, und damit nach dem LugÜ-konformen Exequatur kein Einleitungsverfahren nach SchKG mehr zu verlangen[88]. Zur Begründung dieser Ansicht führt *Walter* an, eine doppelte Zulassung zur Vollstreckung - nach LugÜ und anschließend nach SchKG - sei unnötig und konventionswidrig[89]. Dem möchte ich entgegenhalten, daß eine Redundanz beider Verfahren nur dann auftritt, wenn diese die Prüfung derselben Vollstreckungsvoraussetzungen zum Inhalt haben[90] - was, wie unten § 9 D. im einzelnen zu zeigen sein wird, nicht der Fall ist. Zudem nimmt das LugÜ auf das nationale Vollstreckungsverfahren - hier dasjenige der Betreibung nach SchKG - keinen Einfluß, sondern bewirkt lediglich die Überführung einer erststaatlichen Urkunde in eine vollstreckungsgeeignete zweitstaatliche; eine Ersetzung der einen durch die andere Prozedur kommt daher nicht in Betracht. Schließlich spricht gegen *Walters* Ansicht, daß Art. 32 Abs. 1 LugÜ die Zuständigkeit für das Exequatur dem Rechtsöffnungsrichter im Rahmen des Rechtsöffnungsverfahrens nach den Artikeln 80 und 81 SchKG zuweist. Demzufolge *ersetzt* das Exequaturverfahren die Rechtsöffnung nicht, sondern *erfolgt in ihrem Verlauf.* M. E. ist deshalb der Auffassung des *Bundesamts für Justiz* zu folgen, wonach beide Zulassungsverfahren inhaltlich - nicht zeitlich - voneinander zu trennen sind.

Interessant ist in diesem Zusammenhang auch Art. 8 EinfVO BE, wonach die „Gläubigerin/Gläubiger ... aber auch außerhalb eines Betreibungsverfahrens beim Rechtsöffnungsrichter nur die Erklärung der Vollstreckbarkeit beantragen" kann; hier wird zumindest prinzipiell scharf zwischen Exequatur und autonomrechtlicher Vollstreckungsbewilligung als zwei verschiedenen Vorgängen unterschieden. Umgekehrt legt Art. 3 Abs. 1 der jurassischen EinfVO fest, daß

---

[88] *Walter*, ZZP 1994, 323.

[89] *Walter*, ZZP 1994, 323, 325, 351. Möglicherweise hat er hierbei die Rechtsprechung des *EuGH* im Blick, wonach das autonome Recht nach Erteilung des Exequaturs keine gesonderte Zulassung zur Zwangsvollstreckung mehr verlangen darf, vgl. *EuGH Capelloni und Aquilini/Pelkmans*, Slg. 1985, 3147 LS 2. Diese Entscheidung bezieht sich allerdings lediglich auf die Sicherungsvollstreckung nach Art. 39 während der Rechtsbehelfsphase, die das autonome Recht keiner gesonderten Zulassung unterwerfen darf. Für das eigentliche zweitstaatliche Vollstreckungsverfahren kann durchaus etwas anderes gelten.

[90] Hiervon scheint *Walter*, ZZP 1994, 324, auszugehen: „Funktionell hat das Exequaturverfahren insofern die Aufgabe von Einleitungsverfahren und Rechtsöffnungsverfahren insgesamt übernommen." Dies ist aber nur unter der Voraussetzung möglich, daß „es dem Schuldner ja schon in der zweiten Phase des Vollstreckbarerklärungsverfahrens möglich ist, gegen das ausländische Urteil auch materielle Einwendungen im Sinne von Art. 80 Abs. 1 SchKG vorzubringen", so *Walter*, ZZP 1994, 325 unter Berufung auf *Kropholler*. Noch deutlicher wird *Walter* auf S. 351: „Das *Exequaturverfahren* gemäß Art. 31 ff. L-Ü stellt *funktionell* ein *Rechtsöffnungsverfahren* dar! ... (D)er Schuldner ... kann auch Einwendungen gegen die sachliche Richtigkeit des ausländischen Urteils geltend machen, allerdings nur solche, die nach dem Erlaß der ausländischen Entscheidungen entstanden sind - genau wie in *Art. 81 Abs. 1 SchKG*!"

das Exequatur *auch* im Rechtsöffnungsverfahren erfolgen kann. Ebenso handhabt es der Luzerner ZPO-Entwurf in Art. 303 f.

2. *Probleme der Trennung von Exequatur und Rechtsöffnung*

Aus dieser prinzipiell richtigen Trennung ergibt sich nun auf bundesrechtlicher Ebene ein Zielkonflikt zwischen der zügigen Urkundenvollstreckung und der Gewährleistung der Rechte des Schuldners. Denn wenn die vollstreckbare Urkunde durch das Exequatur einer gerichtlichen Entscheidung nach schweizerischem Recht gleichgestellt und als definitiver Rechtsöffnungstitel behandelt wird - was Art. 50 LugÜ wohl gebietet[91] -, verbleiben dem Schuldner im Verfahren der definitiven Rechtsöffnung nur wenige materielle Einwendungsmöglichkeiten, die insgesamt inhaltlich den Standard der sechs Gründerstaaten nicht erreichen. *Lobsiger* schlägt deshalb vor, derartige Einwendungen so wie nach dem dt. AVAG bereits im Rechtsbehelfsverfahren gegen das Exequatur zuzulassen[92]. M. E. schafft hier aber die geplante vollstreckungsrechtliche negative Feststellungsklage nach Art. 85a SchKG[93] bereits vollständig Abhilfe.

VI. Zusammenfassung

Das schweizerische Vollstreckungsrecht bietet ausreichende, wenn auch im einzelnen noch strittige Mechanismen zur Durchsetzung vollstreckbarer Urkunden unter dem LugÜ. Die gegenwärtig noch bestehenden Rechtsschutzprobleme dürften mit der vollstreckungsrechtlichen Feststellungsklage nach der SchKG-Novelle ausgeräumt werden.

Trotz der vollstreckungsrechtlichen Ähnlichkeit zwischen exekutorischer Urkunde lateinisch-germanischen Typs und außergerichtlichem Rechtsöff-

[91] *Lobsiger*, BN 1995, 20 m. w. N.; ebenso sieht *Kren*, S. 452 f., hinsichtlich der vollstreckbaren Urkunde keine Umsetzungsschwierigkeiten: bei Geldansprüchen sei die definitive Rechtsöffnung, bei Nichtgeldleistungen das kantonale Vollstreckungsverfahren einschlägig. Für lediglich *provisorische* Rechtsöffnung spricht sich dagegen aus Schuldnerschutzgründen *Jametti Greiner*, BN 1993, 54, aus. *Notter*, ZBGR 1993, 91, möchte die einzuführende schweizerische vollstreckbare Urkunde als definitiven Rechtsöffnungstitel ausgestalten. *Walter*, ZZP 1994, 341, hält das provisorische wie das definitive Rechtsöffnungsverfahren für überflüssig, wenn das Exequatur gemäß LugÜ erteilt wurde (s. oben Fn. 90) und vertritt hilfsweise die Ansicht, die Urkunde sei lediglich provisorischer Rechtsöffnungstitel.

[92] *Lobsiger*, BN 1995, 21.

[93] s. oben III. 3. a. E.

nungstitel sind die zur provisorischen Rechtsöffnung führenden Instrumente nicht als unmittelbar vollstreckbar i. S. v. Art. 50 zu betrachten.

Zur Reformdiskussion um das autonome Prozeßrecht, die die Implementierung des LugÜ in den Mitgliedsstaaten ausgelöst hat, darf bemerkt werden, daß sie in der Schweiz am lebendigsten und vielfältigsten geführt wird, sowohl was die Menge der Reformgegenstände - insbesondere die Einführung einer vollstreckbaren Urkunde - als auch die Bandbreite der vertretenen Ansichten betrifft. Viele begreifen das LugÜ als Chance, sich von überkommenen und teilweise veralteten Instituten und Prozeduren zu lösen, ohne jedoch die Grundsystematik des Vollstreckungsrechts aufzugeben. Die Bereitschaft zur Anpassung an den umgebenden europäischen Rechtsraum ist beachtlich.

B. Fennoskandien und Island

Einige ausgewählte Fragen aus dem Vollstreckungsrecht der fennoskandischen LugÜ-Staaten sollen im folgenden kurz skizziert werden.

I. Urkunden als Titel

Schweden hat kein dem kontinentaleuropäischen vergleichbares Beurkundungswesen und demzufolge keine auf dieser Grundlage konzipierte vollstreckbare Urkunde[94]. Bezeichnend für dieses Aufeinandertreffen zweier (Rechts) Welten ist die Tatsache, daß Art. 50 LugÜ in der schwedischen Fassung hinter dem neugeschöpften Begriff *officiella handlingar* den Klammerzusatz *actes authentiques* bringt.

Es existieren jedoch Titel, die sowohl das Kriterium der Vollstreckbarkeit ohne gerichtliches Erkenntnis wie auch das der Urkundenerrichtung durch eine Amtsperson erfüllen. Als Beispiel werden Vereinbarungen über Kindesunterhalt (*underhållsbidrag till barn)* genannt, die mit Genehmigung der Sozialbehörde abgeschlossen werden[95, 96]. Unter Berufung auf dänische Autoren betrachtet

---

[94] Vgl. *Pålsson*, S. 236.

[95] *Pålsson*, S. 236, und Lugano Convention, II. „travaux préparatoires", 44; vgl. 7. Kap. § 7 Abs. 2 Föräldrabalken (Elternschaftsgesetz) und 3. Kap § 19 Abs. 1 Utsökningsbalken (Vollstreckungsgesetz).

[96] Die Unterhaltszusage muß nach 7. Kap. § 7 Abs. 2 Föräldrabalken schriftlich und vor zwei Zeugen geschlossen werden, wenn ein Betrag für mehr als drei Monate oder eine Einmalzahlung vereinbart wird. Bei Minderjährigen muß zusätzlich das Sozialamt zustimmen. Zweck der Norm ist es, *regelmäßige und gleichmäßige* Unterhaltszahlungen sicherzustellen.

man auch Vergleiche, die vor einer öffentlichen Stelle abgeschlossen wurden, als öffentliche Urkunden[97]. Die Äußerung des Expertenberichts, es gebe in Schweden keine unter Art. 50 LugÜ fallenden Urkunden[98], geht also zu weit.

Im Zusammenspiel des LugÜ mit dem *norwegischen* Vollstreckungsrecht ergeben sich ähnliche Fragen. Nach § 7-2(a) tvangsfullbyrdelseslov (Zwangsvollstreckungsgesetz) i. d. F. von 1992 sind bestimmte Schuldverschreibungen (*eksigible gjeldsbrev*) Vollstreckungstitel. Obwohl die konventionsrechtlichen Authentizitätsanforderungen noch nicht fest umrissen sind, geht man doch davon aus, daß die norwegischen Schuldverschreibungen diesen Standard nicht erfüllen und schlägt deshalb die Einführung eines notariell beurkundeten *gjeldsbrev* vor, dessen europaweite Vollstreckungsfähigkeit gesichert wäre[99].

In den Beratungen zum LugÜ wurde eine zweite direkt vollstreckbare Urkunde angesprochen[100]. Es handelt sich um Titel über Schadensersatzzahlungen, die der Schuldner im Rahmen eines Strafprozesses auf Vorschlag der Verfolgungsbehörde zusagt. Obwohl man bei den Beratungen hierauf später nicht zurückkam, scheint mir eine derartig beurkundete Übereinkunft als öffentlich und unter Beteiligung des Schuldners aufgenommen unter Art. 50 LugÜ zu fallen.

Finnland schließlich kennt den Darlegungen seiner LugÜ-Verhandlungsdelegation zufolge überhaupt keine vollstreckbaren Urkunden[101]. Ebenso steht es mit *Island*, wo man aber bei der Umsetzung des LugÜ keine Schwierigkeiten sieht[102].

II. Zusammenfassung und Bewertung

Die nordischen Länder stehen außerhalb des lateinisch-germanischen Beurkundungssystems und besitzen daher auch keine gesetzlich geregelte „öf-

---

Ob die Mitwirkung der Behörde eher Wirksamkeitserfordernis für den Vertrag als Authentifizierungsakt ist, läßt sich schwer beurteilen. Ich halte diese Betrachtungsweise aufgrund des Normzwecks für naheliegend. Andererseits schließen sich beide Aspekte der behördlichen Mitwirkung nicht aus; die Zustimmung könnte insofern „doppelgesichtig" sein. Eine abschließende Wertung im Zusammenhang mit Art. 50 LugÜ möchte ich daher nicht abgeben.

Nach 3. Kap. § 19 Abs. 1 Utsökningsbalken ist ein dieser Form entsprechender Vertrag über Unterhaltszahlungen an den geschiedenen Ehepartner oder an ein Kind vollstreckbar wie eine gerichtliche Entscheidung.

97 *Pålsson*, S. 236.

98 Bericht *Jenard/Möller*, ABl.EG 1990 C189, 80.

99 *Rognlien*, S. 270 f.

100 Lugano Convention, II. „travaux préparatoires", 59 f.

101 Lugano Convention, II. „travaux préparatoires", 50.

102 *Oskarsson*, S. 249 ff.

fentliche Urkunde", kennen aber ihrerseits verschiedene Möglichkeiten der Vollstreckung mehr oder minder privat beglaubigter Urkunden. Die Erläuterungen des Expertenberichts zum LugÜ schließen diese Dokumente zwar mehrheitlich vom Anwendungsbereich des Art. 50 LugÜ aus. Den entsprechenden Titeln ist jedoch gemeinsam, daß sie eine Schuld unbestreitbar feststellen - ein Kriterium, das auch im lateinisch-germanischen System den Ausschlag für die unmittelbare Vollstreckbarkeit gibt. Eine Kombination von inländischem Titel und öffentlicher Beurkundung ist in manchen Fällen möglich und führt dann zur Exequaturfähigkeit nach Art. 50 LugÜ. Die zu Beginn der Vertragsverhandlungen als heikel angesehenen Rechtsschutzprobleme scheinen sich nach der Erläuterung und der Präzisierung des Art. 50 LugÜ im Expertenbericht nicht mehr zu stellen.

Zweiter Teil

Konkretisierung der Exequaturvoraussetzungen nach Art. 50 und Einwendungen des Schuldners im Zusammenhang mit dem Exequaturverfahren

§ 8 Konkretisierung der Exequaturvoraussetzungen des Art. 50

Das in § 5 erläuterte Vorverständnis der vollstreckbaren Urkunde im Kreis der sechs ursprünglichen GVÜ-Staaten ist bestimmend für die vertragsautonome Auslegung der Tatbestandsmerkmale des Art. 50. Sie erlaubt eine abstrakte, aber doch an das Recht der Vertragsstaaten angebundene Eingrenzung der in Betracht kommenden Dokumente, ohne sich in einer bloßen Auflistung von bereits Bestehendem oder einer m. E. zu oberflächlichen Negativdefinition in Abgrenzung zu den unter Art. 25 und 51 fallenden Titeln zu erschöpfen, die dem ordre public-Vorbehalt ein weites Anwendungsfeld lassen würde.

Bei der Anwendung von Art. 50 ist als prozessuale Rahmenbedingung zu berücksichtigen, daß das Verfahren in erster Instanz einseitig ausgestaltet ist. Im ersten Rechtszug besteht deshalb für den Schuldner keine Verteidigungsmöglichkeit[1]; auch im Fall der Kenntnis des Schuldners von der Betreibung des Exequaturs und der Einreichung einer Schutzschrift[2] dürfte Art. 34 Abs. 1 eindeutig gegen eine Beteiligung des Schuldners sprechen[3]. Der Exequaturrichter ist somit bei seiner Beurteilung vollständig auf die ihm vorgelegte Urkunde angewiesen. Im zweiten und dritten Rechtszug dagegen gestaltet sich das Verfahren kontradiktorisch, so daß der Schuldner das Vorliegen von Exequaturvoraussetzungen in Zweifel ziehen kann. Das Rechtsbehelfsgericht erhält damit eine verbreiterte Entscheidungsgrundlage.

Dieser Unterschied muß bei der Frage in Rechnung gestellt werden, wie intensiv der erstinstanzliche Exequaturrichter die einzelnen Merkmale des Art. 50 zu prüfen hat. Unvollständigkeiten, die um der Raschheit der Vollstreckbarerklärung willen hinzunehmen sind, können in den Folgeinstanzen ausgeglichen werden.

---

1 *Gothot/Holleaux*, Rn. 355.

2 *Schütze*, FS A. Bülow, S. 214 ff.

3 Ebenso ausführlich *Fahl*, S. 26 ff. Die Schutzschrift ist ein Problem der Parteibeteiligung in der ersten Instanz. Hält man sie für zulässig, bleibt immer noch zu bestimmen, was im einzelnen ihr Inhalt sein könnte. Dies aber ist eine Frage des sachlichen Umfangs der Exequaturprüfung (s. unten § 9 D.).

A. „Öffentliche Urkunde" gemäß dem Recht des Errichtungsstaates

I. Qualifikation einer Urkunde als „öffentlich"

Die Erläuterung, die der Expertenbericht zum LugÜ gibt, läßt beim Merkmal „öffentliche Urkunde" recht wenig Interpretationsspielraum. Art. 50 setzt danach voraus, daß eine mit Amtsautorität ausgestattete Stelle tätig geworden ist[4], die die Echtheit bzw. Authentizität der Urkunde gewährleistet.

Es genügt in jedem Fall, wenn das Recht des Errichtungsstaates eine bestimmte Kategorie von Urkunden als „öffentlich"[5] oder „authentisch"[6] definiert. Beide Begriffe nähern sich derselben Sache von zwei Seiten: „Öffentlich" knüpft institutionell an und beinhaltet sozusagen eine Vermutung, die von der Beurkundungsperson auf die inhaltliche Richtigkeit des Dokuments schließt; „authentisch" bezeichnet das Verfahrensziel der inhaltlichen Richtigkeit, wobei diejenigen Rechtsordnungen, die sich dieses Ausdrucks bedienen, zu seiner Definition wiederum auf die „zuständige Amtsperson" zurückgreifen.

Diese beiden Techniken finden Anwendung im Beurkundungs-, Zivil- oder Verfahrensrecht der lateinisch-germanischen Länder. Aber auch dort, wo sich das Merkmal „öffentlich" nicht explizit aus dem autonomen Recht ergibt, weil dort die entsprechende Definition unbekannt ist, folgt daraus nicht, daß der betreffenden Rechtsordnung auch das *Phänomen* der öffentlichen Beurkundung fremd ist. Die erforderliche Amtsautorität kann auf Standesrecht und staatlicher Kontrolle wie beim Lateinischen Notar oder auf Beamtenrecht wie bei staatlichen Beurkundungsstellen beruhen. Aber auch dann, wenn sie lediglich auf Sitte und Herkommen wie bei den *Scriveners' notaries* in London gründet, rechtfertigt dies m. E. keinen Unterschied. Deswegen sind die Beurkundungen dieser letztgenannten englischen Notare als „öffentlich" anzusehen, wobei die *Scriveners' notaries* ihren Urkunden allerdings keine Vollstreckbarkeit verleihen können.

Entscheidend ist die Einschaltung einer Amtsperson auch für die dänischen vollstreckbaren Vergleiche, die außergerichtlich zustande kommen und auch nicht von öffentlichen Stellen aufgenommen werden[7]. Ihre Einordnung bei Art. 50 wurde in der Literatur ursprünglich nicht in Frage gestellt, wohl dagegen ihre Vereinbarkeit mit dem deutschen verfahrensrechtlichen ordre public[8]. Der Bericht *Jenard/Möller* schließt diese Titel jedoch ausdrücklich von Art. 50

---

[4] So auch *Lasok/Stone*, S. 325.

[5] „*Pubblico*", „*público*".

[6] „*Authentique*", „*authentiek*".

[7] s. oben § 6 B. I.

[8] *Wolfsteiner*, Rn. 82.17; *Schütze*, DNotZ 1992, 79.

aus[9]. Das Problem taucht entsprechend bei den norwegischen vollstreckbaren Schuldbriefen[10] auf. Nach der hier vertretenen Auffassung sind diese Dokumente keine öffentlichen Urkunden i. S. v. Art. 50 und müssen folglich auch nicht über den ordre public gebremst werden. In Dänemark und Norwegen ist aber das Bemühen erkennbar, authentische Spielarten solcher Titel zu schaffen, deren europaweite Freizügigkeit dann sichergestellt wäre - sei es durch die Wahl entsprechender Beurkundungspersonen öffentlichen Glaubens, sei es durch Gesetzesanpassung.

Auch die von Handelsmaklern (*Corredores de Comercio*) zertifizierten Handelspolicen nach spanischem Recht (Art. 1429 Nr. 6 LEC) stellen als nationale Besonderheit einen hinsichtlich des Merkmals „öffentlich" zunächst fragwürdigen Vollstreckungstitel dar. Das berufsständische Statut der *Corredores* und die ihnen gesetzlich auferlegten Pflichten rechtfertigen jedoch die Klassifizierung ihrer Urkunden als öffentlich. Dagegen stammen die Wertpapiere nach Art. 1429 Nr. 5 LEC von keiner öffentlichen Stelle und kommen somit für die europäische Vollstreckbarerklärung nicht in Betracht.

II. Ordnungsgemäße Beurkundung als Voraussetzung für die Qualifikation als „öffentlich"?

Es stellt sich die Frage, ob die abstrakte Qualifikation eines Dokuments als öffentlich für das Exequatur nach Art. 50 hinreicht, oder ob es förmlich und inhaltlich wirksam sein muß[11]. Insbesondere in der französischen Literatur ist man der Auffassung, die Beachtung der internen Zuständigkeit der Beurkundungsperson sei unabdingbare Voraussetzung für den öffentlichen Charakter der Urkunde; denn nur das zuständige Beurkundungsorgan sei „privilegierter Zeuge"[12]. Es läßt sich dagegen ebensogut die Sichtweise vertreten, die Urkunde sei zwar öffentlich[13], aber fehlerhaft. Anders formuliert geht es also also um die Rüge, die vorgelegte Urkunde leide an einem verfahrensmäßigen Mangel. Daß der Schuldner sich im Rechtsbehelfsverfahren auf derartige Einwendungen stützen kann, wird unten § 9 erörtert. Unter dem Aspekt der konkreten Voll-

---

9 Bericht *Jenard/Möller*, ABl.EG 1990 C 189, 80.

10 s. oben § 7 B. I.

11 So *Droz*, Rn. 620.

12 *Pamboukis*, Rn. 413. Auch nach *Niboyet*, Rn. 1610, ist die örtliche Zuständigkeit des Notars Voraussetzung für eine öffentliche Urkunde. Es ist möglich, daß sich diese Ansicht aus Art. 1317 C.civ. ergibt, der die Zuständigkeit als Tatbestandsmerkmal der öffentlichen Urkunde aufführt.

13 Mit der Vollstreckungseignung nach äußerer Form und Inhalt argumentiert etwa der *BGH* in BGHZ 118, 229, 232 und prüft in dieser Hinsicht „zunächst nur ... formelle Kriterien"; s. auch das portugiesische Recht, wonach die örtliche Unzuständigkeit des Notars in gewissen Fällen *heilbar* ist, vgl. oben § 6 D. I. 2.

streckbarkeit der Urkunde wird unten C. II. 1. geklärt, inwiefern der zweitstaatliche Richter die Gültigkeit der ausländischen Beurkundung als Exequaturvoraussetzung aus eigener Intitiative überprüfen muß. Im Rahmen der abstrakten Qualifikation einer Urkunde als „öffentlich" spielt die interne Zuständigkeit jedoch keine Rolle.

B. Der Begriff „aufgenommen" als Ausdruck eines Errichtungsverfahrens mit Beteiligung des Schuldners

Der Terminus „aufgenommen", der sich auf den Errichtungsakt bezieht, impliziert im nationalen Recht keinerlei besondere Anforderungen an die Art und Weise, in der die Urkunde abefaßt wird. Deshalb scheint er auf den ersten Blick auch keine entscheidende Exequaturvoraussetzung zu sein. Über die Formulierung „aufgenommen" fließt jedoch das dritte Element der vollstreckbaren Urkunde nach dem Verständnis der Gründerstaaten in das Verfahren der Vollstreckbarerklärung nach Art. 50, 31 ff. ein: die Beteiligung des Schuldners am Errichtungsverfahren in der Weise, daß ein Titel nur aufgrund eines Willensakts auf Seiten des sich Verpflichtenden zustande kommt. Es erstaunt, daß Literatur und Rechtsprechung sich hierzu fast überhaupt nicht geäußert haben[14]. Allein die Expertenberichte schließen Wechsel und Schecks ausdrücklich vom Anwendungsbereich des Art. 50 aus[15]. Damit stützen sie insofern die hier vertretene Ansicht und bleiben der Grundkonzeption der vollstreckbaren Urkunde treu, ohne aber ein griffiges abstraktes Kriterium zu formulieren, das „zweifelhafte" Titel generell eliminieren könnte. Allerdings weist der Bericht *Jenard/Möller*[16] mit dem Erfordernis einer *inhaltlichen* Beurkundung, die über die bloße Beglaubigung von Unterschriften hinausgeht, auch in Richtung obligatorischer Schuldnerbeteiligung, wenn auch nur unterschwellig: Inhaltliche Beurkundung setzt die Abgabe von Willenserklärungen oder Tatsachenerklärungen vor der aufnehmenden Stelle voraus. Damit ist aber nicht notwendig eine Beteiligung des Schuldners verbunden. Denn wenn man bei der Wechsel- und Scheckvoll-

---

[14] Die einzige Ausnahme ist neuerdings Calvo Caravaca-*Iriarte Angel*, S. 669, mit Verweis auf die Entscheidung des *Landgerichts Aachen*, Sammlung der Rechtsprechung zum Gemeinschaftsrecht, Serie D, I-25.1-B2. Dem Gericht war die Verfügung eines niederländischen Gerichts über die Erstattung von Sozialhilfeleistungen zur Vollstreckbarerklärung vorgelegt worden. Das *Landgericht* betrachtete sie weder als Entscheidung nach Art. 25 noch als vollstreckbare Urkunde i. S. v. Art. 50, „zumal der Antragsgegner an ihrer Aufnahme *nicht beteiligt gewesen sei*" (Hervorhebung von mir).

[15] s. etwa Bericht *Jenard/Möller*, ABl.EG 1990 C 189, 80.

[16] In diesem Sinne bereits *OLG Koblenz* vom 5.11.1985, RIW 1986, 469: Der Kostenfestsetzungsbeschluß des Präsidenten einer französischen Anwaltskammer stelle keine vollstreckbare Urkunde i. S. von Art. 50 dar, weil er sich nicht auf schriftliche Fixierung von Erklärungen beschränke, sondern eine Entscheidung beinhalte.

streckung nach romanischer Konzeption in Rechnung stellt, daß die Beurkundung beim Protest sich auf die Erklärung des Gläubigers bezieht, der Schuldner habe nicht geleistet, so entsprechen auch diese Titel der Vorgabe inhaltlicher Beurkundung.

Sinn des hier vorgeschlagenen Kriteriums ist es, der historischen Herkunft der Urkunde als Simulation eines Erkenntnisverfahrens gerecht zu werden. Dieser Hintergedanke zieht sich durch das gesamte positive Recht der ursprünglichen Mitgliedsstaaten - wenn auch mittlerweile mit immer mehr Aufweichungen in Richtung einseitig errichteter Titel. Traditionell geht das Vorverständnis dahin, daß Gläubiger und Schuldner bei der Beurkundung einen Titel „auf Vorrat" vereinbaren und das kontradiktorische Gerichtsverfahren durch übereinstimmende Willenserklärungen ersetzen. Diese allgemein verbreitete Sichtweise ergibt sich aus der Notwendigkeit, dem Schuldner bereits bei der Titulierung angemessenen Rechtsschutz zukommen zu lassen: allein seine Mitwirkung rechtfertigt den einstweiligen Verzicht auf ein der Exekution vorausgehendes Erkenntnisverfahren.

Die Unterwerfungserklärung nach deutschem und die Zustimmungserklärung nach österreichischem Recht stellen auf den ersten Blick Abweichungen vom Prinzip des Konsensualismus dar: allein der Schuldner veranlaßt durch seinen einseitigen Willensakt, daß ein Titel zustande kommt. Versteht man die Unterwerfung bzw. Zustimmung jedoch als eine den zweiseitig geschlossenen exekutorischen Vertrag flankierende *zusätzliche* Vorkehrung zur Warnung des Schuldners, so fügt sich auch die vollstreckbare Urkunde in der klassischen Ausgestaltung der dt. ZPO und der öst. EO zwanglos in das gezeichnete Bild ein.

Ein Hinweis darauf, daß die einseitige Unterwerfung nur eine technische Spielart des Grundprinzips der zweiseitigen Urkundenerrichtung darstellt, ergibt sich aus der Stellungnahme von *Rechberger/Oberhammer/Bogensberger* zur Unterwerfungserklärung nach österreichischem Recht, die als einseitige Prozeßhandlung begriffen wird; dennoch soll eine „Willens*einigung* über die Vollstreckbarkeit" zentrale Voraussetzung für das Zustandekommen des vollstreckbaren Notariatsakts sein[17]. Interessant sind in diesem Zusammenhang auch die später in Deutschland eingeführten vollstreckbaren Urkunden. Sowohl beim notariell verwahrten vollstreckbaren Anwaltsvergleich (§ 1044b dt. ZPO) als auch beim vor der wettbewerbsrechtlichen Einigungsstelle geschlossenen Vergleich (§ 27a Abs. 6 f. UWG) müssen die Parteien den Vergleich *unterschreiben*. Beim Vergleich nach dem UWG verzichtet das Gesetz überdies auf eine gesonderte Unterwerfungserklärung, was mir angesichts des vorangegangenen

---

[17] *Rechberger/Oberhammer/Bogensberger*, S. 38.

ausgleichenden Wirkens der Einigungsstelle unter Schuldnerschutzgesichtspunkten richtig erscheint.

In Art. 50 bringt der französische Ausdruck „*reçu*" wie auch das italienische „*ricevuto*" („empfangen") die passive, rezeptive Rolle der Beurkundungsperson öffentlichen Glaubens gegenüber den Parteien deutlicher zum Ausdruck als das deutsche „aufgenommen" oder das englische „*drawn up*", die eher Assoziationen mit dem aktiven „Abfassen" durch den Beurkundenden wecken.

Die Problematik der einseitig auf Gläubigerinitiative hin errichteten vollstreckbare Urkunde hat in der Literatur bereits Unbehagen hervorgerufen, wurde aber nie unter dem Aspekt des Tatbestandsmerkmals erörtert, sondern allenfalls im Zusammenhang mit dem verfahrensrechtlichen ordre public[18]. Entscheidend wird das Erfordernis der Schuldnerbeteiligung etwa für die vom Gerichtsvollzieher bei Nichtzahlung ausgestellten vollstreckbaren Scheckproteste nach französischem Recht[19], die als Titel[20] weder privatautonom noch kontradiktorisch zustande kommen. Gewiß hat die Anspruchsbegründung konsensualen Charakter. Der privatautonome Vertrag *ohne* Vollstreckungsvereinbarung und die eigentliche Titelschaffung durch öffentliche Beurkundung fallen jedoch zeitlich auseinander, wobei der Schuldner am eigentlichen Titulierungsakt nicht beteiligt wird[21].

Der Kreis der nach Art. 50 exequaturfähigen außergerichtlichen spanischen Titel des Art. 1429 LEC reduziert sich durch dieses Kriterium auf die erste Ausfertigung der öffentlichen Urkunde (*escritura pública*, Nr. 1) und die Vertragspolicen der *Corredores de Comercio* (Nr. 6)[22].

---

18 *Padis*, Gaz. Pal. 1974 I Doctrine, 290, Rn. 57.

19 s. zu Einzelheiten des Verfahrens *Donnier*, Rn. 117, Fn. 58.

20 Art. 3 Nr. 5 G1991.

21 Wenn man sich insofern über die explizite, aber dennoch nicht verbindliche Vorgabe des Berichts *Jenard/Möller* hinwegsetzen möchte, könnte man in der Eingehung der wertpapierrechtlichen Verpflichtung immerhin eine antezipierte Einwilligung in die Titelschaffung erblicken. Ob allerdings in den betreffenden Ländern ein Bewußtsein herrscht, wonach bei notleidenden Scheck- und Wechselschulden automatisch der Gerichtsvollzieher droht, woraus man dann einen entsprechenden Erklärungsinhalt ableiten könnte, möchte ich bezweifeln.

Aber selbst wenn dem so sein sollte, halte ich auch in diesem frühen Stadium die Mitwirkung der Beurkundungsperson für unverzichtbar. Vorbild für diese Sichtweise ist die klassische vollstreckbare Urkunde nach deutschem Recht, bei der der Schuldner mit der Unterwerfungserklärung vor dem Notar in die *spätere* Erteilung einer vollstreckbaren Ausfertigung ohne seine Beteiligung einwilligt.

22 A. A. Calvo Caravaca-*Iriarte Angel*, S. 665, der auch die Bescheinigungen von Buchungsstellen nach Nr. 7 unter Art. 50 subsumiert. Mir ist dabei jedoch die konsensuale Titelerrichtung nicht ersichtlich.

Betrachtet man die Einbeziehung des Schuldners in das Verfahren der Urkundenerrichtung als Voraussetzung des Art. 50, so bedarf es keines Rückgriffs mehr auf den verfahrensrechtlichen ordre public, um Schecks und Wechsel, aber auch beispielsweise Vergütungsfestsetzungsbeschlüsse nach § 19 BRAGO[23] von seinem Anwendungsbereich auszuschließen. Die Ausfilterung dieser Titel über das Erfordernis der Beteiligung des Schuldners an der Titelerrichtung erscheint mir angesichts der Unberechenbarkeit des ordre public-Vorbehalts vorzugswürdig.

C. Vollstreckbarkeit der Urkunde im Errichtungsstaat

Die bei weitem meisten Auslegungsschwierigkeiten bereitet das Erfordernis der Vollstreckbarkeit der Urkunde im Errichtungsstaat. Als Ausgangspunkt sind hier zwei Ebenen zu unterscheiden: Es muß sowohl abstrakte Vollstreckungseignung der Urkundenart (I.) als auch konkrete Vollstreckungseignung des vorgelegten Dokuments (II.) gegeben sein. Im Anwendungsbereich der Übereinkommen ist nun von besonderem Interesse, ob und inwieweit die „Vollstreckbarkeit" i. S. v. Art. 50 *beide* Ebenen der Vollstreckungseignung umfaßt.

I. Abstrakte Eignung der Urkunde zur Vollstreckung

Aus der Urkundenbeibringungspflicht nach Art. 47 Nr. 1 ergibt sich, daß der Gläubiger einen Beweis der formellen Vollstreckbarkeit seiner Urkunde führen muß, wozu bei Vollstreckbarkeit kraft Gesetzes das Dokument selbst genügt[24]. Diese Grundregel läßt sich bei gerichtlichen Entscheidungen verhältnismäßig einfach handhaben: aus der Ausfertigung geht immerhin die gerichtliche Herkunft des Titels hervor, und damit ist der Exequaturrichter der Frage enthoben, ob die Titel*art* für die Vollstreckbarerklärung *überhaupt* in Betracht kommt. Dagegen ist die Vollstreckbarkeit einer Urkunde weniger leicht ersicht lich: nicht immer trägt das Dokument eine Klausel, und ob das erststaat liche Recht einer Urkunde Exekutionskraft beilegt, kann der Richter im Zweitstaat in solchen Fällen nicht ohne weiteres erkennen. Insbesondere die Ausgestaltung des erststaatlichen Vollstreckungsverfahrens (1.) und der Urkundeninhalt (2.) bestimmen die abstrakte Exekutionseignung einer Urkunde.

---

[23] Der Schuldner schließt einen vergütungspflichtigen Dienstvertag mit seinem Anwalt, bleibt die Vergütung schuldig, wird auch vor der Festsetzung gehört, wirkt aber am eigentlichen Titulierungsakt durch das festsetzende Gericht nicht mit.

[24] *Baur/Stürner*, Rn. 55.11.

1. Vollstreckbarkeit in Abhängigkeit vom erststaatlichen System der Zwangsvollstreckung

a) Vergleich einzelner autonomrechtlicher Ausgestaltungen

Die Länderberichte haben gezeigt, daß häufig das Vollstreckungsgericht bei der Einleitung der Exekution tätig wird. Dabei treten zwei Grundtypen auf. Manche Rechtsordnungen beschränken das Gericht auf eine Prüfung gewisser Förmlichkeiten, wie sie auch dem die vollstreckbare Ausfertigung erteilenden Notar in Deutschland obliegt; Beispiele hierfür sind Österreich und Portugal. Andere Verfahrensrechte organisieren eine recht umfangreiche materielle Vorprüfung des zur Vollstreckung gestellten Anspruchs. Für den im dezentralisierten Vollstreckungssystem mit selbständigem Gerichtsvollzieher verwurzelten Juristen wirft dies die Frage auf, welches Ausmaß einer solchen richterlichen Intervention mit Erkenntnischarakter mit der unmittelbaren Vollstreckbarkeit der Urkunde i. S. des Art. 50 vereinbar ist. Diese Fragestellung verdeutlicht wiederum den Einfluß des Konventionsrechts auf die autonomen Verfahrensordnungen: Diese bestimmen zwar, welches Prozedere als „unmittelbare Exekution" in Betracht kommt, bleiben damit aber u. U. hinter den durch die Übereinkommen vorgegebenen Anforderungen zurück.

Als Beispiel einer Verfahrensgestaltung, das derartige Zweifel an der sofortigen Vollstreckbarkeit aufwirft, läßt sich der spanische *juicio ejecutivo* anführen, bei dem der Schuldner obligatorisch die Möglichkeit erhält, nach der Beschlagnahme materielle Einwendungen vorzutragen[25]. Damit kommt es i. d. R. zu einem summarischen Erkenntnisverfahren, bevor der Gläubiger seinen Anspruch realisieren kann. Ganz ähnlich verhält es sich auf den ersten Blick in der Schweiz, wo der Schuldner mit dem Rechtsvorschlag gegen den Zahlungsbefehl den Gläubiger ebenfalls dazu zwingen kann, das durch materiellrechtliche Fragen geprägte Vorprüfungsverfahren der Rechtsöffnung einzuleiten[26]. Der entscheidende Unterschied zum spanischen Recht besteht im Zeitpunkt der im Lauf beider Verfahren erfolgenden provisorischen Pfändung: während sie im *juicio ejecutivo* in der ersten Verfahrensphase *vor* der Einwendungsprüfung durchgeführt wird, erlangt der Gläubiger in der Schweiz erst *nach* erfolgloser Verteidigung des Schuldners Sicherung.

Vollstreckungsrechte, die die Klausel als Formalisierungsinstrument kennen, haben bei der Bestimmung der Vollstreckbarkeit weniger Schwierigkeiten: Für deutsche, französische[27] und italienische Urkunden ergibt sich die Vollstreck-

---

[25] s. oben § 6 C. III. 5. a).

[26] s. oben § 7 A. II. 1. und III. 2.

[27] In Frankreich verlangt die Rspr. für das Exequatur ebenfalls Vollstreckbarkeit (d. h. die Vollstreckungsklausel); nach anderer Auffassung soll bereits die Vollstreck-

barkeit aus der Klausel, die auf der vollstreckbaren Ausfertigung angebracht wird. In den Niederlanden genügt die insofern gleichwertige Eingangsformel „Im Namen der Königin".

Für den Außenstehenden unübersichtlicher stellt sich die Situation in den Vollstreckungsrechten des skandinavischen Rechtskreises dar: auch hier ist die Klausel unbekannt, und die Vollstreckbarkeit des Titels folgt allein aus seiner Eigenart als exekutorische Urkunde, die dem Vollstreckungsgericht bzw. der zuständigen Behörde vorgelegt wird.

b) Vertragsautonome Definition

In der spanischen Literatur hält man es i. R. des Art. 50 für hinreichend, daß die Urkunde „aufgrund eines Verfahrens" vollstreckbar ist[28]. Dieses nicht näher bezeichnete „Verfahren" gewinnt an anderer Stelle schärfere Konturen: es ist das aus dem autonomen spanischen Recht geläufige Urkundenvollstreckungsverfahren (*juicio ejecutivo*)[29]. Wäre diese Ansicht in dieser Allgemeinheit richtig, so müßte man auch Schweizer Urkunden unter Art. 50 subsumieren, deren Vollstreckbarkeit ja eigentlich erst im Rechtsöffnungsverfahren festgestellt wird. Die spanischen Stellungnahmen unterstreichen, daß die Definition der Vollstreckbarkeit vor dem Hintergrund des eigenen Rechts der Vielfalt der Verfahrensgestaltungen in den Vertragsstaaten nicht gerecht wird und daß deshalb eine vertragsautonome Begriffsbildung erforderlich ist.

Eine solche enthält der Bericht *Jenard/Möller* mit der Formel „aus sich selbst heraus vollstreckbar" nur ansatzweise. Der Schweizer *Notter* hält Vollstreckbarkeit dann für gegeben, wenn *grundsätzlich ohne Mithilfe des Richters* das Verfahren eingeleitet werden kann[30]. *O'Malley/Layton* sind der Auffassung, die Urkunde müsse „ohne weitere Formalitäten" vollstreckbar sein[31];

barkeit i. w. S., also „Geeignetheit zur Vollstreckung", genügen, um den Gläubiger nicht zu einem unnötigen Prozeß im Vollstreckungsstaat zu zwingen, *Droz*, Rn. 615, Fn. 4 („*susceptible d'exécution*") unter Berufung auf nicht veröffentlichte Rspr. *Bellet*, Rev. trim. dr. europ. 1975, 35, unterscheidet vollstreckbare Urkunden i. w. S., die eine liquide und fällige Forderung verbriefen und für die somit unkompliziert die Klausel zu erlangen ist, von vollstreckbaren Urkunden i. e. S., die bereits mit der Klausel versehen sind. - M. E. ergibt sich aus der Obliegenheit des Gläubigers nach Art. 47 Nr. 1, eine Vollstreckbarkeitsbescheinigung vorzulegen, daß das Exequatur die Klauselerteilung voraussetzt und deshalb die weitere Auslegung für französische Urkunden zumindest im Geltungsbereich der Übereinkommen unzutreffend ist.

28 *Iglesias Buígues/Desantes Real*, S. 749.

29 *Iglesias Buígues*, S. 146, läßt Vollstreckungskraft aufgrund eines „*juicio-ejecutivo*-Verfahrens, summarisch oder nicht" genügen.

30 *Notter*, S. 84.

31 *O'Malley/Layton*, Rn. 30.03, Rn. 30.07 m. w. N.

Lasok/Stone stellen als Kriterium auf, daß kein weiterer Rechtsstreit erforderlich sein dürfe[32] und schließen damit erkennende Elemente der Verfahrenseinleitung aus. Diese letztgenannte Ansicht erscheint mir die sinnvollste, wenn man sie dahingehend präzisiert, daß Rechtsdurchsetzung - und sei es lediglich in Form einer sichernden Maßnahme wie nach spanischem Recht - möglich ist, ohne daß es zur gerichtlichen Überprüfung der Berechtigung zur Vollstreckung aus der Urkunde kommt. Durch diese Auslegung wird vermieden, daß Urkunden, deren Vollstreckung im Herkunftsstaat ein besonderes Zulassungsverfahren erfordert, von den Verfahrenserleichterungen des Art. 50 ausgeschlossen werden, obwohl sie dieselbe Funktion erfüllen wie außergerichtliche Titel in Staaten ohne gesonderte Gestattung der Vollstreckung. Öffentliche Urkunden nach Schweizer Recht jedoch, die lediglich zur Sicherung nach summarischer Anspruchsprüfung führen, besitzen keine Vollstreckbarkeit i. S. des Art. 50[33].

2. *Vollstreckbarkeit in Abhängigkeit vom Urkundeninhalt*

Nach dem Wortlaut des Art. 50 können nur Urkunden exequiert werden, die nach dem Recht des Errichtungsstaates vollstreckbar sind, die also den dortigen inhaltlichen Anforderungen entsprechen. Deren Ermittlung durch den Exequaturrichter ist ohne weiteres möglich, wenn das erststaatliche Recht insofern klare Vorgaben macht und die vollstreckbaren Ansprüche unmißverständlich festlegt, etwa durch eine Beschränkung auf Geldverbindlichkeiten oder den ausdrücklichen Ausschluß bestimmter Anspruchsarten wie beispielsweise der Räumung nach zukünftigem deutschem Recht. Flexible Begriffe wie der des „einem Vergleich zugänglichen Anspruchs" nach österreichischem und neuem deutschem Recht[34] führen dagegen zu Beurteilungsschwierigkeiten, die das Exequaturgericht nur durch nähere Befassung mit dem erststaatlichen materiellen Recht lösen kann. Aufgrund dessen sollte es sich in erster Instanz wiederum mit einer Offensichtlichkeitsprüfung begnügen. Dieser Maßstab kann dann nur in Ausnahmefällen zur Exequaturverweigerung führen.

Neben dieser grundsätzlichen Frage wurden bereits oben § 3 C. II. zwei Sonderfälle angesprochen, der „hohle Titel" (a)) und die Parteivereinbarung über den Vollstreckungsstaat (b)).

---

[32] *Lasok/Stone*, S. 325.

[33] s. i. e. oben § 7 A. I. 1., III. 3.

[34] Vgl. oben § 4 F. I. 4, G. I. 4.; in diese Gruppe fallen auch die portugiesischen Titel, deren Vollstreckung wegen Nichtvergleichbarkeit des Anspruchs von Amts wegen eingestellt werden müßte (vgl. oben § 6 D. III. 1.).

a) Vollstreckbarkeit eines „hohlen Titels"?

Bei der Untersuchung der nationalen Zwangsvollstreckungssysteme kam zum Vorschein, daß die Urkunde in ihrer Exekutionswirkung in einigen Ländern dort an Grenzen stößt, wo es um die Erzwingung höchstpersönlicher Handlungen geht[35]. Man hält es jeweils für notwendig, daß die zu erfüllende Verpflichtung *gerichtlich* ausgesprochen wurde bzw. bewehrt nur gerichtliche Titel mit dem entsprechenden Sanktionsmittel. Obwohl dort also beispielsweise notariell errichtete Urkunden rein von ihrer äußeren Form her als Titel betrachtet werden, bleibt dem Gläubiger das zur Rechtsdurchsetzung geeignete Mittel vorenthalten; gegenüber einem obstinaten Schuldner ist er vollständig auf Schadensersatz verwiesen. Der Gläubiger kann auch nicht ohne weiteres im Verlauf der Vollstreckung vom Handlungs- auf den Schadensersatzanspruch übergehen, sondern muß den Sekundäranspruch erst gesondert titulieren lassen. Da dies stets eine richterliche Entscheidung erfordert, kann in solchen Fällen von unmittelbarer Vollstreckbarkeit der Urkunde nicht mehr die Rede sein. *De facto* hat er damit nur einen „hohlen Titel" in der Hand. Kann man diesen als „vollstreckbar" i. S. des Art. 50 betrachten?

Zur Beantwortung dieser Frage lohnt es sich, einen kurzen Blick auf die Vollstreckbarerklärung gerichtlicher Entscheidungen nach Art. 31 zu werfen. Auch dort heißt es, die betreffende Entscheidung müsse im Urteilsstaat „vollstreckbar" sein, und damit taucht ebenfalls die Möglichkeit eines faktisch wertlosen Titels auf, der im zweitstaatlichen Vollstreckungsverfahren wegen der dort existierenden Zwangsmittel plötzlich ungeahnte Durchschlagskraft entwikkelt.

Daran entzündet sich der Streit, ob das Exequatur die Wirkungen des Titels, die ihm im Erststaat zukommen, auf den Zweitstaat *erstreckt*, oder ob es den erststaatlichen Titel einem zweitstaatlichen *angleicht*[36]. Im ersten Fall bleibt der Titel so stark oder so schwach, wie er zustande kam, im zweiten kann er an Vollstreckungswirkung gewinnen oder verlieren. Im Anwendungsbereich von GVÜ und LugÜ geht man mehrheitlich davon aus, daß die *Anerkennung* gerichtlicher Entscheidungen eine Erstreckung der Urteilswirkungen, darunter der

---

[35] Das Zwangsgeld nach niederländischem Recht und die neu kodifizierte *astreinte* in Frankreich sowie die private Strafklage wegen Urteilsmißachtung stehen nach den jeweiligen Definitionsnormen nur zur Durchsetzung von Urteilen zur Verfügung (Art. 611a Rv.: „für den Fall der Nichterfüllung des Urteils"; Art. 33 G1991: „um die Ausführung seiner Entscheidung zu gewährleisten"; § 535 Rpl.: „Wer vorsätzlich ein Urteil mißachtet"), die Haft nach niederländischem Recht wird für andere Titel als Urteile besonders ausgeschlossen (Art. 434 Rv.: „Die Aushändigung des Vollstreckungstitels ... an den Gerichtsvollzieher ermächtigt diesen zur Vollstreckung ... mit Ausnahme der Haft").

[36] s. nur *Geimer* IZPR, Rn. 2300 ff., 2191 ff. m. N.

Vollstreckbarkeit, bewirke[37]. Von dieser erstreckten Exekutions*fähigkeit* muß nun das eigentliche Durchsetzungsverfahren im Zweitstaat unterschieden werden: Erstreckung der Vollstreckungswirkung bedeutet, den erststaatlichen Titel nach dem Recht des Zweitstaates zu realisieren, wobei dann vollständig das dortige Arsenal an Vollstreckungsmitteln zur Anwendung kommt.

Aus der Theorie der Wirkungserstreckung kann allerdings nicht sogleich geschlossen werden, daß jede im autonomen Recht als exekutorisch bezeichnete Urkunde auch vollstreckbar im Sinn des Art. 50 sei. Bei gerichtlichen Entscheidungen handelt es sich nämlich bei aller Vielfalt[38] und allen internen Durchsetzungsschwächen[39] um Titel, die aufgrund ihres Zustandekommens im staatlichen Rechtsfindungsverfahren dazu prädestiniert sind, anschließend im Rechtsdurchsetzungsverfahren realisiert zu werden, soweit ihr Inhalt einer zwangsweisen Verwirklichung überhaupt bedarf. Gerichtliche Entscheidungen sind demnach zur - früheren oder späteren - Vollstreckung bestimmt bzw. „vollstrecken sich selbst", sofern sie gestaltenden oder feststellenden Inhalt haben. Die öffentliche Urkunde dagegen kann nicht aus dieser Autoritätsquelle schöpfen; für sie ist deshalb ausschlaggebend, worauf ihre Exekutionsfähigkeit im einzelnen gründet. Das Tatbestandsmerkmal „vollstreckbar" erfüllt deshalb in Art. 50 eine weiterreichende Aussonderungsfunktion als in Art. 31. Das spricht für eine umfassende Auslegung der Vollstreckbarkeit in Art. 50, die auch die Durchsetzungschancen des Urkundstitels berücksichtigt.

Dafür kann weiterhin ins Feld geführt werden, daß die Orientierung an der Sichtweise des Herkunftsstaates sich an eine nur zu oft zufällige Klassifizierung der Urkunde als vollstreckbar oder nicht anbindet; plastisches Beispiel hierfür ist der Unterschied zwischen der französischen und der belgischen Auffassung hinsichtlich der Urkunde über höchstpersönliche Handlungsverpflichtungen. Während man ihr in Belgien bereits die Vollstreckbarkeit abspricht, weil der Gerichsvollzieher als Exekutionsorgan nicht über Zwangsgeld und Haft entscheiden kann, zieht man in Frankreich die prinzipielle Titelqualität nicht in Zweifel, ohne sich aber zur praktischen Durchsetzung zu äußern.

Folgt man dieser Auslegung, so entfällt auch die Möglichkeit vollstreckungsrechtlichen *forum shoppings*, die der Gläubiger dadurch erhielte, daß er einen ursprünglich vollkommen „zahnlosen" Handlungstitel im Zweitstaat seiner Wahl mit dem dortigen Instrument des Zwangsgeldes aufwerten lassen könnte. Bei der klassischen Geldvollstreckung aus Urkunden, eingeschlossen der aufgrund Schadensersatzes wegen Nichterfüllung, bedarf es dieses Kunstgriffs

---

[37] *Kropholler*, vor Art. 26 Rn. 9 m. N.

[38] Vgl. bereits die weite Definition des Art. 25, wonach die Bezeichnung der Entscheidung nicht ausschlaggebend ist.

[39] Vgl. oben § 4 D. II. 2. c) für Italien, § 4 C. II. 2. c) bb) für Spanien, § 4 D. II. 2. für Portugal.

nicht: Das Exequatur stellt in diesen Fällen lediglich sicher, daß der Vollstreckungszugriff dort erfolgen kann, wo tatsächlich Vermögen vorhanden ist, ohne aber den Druck auf den Schuldner qualitativ zu verändern[40]. Bei der Handlungsvollstreckung dagegen könnte der Gläubiger nun den Staat wählen, der die praktikabelsten Zwangsgeldvorschriften besitzt oder sogar die Haft kennt - und das Zwangsgeld womöglich selbst liquidieren[41]. Diese Vorgehensweise erscheint mir gegenüber der grenzüberschreitenden Suche nach Haftungsmasse weniger legitim. Zuzugestehen ist in dieser Hinsicht, daß es sich zum einen um einen quantitativ vernachlässigbaren Ausschnitt aus dem Gesamtaufkommen an vollstreckbaren Urkunden handelt, und daß zum anderen Manipulationsmöglichkeiten nur zwischen einigen wenigen Vertragsstaaten bestehen. Ein abstrakter Ausschluß solcher „zahnloser" Titel vom Exequatur nach Art. 50 bzw. die Einschränkung des Kreises möglicher Vollstreckungsstaaten mit großem dogmatischem Aufwand nimmt der internationalen Urkundenvollstreckung mehr an Klarheit als sie an Schuldnerschutz und Verfahrensgerechtigkeit geben kann. Es genügt, sich insoweit auf den Verteidigungswillen des Schuldners zu verlassen.

Sowohl das Erfordenis eines vertragsautonomen Kriteriums der Vollstreckbarkeit als auch die Einschränkung der Möglichkeit eines unerwünschten vollstreckungsrechtlichen *forum shopping* sprechen für eine Auslegung dahin, daß nur solche Urkunden als vollstreckbar angesehen werden, die im Errichtungsstaat tatsächliche Durchsetzungschancen haben. In der ersten Instanz der Vollstreckbarerklärung wird sich allerdings kaum je Anlaß finden, das Exequatur aus diesem Grund zu verweigern.

b) Parteiwahl eines Vollstreckungsstaates mit weitergehendem Urkundeninhalt

aa) Problemstellung

Eine ganz ähnliche Frage stellt sich, wenn die Parteien eine Urkunde errichten lassen, deren Inhalt im Erststaat nicht zulässig ist, wohl aber in einem zweiten Staat, den die Parteien auch gleich als potentiellen Vollstreckungsstaat in der Urkunde vereinbaren - eine Abrede, die der Prorogation sehr ähnelt. Zu denken wäre an eine italienische Urkunde über vertretbare Sachen, für deren

---

[40] Eine Ausnahme bildet insofern das angelsächsische Recht, das im internationalen Vergleich verstärkt mit der Haftandrohung auch im Geldvollstreckungsbereich arbeitet, etwa mit dem Haftbefehl gegen zahlungsunwillige Schuldner (vgl. oben § 6 A. II. 2. b) a. E.).

[41] Vgl. nur Art. 37 G1991 i. V. m. Art. 53 D1992 Frankreich, Art. 611c Rv. Niederlande.

mögliche Vollstreckung Deutschland gewählt wird. In Italien ist eine solche Urkunde unzulässig; nach dem Wortlaut des Art. 50 wäre ihre Exequierung in Deutschland also ausgeschlossen. Denn die Parteien schaffen so ein Instrument, das erst durch die Exekution im Zweitstaat überhaupt zum Titel werden kann. Einzelne Autoren in der deutschen Literatur[42] erwägen jedoch, auch solche Urkunden, die die Parteien auf einen bestimmten Staat „zuschneiden", gemäß Art. 50 für vollstreckbar zu erklären. Rechtfertigen läßt sich diese Wortlautüberschreitung damit, daß die Übereinkommen dem Export urkundlicher Titel prinzipiell wohlgesonnen sind und diese Intention durch Parteiabreden unterstützt werden könne[43].

Die Befürchtung liegt dagegen nicht fern, daß eine derartige Gestaltung eine vollstreckungsrechtliche Formwahl eröffnen würde, die sich über die Geschlossenheit der jeweiligen einzelstaatlichen Rechtsordnung hinwegsetzt und sozusagen privatautonome Titel *à la carte* anbietet.

Was das für die Wirksamkeit der Urkunde maßgebliche Recht betrifft, so formuliert Art. 50 nur in bezug auf die förmlichen Errichtungsvoraussetzungen eindeutig: die *Echtheit* der Urkunde muß sich aus dem Recht des Errichtungsstaates ergeben (Abs. 2); über ihren *Inhalt* ist damit nichts Abschließendes gesagt.

bb) Lösung

Hier ist es hilfreich, den verpflichtenden Aspekt der Urkunde (*negotium*) vom prozessualen (*instrumentum*) zu trennen. Da die Urkundsperson im Erststaat an die dortigen förmlichen Errichtungsvoraussetzungen gebunden ist, kommt die Anwendung erleichterter zweitstaatlicher Formvorschriften nicht in Betracht - den Authentizitätsanforderungen des Art. 50 Abs. 2 wird also vollauf Genüge getan[44]. Die Vollstreckung eines im Erststaat nicht vollstreckbaren *negotium* im Zweitstaat dagegen erscheint deshalb grundsätzlich unbedenklich, weil es sich in die dortige Rechtsordnung einpaßt, insbesondere mit den vor Ort gegebenen Rechtsbehelfen angreifbar ist.

Zu befürchten wäre allenfalls, daß die Parteien sich ans beurkundungsrechtliche *forum shopping* machen könnten, um die inhaltlich weitestgehende Beurkundung beim gebührenmäßig günstigsten Notar zu erhalten[45]. Ein Ausweichen auf bestimmte „beliebte" Staaten - wie etwa von Deutschland für den internen

---

[42] s. oben § 3 C. II.

[43] *Kropholler*, Art. 50 Rn. 6.

[44] Die Vorschläge aus der Literatur möchten ja auch das Merkmal „vollstreckbar" erweiternd auslegen, nicht das der „öffentlichen Beurkundung".

[45] *Pamboukis*, Rn. 431.

Beurkundungsbedarf auf die Schweiz[46] - mit entsprechenden kompetenziellen und wirtschaftlichen Verlusten der Beurkundungsorgane des späteren Vollstreckungsstaates erscheint sicherlich möglich. Dessen Rechtsordnung wird allerdings keine unzumutbare Rechtsdurchsetzung aufgezwungen, da seine Organe inhaltlich ebenso permissiv beurkunden. Zudem erscheint eine Belebung der Konkurrenz zwischen den nationalen Beurkundungsrechten durchaus wünschenswert, solange die Authentizität der Beurkundung und die Neutralität gegenüber den Parteien überall gewährleistet ist. Dieses Erfordernis wird aber durch die strenge Auslegung des Merkmals „öffentliche Urkunde"[47] erfüllt. Ein Hinweis auf die Bedeutungslosigkeit internationaler Beurkundungszuständigkeiten im Bereich von GVÜ und LugÜ[48] verdeutlicht abschließend, daß die hier vertretene großzügige Auffassung der allgemeinen Wahlfreiheit der notariellen Klientel nichts Grundsätzliches hinzufügt. Die Möglichkeiten privater rechtlicher Gestaltung nehmen überdies in dem Maße ab, wie die Vertragsstaaten den Kreis der vollstreckbar beurkundbaren Ansprüche ausdehnen[49].

cc) Grenzen

Die erste Beschränkung der „vollstreckungsrechtlichen Prorogation" ergibt sich aus Schuldnerschutzgesichtspunkten. Zwar paßt sich die Urkunde inhaltlich in das System des gewählten Staates ein. Dagegen eröffnet die in weitem Rahmen eingeräumte Wahlfreiheit der Parteien Mißbrauchsmöglichkeiten bei der Titelerrichtung. Insbesondere können Beurkundungsstellen mit niedrigerem Beratungsniveau als im eigentlich anvisierten Staat gewählt werden, oder der Gläubiger macht sich die Unkenntnis des Schuldners in der Sprache des Errichtungsstaates zunutze. Diese Probleme, die im übrigen auch ohne „vollstreckungsrechtliche Prorogation" bei der Wahl einer ausländischen Stelle auftreten können, betreffen das Beurkundungsverfahren und sind daher später[50] im Rahmen einer eventuellen Ordnungswidrigkeit dieses Verfahrens zu erörtern.

Zum zweiten sollte man auch nicht so weit gehen, eine Stelle öffentlichen Glaubens in einem Staat, der selbst keine vollstreckbaren Urkunden kennt, mit der Beurkundung zur Vollstreckung in einem anderen Staat zu betrauen. Zwar berührt auch diese Frage das Tatbestandsmerkmal „vollstreckbar im Errichtungsstaat". Entscheidend erscheint mir in diesem Kontext jedoch, daß der

---

[46] Vgl. oben § 1 A. I.

[47] Vgl. oben A.

[48] s. i. e. unten II. 1. b).

[49] s. zur Entwicklung in Deutschland und Österreich oben § 4 F. I. 4., G. I. 4., zum dänischen Recht oben § 6 B. 1.

[50] Unten D. IV. 1. a).

Errichtungsstaat *überhaupt* vollstreckbare Urkunden als Titel kennt[51]. Ansonsten könnte nämlich der Exequaturrichter mit einem Dokument konfrontiert werden, das schon aufgrund seiner Herkunft und der Beurkundungsperson keinesfalls Vollstreckungswirkung besitzen kann. Er hätte es deshalb daraufhin zu prüfen, ob diese Beurkundungsperson und das von ihr angewandte Verfahren dem lateinischen Typus entsprechen[52]. Dies wäre die Rückkehr zur Gleichwertigkeitsprüfung[53], die Art. 50 Abs. 2 eben ausschließen soll. Wenn die Parteien sich daraus ergebende Verfahrenslängen auch in Kauf nehmen mögen - etwa um eine besonders preisgünstige vollstreckbare Urkunde zu erlangen-, so sollte man doch die Gerichte des Zweitstaates nicht dazu heranziehen, einer ausnahmslos zur Titulierung nicht befugten Person diese rechtliche Fähigkeit indirekt doch zu verleihen. Die Urkunde eines englischen *notary public* ist demnach für die Vollstreckung in anderen Vertragsstaaten selbst dann ungeeignet, wenn die Parteien diese vereinbart haben[54].

II. Konkrete Vollstreckungseignung der vorgelegten Urkunde

Um konkret vollstreckbar zu sein, muß der der Titel wirksam zustande gekommen sein. Mängel können sich insbesondere aus der fehlerhaften *Willensbildung* einer Partei oder aus dem bei der Errichtung zu beobachtenden Verfahren ergeben. Ein gewichtiges Problem werfen in diesem Zusammenhang die unterschiedlichen Auffassungen über das Verhältnis von materiellem Anspruch und Titel auf, die in den Mitgliedsstaaten herrschen. In Rechtsordnungen ohne spezielle Unterwerfungserklärung sind der schuldrechtliche und der vollstreckungsrechtliche Aspekt der Urkunde zwei Seiten einer Medaille. Damit schlägt jeder Mangel des Geschäftsabschlusses und jede später entstandene Einwendung auf die Vollstreckbarkeit durch. Dort steht und fällt also die Exekutionsfähigkeit mit dem Entstehen und dem Fortbestehen des Anspruchs; die Erfüllung und ihre Surrogate beseitigen neben der Verbindlichkeit automatisch auch die Vollstreckungskraft des Titels - wenn auch äußerlich nicht erkennbar.

---

[51] So auch *Geimer*, DNotZ 1975, 472.

[52] Dies scheint *Picard*, JCP éd. N 1991, 313 re. Sp., für Urkunden von den britischen Inseln der richtige Weg zu sein; S. 313, li. Sp. macht er nämlich deutlich, daß diese Dokumente niemals Vollstreckungskraft besitzen.

[53] s. oben § 2 A. I.

[54] Die Vergegenwärtigung der konkreten Situation bei der Beurkundung unterstreicht diese Bewertung: der *notary public* würde wohl von sich aus nicht daran denken, daß eine Vollstreckung seiner Urkunde im Ausland in Betracht gezogen wird. Einem Lateinischen Notar wäre dies dagegen selbstverständlich. Er wird daher der Möglichkeit einer späteren Exekution mit eventuellem Vollstreckungsrechtsstreit eher Rechnung tragen als der *notary public*, da er sich der Wirkung seines Instruments bewußt ist. Etwas anderes gilt zugegebenermaßen für die *Scriveners´ notaries*, weil sie im ausländischen Recht beschlagen sind.

Hier kann die Vollstreckbarkeit folglich in weiterem Umfang in Frage gestellt werden: jede anfängliche oder nachträgliche materielle Einwendung wirkt sich auf die Exekutionsfähigkeit aus, während bei abstrakten Titeln die Vollstrekkungswirkung *gesondert* beseitigt werden muß. Im Zusammenhang mit Art. 50 fragt es sich daher, ob das Merkmal „vollstreckbar“ Einbruchstelle für materielle Rechtsbehelfe im Exequaturverfahren sein soll, wie dies das autonome Recht der Mehrheit unter den Vertragsstaaten nahelegt, oder ob die konkrete Vollstreckbarkeit insofern außer Betracht zu bleiben hat (2.). Eingangs ist allerdings die Bedeutung des Errichtungsverfahrens für die Vollstreckbarkeit zu klären (1.). Schließlich muß die Möglichkeit erörtert werden, daß erststaatliche Rechtsbehelfe die Vollstreckbarkeit suspendieren oder endgültig beseitigen können (3.).

1. Vollstreckbarkeit in Abhängigkeit von Mängeln des Beurkundungsverfahrens

Hat der Notar oder eine andere öffentliche Beurkundungsstelle bei der Aufnahme der Urkunde verfahrensrechtliche Vorschriften mißachtet, so leidet der Titel an einem Mangel, der ihm die Eignung als förmliche Grundlage der Zwangsanwendung nimmt. Dies ist etwa dann der Fall, wenn Beurkundungsverbote bei nahestehenden Parteien nicht eingehalten wurden, wenn die förmliche Dokumentation einzelner Verfahrensschritte - vorrangig der Belehrung der Parteien - in der Urkunde unterblieb oder wenn die erforderliche Vollstrekkungsklausel nicht angebracht wurde.

Fraglich ist allerdings, ob die Beachtung der Verfahrensvorschriften überhaupt geprüft werden darf[55]. Bei gerichtlichen Entscheidungen findet eine entsprechende Kontrolle nicht statt. Ganz im Gegenteil erstreckt sich das Verbot der Nachprüfung der Entscheidung in der Sache auch auf das erststaatliche Verfahren, das zum Erlaß des Titels geführt hat[56]. Sogar die Prüfung der konventionsrechtlich geregelten internationalen Zuständigkeit ist dem Exequaturgericht nach Art. 28 Abs. 3 grundsätzlich verwehrt.

Bei vollstreckbaren Urkunden ergibt sich ein gewichtiger Unterschied aus der Tatsache, daß sie nur deshalb als Titel anerkannt werden, weil sie in einem förmlichen Verfahren mit Gewährleistung der Neutralität der Urkundsperson zustande kommen. Eine Vermutung für die verfahrensmäßig fehlerfreie Titelschaffung läßt sich von der gerichtlichen Prozedur allenfalls auf die notarielle

---

[55] Vgl. zur entsprechenden Frage beim verfahrensrechtlichen ordre public unten D. IV.

[56] *Kropholler*, Art. 34 Rn. 8, Art. 29 Rn. 2.

übertragen, nicht aber auf die ganze Vielfalt der Errichtungsverfahren und -personen, die die einzelstaatlichen Rechte vorsehen.

Daß die Korrektheit des Titulierungsverfahrens im Zusammenhang mit Art. 50 schwerer wiegt als im Rahmen des Art. 31, läßt sich aus dem Konventionstext heraus mit Art. 50 Abs. 2 begründen. Er verweist bezüglich der Authentizität, der verfahrensmäßigen Ordnungsgemäßheit der Urkunde also, gesondert auf das Recht des Herkunftsstaates; für gerichtliche Entscheidungen fehlt dagegen ein entsprechender Verweis.

Die Einhaltung der jeweiligen nationalen Verfahrens- und Formvorschriften stellt die Grundlage der Vollstreckbarkeit im Errichtungsstaat und damit der Exequaturfähigkeit im Vollstreckungsstaat dar. Diese Voraussetzung ist von Amts wegen zu prüfen[57]. Deshalb hat der Exequaturrichter in diesem Rahmen Form- oder Verfahrensfehler aus eigener Initiative heraus zu berücksichtigen, soweit sich Anhaltspunkte dafür ergeben.

Von herausgehobener Bedeutung ist in diesem Zusammenhang die Beachtung der Beurkundungszuständigkeiten.

a) Verstöße gegen die interne Beurkundungszuständigkeit

Hier kommen die sachliche und die örtliche Zuständigkeit in Betracht. Eine Verletzung der sachlichen Zuständigkeit liegt immer dann vor, wenn eine öffentliche Stelle eine nicht in ihren Amtsbereich fallende Beurkundung vornimmt. Da die Notare in den Vertragsstaaten umfassend zur Beurkundung berufen sind, ist eine derartige Kompetenzüberschreitung von ihrer Seite her kaum denkbar. Anders verhält es sich mit Beurkundungsorganen, denen nur einzelne Authentifizierungsgeschäfte aufgetragen sind, wie etwa den Jugendämtern in Deutschland. Verlassen diese den ihnen zugewiesenen Aufgabenkreis, so liegt ein Verfahrensfehler vor, der der damit behafteten Urkunde die Exequaturfähigkeit nimmt.

Praktisch bedeutsamer dürfte die Beachtung der *örtlichen* Beurkundungszuständigkeit sein. Nach der französischen Lehre führen diesbezügliche Mängel dazu, daß der fraglichen Urkunde der „öffentliche" Charakter fehlt[58], weil kein „privilegierter Zeuge" tätig geworden[59] und damit ein Tatbestandsmerkmal der Definitionsnorm[60] nicht erfüllt sei. Der Aufwand der Einarbeitung in das aus-

---

57 *Kropholler*, Art. 31 Rn. 8.

58 *Niboyet*, Rn. 1610.

59 *Pamboukis*, Rn. 413.

60 Art. 1317 C. civ.: „Die authentische Urkunde ist diejenige, die von öffentlichen Amtsträgern aufgenommen wurde, die *am Errichtungsort das Recht zur Beurkundung haben*".

ländische Zuständigkeitsrecht rechtfertige aber eine Kontrolle nur auf Antrag hin, nicht *ex officio*[61]. Eine Überpüfung wäre damit im einseitigen erstinstanzlichen Verfahren nach GVÜ/LugÜ ausgeschlossen. Diesem vollständigen Verzicht möchte ich die oben genannten Gründe für eine Berücksichtigung des Beurkundungsverfahrens i. R. d. Prüfung der Vollstreckbarkeit entgegenhalten. Einschränkungen ergeben sich lediglich aus der einseitigen Ausgestaltung der ersten Verfahrensphase. Die Prüfungsintensität hängt zu diesem Zeitpunkt entscheidend von der Beschlagenheit des Richters im ausländischen Verfahrensrecht der freiwilligen Gerichtsbarkeit ab. Der Richter wird aber aufgrund der Seriosität der nationalen Beurkundungsorgane an die äußerlich einwandfreie Urkunde die Vermutung der Beurkundung durch eine örtlich zuständige Stelle knüpfen dürfen. Daher halte ich die Beschränkung auf eine Evidenzkontrolle in der ersten Instanz für angebracht.

In den nationalen Beurkundungsrechten ist eine Entwicklung hin zum den räumlichen unbeschränkt zuständigen Notar auszumachen. Besonders deutlich wird dies am französischen Recht, das den Notaren seit 1986 gestattet, ihr Amt im gesamten europäischen Staatsgebiet auszuüben[62]. Die deutsche BNotO bindet den Notar zwar grundsätzlich an einen Amtsbereich (§ 10a BNotO), doch bleibt das Wahlrecht der Klientel davon unberührt. Notarielle Beurkundungskte sind nach § 11 ABs. 3 BNotO sogar gültig, wenn der Notar sie außerhalb des Bundeslandes seiner Bestellung vornimmt[63]. In Portugal schließlich gelten Vorschriften, die den Mangel der örtliche Zuständigkeit in gewissen Fällen heilen (Art. 85 Abs. 1 C.not. i. V. m. Art. 369 CC). Damit geht die praktische Bedeutung dieses Stolpersteins für eine fehlerfreie Beurkundung immer mehr zurück.

b) Verstöße gegen die internationale Beurkundungszuständigkeit

Ein weiterer Teilaspekt der Zuständigkeit ist die *internationale Zuständigkeit des Beurkundungsorgans*. Problematisch ist, ob ihre Beachtung im europäischen Rahmen Voraussetzung für die Wirksamkeit der Urkunde ist und deshalb im Exequaturverfahren oder bei der anschließenden Zwangsvollstreckung geprüft werden darf oder muß.

---

61 *Pamboukis*, Rn. 413.

62 Art. 8 décret Nr. 71-942 i. d. F. des décret Nr. 86-728 v. 29.4.1986.

63 Vgl. § 11 Abs. 3 BNotO.

aa) Begriff der internationalen Beurkundungszuständigkeit

Die internationale Zuständigkeit bedeutet im Beurkundungswesen inhaltlich das gleiche wie der entsprechende Begriff in der streitigen Gerichtsbarkeit. Sie definiert, ob die Organe eines bestimmten Staates, soweit diesem die *Gerichtsbarkeit* bzw. die *Urkundsgewalt*[64] im Verhältnis zu anderen Staaten zusteht, in Fällen mit Auslandsberührung tätig werden sollen[65]. Ihr Sinn liegt zum einen darin, Sachen, die keinerlei Berührung mit dem angerufenen Staat aufweisen, von seiner Rechtspflege fernzuhalten[66], zum anderen darin, die „Gerichtspflichtigkeit" eines Bürgers im Ausland sinnvoll auf Sachverhalte mit dortiger Berührung zu beschränken[67].

Für die Beurkundung durch eine öffentliche Stelle, insbesondere einen Notar, kann der erste - abwehrende - Aspekt wegen der Gebührenerhebung keine Gültigkeit beanspruchen - es kommt zu keiner „Ressourcenverschwendung" -, und auch der zweite - fürsorgliche - ist nicht übertragbar, da die Urkundenerrichtung ja die *privatautonome* Schaffung eines Vollstreckungstitels ohne jeden hoheitlichen Zwang darstellt - *volenti non fit iniuria*[68].

Andererseits ist für die Beurkundungstätigkeit darüber hinaus der Gesichtspunkt der Rechtssicherheit von Bedeutung. Die Urkunde soll verläßlich sein, soll z. B. als eindeutige Grundlage für Registereintragungen dienen[69]. Dies wird häufig durch Festlegung ausschließlicher Beurkundungszuständigkeiten[70] zu erreichen versucht, die ausländische Beurkundungsorgane von bestimmten besonders eng mit der nationalen Rechtspflege verbunden Bereichen fernhalten, gelegentlich auch eine besondere Kontrolle der öffentlichen Hand über die beurkundeten Vorgänge gewährleisten sollen[71]. Wenn *Pamboukis* in diesem Zusammenhang anmerkt, daß gerade die hier in Frage stehenden vollstreckbaren Verträge wegen ihres privatautonomen Charakters schwerlich ausschließlichen Zuständigkeiten unterworfen werden können[72], so wird er damit sicherlich dem Interesse der Parteien gerecht, nicht jedoch dem der beteiligten Staaten an einer geordneten Rechtspflege.

---

[64] Zu diesen Begriffen *Blumenwitz*, DNotZ 1968, 714 f.; gegen die Verwendung des Begriffs „Urkundsgewalt" *Bärmann*, AcP 1960, 3, Fn. 2.

[65] *Schack*, Rn. 186.

[66] *Schack*, Rn. 186.

[67] *Geimer*, JZ 1969, 15, li. Sp.

[68] So auch *Baur*, S. 317.

[69] So z. B. *Löber*, DNotZ 1993, 790 zum spanischen Recht.

[70] Zum Parallelismus zu den ausschließlichen Gerichtszuständigkeiten *Pamboukis*, Rn. 423.

[71] Zum zweiten Aspekt *Löber*, DNotZ 1993, 790, für ausländische Investitionen in Spanien.

[72] *Pamboukis*, Rn. 424.

Die internationale Zuständigkeit des Beurkundungsorgans ergibt sich aus autonomem Recht[73] oder darein umgesetzten völkerrechtlichen Verträgen. Sie stellt damit eine - u. U. völkerrechlich beeinflußte - nationale Kompetenzordnung dar und beruht nicht etwa darauf, daß die materiell maßgebliche Rechtsordnung die „Urkundenfunktion" des Organs anerkennt[74]. Diese „Anerkennung" erlangt nur dort Bedeutung, wo zu entscheiden ist, ob die Beurkundungshandlung in einem Staat das Tatbestandsmerkmal „notarielle Beurkundung" der Vorschriften eines anderen Staates erfüllt, ob also die ausländische und die inländische Beurkundung gleichwertig sind[75].

Das GVÜ legt anders als für Verfahren der streitigen Gerichtsbarkeit (vgl. Abs. 3 der Präambel[76]) weder örtliche noch internationale Beurkundungszuständigkeiten fest[77].

bb) Problemstellung im Geltungsbereich der Übereinkommen

Welche Bedeutung hat dies für die Vollstreckbarerklärung nach Art. 50? Hat beispielsweise der französische Exequaturrichter zu prüfen, ob die Hypothek, die ein Schuldner seiner in Deutschland ansässigen Bank an seinem in Frankreich belegenen Grundstück eingeräumt und sich diesbezüglich vor einem *deutschen* Notar der sofortigen Zwangsvollstreckung unterworfen hat, mit der Regel des Art. 2128 C.civ.[78] vereinbar ist, die diesbezüglich eine *ausschließliche* internationale Zuständigkeit französischer Beurkundungsorgane festlegt? Oder schließen die Konventionen das entgegenstehende autonome Recht insofern aus?

---

73 *UINL* 1992, Rapports officiels Thème IV, S. 46.

74 So aber *Blumenwitz*, DNotZ 1968, 724 und ähnlich *Bärmann*, AcP 1960, 6. Daß jeder Staat seine Regeln über die internationale Zuständigkeit an der Akzeptanz durch andere Staaten ausrichten wird, ist eine andere Frage.

75 s. oben § 2 A. I. - Im Exequaturverfahren nach dem GVÜ/LugÜ ist nach dieser Vergleichbarkeit aber gerade nicht zu fragen, da ausschlaggebend ist, ob *nach dem Recht des Errichtungsstaates* eine öffentliche Beurkundung vorliegt.

76 Entsprechend Abs. 2 Präambel LugÜ.

77 *Wolfsteiner*, Rn. 82.16.

78 Hierzu i. e. *Pamboukis*, Rn. 351 m. w. N.; man hielt die Hypothek wohl ursprünglich bereits für eine Art Vollstreckungsmaßnahme. Einschränkend ist zu bemerken, daß Art. 4 Abs. 3 des Dekrets vom 4.1.1955 die Vollstreckbarerklärung im Ausland bestellter Hypotheken ermöglicht, so daß Art. 2128 C.civ. wohl keine ausschließliche Zuständigkeit mehr begründet, vgl. *UILN 1992, Rapports officiels Thème*, S. 118 ff.

cc) Ansichten in der Literatur

Kropholler betrachtet eine solche Überprüfung ohne jede Begründung als unzulässig[79]. *Wolfsteiner* ist der Ansicht, die Nichtbeachtung der internationalen Zuständigkeit sei in diesem Zusammenhang nicht zu überprüfen, weil das GVÜ anders als für Klagverfahren für die Beurkundung keine besondere Zuständigkeitsregelung enthalte[80]. Für *Schütze* ist bereits das Schweigen des Art. 50 zur Zuständigkeit Grund genug, auf eine diesbezüglich Kontrolle zu verzichten[81]. Dagegen argumentiert *Geimer*[82], es sei sehr wohl möglich, daß ein Staat für gewisse Beurkundungen seine eigene Beurkundungszuständigkeit *ausschließlich* annehme[83, 84]; dann dürfe ihm aber auch die Kontrolle ausländischer Urkunden in dieser Hinsicht nicht verwehrt werden. Die Nähe dieses Konzepts zum Grundsatz der Spiegelbildlichkeit nach § 328 Nr. 1 dt. ZPO, wonach dem ausländischen Staat diejenigen Zuständigkeiten zugestanden werden, die auch das eigene Recht in Anspruch nimmt, ist unverkennbar.

Bevor noch an die Ausarbeitung des Art. 50 als vorläufigen Höhepunkt einer Internationalisierung der vollstreckbaren Urkunde zu denken war, sah *Bärmann* 1958 die Aufweichung rein national gesetzter Beurkundungskompetenzen ab und fragte, in welchen Grenzen „auch heute *noch*" eine internationale Zuständigkeit des Notars bestehe[85].

dd) Prüfung der ausschließlichen Beurkundungszuständigkeiten autonomen Rechts am Maßstab der Übereinkommen

Die Antwort auf diese Frage darf sich unter der Geltung der Übereinkommen nicht damit begnügen, die bloße Inanspruchnahme ausschließlicher Beurkundungszuständigkeiten durch einzelne Mitgliedsstaaten festzustellen. Vielmehr ist zu untersuchen, wie GVÜ und LugÜ aufgrund ihres Ranges in der Normenhierarchie diese nationalen Vorschriften beeinflussen. Anschließend ist durch Auslegung der Übereinkommen zu ermitteln, ob sie Raum für die Berücksichti-

---

79 *Kropholler*, Art. 50 Rn. 10.

80 *Wolfsteiner*, Rn. 82.16; ähnlich argumentieren *Rechberger/Oberhammer/Bogensberger*, S. 60, hinsichtlich der bilateralen Vollstreckungsverträge Österreichs.

81 Geimer/Schütze-*Schütze*, § 173 II. 4. e).

82 *Geimer*, DNotZ 1975, 474-477.

83 Diese Argumentation bleibt sehr abstrakt, weil *Geimer* keine für seine These einschlägigen Beispiele anführt. In Betracht kommen aber z. B. - der von *Geimer* nicht weiter verfolgte - Art. 2128 frz. C.civ., § 800 dt. ZPO (wegen der Grundbucheintragung) und Art. 17 der spanischen VO über ausländische Investitionen (vgl. *Löber*, DNotZ 1993, 789 f.).

84 Ebenso *Pamboukis*, Rn. 423 f., unter Verzicht auf konkrete Untersuchungen.

85 *Bärmann*, AcP 1960, 2; Hervorhebung von mir.

gung oder sogar Sanktionierung der Beachtung der internationalen Zuständigkeit lassen. Nur dann wären entsprechende Mängel im Exequaturverfahren zu prüfen, und der Schuldner könnte sich in den Rechtsbehelfsinstanzen darauf berufen.

(1) Stellung der Übereinkommen in der Normenhierarchie

Um das GVÜ normenhierarchisch einordnen zu können, ist zunächst seine Rechtsnatur festzustellen. In Betracht kommt die Klassifizierung als sekundäres Gemeinschaftsrecht oder als selbständiger völkerrechtlicher Vertrag[86]. Die überwiegene Ansicht geht von der zweiten Betrachtungsweise aus[87] und kann sich dabei auf folgende Argumente berufen: Das GVÜ ist nicht gemäß den Rechtssetzungsmechanismen des EGV zustande gekommen, was für sekundäres Gemeinschaftsrecht charakteristisch wäre. Zwar ist es sozusagen Ausführungsgesetz zu Art. 220 EGV; der EGV ist diesbezüglich jedoch als *traité-cadre* anzusehen, den einzelne *traités-lois* konkretisieren. Diese aber ergehen auf dem selben Rechtssetzungsweg wie der EGV selbst, nämlich durch völkerrechtlichen Vertrag der EGV-Mitgliesstaaten. Daß der inhaltliche Zusammenhang mit Art. 220 EGV nicht zur Qualifizierung als sekundäres Gemeinschaftsrecht führen kann, zeigt sich zudem darin, daß es die GVÜ-Mitgliedsstaaten für notwendig befunden haben, in Art. 1, 4 Abs. 1 und 5 Abs. 1 des Auslegungsprotokolls eine Vorabentscheidungskompetenz des *EuGH* festzulegen, was für sekundäres Gemeinschaftsrecht überflüssig wäre.

Letztlich ist die definitive Einordnung des GVÜ aber auch entbehrlich, da es die nationalen Rechtsordnungen *in jedem Fall* beeinflußt, wenn auch mittels unterschiedlicher Mechanismen. Als sekundäres Gemeinschaftsrecht wäre es Teil einer *autonomen Rechtsordnung*, die die Mitgliedsstaaten nachträglich nicht einseitig ändern können[88] - das Prinzip *lex posterior derogat legi priori* wäre durch diese Konstruktion wegen der unterschiedlichen Rangstufen von Gemeinschaftsrecht und nationalem Recht unanwendbar.

Ordnet man das GVÜ dagegen als völkerrechtlichen Vertrag ein, so kommt es darauf an, welchen Rang die Mitgliedsstaaten derartigen Abkommen zumessen. In Deutschland wurde das GVÜ gemäß Art. 59 Abs. 1 GG i. V. m. Art. 74 Nr. 1 GG durch Ratifizierung einfaches Bundesgesetz; damit käme gegebenen-

---

[86] Für das LugÜ ist die Frage leichter zu beantworten: da es nicht wie das GVÜ an eine politische Staatengemeinschaft gekoppelt ist - Europäischer Wirtschaftsraum und LugÜ decken sich räumlich nicht -, stellt es einen völkerrechtlichen Vertrag ohne besondere Integrationsaspekte dar.

[87] *Kropholler*, Einl. Rn. 12; *Colin*, S. 79.

[88] Grundlegend *EuGH* Slg. 1964, 1269 ff.; entsprechend für Deutschland: BVerfGE 31, 173 f.

falls die *lex posterior*-Regel zur Anwendung, wonach das Übereinkommen entgegenstehende ältere Kompetenzvorschriften nationalen Rechts verdrängt. Art. 55 der französischen Verfassung bestimmt, daß ratifizierte völkerrechtliche Verträge bei Verbürgung der Gegenseitigkeit nationalen Gesetzen vorgehen; hieraus folgt bereits der Vorrang des GVÜ vor nationalen Kompetenzvorschriften. Die Verfassungsrechtslage in den übrigen Mitgliedsstaaten dürfte nicht grundlegend anders aussehen.

Mit der völkerrechtlichen Einordnung des GVÜ gelangt man schließlich auch zur Anwendbarkeit der Wiener Vertragsrechtskonvention vom 23.05.1969[89], die als Kodifikation allgemeiner Grundsätze auch für Nichtsignatarstaaten zwingendes Völkergewohnheitsrecht darstellt. Art. 26, der die Vertragsausführung behandelt, verwehrt es den Signatarstaaten, durch nachfolgende abweichende Gesetzgebung die Umsetzung der Übereinkommen zu erschweren.

Aus beiden Sichtweisen ergibt sich, daß für die Berücksichtigung internationaler Beurkundungszuständigkeiten im Verfahren nach Art. 50 allein diese Vorschrift maßgeblich ist. Ob die Übereinkommen nun einzelstaatlichen Normen über die internationale Zuständigkeit oder ihrer Berücksichtigung im Exequaturverfahren entgegenstehen, ist durch Auslegung zu ermitteln.

(2) Auslegung der Übereinkommen

Von seinem *Wortlaut* her könnte Art. 50 GVÜ mit den Formulierungen „in einem Vertragsstaat", „... in dem Staate" für eine Relevanz der internationalen Zuständigkeit sprechen. Die Norm nimmt damit aber ersichtlich keine Verteilung der Beurkundungsvorgänge auf die einzelnen Mitgliedsstaaten vor, sondern grenzt lediglich die in Betracht kommenden Urkunden hinsichtlich ihrer Herkunft ab; GVÜ und LugÜ definieren einen prozessualen Rechtsraum, der seine Verfahrensvereinfachungen nicht ohne weiteres Außenstehenden zugute kommen lassen will.

Die *Systematik* der Übereinkommen spricht wohl im Sinne *Wolfsteiners* gegen die Überprüfbarkeit der internationalen Zuständigkeit. Denn tatsächlich fehlt eine Festlegung internationaler Beurkundzuständigkeiten, wogegen sie für das Streitverfahren in Art. 2 bis 16 vorgeschrieben wird. Hinzu kommt, daß Abs. 3 bzw. Abs. 2 der Präambeln nur von der internationalen Zuständigkeit der Gerichte, nicht der Beurkundungsorgane spricht.

Wohl wird vereinzelt erwogen, die zur Urkundenerrichtung berufenen Personen als Gerichte im Sinne der Übereinkommen zu betrachten; zugleich läßt man

---

[89] BGBl. 1985 II 926.

jedoch die Frage offen und erhofft sich endgültige Klärung durch den *EuGH*[90]. M. E. geht dieser Vorschlag jedoch unzutreffend von einer allgemeinen Gleichsetzung von Urteil und vollstreckbarer Urkunde aus. *Kaye* schließt durchgängig von der urteilsgleichen Vollstreckungswirkung auf die Anwendbarkeit von Urteilsregeln, ohne die einschneidenden Unterschiede zwischen beiden Instituten zu berücksichtigen. Ganz im hier vertretenen Sinn lehnt *Gaudemet-Tallon* ausdrücklich, jedoch ohne Begründung eine Anwendung der Zuständigkeitsregeln auf Beurkundungen ab[91]. Zutreffend weist *Schütze* darauf hin, daß das Überprüfungsverbot nach Art. 28 Abs. 3 für Urkunden als außergerichtliche Titel nicht gelte und die Zuständigkeit der Beurkundungsperson deshalb prinzipiell nachprüfbar sei; angesichts des klaren Wortlauts von Art. 50 und des hinreichenden Schuldnerschutzes durch Prüfung der Urkundsgewalt spricht er sich aber gegen eine derartige Kontrolle aus[92].

Zur internationalen Beurkundungszuständigkeit läßt sich den Expertenberichten - bis auf die Nichterwähnung der internationalen Zuständigkeit bei der Aufzählung der Exequaturvoraussetzungen[93] - nichts entnehmen. Selbst der Bericht *Jenard/Möller*[94], der zu anderen Problemen des Art. 50 Präzisierungen vornimmt, schweigt hierzu.

Das Vertragsziel, ein beschleunigtes Vollstreckbarerklärungsverfahren einzuführen - Abs. 3 bzw. 2 der Präambeln - spricht jedoch eher für eine Vernachlässigung der internationalen Zuständigkeit.

Unter Berücksichtigung des völkerrechtlichen Charakters der Verträge könnte man allenfalls noch argumentieren, daß die Signatarstaaten möglichst wenig Souveränitätsrechte im Zusammenhang mit dem Notariat und seiner überwiegenden Zuordnung zur hoheitlichen Gewalt aufgeben wollen. Jedoch betrifft dieser Einwand nur die Frage, ob nationales Zuständigkeitsrecht durch die Konventionen aufgehoben oder verdrängt wird; über die Beachtlichkeit im Verfahren der Vollstreckbarerklärung ist damit noch nichts ausgesagt.

ee) Ergebnis

GVÜ und LugÜ greifen zwar nicht in die nationalen Vorschriften über - gegebenenfalls ausschließliche - Beurkundungszuständigkeiten ein; deren Mißachtung darf aber im Anwendungsbereich der Übereinkommen nicht sanktioniert

---

[90] *Kaye*, S. 1685.

[91] *Gaudemet-Tallon*, Rn. 419 mit dem Beispiel der ausschließlichen Gerichtszuständigkeiten nach Art. 16.

[92] Geimer/Schütze-*Schütze*, § 173 II. 4.

[93] Geimer/Schütze-*Schütze*, § 173 II. 4. e).

[94] ABl.EG 1990 C 189, 80.

werden. Ähnlich regeln die Verträge auch das Verhältnis ihrer Zuständigkeitsregeln zu abweichenden nationalen Normen in Art. 3 Abs. 2, wenn hier auch explizit. Grenzen ergeben sich jedoch bei offensichtlichem Mißbrauch der Beurkundungsfreiheit zur Umgehung der Aufklärung des Schuldners über die Reichweite seiner Erklärungen durch den verfahrensrechtlichen ordre public[95].

ff) Exkurs: Gestattet die Dienstleistungsfreiheit nach dem EGV die Aufrechterhaltung ausschließlicher internationaler Beurkundszuständigkeiten?

Unabhängig vom Problem der Beurkundungszuständigkeit im Exequaturverfahren stellt sich die Frage, ob nicht die in Art. 59 ff. EGV verkündete Dienstleistungsfreiheit Normen der Mitgliedsstaaten[96] entgegensteht, die eine ausschließliche Zuständigkeit ihrer Notare festlegen. Denn diese Normen entwerten die grenzüberschreitende Beurkundung und schließen damit den Notar faktisch von der Freizügigkeit der Dienstleistungen aus. Es geht also weniger um den Zugang von Ausländern zur Notarstätigkeit[97] als um die Möglichkeit, Beurkundungen im Ausland - also in fremdem Hoheitsbereich - vorzunehmen und um die problemlose Verwendbarkeit notarieller Urkunden im Rechtsverkehr über die Grenzen der EU-Mitgliedsstaaten hinweg.

(1) Der Notar als Erbringer einer Dienstleistung

Nach Art. 60 Abs. 2 Buchst. d) EGV gelten als Dienstleistungen insbesondere freiberufliche Tätigkeiten. Nicht nur der deutsche Notar entspricht diesem Bild gemäß seiner Definition als „unabhängiger Träger eines öffentlichen Amtes“ in § 1 BNotO[98]. Die Tätigkeit des französischen *notaire* läßt sich ebenso darunter subsumieren[99] wie diejenige der Notare in den übrigen Mitgliedsstaaten, wenn man vom beamteten Notar in Baden-Württemberg und in Portugal absieht.

---

[95] s. unten D. IV. 1. a).

[96] Als einziger Signatarstaat des LugÜ ist die Schweiz weder Mitglied des EGV noch des EWRV.

[97] Hierzu ausführlich *Colin*, S. 62-68.

[98] Mit Ausnahme des württembergischen Bezirksnotars, § 114 BNotO, und des badischen Amtsnotars, § 115 BNotO.

[99] Vgl. *Moreau*, S. 131 ff.

(2) Grenzen der Dienstleistungsfreiheit

Allerdings kann der Vorbehalt der Ausübung öffentlicher Gewalt des Art. 55 Abs. 1 EGV i. V. m. Art. 66 EGV die Dienstleistungsfreiheit einschränken. Damit die Mitgliedsstaaten den Vertragsfreiheiten nicht übermäßig viele Bereiche durch hoheitliche Ausgestaltung entziehen, geht der *EuGH* bei der Anwendung von Art. 55 Abs. 1 EGV nicht von ganzen *Berufsbildern* aus - solche existieren europaweit häufig gar nicht -, sondern, dem Wortlaut der Norm entsprechend, von einzelnen *Tätigkeiten*[100]. Diese werden dann in einem zweistufigen Verfahren darauf geprüft, ob sie zum einen im nationalen Recht als hoheitlich eingestuft werden, und ob diese Einstufung zum anderen die gemeinschaftsrechtlichen Grenzen, nämlich die Vereinbarkeit mit den Vertragszielen, beachtet[101].

Für den deutschen Notar, der insoweit als beispielhaft für das Lateinische Notariat herangezogen werden kann, wird in der Literatur die hoheitliche Betätigung nach nationalem Recht, der BNotO, bejaht[102]. Dem folgt dann die Qualifikation der *gesamten* notariellen Tätigkeit als staatlich geprägt[103], wofür allerdings lediglich die Ansicht des Bundesverfassungsgerichts herangezogen wird, die Aufgabe des Notars könnte und müßte durch staatliche Behörden erfüllt werden, wenn sie nicht den Notaren übertragen worden wäre[104]. Auch der Bericht des Europäischen Parlaments geht davon aus, daß der Beruf des Notars wegen seiner engen Verbindung mit der Ausübung öffentlicher Gewalt unter Art. 55 EGV falle[105]. M. E. ist hier jedoch detaillierter zu fragen, ob die *Beurkundungstätigkeit* und - noch enger - die *Verleihung der Vollstreckbarkeit* hoheitliche Tätigkeiten sind.

Weitgehende Einigkeit dürfte hinsichtlich letzterer bestehen: hier entfaltet der Notar eine Tätigkeit, die im modernen Staat mit Gewaltmonopol und Verbot der Selbsthilfe den Gerichten als genuin hoheitlichen Organen obliegt[106]. Allenfalls bliebe noch zu fragen, worin nun genau der hoheitliche Akt des Notars zu sehen ist: in der Redaktion des privat vereinbarten Vollsteckungstitels oder im

---

[100] Die Aufspaltung in Tätigkeiten hält *Colin*, S. 70, beim Notar für nicht möglich; er sei durch und durch hoheitlich tätig. Die gesamte Darstellung ist jedoch geprägt von berufsständischer Interessenvertretung und Protektionismus. Dies wird besonders deutlich aus der Wahl von Wendungen wie „Blitzkrieg“ oder „Maginot-Linie“ (S. 78) im Zusammenhang mit der Liberalisierung des Notarsberufs.

[101] *Wittkopp*, S. 130 ff.

[102] *Fischer*, DNotZ 1989, 473.

[103] *Fischer*, DNotZ 1989, 496.

[104] BVerfGE 17, 371, 379. Dies ist m. E. eine *petitio principii.*

[105] Bericht des Europäischen Parlaments, S. 12, Nr. 28.

[106] Ähnlich *Basedow*, RabelsZ 1991, 426, der aber die Aufnahme nicht vollstreckbarer Urkunden nicht als hoheitliche Tätigkeit betrachten möchte.

Anbringen der Vollstreckungsklausel, ohne die auch in Rechtsordnungen ohne das Erfordernis einer ausdrücklichen Unterwerfungserklärung die Exekution nicht erfolgen kann[107]? Zwar erscheint die Schaffung eines Titels vor dem Notar zunächst als Akt, der gemeinhin den Gerichten obliegt. Er entfaltet jedoch über die potentielle Vollstreckbarkeit hinaus keine Wirkungen, die einem Urteil zukommen - insbesondere keine materielle Rechtskraft - und wird deshalb erst durch die Vollstreckungsklausel bzw. die Ausfertigung in vollstreckungsgeeigneter Form auf eine insofern mit der gerichtlichen Entscheid ung vergleichbare Stufe gehoben. Die Befugnis, dem Gläubiger einen mittels Zwang durchsetzbaren Titel auszustellen, sei es mit Klausel oder ohne, macht daher den hoheitlichen Charakter der vollstreckbaren Beurkundung aus[108].

Weniger eindeutig läßt sich die Frage nach dem hoheitlichen Charakter einer „einfachen" Beurkundung beantworten. Sie ist nur dann glatt zu verneinen, wenn die Beweiskraft der Urkunde nicht aus der hinter dem Notar stehenden staatlichen Autorität hergeleitet wird, sondern allein aus dem gewachsenen Vertrauen in den Notarsstand[109].

Eine Einordnung der notariellen Tätigkeit wird dadurch erschwert, daß - pragmatisch gesehen - der Übergang von der „einfachen" zur vollstreckbaren Beurkundung fließend und damit schlecht greifbar ist[110]. Damit ist allerdings noch keine Zuordnung zu hoheitlicher oder privater Tätigkeit vorgenommen. Es ist kaum wahrscheinlich, daß ein juristischer Berufsstand derartiges Prestige erwirbt, ohne daß die Obrigkeit und in späteren Zeiten der Staat für seine Amtshandlungen eine Art Garantie übernimmt - sei es durch Verfahrensnormen, sei

---

[107] Frankreich: Art. 3 Nr. 4 G1991; Italien: Art. 475 Abs. 1 C.p.c.; Griechenland: Art. 918 gr. ZPO; anders aber in Österreich und Spanien, wo die Klausel unbekannt ist. Hier läßt ausschließlich das Gericht die Urkunde zur Vollstreckung zu, so daß der Notar bei der Beurkundung keine Titulierung als hoheitliche Tätigkeit vornimmt. In dieselbe Richtung weist auch die Abfassung der Art. 31 und 50 LugÜ sowie der Fassung des GVÜ beim Beitritt Spaniens und Portugals, wo der Terminus „mit der Vollstreckungsklausel versehen" durch „vollstreckbar erklärt" ersetzt wurde. Letztlich kommt dadurch der hoheitliche Charakter der Klauselerteilung oder einer entsprechenden Zulassung zur Zwangsvollstreckung zum Ausdruck.

Allein die Niederlande kennen weder Klausel noch gerichtliche Zulassung zur Vollstreckung, so daß dort tatsächlich der Notar mit der Erteilung der Ausfertigung der Urkunde die Titulierung vornimmt. Der Titel ist allerdings nicht vollstreckbar ohne die Eingangsformel „Im Namen der Königin", die insofern der Klausel als Vollstreckungsbefehl entspricht.

[108] Vgl. *Colin*, S. 71; *Wolfsteiner*, Rn. 33.2; ähnlich *Moreau*, S. 139, 141, *Hofmeister*, öst. NotZ 1982, 113 li. Sp. und wohl auch *Münch*, § 10 III. 2. b).

[109] Nachweise bei *Bärmann*, AcP 1960, 6.

[110] *Stürner*, DNotZ 1995, 354. Wie bereits erwähnt, ergibt jedoch nur in den Niederlanden die *reine* Beurkundung ohne Klauselerteilung oder gerichtliche Vollstreckungszulassung den Titel. Die Grenze zwischen vollstreckbarer und einfacher Beurkundung wird damit in den übrigen Staaten etwas deutlicher.

es durch die besonders sorgfältige Auswahl und Ausbildung des Notarpersonals; der Staat verbürgt sich sozusagen für die Vertrauenswürdigkeit der Beurkundung[111]. Deshalb meine ich, daß die staatliche Einsetzung des Notars dem ihm entgegengebrachten Vertrauen zeitlich und logisch vorausgeht.

(3) Ergebnis

Daraus ergibt sich eine Bestätigung der allgemeinen Ansicht[112], wonach die beurkundende Tätigkeit, insbesondere die Errichtung vollstreckbarer Urkunden, unmittelbare Teilnahme an der Ausübung öffentlicher Gewalt darstellt. Folglich kann sich der Notar weder auf Art. 59 ff. EGV berufen, wenn seinen Urkunden seine fehlende internationale Zuständigkeit entgegengehalten wird, noch kann er daraus ein Recht herleiten, in fremdem Hoheitsbereich tätig zu werden. Seinem Klienten dagegen schadet dies im Anwendungsbereich des Art. 50 nicht.

2. Vollstreckbarkeit in Abhängigkeit von anfänglichen oder nachträglich entstandenen Einwendungen gegen den materiellen Anspruch?

Beinahe alle Vertragsstaaten knüpfen die Vollstreckbarkeit eines Urkundstitels untrennbar an die Berechtigung zur Vollstreckung des beurkundeten materiellen Anspruchs, während Deutschland und Österreich Anspruch und Urkundstitel in ihrer Wirkung voneinander abstrahieren; Dänemark nimmt insofern eine Mittelstellung ein, als nicht für alle exekutorischen Urkunden eine Vollstreckungsabrede vorgeschrieben ist[113]. Damit entfällt in diesen drei Ländern die Vollstreckbarkeit bei Mängeln des materiellrechtlichen Vertrags nur dann, wenn der Vollstreckungsvertrag mit dem gleichen Mangel behaftet ist; in aller Regel ent- und bestehen aber beide Abreden *rechtlich unabhängig* voneinander, und die Vollstreckungswirkung muß mittels eines besonderen prozessualen Mechanismus beseitigt werden. Die mit dem materiellen Anspruch verknüpften Urkundstitel der anderen Vertragsstaaten können dagegen im Vollstreckungsverfahren mit der Einwendung angegriffen werden, der zugrundeliegende Anspruch sei nicht entstanden[114] oder erloschen[115] und das Dokument

---

[111] *Wittkopp*, S. 190 f.; vgl. auch oben § 1 E. Laut dem Bericht des Europäischen Parlaments, S. 12, Nr. 28, wird „der Notar, wenn er sein Garantiesiegel gibt, im Namen des Staates tätig".

[112] s. z. B. Entschließungsantrag des Europäischen Parlaments, S. 5 Nr. 4 und S. 12 Nr. 28 mit Verweis auf die Ansicht der ständigen Konferenz der Notarstände der Europäischen Gemeinschaft.

[113] s. oben § 6 B. I. 1.

[114] Etwa nach Anfechtung wegen Willensmängeln (§§ 142, 119, 123 BGB, Art. 3:50 B.W.) wegen Geltendmachung der Nichtigkeitsgründe des Art. 1108 C.civ. (vgl.

sei deshalb nicht vollstreckbar. Eine solche materielle Einwendung schlägt damit unmittelbar auf die Exekutionsfähigkeit durch, ohne daß dies äußerlich erkennbar wäre. Nach dem Wortlaut des Art. 50 könnte sie über das Tatbestandsmerkmal „vollstreckbar" Eingang in die Exequaturprüfung finden[116].

Bereits diese Ausgangsüberlegung ist nicht unumstritten. Der Einwand geht dahin, sie ermangele jeder Stütze im Vertragstext[117]. Damit macht man es sich m. E. jedoch zu einfach und berücksichtigt nicht die untrennbare Verbindung, die die Mehrheit der beteiligten Rechtsordnungen zwischen Anspruch und Titel herstellt: Nach autonomem Recht fehlt einem Titel über ein nicht oder nicht mehr bestehendes Recht *ipso iure* die Vollstreckbarkeit. Möchte man diese Konzeption jedoch verfolgen, so wird man sich in der ersten - einseitigen - Instanz auf eine Evidenzprüfung beschränken müssen, da der Exequaturrichter allein mit der Vorlage des Titels kein ausreichendes Material zur Beurteilung des materiellen Anspruchs erhält.

Entscheidend gegen jede Berücksichtigung materieller Fragen auch in der ersten Instanz und damit für eine ausschließlich am - mehr oder minder formalisierten Titel - anknüpfende Auslegung des Merkmals „vollstreckbar" spricht allerdings der Gedanke der Gleichbehandlung der vollstreckbaren Urkunden der verschiedenen Vertragsstaaten. Ein Exequatur, das verknüpfte Urkunden und abstrakte Urkunden unterschiedlichen Anforderungen unterwirft, weil bei ersteren zur formellen Prüfung der Bestand des zugrundeliegenden Anspruchs als möglicher Angriffspunkt hinzutritt, würde eine ungerechtfertigte Diskriminierung mit sich bringen - ungerechtfertigt deshalb, weil das Durchschlagen materieller Einwendungen auch den Staaten mit abstrakten Titeln als rechtliches Phänomen bekannt ist, das sich allerdings nur über ein spezielles prozessuales Instrument - die Gegenklage bzw. Oppositionsklage - verwirklichen kann.

Als Ergebnis ist festzuhalten, daß das Bestehen des zu vollstreckenden Anspruchs keine Voraussetzung für die Vollstreckbarerklärung gemäß Art. 50 darstellt. Wie der Schuldner seinerseits diesbezügliche Einwendungen geltend machen kann, wird ausführlich in § 9 dargestellt.

---

zur *action* bzw. *exception en nullité* nach französischem Recht oben § 4 A. III. 6. a)). Diese Nichtigkeitsgründe scheinen die französischen Kommentatoren vorrangig im Blick zu haben, wenn sie die Frage der materiellen Gültigkeit der Urkunde erörtern (vgl. stellvertretend *Droz*, Rn. 619 f.).

115 Z. B. durch Aufrechnung durch Erklärung (§§ 389, 388 BGB) oder durch Kompensation kraft Gesetzes (Art. 1290 f. C.civ.).

116 s. nur *Droz*, Rn. 620: „Die Gültigkeit der Urkunde ist eine positive, stillschweigend vorausgesetzte Bedingung für das Exequatur"; *Droz* bemüht sich dann allerdings, materielle Fragen aus dem Exequaturverfahren auszusondern (vgl. i. e. unten § 9 C., D.).

117 Calvo Caravaca-*Iriarte Angel*, S. 668.

3. Vollstreckbarkeit in Abhängigkeit von im Errichtungsstaat hängigen präventiven oder das Exequatur begleitenden Rechtsbehelfen des Schuldners

Erststaatliche Rechtsbehelfe können sich, so sie überhaupt den Fortgang der Vollstreckung beeinflussen, auf zweierlei Art auf die Exekutionsfähigkeit der Urkunde auswirken. Zum einen können sie einen bestimmten Vollstreckungs*vorgang* suspendieren oder endgültig aufheben - etwa weil pfändungsfreie Güter gepfändet werden sollten -, zum anderen können sie die grundsätzliche *Berechtigung* zur Vollstreckung zeitweilig oder endgültig beseitigen. Dabei berührt nur die zweite Kategorie die Vollstreckbarkeit des Titels. Es fragt sich nun, ob der Exequaturrichter im Verlauf des Vollstreckbarerklärungsverfahrens einschließlich der Rechtsbehelfsphase prüfen muß, ob die Exekutionsfähigkeit der Urkunde dadurch entfällt, daß ein im Errichtungsstaat eingelegter Behelf die Exekutionsfähigkeit vorübergehend aufhebt oder daß ein solcher Behelf endgültig zur Unzulässigerklärung der Vollstreckung führt.

Gegen die Behandlung der ersten Frage im Rahmen des Tatbestandsmerkmals „vollstreckbar“ spricht, daß die Übereinkommen in Art. 38 das Instrument der fakultativen Aussetzung des Rechtsbehelfsverfahrens gegen die Exequaturbewilligung vorsehen, wenn im Herkunftsstaat ein ordentlicher Rechtsbehelf gegen das Urteil eingelegt wurde. Die analoge Anwendung der Vorschrift auf die Titelart „vollstreckbare Urkunde“ ergibt sich zwanglos aus dem Verweis des Art. 50 auf das Verfahren der Art. 31 ff.[118]. Problematisch ist dagegen die Bestimmung eines „ordentlichen Rechtsbehelfs“.

Nach der vertragsautonomen Auslegung des *EuGH* ist darunter jeder Rechtsbehelf zu verstehen, "der zur Aufhebung oder Abänderung der dem Anerkennungs- oder Klauselerteilungsverfahren ... zugrunde liegenden Entscheidung führen kann und für dessen Einlegung im Urteilsstaat eine gesetzliche Frist bestimmt ist, die durch die Entscheidung selbst in Lauf gesetzt wird“[119]. Rein subsumtiv läßt sich argumentieren, daß die Gegenklage oder ein entsprechender Behelf des Schuldners nicht in allen Rechtsordnungen fristgebunden sind[120]. Es muß auch bedacht werden, daß sie eine andere Funktion als das so definierte Rechtsmittel gegen eine Entscheidung erfüllen: sie sind *Ersatz* für das zunächst ersparte Urteil und setzen damit eine Instanz tiefer an, während das Rechtsmit-

---

[118] So auch *Pålsson*, S. 238; unmittelbar scheint *I. Meier*, S. 195, die Vorschrift anwenden zu wollen.

[119] *EuGH Industrial Diamond Supplies* Slg. 1977, 2175, LS 2.

[120] So z. B. *Arrondissementsrechtbank Roermond* vom 18.12.1986, Nachschlagewerk, Serie D, I-50-B4, mit dem Argument, die Nichtigkeitsklage gegen eine vollstreckbare Urkunde im Ursprungsstaat sei kein ordentlicher Rechtsbehelf.

tel die Überprüfung einer bereits ergangenen Entscheidung bei Devolution gewährleistet.

Die entsprechende Anwendung des Art. 38 auf derartige Behelfe läßt sich mit der erschütterbaren Vollstreckungswirkung der Urkunde begründen, die derjenigen vorläufig vollstreckbarer Urteile entspricht. Deren Exequierung kann aber für den Fall ausgesetzt werden, daß der Schuldner sich außerhalb des Vollstreckungsstaates zur Wehr setzt und hierdurch die endgültige Vollstreckungsberechtigung in Frage stellt. Er befindet sich gegenüber gerichtlichen wie außergerichtlichen Titeln in einer vergleichbaren Abwehrsituation, so daß die einstweilige Aussetzung der Vollstreckbarerklärung im Rechtsbehelfsverfahren auch in der Urkundenvollstreckung möglich sein muß[121]. Außerhalb des Vollstreckungsstaates ergriffene Rechtbehelfe gegen die Vollstreckungsberechtigung sind deshalb als „ordentliche" i. S. des Art. 38 zu betrachten. Diese Auslegung geht insofern zusätzlich über den Wortlaut des Art. 38 hinaus, als sie neben Behelfen im Errichtungsstaat auch Behelfe in einem dritten Vertragsstaat mit einschließt. Diese Erweiterung wird durch die internationale Zuständigkeit für den materiellen Rechtsbehelf notwendig[122].

Mithin ergibt sich aus dem Instrumentarium der Übereinkommen, daß sich derartige Verfahren nicht auf die eigentliche Vollstreckbarkeit des Dokuments auswirken, sondern allenfalls zur Hemmung des Verfahrens der Vollstreckbarerklärung führen können[123].

Anders gestaltet sich die Berücksichtigung des *endgültigen* Wegfalls der Vollstreckungsberechtigung. Zwar braucht der Exequaturrichter hierauf bei der Prüfung der Vollstreckbarkeit nicht aus eigener Initiative einzugehen. Führt der Schuldner allerdings eine stattgebende erststaatliche Entscheidung über die Vollstreckungsberechtigung in das Rechtsbehelfsverfahren ein, so ist sie nach Art. 26 Abs. 3 inzident anzuerkennen und bei der Rechtsbehelfsentscheidung zu berücksichtigen. In Deutschland geht die Zulässigkeit dieses Vorbringens indirekt aus der Sonderregelung des § 29 AVAG hervor. Danach ist die vereinfachte Aufhebung eines einmal gewährten Exequaturs für Fälle vorgesehen, in denen die Aufhebung oder Änderung des Titels im Errichtungsstaat im Verfahren

---

[121] So auch ohne weiteres *Droz*, Rn. 622.

[122] s. dazu ausführlich unten § 9 C.

[123] A. A. wohl *I. Meier*, S. 195. Die Aussetzung nach Art. 38 soll entbehrlich sein, wenn „schon der mit der Vollstreckungsgegenklage befasste Richter im Herkunftsstaat die Vollstreckbarkeit der Urkunde sistiert ... hat". Dies impliziert m. E., daß durch die „Sistierung" im Herkunftsstaat die Vollstreckbarkeit i. S. v. Art. 50 entfällt.
Neben dem oben ausgeführten systematischen Argument spricht gegen *Meiers* Auffassung, daß man bei vorübergehendem Entfallen der Vollstreckbarkeit dem Gläubiger die Initiativlast auferlegen würde, bei Beendigung der Suspensivwirkung des erststaatlichen Rechtsbehelfs die wiedererstandene Vollstreckbarkeit erneut ins Exequaturverfahren einzuführen.

der Zulassung zur Zwangsvollstreckung nicht mehr geltend gemacht werden konnte; der Grundsatz geht also dahin, entsprechende Rechtsschutzerfolge im Ausland bereits im Rechtsbehelfsverfahren gegen das Exequatur zu berücksichtigen.

Obsiegt der Schuldner dagegen erst nach Erteilung des Exequaturs, so kann er die das Vollstreckungsrecht des Gläubigers verneinende Entscheidung im Rahmen eines vollstreckungsrechtlichen Behelfs im Zweitstaat ebenfalls gemäß Art. 26 Abs. 3 anerkennen lassen.

III. Zusammenfassung

Das Tatbestandsmerkmal „vollstreckbar" in Art. 50 Abs. 1 ist dahingehend auszulegen, daß aufgrund der Urkunde im Errichtungsstaat Rechtsdurchsetzung ohne gerichtliche Vorprüfung der Vollstreckungsberechtigung möglich sein muß, bei Gegenwehr des Schuldners zumindest in Form einer sichernden Maßnahme. Der beurkundete Anspruch muß nach dem Recht des Errichtungsstaates zulässig sein mit der Ausnahme, daß es den Parteien freisteht, in der Urkunde einen Vollstreckungsstaat zu bestimmen und einen nur dort zulässigen Anspruch beurkunden zu lassen. „Hohle Titel", die im Erststaat keine Chance auf Durchsetzung haben, sind nicht vollstreckbar i. S. d. Art. 50; eine dementsprechende Prüfung braucht aber nicht *ex officio* durchgeführt zu werden.

Unter dem Gesichtspunkt der *konkreten* Vollstreckbarkeit des Titels ist nur zu prüfen, ob das Beurkundungsverfahren fehlerfrei durchgeführt wurde; die internationale Beurkundungszuständigkeit hat dabei außer Betracht zu bleiben. Außerdem kann sich das Exequaturgericht hinsichtlich des Beurkundungsverfahrens mit einer Evidenzkontrolle begnügen. Entstehen und Fortbestehen des zu vollstreckenden Anspruchs sind keine Voraussetzungen der Vollstreckbarkeit i. S. d. Art. 50.

D. Vereinbarkeit der Vollstreckung mit dem ordre public des Zweitstaates

Für vollstreckbare Urkunden gelten die Urteile betreffenden Exequaturversagungsgründe der Art. 27 f. i. V. m. Art. 34 Abs. 2 nicht[124]. Allein an der Verletzung der öffentlichen Ordnung des Zweitstaates kann die Vollstreckbarerklärung einer an sich exequaturgeeigneten Urkunde scheitern. Diese Erleichterung bringt eine spürbare Verfahrensvereinfachung und findet ihre innere Rechtferti-

---

[124] A. A. unverständlicherweise *I. Meier*, S. 193/194: „Im weiteren muß der Rechtsöffnungsrichter nachprüfen, ob ein Vollstreckungshindernis gemäß Art. 27/27 Lugano-Übereinkommen .. gegeben erscheint".

gung darin, daß die Beurkundung unmittelbar den Willen der Parteien wiedergibt und daher nicht intensiv inhaltlich geprüft zu werden braucht[125]. Zwar befürchtet *Droz* einen Rückzug des Exequaturrichters auf den ordre public, wenn die Urkunde nicht auch an den letzten kollisionsrechtlichen Vorbehalten des Art. 27 Nr. 4 gemessen werden darf[126]. Eine derartige Kontrolle - und auch ihre Einführung durch die Hintertür des ordre public - ist aber durch die Begrenzung der Versagungsgründe in Art. 50 ausgeschlossen[127].

Diese Begrenzung zeugt vom besonderen Vertrauen der Konventionsverfasser in die gesamteuropäische öffentliche Beurkundung, das allerdings durch strenge Maßstäbe in bezug auf Beurkundungsverfahren und -personen verdient werden muß[128].

I. Beachtung des Versagungsgrundes von Amts wegen

Vom prozessualen Ablauf her fragt es sich, ob der Richter den ordre public-Einwand nur auf ein entsprechendes Parteivorbringen hin zu prüfen hat oder von Amts wegen. Für die Offizialmaxime spricht die Einseitigkeit der ersten Instanz[129]; der Schuldner kann auch andere - nur ihn schützende - Einwendungen erst im Rechtsbehelfsverfahren vorbringen. Der ordre public-Vorbehalt dient jedoch nicht allein den Interessen des Schuldners in seiner subjektiven Rechtsposition, sondern stellt auch und vorrangig eine Reserve der Rechtsordnung des angerufenen Staates dar. Wegen dieses auch objektiven Charakters des Versagungsgrundes muß der Richter als staatliches Organ bereits von Anfang an die Möglichkeit besitzen, nicht hinnehmbare Kollisionen zu prüfen und zu sanktionieren, selbst wenn der Schuldner noch gar nicht in der Lage ist, diesen Einwand als individuell Geschützter vorzubringen.

---

125 *Kaufmann*, S. 40. Die Einschränkung der Versagungsgründe erklärt sich zugegebenermaßen teilweise auch aus den rechtlichen Besonderheiten der vollstreckbaren Urkunde. So ergibt die Prüfung der korrekten Verfahrenseinleitung (Art. 27 Nr. 2) oder der Vereinbarkeit mit früheren gerichtlichen Entscheidungen (Art. 27 Nr. 3 und 5) in diesem Zusammenhang keinen Sinn.

126 *Droz*, Rn. 623.

127 So i. E. auch *Duintjer Tebbens*, FJR 1989, 109 li. Sp., der argumentiert, der bloße Tatbestand der Urkundenvollstreckung *im Ausland* dürfe keine (intern nicht stattfindende) kollisionsrechtliche Kontrolle eröffnen.

128 Vgl. oben A.

129 *Dashwood/Hacon/White*, S. 39; *Fletcher*, S. 136 f.; *Gothot/Holleaux*, Rn. 373, die von einer Darlegungslast der Parteien im - kontradiktorischen - zweiten und dritten Rechtszug ausgehen.

II. Maßstäbe des konventionsrechtlichen ordre public

Um eine weitestmögliche Freizügigkeit des Titels zu sichern, ist Art. 50 Abs. 1 S. 2 eng auszulegen. Denn im Unterschied zum internationalen Privatrecht steht im Rahmen der Vollstreckbarerklärung kein ersatzweise anwendbares Recht zur Verfügung[130]. Die Frage heißt hier: „Ist die Vollstreckung ordnungswidrig oder nicht?", und im zweiten Fall gibt es keine vollstreckungsfreundliche Alternative.

Nicht auf den Urkunds*inhalt*, sondern auf die *Durchführung* der Vollstreckung, also den erstrebten Zustand, ist deshalb abzustellen, wenn es um die Beurteilung der Ordnungswidrigkeit im Exequaturstaat geht, die durch die Ablehnung des Exequaturs sanktioniert werden könnte[131]. Allerdings kann der Inhalt auf die Vollstreckung ausstrahlen[132]. Diese Erweiterung des Sanktionsmechanismus macht besonders deutlich, daß letzten Endes immer die Vereinbarkeit des Inhalts des ausländischen Titels mit der Ordnung des angerufenen Staates zur Prüfung steht[133]. Der Rückzug auf den anerkennungsrechtlichen ordre public, die „Durchführung der Vollstreckung" als Prüfungsobjekt greift deshalb zu kurz, weil ja dahinter der erstrebte und urkundlich verbriefte materielle Erfolg steht.

In Deutschland wird die Ordnungswidrigkeit mit der Formel des „Verstoßes gegen die grundlegenden Wertvorstellungen des Zweitstaates"[134] umschrieben. Man unterscheidet hier Mängel im *materiellen* Sinn und solche des *Verfahrens*, aus dem die ausländische Urkunde hervorgegangen ist[135]. Ausländische Autoren nehmen diese Unterscheidung dagegen in aller Regel nicht vor[136]. Als Maßstab für die Vereinbarkeit der Vollstreckung mit der inländischen öffentlichen Ordnung zieht die Verfassungsrechtsprechung insbesondere die verfassungsmäßigen Grundrechte heran[137].

---

130 *Pamboukis*, Rn. 414.

131 *Lemaire*, JCP éd. N 1990, 355. Dagegen wird der Urkundsinhalt beispielsweise geprüft nach Art. 804 ital. C.p.c. und Art. 22 des italienisch-spanischen Rechtshilfeabkommens (*Ramos Méndez*, RIW 1984, 101).

132 *Droz*, Rn. 618.

133 Ähnlich *Pamboukis*, Rn. 414, *Lemaire* JCP éd. N 1990, 358 re. Sp.

134 Vgl. RGZ 169, 240, 245.

135 So für Urteile *Geimer*, JZ 1969, 13; *Kropholler* IPR, S. 530.

136 Beispielsweise sprechen *Dashwood/Hacon/White*, S. 40, im Zusammenhang mit Urteilen den Prozeßbetrug als relevanten ordre public-Einwand an, ohne ihn aber ausdrücklich als *prozeduralen* Gesichtspunkt zu bezeichnen.

137 s. für Spanien *Tribunal constitucional*, La Ley 1986-2, 132 und 1991-3, 120 zur Rechtsschutz- und Verteidigungsgarantie des Art. 24 span. Verf., einem Verfahrensgrundrecht. Für Deutschland vgl. BVerfGE 31, 58, 70 ff., mittlerweile positiviert in § 328 Abs. 1 Nr. 4 ZPO.

III. Verstöße gegen den materiellen ordre public

Der sanktionierte Tatbestand entspricht zunächst einmal demjenigen bei Entscheidungen: zu unterscheiden sind Verstöße, die sich aus dem *Inhalt* des beurkundeten Anspruchs ergeben - denkbar dann, wenn dieser sich auf eine andere Leistung als Geld richtet -, und solche, die vom *zugrundeliegenden Rechtsgeschäft* herrühren.

Bei der ersten Gruppe ist Vorsicht geboten: Allein die Tatsache, daß der Vollstreckungsstaat vollstreckbare Urkunden dieses Inhalts nicht kennt, stellt keinen Versagungsgrund dar. Dies kann dann zu heiklen Wertungsfragen führen, wenn rechtspolitisch sensible Bereiche berührt sind, wie etwa der Räumungsschutz im Wohnungsmietrecht. So liegt die Berufung auf den ordre public nahe, wenn das Exequatur einer Urkunde über eine Räumungsverpflichtung, wie sie nach belgischem und niederländischem Recht errichtet werden kann, in Frankreich, Deutschland oder Österreich[138] beantragt wird, wo Wohnungsräumung nur aufgrund einer gerichtlichen Entscheidungen erfolgen kann. Es verhält sich jedoch so, daß die nationalen Vollstreckungsrechte hinreichende allgemeine und speziell mieterschützende Vorschriften enthalten, um einem derartigen Titel *nach* dem Exequatur die für unerträglich gehaltene Spitze zu nehmen[139]. Eine Grenze muß sicherlich dort gezogen werden, wo die Beurkundung mit der Intention ins Ausland verlegt[140] wird, die Aufklärung des Schuldners über die Tragweite des Vertragsschlusses zu umgehen. Eine derartige „Verdunkelungsabsicht" kann sich sowohl die mangelnden Sprachkenntnisse des Schuldners als auch einen eventuell niedrigeren Beratungsstandard bei Errichtung der Urkunde zunutze machen. Hierbei handelt es sich dann allerdings um eine Frage des *verfahrensrechtlichen* ordre public, die sogleich dort erörtert wird.

Zur zweiten Gruppe rechnet etwa der Verstoß gegen devisen- oder kartellrechtliche Bestimmungen des Zweitstaates[141]. In Betracht kommen hier aber auch exorbitant hohe und vom eigentlichen Schaden losgelöste Vertragsstrafen, die dem Strafschadensersatz (*punitive damages*) nach anglo-amerikanischem

---

[138] Frankreich: Art. 61 G1991; Deutschland: § 794 Abs. 1 Nr. 5 ZPO; Österreich: § 3 NotO.

[139] In Deutschland käme etwa der allgemeine Billigkeitsbehelf nach § 765a ZPO in Betracht; ebenso wäre an eine analoge Anwendung des § 794a ZPO (gerichtliche Bewilligung einer Räumungsfrist bei vollstreckbaren Vergleichen) zu denken. - Nach Art. 22 Abs. 2 G1991 kann der französische Vollstreckungsrichter jede unnütze oder mißbräuchliche Vollstreckungsmaßnahme aufheben.

[140] Vgl. zur Freiheit der Parteien bei der Wahl des Notars oben C. II. 1 b).

[141] *Geimer*, DNotZ 1975, 478; Beispiel: Urkunden über Ansprüche mit Wertsicherungsklauseln, die z. B. nach § 8 Abs. 2, 3 öst. EO zulässig und vollstreckbar sind, nach § 3 Satz 2 dt. WährungsG aber grundsätzlich verboten sind.

Recht ähneln[142], oder - entsprechend der deutschen Auffassung vom Wechsel- und Scheckrecht[143] - die Bestellung einer vollstreckbaren Urkunde für eine sittenwidrige Forderung bzw. der sittenwidrige Gebrauch dieses prozessualen Sicherungsmittels mit dem Ziel, dem Schuldner die Initiativlast für die Abwehr der Vollstreckung einer sittenwidrigen Forderung aufzubürden. Voraussetzung für diese letzte Konstellation wäre jedoch, daß der ausländische Notar bei der Urkundenaufnahme mit seiner Belehrung der Parteien und mit seiner eingeschränkten inhaltlichen Prüfung weit hinter den Maßstäben zurückbleibt, die etwa das deutsche Recht kennt[144]. Dies erscheint nur in Fällen kollusiven Zusammenwirkens zwischen Gläubiger und Notar denkbar - dann wäre aber auch das Errichtungsverfahren nicht ordnungsgemäß.

IV. Verstöße gegen den verfahrensrechtlichen ordre public

Ob das GVÜ und LugÜ überhaupt eine Nachprüfung des erststaatlichen *Verfahrens* gestatten, wird in der Literatur zum Teil - aber ohne Begründung - in Zweifel gezogen[145]. Überwiegend nimmt man demgegenüber ganz selbstverständlich an, daß auch das Beurkundungsverfahren einer ordre public-Kontrolle im Exequaturstaat unterliegt[146].

Der *BGH* wendet den Vorbehalt des verfahrensrechtlichen ordre public bei der Vollstreckbarerklärung von Urteilen sehr behutsam an: nicht die einzelnen Rechtssätze des deutschen Verfahrensrechts seien Prüfungsmaßstab, sondern die dahinter stehenden grundlegenden Verfahrensmaximen[147].

---

142 Zur Anerkennungsfähigkeit von Entscheidungen, die *punitive damages* zugestehen, s. BGHZ 118, 312.

143 *BGH* NJW 1980, 1742 mit einem krassen Beispiel (Wechselhingabe für Konsum in einem Animierbetrieb), das selbstverständlich in einem europäischen Beurkundungsverfahren nicht auftreten kann.

144 Vgl. oben § 4 F. I. 3.

145 s. etwa *Lemaire*, JCP éd. N 1990, 355 re. Sp. mit dem Argument, das (dem Exequatur) vorangehende Verfahren sei keine Auswirkung der Vollstreckung; offen bei *Wolfsteiner*, Rn. 82.17.

146 s. nur *Kropholler*, Art. 50 Rn. 11; *Geimer*, DNotZ 1975, 478, der allerdings auf ausländische vollstreckbare Urkunden § 722 Abs. 2 S. 2 ZPO i. V. m. § 328 Abs. 1 Nr. 4 ZPO analog anwendet und die Frage des verfahrensrechtlichen ordre public ausschließlich unter diesem autonomrechtlichen Blickwinkel betrachtet; vgl. zur Prüfungbefugnis im Zusammenhang mit der „konkreten Vollstreckbarkeit" der Urkunde oben C. II. 1.

147 Vgl. *Geimer*, JZ 1969, 13, Fn. 6.

1. Beispiele

Habhafte und praxisrelevante Beispiele für ein ordnungswidriges Beurkundungsverfahren sind der Literatur nicht in den Sinn gekommen[148]. Das Problem des ohne Schuldnerbeteiligung errichteten Urkundentitels[149] wurde oben B. im Rahmen der tatbestandlichen Voraussetzungen des Art. 50 gelöst und stellt damit keinen Anwendungsfall des Vorbehalts der öffentlichen Ordnung dar.

a) Beurkundungen ohne hinreichende Belehrung der Parteien

Wird die Beurkundung durch eine ausländische Stelle gewählt, um den Schuldner durch die Ausnutzung sprachlichen Unverständnisses oder eines niedrigeren Beratungs- und Aufklärungsniveaus über die Reichweite seiner Rechtshandlung im unklaren zu lassen, ist seine Beteiligung an der Titelerrichtung nur der Form nach gegeben, materiell betrachtet dagegen gescheitert. Die Übereinkommen lassen für solche Manipulationen Spielraum, weil sie bei der „öffentlichen Urkunde" den Schwerpunkt eher auf die Authentizität als auf dic kompetente Mitwirkung der aufnehmenden Stelle legen. Derartiger Mißbrauch der Freiheit in der Wahl der Beurkundungsperson kann jedoch im Zweitstaat mit dem ordre public sanktioniert werden. Soweit die dadurch verursachten Willensmängel auf das materielle Geschäft durchschlagen, steht dem Schuldner überdies die Vollstreckungsgegenklage bzw. ein äquivalenter Rechtsbehelf zu Gebote[150]. In diesem Rahmen trägt er dann allerdings die Beweislast für das Vorliegen eines Willensmangels.

Auch die Verwendung allgemeiner Geschäftsbedingungen kann unter dem Aspekt der Schuldnerbelehrung Zweifel hervorrufen. Denn auch dann, wenn die AGB-mäßige Beurkundung wirksam ist, kann der Einsatz vorformulierter Klauseln dazu führen, daß die Belehrung zum Schutz des Schuldners[151] nicht mehr in dem Maße gewährleistet ist, das eine Gleichstellung der Urkunde mit einem Urteil rechtfertigt.

Fraglich ist allerdings, ob die geschilderten Mängel hinreichend deutlich aus den jeweiligen Urkunden hervorgehen, um eine Exequaturverweigerung bereits in erster Instanz begründen zu können. Will man nicht der ausländischen Beurkundung und der Verwendung von Formularen generelles Mißtrauen entgegen-

---

[148] *Geimer*, DNotZ 1975, 478, führt das Schulbeispiel des mit Gewalt vor den Notar gebrachten Schuldners an.

[149] *Padis*, Gaz. Pal. 1974 I Doctrine, 290, Rn. 57.

[150] Zur praktischen Durchführung der Geltendmachung im Rahmen der Gegenklage s. unten § 9 C., D.

[151] Vgl. BGHZ 99, 274, 283.

bringen, so erfordert die Sanktionierung das Hinzutreten besonderer Mißbrauchsumstände, die sich m. E. erst aus dem Schuldnervorbringen im Rechtsbehelfsverfahren ergeben können.

b) Unbestimmtheit des Titels

Die mangelnde Bestimmtheit einer ausländischen Urkunde könnte man als Verfahrensfehler betrachten, der dazu führt, daß der Titel den Grundsätzen eines rechtsstaatlichen Vollstreckungsverfahrens - möglichst exakte Bestimmung der Art und des Umfangs hoheitlichen Zwangs - nicht entspricht. Nach dem insofern besonders strengen deutschen Recht sind derartige Titel im Exequaturverfahren zu konkretisieren, soweit dies möglich ist[152], und können auf diese Weise „gerettet" werden. Bedenkenswert wäre auch, den Gläubiger auf ein eventuell gegebenes Verfahren zur Konkretisierung im Herkunftsstaat[153] zu verweisen. Man würde ihm hierdurch auferlegen, sich einen hieb- und stichfesten Titel zu beschaffen, bevor er das Exequatur beantragt.

Diese Lösung versagt jedoch dort, wo auch das ausländische Konkretisierungsverfahren keine den zweitstaatlichen Maßstäben genügende Bestimmtheit des beurkundeten Anspruchs ergibt. Ob dieser Fall im Geltungsbereich der Übereinkommen tatsächlich auftreten kann, läßt sich schwer abschätzen, erscheint jedoch nach Betrachtung der autonomen Prozeßrechte und insbesondere ihrer Bestimmtheitsanforderungen eher unwahrscheinlich. Damit muß auch diesbezüglich nicht auf den ordre public zurückgegriffen werden.

2. Präklusion der Rüge des Verstoßes gegen den verfahrensrechtlichen ordre public?

Für Urteile wird die Möglichkeit diskutiert, den Schuldner mit der Einwendung der verfahrensrechtlichen ordre public-Widrigkeit im Exequaturverfahren zu präkludieren. Dies soll dann möglich sein, wenn er es versäumt hat, Verfahrensfehler, die die öffentliche Ordnung des Zweitstaates berühren, im Erststaat mit Rechtsmitteln anzugreifen, nicht aber dann, wenn die korrekte Anwendung des ausländischen Verfahrensrechts gegen den zweitstaatlichen ordre-public verstößt und der Schuldner sich daher im Ausland gar nicht wehren konnte[154]. Bei Fehlern im ausländischen Beurkungsverfahren sind entsprechende Erwägungen anzustellen, falls der Schuldner ihm zumutbare Rechtsbehelfe gegen eine inhaltlich unzutreffende oder gesetzeswidrige Beurkundung im Errich-

---

152 *Fahl*, S. 44 ff., *Baur/Stürner*, Rn. 55.24.
153 Wie etwa in Spanien und Österreich.
154 s. i. e. *Geimer*, JZ 1969, 14 f.

tungsstaat nicht ergriffen hat. Derartige Fälle dürften jedoch kaum auftreten, da der Schuldner ja nicht mit einem gerichtlichen Verfahren überzogen wird, in dem er sich zu verteidigen hat[155], sondern im Gegenteil aus freien Stücken der vertraglichen Schaffung eines Titels zustimmt. Zu denken wäre immerhin an sittenwidriges Drängen zur Unterwerfungserklärung[156] oder die eben erwähnten Willensmängel. Allenfalls könnte man materielle Einwendungen, die *vor* der Beurkundung entstanden sind, unter dem Gesichtspunkt präkludieren[157], daß sich der Schuldner durch die anschließende konsensuale Titelschaffung widersprüchlich verhalten habe. Diese Wertung ist dann angebracht, wenn der Einwendungstatbestand durch den Schuldner *zurechenbar* verursacht wurde wie etwa die Tilgung der Schuld *vor* Beurkundung, nicht jedoch, wenn es um die Unwirksamkeit der vor dem Beurkundungsorgan abgegebenen Willenserklärungen des Schuldners geht, sei es wegen Geschäftsunfähigkeit, Täuschung oder Nötigung zur Mitwirkung. Angesichts dessen dürften sich kaum praktische Anwendungsfälle für einen solchen Einwendungsausschluß ergeben.

---

155 So auch in anderem Zusammenhang *Gaudemet-Tallon*, Rn. 419.

156 *Olzen*, DNotZ 1993, 217.

157 Nach Art der Präklusion von anfänglichen Einwendungen im österreichischen Recht, vgl. oben § 4 G. III. 4.

§ 9 Einwendungen des Schuldners im Zusammenhang mit dem Exequaturverfahren

A. Arten von Einwendungen und Systematisierung

Welche tatbestandlichen Voraussetzungen gegeben sein müssen, damit die Vollstreckbarerklärung nach Art. 50 erfolgen kann, wurde in § 8 erörtert. Im folgenden soll es nun umgekehrt aus der Perspektive des Schuldners darum gehen, mit welchen Vorbringen er sich gegen die Vollstreckung aus der Urkunde wehren kann, zu welchem Zeitpunkt des Verfahrens dies möglich ist, und insbesondere, welche Fragen i. R. des Exequaturverfahrens abgehandelt werden können. Außerdem ist zu klären, welcher Vertragsstaat zur Entscheidung berufen ist.

Als Verteidigungsmittel gegen die Urkundenvollstreckung kommen im Zusammenhang mit dem Exquaturverfahren folgende Rügen in Betracht, die sich aus nationalem Recht oder aus den Übereinkommen ergeben können:

1. formelle Mängel der Urkunde und Verfahrensfehler bei ihrer Errichtung (z. B. Mißachtung von Formvorschriften, Nähe des Notars zu den Parteien);
2. anfängliche materielle Mängel des Geschäfts (z. B. fehlende Geschäftsfähigkeit, Sittenwidrigkeit);
3. nach der Beurkundung entstandene materielle Einwendungen (z. B. Erfüllung und ihre Surrogate; Abtretung; vertragsbeendende oder - modifizierende Gestaltungsakte der Parteien oder des Prozeßgerichts);
4. Mängel des Exequaturverfahrens (z. B. Vollstreckbarerklärung einer nicht öffentlichen Urkunde; Fehlen der Vollstreckbarkeit; Verletzung des zweitstaatlichen ordre public; Fehlen hinreichender Dokumente nach Art. 46 f.);
5. Mängel des zweitstaatlichen Vollstreckungsverfahrens (z. B. Mißachtung von Vollstreckungsschutzregeln; Verfahrensfehler).

Diese Reihenfolge orientiert sich am zeitlichen Ablauf der grenzüberschreitenden Urkundenvollstreckung. Die erwähnten Rechtsbehelfe lassen sich entweder gemäß den Rechtsquellen danach systematisieren, ob die Verletzung nationaler oder konventionsrechtlicher Vorschriften gerügt wird, oder aber nach formellen/materiellen Mängeln der Urkunde, Fehlern des Exequaturverfahrens und des Vollstreckungsverfahrens[1]. Dagegen soll hier nach konventi-

---

[1] *Bellet*, S. 42

onsgestützten Einwendungen (B.) und Einwendungen gegen die Berechtigung zur Exekution (C., D.) gegliedert werden. Konventionsgestützte Einwendungen knüpfen nämlich an den Voraussetzungen der Vollstreckbarerklärung nach Art. 50 an und müssen daher jedenfalls im Rechtsbehelfsverfahren gegen das Exequatur berücksichtigt werden. Bei materiellen Einwendungen ist dies nicht der Fall[2]. Die internationale Zuständigkeit für entsprechende Behelfe und das Verhältnis zwischen Rechtsbehelfsverfahren und materiellem Vollstreckungsbehelf sind deshalb detailliert zu erörtern.

Die Bestandsaufnahme der autonomen Rechte hat ergeben, daß Bedenken unbegründet sind, wonach der Schuldner im Zweitstaat keine Möglichkeit habe, seine Einwendungen gegen die Berechtigung zur Zwangsvollstreckung, gegen den materiellen Anspruch also, angemessen vorzubringen. Dies gilt auch für Länder ohne vollstreckbare Urkunde, solange sich der zur Entscheidung über den Behelf berufene zweitstaatliche Richter bewußt ist, mit welcher Art Titel er konfrontiert ist.

Andererseits geben die Übereinkommen selbst für Staaten mit einander funktional entsprechenden Vollstreckungsbehelfssystemen keine Antwort auf die Frage, mit welchen Gründen, an welchem Ort und zu welchem Zeitpunkt der Schuldner die Vollstreckung abwehren kann oder muß. Angesichts der besonderen Stellung der exekutorischen Urkunde zwischen Sach- und Verfahrensrecht wirft Art. 50 mit seinem pauschalen Verweis auf das Verfahren der Art. 31 ff. mehr Fragen auf als er beantwortet. Dabei haben wegen des anfänglichen Verzichts auf Rechtsschutz materielle Einwendungen für den Schuldner, gegen den aufgrund einer exekutorischen Urkunde vorgegangen wird, eine noch größere Bedeutung als für den Urteilsschuldner.

Art. 34 Abs. Abs. 1 schließt den Schuldner zunächst vom Exequaturverfahren aus, um einen Überraschungseffekt bei der Vollstreckung zu sichern. Gleichzeitig scheint Art. 50 für die zweite und dritte Instanz alle Einwendungen auszuschließen, die sich nicht auf eine Verletzung des ordre public, die Voraussetzungen für eine vollstreckbare öffentliche Urkunde - d. h.: ein Tatbestandsmerkmal der Norm - oder die Urkundenvorlage nach Art. 47 beziehen[3]. Materielle Einwendungen finden in diese Prüfung keinen Eingang, weil sie, wie gesehen[4], keinen Exequaturverweigerungsgrund darstellen. Notwendig ist jedoch, daß sie ebenso freizügig sind wie der Titel des Gläubigers - wenn nicht in der Geltendmachung, so doch zumindest in ihrer Wirkung. Die Vollstreckbarerklärung darf den Schuldner nicht seiner Verteidigungsmöglichkeiten berauben und so die Urkunde mit einer ihr nicht zukommenden Unangreifbarkeit verse-

---

[2] Vgl. oben § 8 C. II. 2.

[3] Vgl. etwa *UINL* 1992, Rapports officiels Thème IV, S. 184; *Kerameus*, Art. 50 Rn. 2; *Philip*, S. 231 mit dem Verweis auf die Aussetzungsmöglichkeit nach Art. 38.

[4] s. oben § 8 C. II. 2.

hen[5]. Denn sie ist nicht der Rechtskraft fähig[6] und besitzt lediglich „*autorité de chose* prouvée“[7] im Gegensatz zur „*autorité de chose* jugée“ einer gerichtlichen Entscheidung. Diese grundlegende Einschränkung gilt auch und gerade gegenüber den Hinweisen auf die juristische Sicherheit und die Vertrauenswürdigkeit, die der notariellen Beurkundung eigen seien[8].

Über den Wortlaut von Art. 50 hinaus müssen dem Schuldner also auch materielle Verteidigungsmittel an die Hand gegeben werden. Rechtsschutz darf nicht nur für den Gläubiger im Anwendungsbereich der Übereinkommen lückenlos sein[9]; der Schuldner hat seinerseits Anspruch darauf. So muß die erleichterte Vollstreckbarkeit ausländischer Titel ihr Gegengewicht im angemessenen Schutz der Rechte des Schuldners finden[10], in einer „Europäisierung der Vollstreckungsgegenklage“. Dieser Schutz gestaltet sich, wie gesehen, gegen vollstreckbare Urkunden entweder auf vollkommen andere Weise als gegen Urteile oder doch mit gewichtigen Abweichungen. Es ist zu verhindern, daß bei der Vollstreckung in einem anderen Signatarstaat der Gläubiger prozedural besser gestellt ist als bei der Exekution im Errichtungsstaat[11]; die „Effektivität des 'Gegenrechtsschutzes',„[12] darf durch internationale Vollstreckung nicht geschmälert werden. Dies ist durch rechtsstaatliche Erwägungen[13] geboten, aber auch im Sinne der Akzeptanz der Übereinkommen: eine übermäßige Beschneidung der Schuldnerrechte könnte leicht den ordre public-Vorbehalt provozieren[14].

Zwei Fragenkreise überschneiden sich hier: In welchem Staat muß der Schuldner seine Einwendungen vorbringen, und in welcher der Verfahrensphasen kann er dies tun? Probleme der internationalen Zuständigkeit und der Or-

---

5 *Droz*, Rn. 619.

6 Statt vieler *Bellet*, S. 35; *O'Malley/Layton*, Rn. 30.04; *Lasok/Stone*, S. 325; *Pålsson*, S. 235; *Kerameus*, Art. 50 Rn. 4.

7 *Droz*, Rn. 619.

8 Z. B. *UINL* 1992 Rapports officiels Thème IV, S. 144; die Notwendigkeit inhaltlicher Kontrolle des Titels, der ihn alle Rechtsordnungen unterwerfen, bleibt hier unerwähnt.

9 Hierzu *Stürner*, FS Henckel, S. 864-866 unter besonderem Hinweis auf Art. 220 EGV und die gemeinschaftsrechtlichen Grundfreiheiten.

10 s. nur *EuGH* Rs. 125/79 *Denilauler/Couchet*, Slg. 1980, 1553, 1571.

11 Ähnlich *UINL* 1992, Rapports officiels Thème IV, S. 110.

12 *I. Meier*, S. 195.

13 Insbesondere durch das Selbstverständnis der Europäischen Union als Rechtsstaat, vgl. Rapport de la Cour, S. 3.

14 So bestehen etwa in Spanien verfassungsrechtliche Bedenken gegenüber dem notariellen - d. h. außergerichtlichen - Hypothekenvollstreckungsverfahren, vgl. *López Liz*, S. 43 ff. Ohne ausreichende Garantien gegenüber ausländischen Urkunden wäre man möglicherweise mit dem Instrument des ordre public schnell bei der Hand, und dies nicht nur in Spanien.

ganisation des Vollstreckungsverfahrens[15], der „*bonne administration de la justice*“[16], gehen hier ineinander über. Die internationale Zuständigkeit für den Rechtsbehelf (C.) bildet dabei quasi die Vorfrage; wird sie zuungunsten des Vollstreckungsstaats entschieden, erübrigt sich die Zuordnung zu den Verfahrensabschnitten dort.

Beide Komplexe wurden für vollsteckbare Urkunden im Anwendungsbereich von GVÜ/LugÜ bislang nur wenig untersucht. Prägend wirkten die Darlegungen von *Droz*[17], die häufig in der späteren Literatur referiert werden[18], meist mit positiver Resonanz, gelegentlich mit wohlwollender Skepsis deshalb, weil der *EuGH* sich hierzu noch nicht abschließend geäußert habe[19]. Jedenfalls läßt der knappe Text der Art. 50 und 31 ff. verschiedene Lösungsmöglichkeiten zu. Denn die Übereinkommen statuieren in den Art. 36 ff. lediglich, *daß* Rechtsbehelfe gegen die Vollstreckbarerklärung oder ihre Ablehnung sowie eine rechtliche Kontrolle der hierzu ergangenen Entscheidung zur Verfügung stehen. Über den inhaltlichen Umfang schweigen sie jedoch.

Keine Spezifika der Urkundenvollstreckung sind die Berufung auf einen im Erststaat eingelegten ordentlichen Rechtsbehelf (Art. 38), die Rüge der Überschreitung der Sicherungsvollstreckung (Art. 39) sowie die Rüge der Nichtvorlage der erforderlichen Vollstreckbarkeitsnachweise (Art. 46 f.)[20]. Sie alle können ohne Abweichungen[21] auch im Zusammenhang mit der Exequierung von Urteilen vorgebracht werden und sollen deshalb an dieser Stelle lediglich genannt werden.

Übergangen werden auch die Einwendungen gegen die Art und Weise der Durchführung des zweitstaatlichen Vollstreckungsverfahrens, da sie nicht in unmittelbarem Zusammenhang mit dem Exequatur stehen. Wegen der Einzelheiten kann daher auf die Länderberichte der §§ 4, 6 und 7 verwiesen werden.

B. Konventionsgestützte Einwendungen

In den nunmehr kontradiktorisch angelegten Rechtsbehelfsinstanzen erhält der Schuldner die Möglichkeit, den Wissensstand des Exequaturgerichts zu

---

15 Im weiteren Sinne: Zulassungs- und anschließendes Vollstreckungsverfahren.

16 *Bellet*, Clunet 1965, 856.

17 *Droz*, Rn. 618-624.

18 Z. B. *Anton*, Rn. 8.60; *Iglesias Buígues*, S. 146 f.; *O'Malley/Layton*, Rn. 30.13.

19 *Lasok/Stone*, S. 325.

20 *I. Meier*, S. 193, möchte dagegen einen Zustellungsnachweis i. S. von Art. 46 Nr. 1 nur dann verlangen, wenn der Erststaat die Zustellung tatsächlich vorschreibt. Der einzige Fall, in dem diese Ansicht ein abweichendes Ergebnis zeitigt, scheint mir der der belgischen vollstreckbaren Urkunde zu sein (s. oben § 4 B. II. 1. c).

21 Mit Ausnahme des Art. 38, s. oben § 8 C. II. 3.

ergänzen, indem er das Fehlen einzelner Exequaturvoraussetzungen rügt und hierzu Tatsachen und ausländische Rechtsvorschriften in das Verfahren einführt, die dem Rechtsbehelfsgericht eine abschließende Entscheidung über die Exequaturfähigkeit der Urkunde überhaupt erst erlauben und die in der ersten Instanz notgedrungen übergangen werden mußten.

I. Die vorgelegte Urkunde ist keine „öffentliche" (Art. 50 Abs. 1 S. 1)

Der Gläubiger kann nur *öffentliche* Urkunden zur Vollstreckbarerklärung vorlegen. Hat das Exequaturgericht erster Instanz dem Titel diese Eigenschaft zugesprochen, so bleibt es dem Schuldner unbenommen, im Rechtsbehelfsverfahren einzuwenden, es handele sich bei dem vorgeblichen Vollstreckungstitel nicht um einen „öffentlichen" oder „authentischen". Dieses Vorbringen ist dann besonders leicht zu untermauern, wenn es im Recht des Errichtungsstaates eine Definitionsnorm für öffentliche Urkunden gibt, anhand derer der Exequaturrichter den betreffenden Titel überprüfen kann. Ist dies nicht der Fall, so muß er anhand des oben[22] dargelegten konventionsrechtlichen Maßstabs bestimmen, ob der Titel die Anforderungen des Art. 50 erfüllt.

II. Fehler bei der Errichtung nach dem Recht des Herkunftsstaates (Art. 50 Abs. 2)

Daß die korrekte Beurkundung als eine der Grundlagen der Vollstreckungsfähigkeit einer Urkunde nach Art. 50 Abs. 2 eine von Amts wegen zu berücksichtigende Voraussetzung der Vollstreckbarerklärung ist, wurde bereits oben[23] im Zusammenhang mit der konkreten Vollstreckbarkeit begründet. *Prima vista* gehen diesbezügliche Mängel jedoch aus der Urkunde nicht hervor, so daß die Verweigerung des Exequaturs erst aufgrund des Schuldnervorbringens im Rechtsbehelfsverfahren erfolgen kann. Beispielsweise kann der Schuldner, gegen den aus einer französischen Urkunde vorgegangen wird, vorbringen, der Gläubiger sei naher Verwandter des Notars, weshalb dieser die Beurkundung nicht hätte vornehmen dürfen[24].

---

22 § 8 A.

23 § 8 C. II. 1.

24 Diese Urkunde wäre nach Art. 2 Abs. 1 i. v. m. Art. 23 décret Nr. 71-941 vom 26.11.1971 kein vollstreckungsfähiger Titel.

III. Fehlende Beteiligung des Schuldners bei der Errichtung der Urkunde

Da eine einseitige Titelerrichtung sich relativ eindeutig aus der Urkunde selbst ergibt, dürften die meisten diesbezüglichen Einwendungen bereits im einseitigen Verfahrensabschnitt abgehandelt werden[25].

IV. Die Urkunde ist im Errichtungsstaat nicht vollstreckbar (Art. 50 Abs. 1 S. 1)

In diesem Stadium des Verfahrens besteht Gelegenheit und Notwendigkeit, tiefer in die Rechtsordnung des Herkunftsstaates einzudringen und die Vollstreckungseignung zu überprüfen. Hier stellt sich aufgrund eingehenderer Befassung mit dem Gesamtkomplex des dortigen Vollstreckungsrechts - jedoch nur auf entsprechendes Schuldnervorbringen hin - heraus, ob eine Urkunde Chancen auf tatsächliche Durchsetzung besitzt oder ob sie lediglich ein „hohler Titel"[26] ist. Ebenso können an dieser Stelle Bedenken geltend gemacht werden, der in Deutschland oder Österreich beurkundete Anspruch sei nicht vergleichsfähig und damit unzulässig.

V. Verstoß gegen den ordre public des Vollstreckungsstaates (Art. 50 Abs. 1 S. 2)

Im Rahmen dieses „negativen Tatbestandsmerkmals" für die Vollstreckbarerklärung ist Raum für das Vorbringen von besonderen Umständen, die das Verfahren der Urkundenerrichtung im Ausland als mißbräuchlich und damit ggf. ordnungswidrig erscheinen lassen, wie etwa der Ausnutzung der Sprachunkenntnis des Schuldners.

C. Die internationale Zuständigkeit für den materiellen Rechtsbehelf

Zunächst ist zu untersuchen, ob die Regeln über die internationale Zuständigkeit den Schuldner zwingen, sich in einem bestimmten Staat zur Wehr zu setzen. Das Ergebnis ist dann daraufhin zu überprüfen, ob es mit den allgemeinen Grundsätzen der Übereinkommen harmoniert.

---

[25] Vgl. oben § 8 B.

[26] § 8 C. I. 2. a).

I. Funktion der internationalen Zuständigkeit

Im Gegensatz zur *Gerichtsbarkeit*, die die Befugnis eines Staates zur Durchführung eines gerichtlichen Verfahrens bestimmt, legt die internationale Zuständigkeit fest, ob ein Staat sich der ihm angetragenen Sache annehmen will (Entscheidungszuständigkeit) und ob ein zweiter Staat diese Zuständigerklärung ggf. anerkennen will (Anerkennungszuständigkeit)[27]. Wenn und soweit sich der Entscheidungsstaat im Rahmen des ihm völkerrechtlich gegenüber anderen Staaten Erlaubten bewegt, muß für die internationale Zuständigkeit ein über die Ausschlußfunktion der Gerichtsbarkeit *hinausgehender* Zweck bestimmt werden, damit sie einen eigenen Sinn erhält. Dieser kann im zusammenwachsenden Europa nun nicht im Schutz der „Jurisdiktionssphäre" eines Staates liegen; hier erscheint der Gedanke unsinnig, die beteiligten Staaten nähmen einander Verfahren weg[28]. Vielmehr geht es vorrangig um den Schutz der Parteien vor unangemessener Belastung durch entfernte Gerichtsstände. Es bedarf einer besonderen Rechtfertigung, daß ein Gläubiger einen Schuldner - dessen Verbindlichkeit oft noch vage ist - mit der bloßen Klageerhebung dazu zwingen kann, sich im Ausland zu verteidigen und sich auf das dortige Verfahren und die dortigen Gepflogenheiten einzulassen. Der Entscheidungsstaat legt nun fest, aufgrund welcher Sachzusammenhänge er eine Klage bei sich als zumutbar betrachtet, und der Anerkennungsstaat prüft ggf., ob er dieser Wertung folgen kann. *Geimer* spricht in diesem Zusammenhang von der „internationalen Gerichtspflichtigkeit" einer Partei[29], die durch die internationale Zuständigkeit fixiert werde.

Reduziert man also deren Zweck im wesentlichen auf den Ausschluß unzumutbarer Gerichtsstände, so läßt sich im Bereich der GVÜ/LugÜ-Staaten wegen deren Integrationstendenz die einheitlich festgelegte internationale Zuständigkeit als Vorstufe zu internen Gerichtsständen in einer Prozeßrechtsgemeinschaft betrachten. An diesem Normzweck haben sich die Erwägungen zur Entscheidungszuständigkeit für materielle Rechtsbehelfe zu orientieren.

---

[27] *Geimer* IZPR, Rn. 850 ff.

[28] Vgl. *Geimer* Diss., S. 118; auch staatliche Interessen in Statusfragen (vgl. *Schack*, Rn. 208) führen zu keiner anderen Beurteilung, da GVÜ und LugÜ diese Materien bislang ausklammern.

[29] *Geimer* Diss., S. 123 zu § 328 dt. ZPO. Er versteht diesen Begriff im Sinne einer prozessualen Obliegenheit, Fn. 123.

II. Die in den Übereinkommen vorgesehenen Gerichtsstände und ihre modifizierte Anwendung auf materielle Behelfe gegen die Urkundenvollstreckung

1. Ausschließliche Zuständigkeit der Gerichte des Vollstreckungsstaates, Art. 16 Nr. 5

Gemäß Art. 16 Nr. 5 sind ausschließlich zuständig „für Verfahren, welche die Zwangsvollstreckung aus Entscheidungen zum Gegenstand haben, die Gerichte des Vertragsstaats, in dessen Hoheitsgebiet die Zwangsvollstreckung durchgeführt werden soll oder durchgeführt worden ist." Die Vorschrift wird gelegentlich herangezogen, um die Frage der Zuständigkeit für vollstreckungsrechtliche Verteidigungsmittel zu beantworten[30]. Zwar erschien sie in ihrer Auslegung anfangs unproblematisch[31], doch bedarf es der Erörterung, ob materielle Einwendungen gegen die Exekution unter den Begriff „Verfahren, welche die Zwangsvollstreckung ... zum Gegenstand haben" fallen (a), und ob die Vorschrift auch auf die Vollstreckung aus Urkunden anwendbar ist (b).

a) Auslegung der Vorschrift in Rechtsprechung und Literatur

Der *EuGH* hat bislang zwei Mal ausführlich[32] zur Auslegung von Art. 16 Nr. 5 Stellung genommen.

Im Vorabentscheidungsverfahren *AS Autoteile/Malhé*[33] war darüber zu befinden, ob eine Vollstreckungsgegenklage nach § 767 dt. ZPO gemäß Art. 16 Nr. 5 in die ausschließliche Zuständigkeit deutscher Gerichte fällt.

Die *AS GmbH* war Gläubigerin der mittlerweile zahlungsunfähigen *PAT GmbH. PAT* stand jedoch gegen einen ihrer Gesellschafter, den in Frankreich ansässigen *Malhé*, ein Rückzahlungsanspruch wegen widerrechtlicher Übertragung von Gesellschaftsmitteln zu. *AS* erwirkte die Pfändung und Überweisung dieses Anspruchs und klagte ihn in Deutschland ein. Wegen internationaler Unzuständigkeit abgewiesen, sah sie sich der Vollstreckung der deutschen Kostenentscheidung durch *Malhé* ausgesetzt. Hiergegen erhob *AS* Vollstreckungsgegenklage mit dem Vorbringen, der Kostenerstattungsanspruch sei durch Aufrechnung mit dem ursprünglich eingeklagten überwiesenen Anspruch erloschen. Der *BGH* legte dem *EuGH* nun unter anderem die Fragen vor, ob das Verfahren nach § 767 ZPO prinzipiell unter Art. 16 Nr. 5 falle, und ob dies auch für

---

30 In diesem Sinn vorsichtig *I. Meier*, S. 196.

31 *Bellet*, Clunet 1965, 857, sah „keinen Anlaß zu besonderen Bemerkungen".

32 Nur ganz am Rande in Slg. 1994, 117 *Owens Bank/Bracco*.

33 Rs. 220/84 *AS-Autoteile Service GmbH/Pierre Malhé*, Slg. 1985, 2267-2279.

den Fall der Aufrechnung mit Ansprüchen gelte, die selbständig in einem anderen Vertragsstaat einzuklagen wären.

Die Auslegungsfrage hätte sich nicht gestellt, wenn der *EuGH* Art. 16 Nr. 5 ausschließlich auf den „Export von Titeln" angewandt hätte. Denn die Kostenforderung beruhte auf einer deutschen Entscheidung und sollte in Deutschland zur Vollstreckung gebracht werden. Mit diesem Argument hätte sich die Prüfung anhand von Art. 16 Nr. 5 von vornherein ablehnen lassen[34]. Der *Gerichtshof* setzte sich jedoch inhaltlich mit der Frage des *BGH* auseinander und bejahte sie[35] mit der Einschränkung, daß die Aufrechnung mit einer Forderung, für deren *selbständige* Geltendmachung ein anderer Vertragsstaat zuständig ist, nicht mittels § 767 dt. ZPO geltend gemacht werden könne. Damit folgte er Generalanwalt *Lenz*, der insofern die für Art. 16 Nr. 5 erforderliche Sachnähe der Einwendung zum Verfahren der Zwangsvollstreckung verneinte[36].

Die Verallgemeinerungsfähigkeit der Entscheidung ist fraglich: Der *Gerichtshof* befand nämlich nicht abschließend darüber, inwieweit die Klage nach § 767 dt. ZPO unter Art. 16 Nr. 5 fällt[37], sondern entschied lediglich - von der anderen Seite her kommend - über die ausschließliche Zuständigkeit für die indirekt per Aufrechnung geltend gemachte Forderung. Zudem wurde geäußert, die spezielle Fragestellung erlaube keine Rückschlüsse auf Aufrechnungen mit *gegenseitigen* Forderungen; hier sei es ungerecht, der unterlegenen Partei den Weg der Gegenklage im Vollstreckungsstaat zu verwehren[38].

In der Tat kann die Entscheidung keine allgemeine Gültigkeit für Vollstreckungsrechtsbehelfe beanspruchen. Über die Geltendmachung anderer materieller Einwendungen als Aufrechnung, seien sie rechtshindernd, rechtshemmend oder rechtsvernichtend, ist ihr nichts zu entnehmen. Schließlich scheint der *EuGH* auch nicht vorrangig auf die fehlende internationale Zuständigkeit abzustellen[39], sondern einen Verfahrensmißbrauch[40] im konkreten Fall verhindern zu wollen.

---

[34] *Mauro*, Gaz. Pal. 1985 I Doctrine, 551.

[35] Eine funktionale Analyse der Vollstreckungsgegenklage nahm der *Gerichtshof* nicht vor; er scheint sich bei seiner bejahenden Antwort an der bloßen Bezeichnung des Instituts im deutschen Recht orientiert zu haben.

[36] *EuGH*, Slg. 1985, 2271.

[37] Generalanwalt *Lenz* hatte vorgeschlagen, diese Frage wegen fehlender Entscheidungserheblichkeit überhaupt nicht zu beantworten, Slg. 1985, 2271.

[38] *Mezger*, RCritDIP 1986, 153.

[39] So implizit auch *Huet*, Clunet 1986, 450.

[40] *EuGH*, Slg. 1985, 2278, Rn. 18; mit dem Mißbrauch rechtlicher Gestaltungsmöglichkeiten zur Erschleichung eines Gerichtsstands argumentiert auch *Haug*, NJW 1967, 501 gegen *OLG Frankfurt/M.*, NJW 1967, 501, das in einer identischen Situation den Aufrechnungseinwand eines Deutschen gegen einen Schweizer im Rahmen der Vollstreckungsgegenklage grundsätzlich zuließ.

Eine knappe, aber auch allgemein subsumtionsfähige Interpretation des Art. 16 Nr. 5 gab der *EuGH* in seiner Entscheidung *Reichert und Kockler II*[41].

Das in Deutschland ansässige Ehepaar *Reichert* übertrug seinem Sohn schenkweise das mit persönlichen Dienstbarkeiten belastete Eigentum an einer Immobilie in Antibes. Der dagegen von der Dresdner Bank angestrengte Gläubigeranfechtungsklage nach Art. 1167 C.civ. (*action paulienne*) gab das zuständige *Tribunal de grande instance* statt. Auf das Rechtsmittel der Eheleute *Reichert* hin kam es durch die Vorlage der *Cour d'appel* Aix-en-Provence an den *EuGH* zu dessen Entscheidung *Reichert und Kockler I*[42] bezüglich der Auslegung von Art. 16 Nr. 1. Die *Cour d'appel* stellte anschließend ergänzend die Frage, ob sie gemäß Art. 16 Nr. 5 für die *action paulienne* zuständig sei.

Der *EuGH* bezeichnet es jetzt als vorrangigen Normzweck, „daß es allein Sache der Gerichte des Vertragsstaats ist, in dessen Hoheitsgebiet die Zwangsvollstreckung durchgeführt werden soll, in diesem Gebiet die Vorschriften über die Tätigkeit der Vollstreckungsbehörden anzuwenden"[43]. Diese Formulierung unterscheidet implizit das Vollstreckungs*verfahren* vom zugrundeliegenden Anspruch, von der Erlaubnis zur Vollstreckung *an sich* und nimmt damit die auch der ZPO bekannte Trennung von formellen und materiellen vollstreckungsrechtlichen Behelfen auf. Die Gläubigeranfechtungsklage, die lediglich eine Vollstreckung vorbereite, falle demnach nicht unter die ausschließliche Zuständigkeit nach Art. 16 Nr. 5. Ähnlich faßt *Stoffel* hierunter nur Verfahren, „welche direkt die korrekte *Abwicklung* der 'zwangsweisen Verwirklichung des rechtmässigen Zustandes' betreffen"[44].

Folgt man der Auslegung des Art. 16 Nr. 5 durch den *EuGH*, so muß man die Vollstreckungsgegenklage der dt. ZPO vollständig aus seinem Anwendungsbereich ausklammern[45]. Denn sie wird zwar als prozessuale Gestaltungsklage betrachtet, die auf die Beseitigung der Vollstreckbarkeit gerichtet ist, hat aber die Funktion, materiellen Einwendungen gegen den zu vollstreckenden Titel zum Durchbruch zu verhelfen[46]. Noch deutlicher tritt der materiellrechtliche Charakter des Behelfs bei der österreichischen Oppositionsklage zutage, mit der der Schuldner nicht nur die Vollstreckung abwehren, sondern auch einen rechtskraftfähigen Ausspruch über den zugrundeliegenden Anspruch herbeiführen kann[47]. Wie hier fällt die Unterscheidung leicht, wenn auch das jeweilige autonome Recht wie der *EuGH* zwischen materiellen und formellen Behelfen differenziert, wenn also die autonomrechtliche Qualifikation mit der konventi-

---

[41] Rs. C-261/90 *Reichert und Kockler/Dresdner Bank AG*, Slg. 1992, 2175-2186.
[42] *EuGH*, Slg. 1990, 27.
[43] *EuGH*, Slg. 1992, 2182, Rn. 26.
[44] *Stoffel*, S. 372.
[45] So schon *Pirrung*, DGVZ 1973, 182.
[46] *Jauernig*, § 12 I.
[47] s. oben § 4 G. III. 4.

onsrechtlichen übereinstimmt. Eine vom nationalen Recht abweichende gemeinschaftsrechtliche Qualifikation ergäbe sich dagegen beispielsweise für die Rüge der Unpfändbarkeit nach französischem Recht. Zwar wird sie dort als *question de fond*, also materiellrechtlich aufgefaßt[48], behandelt aber doch eine Frage des Zugriffs der Vollstreckungsorgane und fällt damit unter Art. 16 Nr. 5. Dagegen bestimmt sich die internationale Zuständigkeit für *contestations* nach dem französischen G1991 nicht nach Art. 16 Nr. 5, soweit sie das Recht zur Vollstrekkung an sich zum Inhalt haben. Die Rechtsprechung des Gerichtshofs erfordert demnach eine Aufgliederung autonomrechtlcher Einheitsbehelfe in formelle und materielle Fragen, um die Zuständigkeit nach Art. 16 Nr. 5 bestimmen zu können. Neben Frankreich gilt dies u. a. auch für Dänemark, Portugal und Belgien.

Was den Begriff „Verfahren" des Art. 16 Nr. 5 betrifft, so vertritt *Geimer* unter Berufung auf das Erfordernis des „Verklagens" in Art. 2 ff. eine enge Auslegung im Sinne von „Klagen und sonstige(n) kontradiktorisch angelegte(n) Verfahren". Dadurch fiele insbesondere die Erinnerung nach § 766 dt. ZPO nicht unter Art. 16 Nr. 5 [49]. Diese Ansicht kann sich zwar auf die Systematik und den Regelungszweck des GVÜ berufen, findet jedoch weder im deutschen Text - auch des LugÜ - eine Stütze, noch ist sie aus anderssprachigen Versionen ableitbar[50]. Auch der *EuGH* hat sich in seiner einschlägigen Rechtsprechung nicht in dieser Richtung geäußert. Zuzugeben ist allerdings, daß die bisher ergangenen Entscheidungen des *Gerichtshofs* jeweils die Beurteilung von Klagverfahren zum Gegenstand hatten[51]. Der Bericht *Jenard*[52] verwendet den französischen Begriff *contestations*, d. h. Einwendungen i. w. S. ohne Spezifizierung des Durchsetzungsmodus, und im Deutschen den Terminus „Streitigkeiten", ohne jedoch gerade auf ein kontradiktorisches Verfahren abzuzielen.

Geimers Meinung ist zunächst der deutsche[53] Wortlaut des Art. 16 entgegenzuhalten, der in den Nrn. 1 - 4 von „Klagen", in Nr. 5 jedoch allgemeiner von „Verfahren" spricht, daneben aber auch die Tatsache, daß sie sich von der einzelstaatlichen Ausgestaltung des Rechtsbehelfs als kontradiktorisch oder einseitig abhängig macht, die historisch oder auch rein zufällig bedingt sein

48 *Donnier*, Rn. 690.

49 *Geimer*, IPrax 1986, S. 209, insbesondere Fn. 11. Durchgehend von *Streitigkeiten* und *Klage* spricht im Zusammenhang mit Art. 16 auch *Stoffel*, S. 360 f.

50 Im Französischen heißt es ganz allgemein: *en matière d'exécution*, im Niederländischen: *ten aanzien van ...*, im Englischen: *in proceedings concerned with the enforcement*, im Italienischen: *in materia di esecuzione*, im Dänischen: *i sager om fuldbyrdelse*.

51 Vollstreckungsgegenklage, *action paulienne* (Gläubigeranfechtungsklage).

52 ABl.EG 1979 C 59, 36.

53 Der französische Text dagegen benutzt durchgängig eine einheitliche Formulierung, ebenso der englische, der italienische und der dänische.

mag. *Geimer* formuliert damit einen an das nationale Recht angebundenen - nicht aus ihm hergeleiteten - Begriff, dem gerade deshalb die Einheitlichkeit fehlen dürfte. Ich möchte daher der französischen Kommentarliteratur zustimmen, die Art. 16 Nr. 5 als selbstverständliche Zuweisung der Vollstreckungsdurchführung an den Zweitstaat betrachtet[54, 55].

b) Anwendbarkeit auf das Urkundenexequatur

Die Vorschrift bezieht sich dem Wortlaut nach zunächst nur auf die Zwangsvollstreckung *aus Entscheidungen*. Dementsprechend meint *Stoffel*, Art. 16 Nr. 5 setze ein bereits bestehendes Erkenntnis in der Sache grundsätzlich voraus[56]. Vollstreckbare Urkunden erfüllen aber, wie bereits gesagt, nicht den Begriff der Entscheidung gemäß Art. 25. Anwendbar ist Art. 16 Nr. 5 auch nicht kraft Verweisung durch Art. 50 Abs. 1 S. 1 und Abs. 3. *Jenard* geht in seinem Bericht dennoch ohne weiteres von einer Anwendbarkeit auf Entscheidungen *und* Urkunden aus[57], ebenso *Verheul*[58]. Auch *Schlosser* sieht in der Einschränkung auf Entscheidungen keinen Sinn und möchte die Vorschrift auf alle Titel anwenden[59]. In der Tat ist kein Grund ersichtlich, der im Rahmen des Art. 16 Nr. 5 eine unterschiedliche Behandlung von Entscheidungen und Urkunden nahelegen würde. Die Rechtsprechung des *EuGH* zu Art. 16 Nr. 5 ist ebenfalls uneingeschränkt übertragbar.

c) Kritik und Stellungnahme

Allgemein läßt sich gegen die Ausgliederung materiellrechtlicher Fragen aus dem Anwendungsbereich des Art. 16 Nr. 5 anführen, hiermit werde der Sachzusammenhang zerrissen, der zwischen dem Bestehen des vollstreckbaren Anspruchs und dessen zwangsweiser Durchsetzung gegeben sei. So spricht sich etwa *Huet* unter Berufung auf den allgemeinen Beschleunigungsgedanken des GVÜ für eine Konzentration des Behelfs im Vollstreckungsverfahren aus, um

---

54 s. nur *Droz*, Rn. 162; *Gaudemet-Tallon*, Rn. 101, spricht immerhin von *contentieux* (Streitverfahren); *Gothot/Holleaux*, Rn. 158, verwenden den Terminus *litige*; diese Wortwahl läßt jedoch keine Schlüsse im Sinne *Geimers* zu.

55 Für die Erinnerung der dt. ZPO ergäbe sich in der Kompetenzzuweisung aus den unterschiedlichen Betrachtungsweisen ohnehin kein Unterschied: entweder man läßt sie gar nicht erst dem GVÜ unterfallen, oder man ordnet sie gemäß Art. 16 Nr. 5 Deutschland als Vollstreckungsstaat zu.

56 *Stoffel*, S. 368.

57 ABl.EG 1979 C 59, 36.

58 *Verheul*, Rn. 119.

59 *Schlosser*, IPrax 1985, 322.

eine „Verfahrensverzettelung“ zu vermeiden[60] : am Ort der Vollstreckung müßte auch über die Berechtigung dazu, also über den Bestand der zugrundeliegenden Forderung entschieden werden können[61, 62].

Ähnlich wird in Deutschland etwa der Aufrechnungseinwand bei internationaler Unzuständigkeit für die Gegenforderung für zulässig erachtet, um dem Schuldner ein weiteres Verfahren zu ersparen[63]. Und der spanische *juicio ejecutivo* macht deutlich, daß materielle Behelfe sehr wohl in untrennbarem Zusammenhang mit der Vollstreckung vorstellbar sind.

Unter methodischen Gesichtspunkten könnte man dem *EuGH* bei seiner Suche nach einem die ausschließliche Zuständigkeit sinnvoll einschränkenden Kriterium allenfalls vorhalten, daß er die nationalen Rechte nicht nach der Unterscheidung zwischen „Ob“ und „Wie“ der Zwangsvollstreckung absucht. M. E. würde erst die Feststellung, daß diese Unterscheidung überwiegend gemacht wird, die gewählte Auslegung vollständig rechtfertigen.

Das Ergebnis verdient jedoch Unterstützung. Gemessen an der „Freizügigkeit der Einwendungen“, also der Waffengleichheit zwischen Gläubiger und Schuldner[64], wäre eine ausschließliche Zuständigkeit im Zweitstaat durchaus problematisch. Im streitigen Verfahren sorgen die Art. 2-15 für den Schutz des Beklagten hinsichtlich seiner Gerichtspflichtigkeit. Er wird durch diese Zuständigkeitsregeln bevorzugt[65], so daß der Gläubiger im Gegenzug die Vollstreckbarerklärung später ohne aufwendige Prüfung erreichen kann[66]. Da für die Beurkundung nun eine Zuständigkeitsbestimmung fehlt, ermangelt der Schuldner dieses Ausgleichs für die erleichterte Vollstreckbarerklärung. Dagegen mag man einwenden, daß er ja durch seine Mitwirkung an der Beurkundung auf den Schutz seines allgemeinen Gerichtsstands verzichtet habe[67]. Diese Sichtweise liegt in Deutschland und Österreich wegen der Unterwerfungs- bzw. Zustimmungserklärung nahe: der Schuldner erklärt mehr oder weniger bewußt den - immerhin nur vorläufigen[68] - Verzicht auf seinen Rechtsschutz. Alle ande-

---

60 *Huet*, Clunet 1986, 453.

61 *Huet*, Clunet 1986, 452.

62 Anhand der Systematik der Übereinkommen argumentiert *Huet*, es sei möglich, daß zur Vermeidung von Verfahrenslängen *vorfragliche* Entscheidungen über eigentlich Art. 16 unterfallende Materien auch im Rahmen eines Verfahrens im nach Art. 2-15 berufenen Staat gefällt werden; umgekehrt müsse dies aber erst recht zulässig sein, da die Zuständigkeiten nach Art. 2 - 15 keine ausschließlichen seien; *Huet*, Clunet 1986, 452 f.

63 s. nur *Dageförde*, RIW 1990, 877.

64 s. unten 2. d), e).

65 *Fletcher*, S. 116; *EuGH* Slg. 1985, 2277 Rn. 15.

66 *Fletcher*, S. 133.

67 *Holzhammer*, S. 67.

68 *Münch*, S. 173 f., S. 176 ff.

ren Rechsordnungen kennen dagegen kein entsprechendes Institut, so daß dort von einem bewußten Verzicht des Schuldners nicht gesprochen werden kann. Der Gläubiger sollte daher keine Gelegenheit erhalten, den Schuldner mit einer eventuellen Erkenntnisphase ausschließlich an den Vollstreckungsort zu binden. Unter diesem Blickwinkel erscheint die enge Auslegung des Art. 16 Nr. 5 durch den *EuGH* insbesondere für die Urkundenvollstreckung sinnvoll.

2. Die Zuständigkeitsregeln der Art. 2 - 15

a) Besonderheiten im Vergleich zu gerichtlichen Entscheidungen

Die Art. 2 - 15 knüpfen am materiellen Anspruch an und erscheinen deshalb auf jedes Vorgehen anwendbar, mit dem der Schuldner sich gegen die Berechtigung zur Vollstreckung an sich wehrt[69]. Die *Errichtung* einer vollstreckbaren Urkunde erfüllt dabei keines der Anknüpfungsmerkmale der Art. 2 - 15, der Beurkundungssstaat *als solcher* definiert in keinem Fall die internationale Zuständigkeit für den Vollstreckungsbehelf. Dies erklärt sich daraus, daß - anders als bei gerichtlichen Entscheidungen, wo der Erststaat der für die Sachentscheidung international berufene Staat ist - der *Beurkundungs*staat und der für die *Überprüfung des Anspruchs* zuständige Staat auseinanderfallen können. Der für Klagverfahren grundsätzlich ausschlaggebende Wohnsitz des Beklagten ist bei der Urkundenerrichtung nämlich unerheblich[70, 71]. Ein Schweizer und ein Deutscher oder auch zwei Deutsche können demnach ihren Vertrag in Frankreich beurkunden lassen, ohne daß es einen tatsächlichen oder vermuteten Bezug ihres Rechtsverhältnisses dorthin geben müßte[72]. Den Gerichten des Beurkundungsstaats kann also nicht *per se* die größte Sachnähe oder Beurteilungskompetenz zur Überprüfung der materiellen Vollstreckungsberechtigung bescheinigt werden. Auch die Erwägung, daß im Herkunftsstaat jedenfalls ein

---

69 *Gothot/Holleaux*, Rn. 410.

70 *Kropholler* Art. 50 Rn. 4; MünchKomm ZPO-*Gottwald*, Art. 50 Rn. 7; Calvo Caravaca-*Iriarte Angel*, S. 666; *Droz*, Rn. 621.

71 Unverständlich deshalb *UINL 1992, Rapports officiels Thème IV*, S. 170, wo für Gültigkeitseinwendungen *allgemein* auf den *juge d'origine* verwiesen wird, also den zuständigen Richter im Beurkundungsstaat. Auch *Duintjer Tebbens*, FJR 1989, 109 li. Sp., hält ohne Begründung den *Herkunfts*staat für zuständig.

72 s. a. das eindrückliche Beispiel bei *Lobsiger*, BN 1995, 21, Fn. 77, wo ein in England ansässiger Gläubiger die in Deutschland aufgenommene Urkunde gegen einen italienischen Schuldner in der Schweiz vollstrecken will.

Daß der Ursprungsstaat der Urkunde möglicherweise nach den Art. 2 - 15 nicht zur Entscheidung über den Rechtsbehelf berufen ist, weil die Übereinkommen keine Beurkundungszuständigkeiten festlegen, erscheint dabei angesichts von Liberalisierungs- und Europäisierungstendenzen im Beurkundungswesen nicht als „eher theoretische(s) Problem", wie dies *Jametti Greiner*, BN 1993, 53, meint.

geeigneter Behelf gegen die Urkunde gegeben sei[73], spricht nicht für die Zuständigkeit des Errichtungsstaates[74]. Das spanische wie das französische Recht geben Beispiele dafür ab, daß materielle Einwendungen erst im Zusammenhang mit einem *dort* begonnenen Exekutionsverfahren vorgebracht werden können[75]. Und die negative Feststellungsklage, die zur Überbrückung von Rechtsschutzlücken herangezogen werden kann, existiert in jedem potentiellen Vollstreckungsstaat.

b) Schutzwürdigkeit des Gläubigers bei der Gegenklage?

Art. 2 bestimmt nach der Rechtsprechung des *EuGH* für materielle Vollstreckungsrechtsbehelfe gegen streitige Entscheidungen den jeweils zuständigen Staat, um die Klagegerichtsstände auf ein für die beklagte Partei zumutbares Maß zu begrenzen[76]; dasselbe gilt für Art. 3 - 15. Betrachtet man den materiellen Behelf nun als nachgeschobenes bzw. als Ersatz für ein anfänglich für verzichtbar gehaltenes Erkenntnisverfahren, so wären diese Vorschriften zweifellos heranzuziehen[77]. Vollstreckungsgegenklage und entsprechende ausländische Behelfe würde man so als gewöhnliche negative Feststellungsklage des Schuldners auffassen.

Ein erster Einwand ergibt sich aus der fraglichen Schutzwürdigkeit des Gläubigers. Ist es überhaupt notwendig, ihm bei der Entscheidung über sein Recht zur Vollstreckung den Vorteil „seines" Gerichtsstands einzuräumen? Schließlich hat er sich für eine Rechtsverfolgung außerhalb des Errichtungs-

---

73 So aber *I. Meier*, S. 195 f.

74 Auf den „Richter im Errichtungsstaat" verweist u. a. *Duintjer Tebbens*, FJR 1989, 109 li. Sp.

75 Zwar hat der Schuldner gelegentlich die negative Feststellungsklage zur Verfügung; sie ist jedoch als an die Urkundenvollstreckung adaptierter Notbehelf, nicht als originärer Vollstreckungsrechtsbehelf zu betrachen. Der Schuldner ist hierbei immer davon abhängig, daß ihm das erforderliche Klaginteresse zugestanden wird.

76 s. nur Slg. 1985, 2277, Rn. 15.

77 Ähnlich *Holleaux/Foyer/de Geouffre de La Pradelle*, Rn. 919; *Droz*, Rn. 621, spricht von einer *action en nullité de l'acte* und meint damit - da er diese als *action au fond* bezeichnet - anfängliche Einwendungen gegen den beurkundeten Anspruch (Art. 1106 C. civ.) und die Beurkundung selbst. Vor dem Hintergrund des französischen Vollstreckungsrechts erstaunt diese Stellungnahme. Man hätte erwarten können, daß *Droz* den materiellen Behelf als einen *incident de l'exécution* (Vollstreckungszwischenstreit) auffaßt, in dessen Rahmen die *nullité* auch einredeweise geltend gemacht werden könnte (vgl. oben § 4 A. III. 6. b)). Dies würde viel eher die Zuständigkeit des Vollstreckungsstaates als die des Ursprungsstaates nahelegen.

Pålsson, S. 238, spricht vom „nach dem Übereinkommen für eine Klage auf Ungültigerklärung der Urkunde zuständigen Gericht", läßt dabei aber offen, ob diese Zuständigkeit nach Art. 2 - 15 zu bestimmen ist.

staats entschieden und das Verfahren deshalb an einem entfernten Ort eingeleitet. Selbst wenn man ihm dabei zugute hält, daß dieses Vorgehen legitim ist, weil er möglicherweise andernorts kein Vollstreckungsgut vorfindet, so ist doch er der Angreifer. Der Betrachtung des Rechtsbehelfs als isolierter Klage läßt sich also entgegenhalten, daß sie den Besonderheiten der Urkundenvollstreckung nicht gerecht wird, weil sie die materielle Verteilung der Parteirollen außer acht läßt. Auf diesen grundlegenden zweiten Einwand ist nun näher einzugehen.

c) Art. 2 - 15 vor dem Hintergrund der materiellen Parteirollenverteilung bei der Urkundenvollstreckung

Daß dem Gläubiger als Gegenbeklagtem Schutz durch „seinen" Gerichtsstand gewährt werden müßte, erscheint dann fraglich, wenn man in Rechnung stellt, daß möglicherweise überhaupt keine eigenständige Klage des Schuldners vorliegt, wenn dieser eine Überprüfung der Berechtigung zur Vollstreckung veranlaßt. Der ausschlaggebende Gesichtspunkt hierfür ist der der *materiellen* Verfahrensrollen. Denn der Schuldner befindet sich nur *formell* aufgrund der Ausgestaltung des Verfahrens in der Rolle des (Gegen)Klägers; am zur Vollstreckung gestellten Anspruch gemessen ist er Beklagter und bringt Einwendungen vor.

Diese Sichtweise ist von der deutschen Rechtsprechung zur Beweislastumkehr durch formularmäßig vereinbarte Vollstreckungsunterwerfungen als entscheidendes Argument für die grundsätzliche Zulässigkeit derartiger Vereinbarungen herangezogen worden[78]. Sie zieht die Konsequenz aus der Umkehrung von Erkenntnis- und Vollstreckungsverfahren, die die vollstreckbare Urkunde im Gang der Rechtsverwirklichung bewirkt[79, 80].

Obwohl diese Perspektive bisher nur für die deutsche Rechtsordnung derartig akzentuiert herausgearbeitet wurde, sollte man sie dennoch nicht als „germanozentrisch" betrachten. Auch in anderen Vertragsstaaten sind entsprechend Ansätze durchaus geläufig. So spricht etwa der Spanier *Ortiz Navacerrada* lediglich von einer „Verlagerung der Darlegungs- und Beweis*initiative* auf

---

78 BGHZ 99, 274, 282 ff. m. N.; zu Abweichungen von dieser Rspr. *Stürner*, Rn. 16.23 (Beweislast des Schuldners für das Fehlen anspruchsbegründender Tatsachen); s. auch oben § 4 F. I. 3.

79 Vgl. *Münch*, S. 319 ff.

80 Diese Funktion des Vollstreckungsrechtsbehelfs als nachgeholtes Erkenntnisverfahren zeigt sich besonders deutlich im deutschen Recht, das mit § 797 Abs. 5 ZPO die örtliche Zuständigkeit am Gerichtsstand des *Schuldners* festlegt, bei demjenigen Gericht also, an das sich der Gläubiger bei einer Leistungsklage gegen den Schuldner grundsätzlich zu wenden hätte.

den Schuldner“[81], die sich durch die sofortige Vollstreckbarkeit ergebe. Am deutlichsten stellt Art. 815 Abs. 1 des portugiesischen CPC die Situation klar: Der Behelf gegen die Vollstreckung aus der Urkunde *ist* Erkenntnisverfahren über das Recht des Vollstreckungsgläubigers, der diesbezüglich wie ein Kläger behandelt wird[82]. Auch der ins Vollstreckungsverfahren integrierte Rechtsbehelf nach spanischem Recht spiegelt die Auffassung wider, daß keine Klage des Schuldners zu beurteilen ist, sondern daß der Gläubiger sein Recht zur Vollstreckung zur Entscheidung stellt und der Schuldner hierauf repliziert.

Alle beteiligten Rechtsordnungen konstruieren die vollstreckbaren Urkunde als nicht rechtskraftfähigen Titel, der keine dauerhafte Fixierung der Rechtslage zwischen den Parteien beinhalten kann. Dementsprechend geben sie dem Schuldner die notwendigen Mittel an die Hand[83], um die Vollstreckungsberechtigung des Gläubigers gerichtlich überprüfen zu lassen, sei es im Zusammenhang mit der Vollstreckungseinleitung, sei es auf Initiative des Schuldners. Dabei kommt es im Vergleich zum ordentlichen Prozeß nirgendwo zu einer Umkehrung der Parteirollen; ebensowenig konnte eine Umkehr der Beweislast zugunsten des Gläubigers festgestellt werden. Das Argumentationsmuster der Rollenverteilung läßt sich also auf den gemeinsamen Rechtsraum der Vertragsstaaten übertragen.

Demnach ist es in Wirklichkeit der Vollstreckungsgläubiger, der mit dem Vollstreckungsbegehren im Zweitstaat ein Verfahren einleitet, wenn er mittels Art. 50 seinen Titel dorthin „exportiert“ hat. Der Schuldner seinerseits setzt der so behaupteten Vollstreckungsberechtigung seine Einwendungen entgegen.

In einer Richtung ist die soeben entworfene Konzeption sofort einzuschränken: der Gesichtspunkt der Parteirollenverteilung trägt nur so weit, wie tatsächlich der Gläubiger durch die Betreibung der Vollstreckbarerklärung und später mit der Einleitung der Vollstreckung im Zweitstaat initiativ wird. Eine *präventive* negative Feststellungsklage des Schuldners bezüglich des materiellen Anspruchs dagegen bleibt ausnahmslos den allgemeinen Gerichtsstandsregeln der Art. 2-15 unterworfen[84].

---

81 *Ortiz Navacerrada*, S. 74; Hervorhebung von mir.

82 s. oben § 6 D. III. 1. b).

83 Nach *Rechberger/Simotta*, Rn. 9, zeigt die vollstreckbare Urkunde dagegen, daß nicht jede Exekution ein Erkenntnisverfahren voraussetzt; dem Schuldner ist es jedoch unbenommen, ein solches anzustrengen.

84 Ebenso i. E. Bülow/Böckstiegel-*Schlafen*, Art. GVÜ Anm. 4 b); er stützt sich dabei jedoch nicht auf die Verteilung der Parteirollen, sondern auf den Gedanken, im Zusammenhang mit der Vollstreckungsgegenklage im Zweitstaat werde nicht rechtskräftig über den materiellen Anspruch entschieden, sondern lediglich über dessen Vollstreckbarkeit.

d) Folgerungen

Was bedeutet die Analyse der Stellung der Gegenklage im Prozeß der Rechtsverwirklichung für die internationale Zuständigkeit für diesen Behelf des Schuldners? *Münch* stellt für die Vollstreckungsgegenklage nach deutschem Recht fest, daß die Konzeption des nachgeschobenen Rechtsschutzes keine Auswirkungen auf Fragen der (internen) örtlichen Zuständigkeit habe[85]. Dies liegt im nationalen Recht daran, daß die örtlichen Zuständigkeiten gesetzlich festgelegt sind[86]. Auf der Ebene der Übereinkommen fehlt eine solche ausdrückliche Fixierung; der Gesichtspunkt der Parteirollen läßt sich deshalb zur Füllung dieser Lücke verwenden.

Aus der beschriebenen Rollenverteilung könnte man nun folgern, daß der gesamte Prozeß in dem Staat und an dem Ort stattzufinden habe, den der Gläubiger mit der Vollstreckungseinleitung ausgewählt hat. Man würde damit der vollstreckbaren Beurkundung ein Wahlrecht des Gläubigers entnehmen, in welchem Staat der (potentielle) Streit auszutragen wäre und käme so wieder zur Zuständigkeit des Vollstreckungsstaats mit dem Unterschied zu Art. 16 Nr. 5, daß diese nun nicht ausschließlich wäre. Jedoch würde man damit bereits mehr Sachverhaltsnähe herstellen als mit einem Verweis auf den Beurkundungsstaat als solchen[87].

Aber auch eine andere Sichtweise ist möglich: sie ergibt sich daraus, daß die Institute der internen örtlichen und der internationalen Zuständigkeit einander entsprechen, soweit sie den Beklagten vor unzumutbaren Gerichtsständen schützen sollen. Ihr Vorzug liegt darin, daß sie in der Frage der Waffengleichheit zwischen Gläubiger und Schuldner[88] eine ausgewogene Option offenhält.

Nun verhält es sich aber nicht so, daß die Vertragsstaaten für die Gegenklage oder entsprechende Behelfe *intern* gleichlaufende Zuständigkeiten vorsehen. Der Vergleich ergibt ein buntes Bild, in dem der Gerichtsstand des Schuldnerwohnsitzes nach § 797 Abs. 5 dt. ZPO ebenso enthalten ist wie die Zuständigkeit des *juge d'exécution* nach Art. L.311-12-1 frz. C.o.j. oder die des Exekutionsgerichts nach § 35 öst. EO; auch Parteivereinbarungen sind vereinzelt möglich. Schließlich kennt das niederländische Recht sogar ein weitreichendes

---

[85] *Münch*, S. 322.

[86] In den Niederlanden gab es vor der Rv.-Reform 1992 nicht einmal eine Regel zur örtlichen Zuständigkeit für Einwendungen gegen die Vollstreckung einer Urkunde, *Oudelaar*, S. 109. Nunmehr gilt der alle Titel und alle Arten von Streitigkeiten betreffende Art. 438 Rv. (s. i. e. oben § 4 E. III.).

[87] Vgl. zur Gegenansicht die oben Fn. 71 zitierten Autoren.

[88] s. unten e).

Wahlrecht des Schuldners. Der Gläubigerwohnsitz hingegen wird nie als Gegenklagegerichtsstand festgelegt[89].

Demzufolge ist keine europaweite Leitidee erkennbar, wonach das Interesse der Parteien zwingend zur Zuweisung an einen bestimmten, für eine Seite günstigen Gerichtsstand führen muß. Die nationalen Rechte sind zu unterschiedlich, um durch Rückgriff auf ein bestimmendes Modell GVÜ und LugÜ konkretisieren zu können.

e) Schuldnerschutz in Anlehnung an die Gerichtsstände in Versicherungs- und Verbrauchersachen (Art. 7 ff., 13 ff.)

Dagegen kennen *die Übereinkommen selbst* mit den besonderen streitgegenstandsbezogenen Zuständigkeiten nach Art. 7 ff., 13 ff. in Versicherungs- und Verbrauchersachen einen Mechanismus, der die schwächere Partei dadurch bevorzugt, daß er ihr zusätzlich zum allgemeinen Gerichtsstand des Art. 2 ein weiteres Forum zur Wahl stellt[90]. Diese Form der Herstellung von „Waffengleichheit“ ist den Übereinkommen also nicht fremd.

Bei der Urkundenvollstreckung kommt zur Vervielfältigung des Titels[91], durch dessen gehäuften Einsatz der Gläubiger seinen Druck auf den Schuldner verstärken kann, der Vollstreckungszugriff ohne Erkenntnisverfahren hinzu. Der Schuldner, der sich auf diese Weise einer noch nicht auf ihre Berechtigung hin überprüftenVollstreckung ausgesetzt sieht, befindet sich damit ebenfalls in der Lage des Schwächeren, Schutzwürdigen, wie auch in den Konstellationen, für die die Übereinkommen Schutzgerichtsstände normieren. Die dahinter stehende Wertung legt es also nahe, ihm einen weiteren Abwehrgerichtsstand nach seiner Wahl zu eröffnen.

In Betracht kommen für den zusätzlichen Gerichtsstand sowohl der Staat des Schuldnerwohnsitzes als auch der Vollstreckungsstaat[92]. Die erste Lösung brächte - wenn nicht bereits Art. 8 Abs. 1 Nr. 2 zugunsten des Versicherungsnehmers oder Art. 14 Abs. 1 für den Verbraucher eingreifen - einen dem Schuldner sehr günstigen internationalen Gerichtsstand. Sie muß sich allerdings den Vorwurf gefallen lassen, daß sie dem Gläubiger einen in den Übereinkommen so ausdrücklich nicht vorgesehenen Gerichtsstand zumutet und

---

[89] Das niederländische Recht stellt nur scheinbar eine Ausnahme dar, indem es *auch* den Gerichtsstand des Gläubigers eröffnet; dies ist nämlich nicht dessen Wohnort, sondern der obligatorische Wahlgerichtsstand, der sich meistens am Vollstreckungsort befindet; s. oben § 4 E. III.

[90] *Kropholler*, vor Art. 7 Rn. 3.

[91] *Kropholler*, Art. 31 Rn. 4.

[92] Für einen Gerichtsstand im Vollstreckungsstaat mit einem vorsichtigen Seitenblick auf Art. 16 Nr. 5 *I. Meier*, S. 196.

damit seine verfahrensmäßigen Grundrechte mißachtet. Diese Kritik wäre dagegen entkräftet, würde man dem Schuldner zusätzlich eine Gegenklagemöglichkeit im Vollstreckungsstaat eröffnen. Denn dieses Forum hat der Gläubiger aus mehr oder weniger freien Stücken gewählt.

Waffengleichheit zwischen Gläubiger und Schuldner wird nach der hier vertretenen Konzeption also hergestellt, indem zum Gläubigergerichtsstand ein weiterer hinzutritt. Der geeignete Rechtsbehelf wird in der Mehrzahl der Fälle die negative Feststellungsklage gegen das Bestehen des zu vollstreckenden Anspruchs sein, die in allen Vertragsstaaten existiert. Das erforderliche Klag- oder Rechtsschutzinteresse ergibt sich in den hier in Frage stehenden Fällen aus der drohenden Vollstreckung.

Daß der Schuldner nach Art. 2 - 15 auch im Wohnsitzstaat des Gläubigers Gegenklage erheben kann, scheint sich nicht mit den oben erläuterten Wertungen der einzelstaatlichen Rechte zu vertragen, die intern eine vergleichbare örtliche Zuständigkeit für materielle Behelfe gerade nicht kennen. Will man jedoch dem Schuldner mit dem durch die Übereinkommen vorgegebenen Gerichtsstandsinstrumentarium helfen, so steht kein anderer Weg offen. Schließlich besteht die Aufgabe nicht darin, durch schematische Übertragung das System der Übereinkommen gewaltsam dem der Mitgliedsstaaten anzupassen, sondern systemimmanent das Problem des angemessenen Schuldnerschutzes zu lösen.

Zusammenfassend ist festzuhalten, daß der Schuldner sich grundsätzlich im Wohnsitzstaat des Gläubigers nach Art. 2 *und* im Vollstreckungsstaat wehren kann; liegt eine der besonderen Konstellationen der Art. 5 - 15 vor, ergibt sich u. U. die Zuständigkeit eines weiteren Staates.

f) Verhältnis zum Kollisionsrecht und *forum shopping*

Ob eine Partei durch die Gerichtsstände nach Art. 2 - 15 zu schützen sei - und damit der vorrangige Zweck dieser Vorschriften - wird in der Literatur zur Urkundenvollstreckung soweit ersichtlich nicht erörtert. Der Haupteinwand gegen eine Geltendmachung im Vollstreckungsstaat richtet sich auch nicht gegen eine eventuelle Bevorzugung oder Benachteiligung einer Seite, sondern geht vielmehr dahin, dies bringe die Kollisionsregeln des Zweitstaates zur Anwendung, die sich von denen des Beurkundungsstaates unterscheiden[93] und damit möglicherweise andere Sachentscheidungen zeitigen könnten[94]. Dahinter

---

[93] *Droz*, Rn. 621.

[94] *Kohler*, IPrax 92, 277 unter Verweis auf *Droz*, Rn. 473; die dort geäußerte Ansicht ist sehr durch das Internationale Privatrecht bestimmt und sorgt sich ausschließlich um die materielle Sachgerechtigkeit der Entscheidung. Sie läßt keine Vermutung der

steht offensichtlich die Befürchtung, man öffne einer Umgehung des Internationalen Privatrechts und damit einem unerwünschten *forum shopping* Tür und Tor.

Zum einen läßt sich dagegen anführen, daß Art. 50 für die vollstreckbare Urkunde auch die letzten in Art. 27 Nr. 4 i. V. m. Art. 34 Abs. 2 enthaltenen kollisionsrechtlichen Vorbehalte bei der Vollstreckbarerklärung beiseite schiebt. In der Urkunde kann nämlich über diese Vorfragen überhaupt nicht bindend entschieden werden. Zudem erfordert die privat vereinbarte Rechtswahl weniger Kontrolle[95] als dies bei der Entscheidung durch ein ausländisches Gericht der Fall wäre.

Die Möglichkeit eines unerwünschten *forum shopping*[96] des Gegenklägers ist damit jedoch noch nicht beseitigt: Tatsächlich stünde das materiell oder prozessual attraktivste Forum zur Wahl, wenn Vollstreckungsstaat und Wohnsitzstaat des Gläubigers auseinanderfallen.

Andererseits fragt es sich, warum dieses Verhalten überhaupt sanktioniert werden sollte. Die Wahl eines von mehreren - nicht manipulierten - konkurrierenden Foren ist nicht zu kritisieren, weil dort möglicherweise günstigeres Beweisrecht[97] gilt oder mit zügigerem Rechtsschutz zu rechnen ist[98]. Für das GVÜ/LugÜ gilt sogar, daß bestimmten, durch die Einrichtung besonderer Zuständigkeiten geschützten Personen eine begrenzte Wahl zwischen den Gerichten verschiedener Staaten zur Verfügung stehen soll[99]. Im Gegenzug sucht sich auch der Gläubiger für seinen Angriff, nämlich die Vollstreckung ohne Klage, das ihm genehmste Forum aus, wenn er nicht gerade faktisch durch die Belegenheit des Vollstreckungsgutes eingeschränkt ist[100].

Das *forum shopping* fördert darüber hinaus das Ideal der „Freizügigkeit der Justiz"[101], was insbesondere innerhalb des entstehenden Rechtsraums der Euro-

---

kollisionsrechtlichen Äquivalenz der sich aufeinander zubewegenden Rechtsordnungen zu. M. E. bleibt konkret zu belegen, daß Manipulationen des anwendbaren Rechts tatsächlich lukrativ erscheinen können. Dies tut weder *Kohler*, noch finden sich habhafte Beispiele in der ihm beipflichtenden Stellungnahme von *Fahl*, S. 35.

95 *Gaudemet-Tallon*, Rn. 419; dieser Topos - Vertrauen in die Privatautonomie, Mißtrauen gegenüber dem ausländischen Richter - zieht sich also durch zahlreiche Probleme im Zusammenhang mit dem Urkundenexequatur (vgl. *Geimer*, DNotZ 1975, 464). *Gaudemt-Tallon* läßt jedoch offen, ob eine kollisionsrechtliche Kontrolle *außerhalb* des Exequaturverfahrens erfolgen kann und wer dafür international zuständig ist.

96 Gedanken zur Zulässigkeit des *forum shopping* erörtert *Roth*, IPrax 1984, 183-185.

97 *Siehr*, ZfRV 1984, 128.

98 *Siehr*, ZfRV 1984, 129.

99 Bericht *Jenard*, ABl.EG 1979 C 59, 29.

100 Vgl. oben b).

101 *Siehr*, ZfRV 1984, 142.

päischen Union zu befürworten ist. Schließlich dürften in praktischer Hinsicht Unterschiede bei der Verweisung auf das schließlich anwendbare Sachrecht mittelfristig mit der Kollisionsrechtsvereinheitlichung durch das EG-Schuldvertragsübereinkommen von 1980[102] nivelliert werden[103]. Unsicherheiten könnten allerdings Fälle mit sachenrechtlichem Einschlag, etwa dem Streit um die Zulässigkeit der Vollstreckung aus einer Sicherungsgrundschuld, aufwerfen[104].

Als Zwischenergebnis für die Gegenklagezuständigkeit nach Art. 2-15 ist festzuhalten, daß diese Vorschriften allein der besonderen Lage des Schuldners bei der Urkundenvollstreckung nicht gerecht werden. Die internationale Zuständigkeit für materielle Verteidigungsmittel darf daher nicht ausschließlich den auf den klagweisen Angriff des Gläubigers zugeschnittenen allgemeinen Gerichtsstandsregeln entnommen werden. Vielmehr ist dem Schuldner ein Wahlrecht zwischen dem Vollstreckungsstaat und den nach Art. 2 - 15 vorgesehenen Gerichtsständen zuzubilligen.

3. Zulässigkeit von Gerichtsstandsvereinbarungen[105]

a) Reichweite der Prorogation

Nach Art. 17 sind, wie auch nach den nationalen Prozeßgesetzen[106], in bestimmten Grenzen Gerichtsstandsvereinbarungen möglich. Sie können allein die internationale Zuständigkeit zum Gegenstand haben oder auch ein konkretes Gericht bestimmen.

Die Dispositionsfreiheit der Parteien erstreckt sich auf die sofortige Vollstreckbarkeit, das anwendbare materielle Recht und den Gerichtsstand. Internationaler Angriffsgerichtsstand des Gläubigers ist der Vollstreckungsstaat; er ist

---

[102] Römisches EWG-Übereinkommen über das auf vertragliche Schuldverhältnisse anzuwendende Recht vom 19.6.1980 (BGBl. 1986 II, 810).

[103] *Pirrung*, in: Europäisches Gemeinschaftsrecht und Internationales Privatrecht, S. 60 f.; dies gilt zugegebenermaßen (noch) nicht für die Lugano-Staaten.

[104] Derartige Fälle werden wohl nicht von Art. 16 Nr. 1 erfaßt, da der *EuGH* den engen Sachbezug zum Belegenheitsstaat, der die ausschließliche Zuständigkeit rechtfertigen würde, bei solchen Streitigkeiten verneint, die sich aus einer persönlichen Forderung ergeben; daß das Grundstück Haftungsobjekt ist, spielt hierfür keine Rolle; vgl. *Kropholler*, Art. 16 Rn. 15. Die Vorschrift gilt dagegen dann, wenn es um den Streit um das Bestehen des Grundpfandrechts geht.

Die schuldrechtliche Vinkulierung des Verwertungsrechts fällt aber unter die allgemeinen Regeln des Schuldvertragsübereinkommens, die wieder einheitlich zum gleichen Sachrecht führen.

[105] Zum *forum shopping* durch Prorogation *Siehr*, ZfRV 1984, 138.

[106] Vgl. nur §§ 38, 40 dt. ZPO, Art. 57 LEC, Art. 28 f. C.p.c.

einseitig frei wählbar[107]. Grenzen sind der Vereinbarung durch Art. 16 Nr. 5 gesetzt, der als ausschließlicher Gerichtsstand Streitigkeiten um die Art des hoheitlichen Zugriffs der Parteiautonomie entzieht.

Stellt man nun den schuldrechtlichen Aspekt der vollstreckbaren Urkunde in den Vordergrund, was zumindest zu Beginn des Rechtsverhältnisses naheliegt, wenn die Parteien an vollstreckungsrechtliche Auseinandersetzungen noch nicht denken, so sind Vereinbarungen der Art vorstellbar, alle Streitigkeiten aus dem beurkundeten Vertragsverhältnis seien vor ein bestimmtes Gericht oder die Gerichte eines bestimmten Staates zu bringen. Für den Fall der Vollstreckung jedoch soll es dem Gläubiger erspart werden, einen Prozeß anzustrengen. Heißt dies nun, daß der Schuldner alle Einwendungen, die er als Angreifer durch negative Feststellungsklage oder einen funktionell entsprechenden Behelf am gewählten Gerichtsstand hätte vorbringen müssen, auch in dem Fall dort geltend machen muß, daß der Gläubiger durch Antrag auf Vollstreckbarerklärung angreift? Die Auslegung der Vereinbarung entsprechend dem Parteiwillen läßt wohl keine andere Möglichkeit zu. Praktische Probleme sind jedoch dort absehbar, wo eine Prorogation weg vom ins Vollstreckungsverfahren integrierten Behelf (Frankreich, stärker noch in Spanien) vereinbart wird. Dies wäre etwa der Fall bei einem in Frankreich notariell beurkundeter Schuldvertrag mit Prorogationsvereinbarung nach Deutschland, dessen Exequatur später in Spanien beantragt wird.

Wehrt sich der Schuldner vertragsgemäß im durch die Prorogation berufenen Staat, so ist jedoch eine Aussetzung des Exequaturverfahrens gemäß Art. 38 in entsprechender Anwendung[108] möglich.

b) Folgerung

Rückschlüsse auf eine konventionsrechtlich vorgesehene Kompetenzordnung bei *fehlender* Prorogation erlaubt die grundsätzliche Möglichkeit einer Parteiabrede über die internationale Zuständigkeit wohl nicht. Indem eine Rechtsordnung Gerichtsstandsvereinbarungen zuläßt, gestattet sie privatautonome Abweichungen von einer Zuständigkeitsordnung, die aber bereits gesetzt ist und nicht - wie in der vorliegenden Konstellation - erst noch begründet werden muß.

---

[107] Wenn die Parteien nicht auch die Freiheit des Gläubigers beschränken und eine „vollstreckungsrechtliche Prorogation" vereinbaren, vgl. oben § 8 C. I. 2. b).

[108] s. oben § 8 C. II. 3.

4. Ergebnis: Gegenklagegerichtsstand auch im Vollstreckungsstaat

Als *Zwischenergebnis* ist festzuhalten, daß Art. 16 Nr. 5 keine ausschließliche Zuständigkeit des Zweitstaats begründet. Auch das System der Art. 2 - 15 gilt nicht abschließend, sondern muß zur Wahl des Schuldners um den Vollstreckungsstaat erweitert werden; nur so wird man der eigentlichen Verteilung der Verfahrensrollen gerecht. Die Prorogationsregeln ihrerseits müssen insofern als unergiebig betrachtet werden.

III. Vereinbarkeit dieser Lösung mit den allgemeinen Grundsätzen der Übereinkommen

Das soeben begründete Wahlrecht des Schuldners muß mit den allgemeinen Grundsätzen der Übereinkommen und ihren konkreten Ausformungen vereinbar sein. Insbesondere kommen als Maßstab in Betracht das Verbot der sachlichen Nachprüfung des Titels (*révision au fond*) (1.), die Möglichkeit der Aussetzung des Exequaturverfahrens (2.) und die Prinzipien der Verfahrensbeschleunigung und der Verfahrenskonzentration (3.).

1. Verbot der Nachprüfung der Entscheidung in der Sache, Art. 50 i. V. m. 34 Abs. 3

Materielle Behelfe stellen die Begründetheit des vollstreckbar gestellten Anspruchs in Frage, auch wenn sie erst nach der Beurkundung entstanden sind[109]. Jede inhaltliche Überprüfung der Urkunde außerhalb des Beurkundungsstaates könnte damit eine unzulässige *révision au fond* darstellen.

Eben diesen Gedanken äußert aus der Perspektive eines außerhalb des Lateinischen Systems Stehenden der Engländer *Kaye*[110]: Einwendungen gegen die Gültigkeit würden, im Exequaturverfahren vorgebracht, die Möglichkeit einer Nachprüfung in der Sache eröffnen, was Art. 34 Abs. 3 verbiete[111]. *Kaye* schlägt daher, von der Gleichstellung der Urkunde mit Urteilen ausgehend[112], vor, Gültigkeitseinwendungen dem Erststaat zuzuweisen, so wie dies auch bei Rechtsmitteln gegen Urteile der Fall sei[113]. In dieser Optik wird die Beurkun-

---

109 Vgl. *Pirrung*, DGVZ 1973, 182, Fn. 36.

110 Seine Stellungnahme relativiert der Autor eingangs mit dem Hinweis auf seine Unerfahrenheit mit dem Konzept der vollstreckbaren Urkunde.

111 *Kaye*, S. 1683; ebenso *O'Malley/Layton*, Rn. 31.12.

112 *Kaye*, S. 1682.

113 *Kaye*, S. 1683.

dung zum definitiven Urteils*ersatz*, Titulierung wäre danach ohne jedes Erkenntnisverfahren möglich.

Pamboukis bedauert demgegenüber, daß das Völkervertragsrecht zumeist vollstreckbare Urkunden Urteilen gleichstellt, ohne die notwendigen Einschränkungen zu treffen, die „ihre nichtstreitige Rechtsnatur und ihr Charakter als vorläufig angreifbar rechtfertigen“[114]. Da aber Art. 34 Abs. 3 nur für Entscheidungen im Sinne von Art. 25 gilt[115], erübrigte sich m. E. eine Sonderregelung für vollstreckbare Urkunden; der beurkundete Anspruch ist wegen seiner geringen Bestandskraft selbstverständlich in der Sache nachprüfbar.

An eine analoge Anwendung der Vorschrift auf exekutorische Urkunden wäre allenfalls mit Blick auf den Wortlaut des Art. 220 EGV zu denken, der nur von „Entscheidungen“ spricht, und die darüber hinausgehende Erweiterung im Vorprojekt von 1964 auf Anerkennung und Vollstreckung von Entscheidungen *und* Vollstreckung öffentlicher Urkunden[116]. Jedoch geht man im im Kreis der Länder des Lateinischen Notariats so einhellig von einer verstärkten Angreifbarkeit der vollstreckbaren Urkunde aus[117], daß die unterschiedlichen Textfassungen, die sich im Lauf der Entstehung des GVÜ mehr oder minder zufällig ergeben haben, hinter diesem etablierten Vorverständnis zurücktreten müssen.

Ein anderes Ergebnis könnte sich vom Normzweck des Art. 34 Abs. 3 her ergeben. Entscheidend für die Übertragbarkeit des Revisionsverbots auf die vollstreckbare Urkunde ist, ob damit das Exequatur vereinfacht[118] oder aber der Respekt vor einer ausländischen Entscheidung gewährleistet werden soll[119]. Im zweiten Fall wäre der Richter im Vollstreckungsstaat in der Überprüfung einer exekutorischen Urkunde völlig unbeschränkt.

Souveränitätsgesichtspunkte und gegenseitige Nichteinmischung dürfen in einem sich integrierenden Rechtsraum, im werdenden „zivilprozessualen Bin-

---

[114] *Pamboukis*, Rn. 436.

[115] *Bellet*, S. 35; dagegen erstreckt *Schütze* (Geimer/Schütze-*Schütze*, § 173 II. 4.) das Verbot der *révision au fond* auf die vollstreckbare Urkunde, was wegen des Fehlens einer gerichtlichen Entscheidung zunächst einmal unspezifisch ist. Zu dieser Position setzt *Schütze* sich auch sofort in Widerspruch, indem er unter 5. beim „Verfahren der Wirkungserstreckung“ die Möglichkeit erwähnt, im Klauselerteilungsverfahren umfangreich Einwendungen gegen den Anspruch geltend zu machen.

[116] *Bellet*, Clunet 1965, 833.

[117] *Droz*, Rn. 619; *Ortiz Navacerrada*, S. 13 f.

[118] So *Kropholler*, Art. 29 Rn. 1.

[119] So *Droz*, Rn. 466, 473; *Hahn/Mugdan*, S. 432: „Dem Richter steht keine Kognition über die materielle Rechtmäßigkeit des auswärtigen Erkenntnisses ... zu“. Auch *Holleaux/Foyer/de Geouffre de La Pradelle*, Rn. 1029, scheinen dieser Sichtweise zu folgen, wenn sie dem zweitstaatlichen Richter die Entscheidung über Tatsachen gestatten, die dem erststaatlichen noch nicht vorgelegen haben.

nenland“[120], keine Rolle mehr spielen; es geht nicht um die Wahrung gegenseitiger Höflichkeit oder die Abwehr unliebsamer ausländischer Titel, sondern um eine Verfahrensvereinfachung, die sich dadurch rechtfertigt, daß die Art und Weise, auf die der ausländische Titel zustande gekommen ist, als der inländischen gleichwertig eingeschätzt wird. Es gilt der Grundsatz *omnia praesumuntur rite et solemniter esse acta*, und zwar für Entscheidungen wie für öffentlich aufgenommene Urkunden. Dieses Vertrauen rechtfertigt sich durch die strengen Anforderungen, die an den Begriff „öffentliche Urkunde“ zu stellen sind[121].

All dies scheint eine zweitstaatliche Überprüfung auch des außergerichtlichen Titels zu verbieten. Jedoch darf der exekutorischen Urkunde im Vollstrekkungsstaat nicht mehr Kraft zukommen als im Ursprungsstaat[122]. Das Überprüfungsverbot kann sich deshalb nicht auf Einwendungen beziehen, die sich im Erststaat daraus ergeben, daß die Urkunde nicht rechtskraftfähig und daher inhaltlich unbegrenzt überprüfbar ist. Das Verbot der *révision au fond* spricht daher nicht gegen die Zuständigkeit des Zweitstaats für materielle Verteidigungsmittel.

2. Aussetzung des Rechtsbehelfsverfahrens gegen die Exequaturentscheidung (Art. 38)

Eng mit dieser völligen Gleichstellung von Entscheidung und Beurkundung und der Übertragung des Verbots der *révision au fond* auf die vollstreckbare Urkunde hängt der Hinweis auf Art. 38 zusammen: wenn schon im „Urteilsstaat“ ein Rechtsbehelf zur Verfügung steht, warum soll dann dem Schuldner im Zweitstaat eine derartige Überprüfung eröffnet werden?

Daß Art. 38 in doppelter Analogie auch auf vollstreckbare Urkunden anwendbar ist, wurde oben § 8 C. II. erörtert. Ob daraus der Schluß gezogen werden kann, der Schuldner habe sich *zwingend* im Herkunftsstaat zu wehren, ist eine andere Frage. Sie ist wegen der unterschiedlichen Rechtsschutzziele von ordentlichem Rechtsbehelf und materiellem Vollstreckungsrechtsbehelf - hier erstmaliges Erkenntnis über den behaupteten Anspruch, dort rechtliche Überprüfung einer bereits ergangenen Entscheidung - dahingehend zu beantworten, daß der Schuldner nicht ausschließlich auf Rechtsbehelfe im Erststaat verwiesen ist. Gegen eine solche Zuweisung des Behelfs an den Erststaat spricht nicht zuletzt auch die systematische Stellung der Vorschrift innerhalb der Übereinkommen, wo sie den Verfahrensablauf bei der Vollstreckung regelt, nicht aber einen Gerichtsstand bestimmt.

---

120 BT-Drs. 11/351, 17.
121 s. i. e. oben § 8 A.
122 *Pamboukis*, Rn. 451.

3. Beschleunigung der Vollstreckbarerklärung und Verfahrenskonzentration

Schließlich sind zwei weitere tragende Grundsätze von GVÜ und LugÜ zu beachten: die Beschleunigung der Vollstreckbarerklärung und die Verfahrenskonzentration. Daß die Übereinkommen einen erleichterten Titelexport bewirken sollen, geht aus Abs. 3 bzw. 2 der Präambeln hervor. Die schleunige Exequierung ist Teil dieses neuen Systems internationaler Vollstreckung[123]. Die Verfahrenskonzentration ihrerseits ist zunächst Ausfluß des Bemühens um Prozeßwirtschaftlichkeit, stellt daneben aber auch ein Mittel zur Vermeidung widersprüchlicher Entscheidungen dar[124]. Die letztgenannte Zielrichtung spiegelt sich in den Art. 27 Nr. 3 (Anerkennungsversagung bei Unvereinbarkeit mit einer inländischen Entscheidung), Art. 21 (obligatorische Aussetzung bei Rechtshängigkeit im Ausland) und Art. 22 (fakultative Aussetzung bei Konnexität), aber auch in Art. 38 Abs. 1 (fakultative Aussetzung bei Rechtsbehelfen im Ursprungsstaat) wider. Beide Prinzipien berühren staatliche und private Belange[125]. Während den Vertragsstaaten an einem effizienten Einsatz rechtspflegerischer Ressourcen und übersichtlichen, eindeutigen Ergebnissen gelegen ist, haben die Parteien Interesse an der Vermeidung eines „Zweifrontenprozesses"[126].

Bietet man dem Schuldner nun mehrere Gegenklagegerichtsstände an, so scheinen Konzentration und Beschleunigung in Gefahr: die Vollstreckbarerklärung wird ggf. durch die Aussetzung nach Art. 38 verzögert, und Entscheidungen verschiedener Staaten über Fragen, die mit der Vollstreckbarkeit der Urkunde im weitesten Sinne zusammenhängen, bergen die Gefahr der Widersprüchlichkeit.

Daß Beschleunigung und Konzentration ohnehin nicht immer gleichlaufen, zeigt sich an zwei Stellungnahmen zum schweizerischen Rechtsöffnungsverfahren, das insofern als exemplarisch gelten kann. Diese Prozedur gilt zwar gemeinhin trotz der materiellen Anreicherung als recht zügig, kann sich aber doch

---

123 Gegen die Zügigkeit der Vollstreckbarerklärung kann man nicht das Ideal der sachlichen Richtigkeit der Entscheidung auffahren. Das Exequatur entscheidet nicht abschließend über die Vollstreckungsberechtigung (vgl. ausführlich unten D.): im anschließenden einzelstaatlichen Zwangsverfahren bestehen hinreichend Korrekturmöglichkeiten, die ein materiell richtiges Ergebnis sicherstellen.

124 Zu diesem Aspekt im GVÜ s. *Geimer*, IPrax 1986, 212.

125 Stellungnahme der *Kommission* und des *Vereinigten Königreichs* in der Sache *AS/Malhé*, Slg. 1985, 2270; *Huet*, Clunet 1986, 452 f.

126 *Jametti Greiner*, BN 1993, 53; bei *Walter*, ZZP 1994, 338, ist von „Zweifrontenkrieg" die Rede.

in schwierigeren Fällen sehr zeitaufwendig gestalten[127], und dies bereits bei der rein inländischen Zulassung zur Zwangsvollstreckung. Die Verfahrenskonzentration vermeidet in aller Regel Reibungsverluste, die durch das Nebeneinander oder Nacheinander ähnlich gelagerter Verfahren entstehen. Dieser Vorteil gerät jedoch dann zum Nachteil, wenn der Verfahrensstoff das umfassend zuständige Gericht überfordert, insbesondere durch Bezüge zu Auslandssachverhalten oder zum ausländischen Recht; eine schleunige Bearbeitung kann dann nicht mehr gewährleistet werden. Dieser Fall tritt bei der europäischen grenzüberschreitenden Urkundenvollstreckung naturgemäß gehäuft auf.

Die Beschleunigung leidet insbesondere dann, wenn aus Gründen der Konzentration dem Richter die Anwendung ausländischen Rechts oder, noch aufwendiger, die Beweiserhebung über ausländische Sachverhalte obliegen soll. Man denke beispielsweise an den Fall, daß ein spanischer Richter über Einzelheiten deutschen Vollstreckungsrechts zu befinden hat und es darauf ankommt, ob nun die Vollstreckungsunterwerfung nach materiellem oder nach Verfahrensrecht zu beurteilen ist - bedeutsam etwa für das Vorbringen, die Unterwerfung sei angefochten und die Urkunde daher nicht vollstreckbar.

Zwischen den beiden Maximen der Übereinkommen können in der praktischen Anwendung also Widersprüche auftreten, wobei weder die Beschleunigung noch die Konzentration den Vorrang beanspruchen kann. Da sich also beide Prinzipien im Zweifel in Schach halten, sprechen sie nicht dagegen, dem Schuldner bei der Urkundenvollstreckung verstärkten Schutz durch das prozessuale Mittel alternativer Gerichtsstände gewähren.

Was die Gefahr miteinander unvereinbarer Entscheidungen betrifft, so kommt dieser Exequaturversagungsgrund bei Urkunden zunächst nicht zum Zuge. Mit einem eventuellen materiellen Rechtsbehelf wird aber zum streitigen Verfahren mit abschließender Entscheidung[128] übergegangen. Ob die Art. 21, 22 und 27 Nr. 3 auf diese Konstellation anwendbar sind, ist - soweit ersichtlich - nicht erörtert worden. M. E. ist aber auch bei Entscheidungen über die Vollstreckungsberechtigung für widerspruchsfreie Entscheidungen Sorge zu tragen, so daß die genannten Vorschriften ihre jeweilige Sperrwirkung entfalten. Das bedeutet, daß der Schuldner zwar in verschiedenen Staaten Gegenklage erheben kann, der erste eingelegte materielle Behelf weitere Abwehrmöglichkeiten jedoch ausschließt.

---

[127] *Notter*, ZBGR 1993, 87, nennt den Zeitraum von sieben Monaten bis zur Rechtsöffnung, *Stojan*, S. 203, Fn. 77, zitiert eine Stellungnahme aus der Schweizer Rechtspflege mit fünf Monaten und mit zwei Jahren (S. 208, Fn. 109).

[128] Unabhängig von der Frage, ob die Entscheidung über den materiellen Behelf hinsichtlich des zu vollstreckenden Anspruchs in Rechtskraft erwächst wie z. B. in Österreich und in einigen Fällen in Spanien.

Hinsichtlich der internationalen Zuständigkeit für materielle Verteidigungsmittel gegen die Urkundenvollstreckung kann nunmehr als Ergebnis festgehalten werden, daß der Vollstreckungsschuldner zusätzlich zu den nach Art. 2 ff. berufenen Staaten als verfahrensmäßig schwächere Partei auch im Vollstreckungsstaat gegen die Exekution vorgehen kann. Diese Ansicht harmoniert mit anderen Vorgaben der Übereinkommen, nämlich dem Verbot der *révision au fond*, der Aussetzung des Exequaturverfahrens wegen laufender erststaatlicher Rechtsbehelfe nach Art. 38 und den Maximen der Beschleunigung und der Konzentration.

D. Integration des Behelfs in das Exequatur oder getrennte Verfahren?

Lebhaft umstritten sind die Fragen, ob der Schuldner die Möglichkeit erhalten soll, seine Einwendungen bereits im Exequaturverfahren geltend zu machen, und ob er hierzu bei Androhung der Präklusion sogar gezwungen ist. Beispiel für eine solche Konstellation ist der der Entscheidung *Hoffmann/Krieg* des *EuGH*[129] von 1988 zugrundeliegende Fall zur Vollstreckbarerklärung eines Urteils:

Eine von ihrem Mann getrennt lebende deutsche Ehefrau erhielt durch Beschluß des *Amtsgerichts Heidelberg* einen monatlichen Unterhaltsanspruch gegen ihren mittlerweile in den Niederlanden lebenden Ehemann zugesprochen. Dieser ließ später seine Ehe in den Niederlanden scheiden. Die Anerkennung dieser Scheidung war in Deutschland noch nicht erfolgt, als die Ehefrau für den Unterhaltsbeschluß die Vollstreckbarerklärung in den Niederlanden erwirkte. Hiergegen setzte sich der Mann nicht vor Ort zur Wehr, sondern beantragte vielmehr beim deutschen Prozeßgericht, die Vollstreckung des Getrenntlebendenunterhalts wegen der Scheidung für unzulässig zu erklären. Die Ehefrau ihrerseits schritt in den Niederlanden zur Lohnpfändung; das dagegen vom Mann eingelegte Rechtsmittel veranlaßte den *Hoge Raad der Nederlanden* zur Vorlage an den *EuGH*, unter anderem mit der Frage, ob der Schuldner mit einem Vollstreckungshindernis - hier der Unvereinbarkeit zweier Entscheidungen i.S.v. Art. 34 Abs. 2, 27 Nr. 3 - präkludiert sei, das er nicht im Rechtsbehelfsverfahren nach Art. 36 vorgebracht habe.

Der *Gerichtshof* bejahte die Präklusion, soweit es um ein Vollstreckungshindernis gehe, das im Rahmen des Exequaturrechtsbehelfs hätte vorgebracht werden können; andernfalls würden die von den Übereinkommen gesetzten Rechtsbehelfsfristen ausgehöhlt[130].

Was den inhaltlichen Umfang des Rechtsbehelfsverfahrens gegen die Vollstreckbarerklärung betrifft, so sind zwei extreme Positionen vorzufinden: Das

---

[129] Slg. 1988, 645 ff.
[130] Slg. 1988, 670 Rn. 30.

deutsche AVAG gestattet dem Schuldner in § 13, materielle Einwendungen gegen den beurkundeten Anspruch im Verfahren der Zulassung zur Vollstreckung vorzubringen. Nach § 15 AVAG ist der Schuldner hierzu sogar gehalten, will er nicht Gefahr laufen, in den folgenden Verfahrensabschnitten mit seinem Verteidigungsmittel präkludiert zu werden[131, 132]. Mit dieser Regelung hat der deutsche Gesetzgeber an die traditionelle Rechtsprechung zur Ausgestaltung des Exequaturverfahrens nach der ZPO[133] angeknüpft. Dagegen hält man es in den meisten übrigen Staaten in der Rechtsprechung und der wohl überwiegenden Literatur für richtig, materielle Erwägungen aus dem Verfahren nach Art. 31 ff. herauszuhalten und lediglich die in Art. 50 und 46 f. aufgeführten Tatbestandsmerkmale und Versagungsgründe zu prüfen. Im *Nachschlagewerk der Rechtsprechung zum Gemeinschaftsrecht*[134] kontrastieren deshalb die Entscheidung eines niederländischen Gerichts zu Art. 50 [135] und der italienischen *Corte di cassazione* zu Art. 36 [136] in diesem Punkt auffällig mit der Judikatur des *BGH*, der die Regeln des AVAG anwendet.

Ob einer Richtung der Vorzug zu geben ist und ob diese dann möglicherweise nuanciert werden muß, soll im folgenden untersucht werden. Dabei müssen (I.) die Funktion des Exequaturs[137] in Abgrenzung zur Gegenklage ins Gedächtnis gerufen werden, (II.) die den Übereinkommen zugrundeliegende Konzeption vom Exequaturverfahren festgestellt und schließlich (III.) die daraus folgenden Anforderungen an die konkrete autonomrechtliche Ausgestaltung aufgezeigt werden.

Vorweg ist zum ganzen anzumerken, daß der inhaltliche Umfang des Rechtsbehelfsverfahrens gemäß den Übereinkommen natürlich auch für ge-

---

[131] Das „kann“ in § 13 AVAG ist also irreführend und ist als „muß“ zu lesen; vgl. Stein/Jonas-*Münzberg* Anh. § 723 A III 2, Fn. 40.

[132] Eine § 13 AVAG entsprechende Regelung findet sich, soweit ersichtlich, nur in Art. 5 der EinfVO des Kantons Bern zum LugÜ. *Kellerhals*, ZBJV 1992, 84, hält diese Regelung aus prozeßökonomischen Erwägungen für zweckmäßig. - Dagegen gibt es in Bern keine Präklusionsvorschrift nach Art des § 15 AVAG.

[133] s. oben § 4 F. IV.

[134] Serie D.

[135] *Arrondissementsrechtbank Roermond* vom 18.12.1986, Nachschlagewerk, Serie D, I-50-B4; hier wurden bestimmte materielle Einwendungen (z. B.: es bestehe keine Gütergemeinschaft) vor der Exequierung nicht gehört mit der Begründung, sie stellten keinen Versagungsgrund nach Art. 50 dar. Auch die Möglichkeit eines späteren Vollstreckungsstreites hindere die Vollstreckbarerklärung nicht.

[136] *Corte di cassazione* vom 11.4.1983, Nachschlagewerk, Serie D, I-36-B4; die *Corte* verwies den Schuldner mit dem Einwand, die der Vollstreckung zugrundeliegende Forderung sei mittlerweile abgetreten, auf die Vollstreckungsrechtsbehelfe des C.p.c., die *nach* der Exequierung offenstehen.

[137] s. schon oben § 2 A. I.

richtliche Entscheidungen problematisch und dementsprechend umstritten[138] ist. Die Situation bei der Urkundenvollstreckung weist jedoch zwei Besonderheiten auf, die das Problem in einem deutlicheren Licht erscheinen lassen: auf Seiten des Schuldners die Verengung der Rechtsschutzmöglichkeiten auf die Gegenklage oder einen äquivalenten Behelf, da die gegen Urteile gegebenen Rechtsmittel nicht offenstehen. Die Gegenklage stellt damit die erste und einzige Möglichkeit der Vollstreckungsabwehr aus materiellen Gründen dar. Der Gläubiger seinerseits hat mit der Urkunde ein schlagkräftiges Vollstreckungsinstrument in der Hand, dem seine Schneidigkeit - und damit seine Attraktivität für den Rechtsverkehr - nicht ohne Not genommen werden sollte. Diese Konstellation erfordert eine spezifische Betrachtung des Urkundenexequaturs, so daß die Ergebnisse der folgenden Untersuchung nur eingeschränkt auf die Vollstreckbarerklärung von Urteilen übertragbar sind. Umgekehrt besitzen dagegen einzelne Argumente aus dem Bereich der gerichtlichen Entscheidungen auch für die Urkunde Gültigkeit.

I. Abgrenzung der Funktionen des Exequaturs und der Gegenklage

Bereits in der Einleitung wurde der Zweck des Exequaturs dargelegt, der Urkunde auch im Zweitstaat Vollstreckungswirkung zu verleihen. Sie soll so einem zweitstaatlichen Titel angeglichen werden[139] und dann als Handlungsanweisung für die Vollstreckungsorgane des Zweitstaats dienen. Mit der Gegenklage wird sozusagen eine Stufe vorher angesetzt: sie soll die Berechtigung zur Vollstreckung klären. Daher scheint es im Exequaturverfahren keinen Raum für die Prüfung der verpflichtenden Wirkung der Urkunde (*negotium*) zu geben. Denn andernfalls stellte die Vollstreckungsanordnung zugleich die Feststellung der Gültigkeit des materiellen Vertrags[140] und damit der causa der Vollstreckung dar, was das Exequaturverfahren über Gebühr deformieren würde[141].

Eine Ausklammerung materieller Fragen aus diesem Verfahren scheint auch deshalb angebracht, weil in einem einheitlichen Verfahren die jeweils spezifischen exequatur- und kollisionsrechtlichen Methoden verwechselt werden könnten[142]. Besonders deutlich wird dies an den unterschiedlichen ordre public-

---

[138] Vgl. z. B. für die Integration ins Exequatur *Kropholler*, Art. 36 Rn. 16, dagegen etwa *Pirrung*, DGVZ 1973, 182, Fn. 36.

[139] *Holleaux*, Clunet 1974, 596; auf den Streit, ob das Exequatur *Erstreckung* oder *Angleichung* des ausländischen Titels bewirke, soll hier nicht eingegangen werden; vgl. die Andeutungen oben § 8 C. I. 2. a).

[140] *Gothot/Holleaux*, Rn. 410.

[141] So *Holleaux*, RCritDIP 1979, 110; *Jametti Greiner*, BN 1993, 55 spricht von einer völligen Denaturierung des Exequaturs. Wie allerdings das Ideal auszusehen hätte und warum die Verfälschung zu vermeiden ist, wird nicht erörtert.

[142] *Pamboukis*, Rn. 347 m. w. N.

Begriffen[143] und bei denjenigen Rechtsordnungen, die, wie etwa die österreichische und die schweizerische, das Exequatur im Verlauf desselben Verfahrens erteilen, das auch zur inländischen Vollstreckungserlaubnis führt.

Diese puristisch erscheinende strenge Trennung wird besonders nachdrücklich in Frankreich vertreten. Allerdings scheint sie Reaktion auf dortige Tendenzen zu sein, das Exequatur nicht zur Vollstreckung, sondern präventiv und außerhalb eines konkreten Konfliktfalles zu „allen nützlichen Zwecken" zu betreiben[144]; dies ist ein Relikt aus der Zeit, als der Begriff *exequatur* noch umfassend für Anerkennung und Vollstreckbarerklärung verwendet wurde. Die davon abweichende Praxis der Geltendmachung von materiellen Einwendungen im Exequaturverfahren erklärt man mit der sachlichen Zuständigkeit des *tribunal de grande instance* für beide Fragen[145].

Auch eine der wenigen vorliegenden französischen Entscheidungen zum Urkundenexequatur folgt implizit der puristischen Sichtweise, indem sie die materielle Gültigkeit der Verpflichtung und insbesondere die Frage des anwendbaren materiellen Rechts unerwähnt läßt[146]. *Pamboukis* sieht die theoretische Wahlmöglichkeit zwischen der Geltendmachung *im* Exequaturverfahren wie auch *daran anschließend*, entscheidet sich aber letztlich auch für die Trennung von Exequatur und materiellem Behelf[147].

Wegen der nationalen Besonderheiten mag man bezweifeln, daß die französische Theorie allgemeine Geltung beanspruchen kann. Doch auch in Deutschland wird sie vertreten[148]. In einer Exequaturentscheidung zum Unterhaltsrecht,

---

143 s. oben § 3 D., § 8 D. II.

144 Beispielsfall: *Cour de cassation* v. 3.1.1980 und Anm. *Audit*, D. 1981 Informations rapides, S. 161: Der Exequaturantrag eines verurteilten marokkanischen Gesamtschuldners gegen den anderen Gesamtschuldner wurde als begründet angesehen, obwohl der Antragsteller nicht vollstrecken wollte. *Holleaux* nennt dies in ihrer Anmerkung, RCritDIP 1980, 599, 600, eine *banalisation de l'exequatur.*

145 *Holleaux*, Clunet 1974, 597. Nach *Holleaux/Foyer/de Geouffre de La Pradelle*, Rn. 1028, kann das französische Exequaturgericht eine materielle Anspruchsprüfung *nach* der Exequierung des ausländischen Titels nicht mehr vornehmen; dementsprechende Anträge der Parteien seien nur hilfsweise für den Fall der Ablehnung des Exequaturs zulässig. Das Problem wird für die vollstreckbare Urkunden nicht erörtert; die Formulierung „Sachfragen, die mit der von der ausländischen *Entscheidung* behandelten im Zusammenhang stehen" (Rn. 1030) scheint gegen eine analoge Anwendung zu sprechen, der Sinn der integrierten materiellen Prüfung dafür. *Holleaux/Foyer/de Geouffre de La Pradelle* (Rn. 1029 f. m. N. der abweichenden Rspr. der Untergerichte) befürworten diese Verfahrenskonzentration aus praktischen Gründen.

146 *Cour d'appel de Paris* v. 22.2.1990, Clunet 1991, 163 mit Anm. *Huet*; allerdings läßt sich nicht ersehen, ob von Schuldnerseite materielle Einwendungen überhaupt vorgebracht worden waren.

147 *Pamboukis*, Rn. 464-467.

148 s. oben § 4 F. IV.

die auf dem deutsch-österreichischen Vollstreckungsvertrag und seinem Ausführungsgesetz beruhte[149], argumentierte beispielsweise der *BGH* - ganz im Sinn der genannten französischen Autoren -, der Unterhaltsanspruch sei nicht Gegenstand des Verfahrens über die Vollstreckbarerklärung des Titels. Und das *Kammergericht* betont hinsichtlich der Abänderungsklage nach § 323 ZPO, daß dieses Verfahren auf Rechtskraftdurchbrechung abziele und §§ 13, 15 AVAG nicht entsprechend anwendbar seien[150]. Als Beispiel aus der Literatur ist die Meinung *Linkes* zu nennen, wonach „die Abwehr (den förmlichen Titel) 'überschießender' Zwangsvollstreckung .. nicht Sache des Exequaturverfahrens, sondern ... eine Angelegenheit des Zwangsvollstreckungsverfahrens“ ist, das dann vollständig nach zweitstaatlichem Recht abläuft[151].

Im Ergebnis kann festgehalten werden, daß beide Regelungsmodelle in den Mitgliedsstaaten Anhänger finden, wobei in aller Regel auf autonomrechtlicher Basis und ohne Rücksicht auf eventuelle Vorgaben von GVÜ und LugÜ argumentiert wird. Es läßt sich jedoch eine Tendenz zur Trennung von Exequatur und Gegenklage feststellen.

II. Der Umfang der Exequaturprüfung nach den Übereinkommen

1. Vertragstext und Quellen

Schon bei der Untersuchung der internationalen Zuständigkeit für die Gegenklage wurde ausgeführt, daß vorrangige Ziele der Übereinkommen die Beschleunigung der Vollstreckbarerklärung und die Vermeidung mehrerer paralleler gleichgelagerter Verfahren sind[152].

In diesem Sinn weist der *Jenard*-Bericht zum GVÜ 1968 aus, daß zumindest bei Urteilen nach deren Erlaß eingetretene Einwendungen im Rechsbehelfsverfahren zulässig sein sollen; er stützt sich hierfür auf Äußerungen in der französischen und der deutschen Literatur zum jeweiligen autonomrechtlichen Exequaturverfahren[153]. Auf diesen „Freibrief“ hat sich der deutsche Gesetzgeber pauschal berufen, als er den § 13 AVAG entsprechenden § 14 AGGVÜ einführ-

---

[149] *BGH*, IPRax 1991, 111.

[150] *KG*, NJW 1991, 645. Rechtskraftdurchbrechung gibt es allerdings bei der vollstreckbaren Urkunde nicht. Obwohl unter diesem Gesichtspunkt also die Vollstrekkungsgegenklage ausreichend wäre, sieht § 323 Abs. 4 ZPO dennoch die Abänderungsklage vor. Aus dieser Unstimmigkeit lassen sich jedoch keine weiteren Schlüsse ziehen, da die 1919 eingefügte Vorschrift als systematisch verfehlt plaziert zu betrachten ist, vgl. Stein/Jonas[20]-*Leipold*, § 323 Rn. 49, und oben § 4 F. III. 2. c).

[151] *Linke*, RIW 1988, 825; überraschenderweise hat *Linke* dennoch nichts gegen § 13 AVAG einzuwenden.

[152] s. oben C. III. 3.

[153] ABl.EG 1979 C 59, 51.

te[154], ohne zu prüfen, ob die dort referierten traditionellen Ansichten auch auf die GVÜ-Umsetzungsgesetzgebung übertragbar sind.

Die Argumentationsgrundlage erweist sich bei näherer Betrachtung als dünn. *Jenard* zitiert die *Baumbach'*sche Kommentierung zu § 723 dt. ZPO und *Batiffol* zum französischen Recht[155]. Nicht erwähnt wird dabei, daß § 723 dt. ZPO ein kontradiktorisch zustande gekommenes Vollstreckbarkeits*urteil* regelt, das mit den gewöhnlichen Rechtsmitteln angreifbar ist, so daß dem Schuldner keine Tatsacheninstanz verlorengeht; im einseitigen Antragsverfahren nach dem GVÜ sieht dies anders aus. *Batiffol* vertritt ein umfassendes „Exequatur zu allen nützlichen Zwecken" mit Anerkennungsaspekten[156], in dessen Rahmen das Recht des Gläubigers natürlich vollumfänglich zu prüfen ist. Diese Konzeption kann jedoch in Frankreich zumindest im Anwendungsbereich des GVÜ als überwunden betrachtet werden. Daraus ergibt sich, daß der Bericht auf nicht vergleichbare Regelungen autonomen Rechts abstellt und folglich keine zureichende Begründung dafür abgibt, daß das GVÜ die Integration der Gegenklage in das Rechtsbehelfsverfahren zuläßt. Eine solche Ausgestaltung erfordert deshalb eine Rechtfertigung durch andere dogmatische oder praktische Argumente.

2. Stellungnahmen aus der Literatur

Die deutsche[157] und österreichische[158] Literatur spricht sich zumeist für materielle Behelfe im Exequaturverfahren aus, weil sie das Modell der §§ 13, 15 AVAG vor Augen hat; die Prüfung der Vereinbarkeit mit den Übereinkommen unterbleibt jedoch meist[159]. Aber auch in der französischsprachigen Literatur wird eine Kombination beider Verfahren vertreten: *Bellet* etwa ist der Ansicht, daß der Streit über die formelle oder materielle Unwirksamkeit der Urkunde sich „auf das Exequaturverfahren aufpflanzen" könne[160]. *Vlas* hält es von niederländischer Warte aus für unbillig, den Schuldner im Rechtsbehelfsverfahren auf die Verweigerungsgründe des Art. 50 zu beschränken; vielmehr müßten auch die Einwände zulässig sein, es liege keine öffentliche Urkunde vor, die Übereinkommen seien nicht anwendbar oder die Urkunde verkörpere ein un-

---

154 BT-Drs. VI/3426, 17.

155 *Batiffol* 1959, S. 863, Fn. 57.

156 Vgl. i. e. oben I.

157 Z. B. *Kropholler*, Art. 50 Rn. 12.

158 *Rechberger/Oberhammer/Bogensberger*, S. 61, unter Berufung auf *Kropholler* und das deutsche AVAG.

159 Ausnahmen sind *Wolfsteiner*, Rn. 82.4, demzufolge das GVÜ keine Grundlage für die Zuweisung der Gegenklage an das Inland bietet, und *Pirrung*, DGVZ 1973, 182, Fn. 36, der sich der Begründung zum AGGVÜ diesbezüglich nicht anschließen möchte.

160 *Bellet*, Rev. trim. dr. europ. 1975, 35.

wirksames Rechtsgeschäft[161]. Der Bericht der schweizerischen Expertengruppe schließlich sieht in der Zusammenfassung von Rechtsbehelfsverfahren und materiellem Prozeß „eine zweifellos unschöne und systematisch quer liegende, aber praktische Konstruktion“[162].

Droz[163] dagegen betrachtet zwar die schuldrechtliche Wirksamkeit der Urkunde als von Art. 50 GVÜ vorausgesetzt - dies ist Folge der romanischen Vorstellung von der Vollstreckbarkeit als Reflexwirkung des materiellen Geschäfts -, möchte jedoch diesbezügliche Einwendungen aus der Vollstreckbarerklärung heraushalten, weil sie als materielle Fragen nicht ins Exequatur gehörten und außerdem den allgemeinen Zuständigkeitsregeln des GVÜ unterfielen; während des Rechtsbehelfs im hiernach berufenen Staat sei das Exequaturverfahren gemäß Art. 38 auszusetzen[164]. Diese Auslegung unterstützt *Bülow* und bezeichnet Fragen der Wirksamkeit der Urkunde als „Fremdkörper“ im Exequaturverfahren[165]. *Gaudemet-Tallon* und mit ihr der Berichterstatter der *Union internationale du notariat latin* spricht dem Exequaturrichter lapidar die Kompetenz zur Überprüfung der materiellen Wirksamkeit ab[166] und läßt - für eine französische Kommentatorin überraschender - auch nicht den Einwand gelten, die Vollstreckungswirkung ergebe sich erst aus der schuldrechtlichen Wirksamkeit; sie möchte die Einwendungen gegen den Anspruch vollständig ins Vollstreckungsverfahren verweisen[167]. *Pamboukis* befürchtet eine Lähmung des Verfahrens, wenn es dem Schuldner gestattet wäre, materielle Beschwerden vorzubringen; nicht einmal die Möglichkeit einstweiliger Maßnahmen nach Art. 39 Abs. 2 läßt er genügen, um den Interessen des Gläubigers Rechnung zu tragen. Letztlich gibt für ihn aber das dogmatische Argument den Ausschlag, für zwei verschiedene rechtliche Vorgänge mit unterschiedlicher Methodik auch

---

[161] Doek-*Vlas*, Art. 50 GVÜ Anm. 5. Ob *Vlas* jedoch tatsächlich den Anspruch betreffende Einwendungen oder die Voraussetzungen der Vollstreckbarkeit i. S. v. Art. 50 meint, ist nicht ganz klar: Da in den Niederlanden keine gesonderte Unterwerfungserklärung notwendig ist, schlägt die Unwirksamkeit des beurkundeten Geschäfts auf die Vollstreckbarkeit durch; zur Unbeachtlichkeit der materiellen Gültigkeit des Rechtsgeschäfts in diesem Rahmen s. oben § 8 C. II. 2.

[162] Bericht der Expertengruppe, S. 26.

[163] *Droz*, Rn. 620-624.

[164] *Droz*, Rn. 621 f.; s. auch oben C. zur internationalen Zuständigkeit für die Gegenklage.

[165] *Bülow*, RabelsZ 1974, 275.

[166] *UINL* 1992, Rapports officiels Thème IV, S. 170.

[167] *Gaudemet-Tallon*, Rn. 419: Die Formulierung des Art. 50 sei abschließend und schließe jede Prüfung aus, die diese Vorschrift nicht selbst vorsehe. Zumindest für das Urteilsexequatur (nicht ausdrücklich für Urkunden) schränkt sie diese Ansicht jedoch ein (Rn. 397): da das Rechtsbehelfsverfahren kontradiktorisch ausgestaltet sei, könne in diesem Rahmen „gegebenenfalls über zusätzliche Anträge, konnexe Fragen usf.“ erkannt werden, wenn die *lex fori* die erstmalige Behandlung dieser Fragen in zweiter Instanz zulasse - wie etwa das dt. AVAG.

zwei getrennte Verfahren vorzusehen. Der Exequaturrichter sei daher unzuständig für materielle Einwendungen; ein bereits anhängiges Nichtigkeitsverfahren gegen die Urkunde soll aber ein Exequaturhindernis nach den Konnexitätsregeln darstellen[168].

Auch *Gothot/Holleaux* gehen davon aus, daß die Vollstreckbarkeit als Tatbestandsmerkmal des Art. 50 ein wirksames Rechtsgeschäft erfordert, versagen aber ebenfalls dem Exequaturrichter eine entsprechende materielle Prüfung und übernehmen für die Abwicklung den Vorschlag *Droz'*, das Exequaturverfahren während eines Verfahrens im Erststaat auszusetzen bzw. im zweiten und dritten Rechtszug dem Schuldner zu gestatten, sich auf ein inzwischen erwirktes erststaatliches Urteil zu stützen[169]. In der griechischen Literatur findet sich die beipflichtende Stellungnahme von *Kerameus*[170]. *O'Malley/Layton* führen eine abschließend gemeinte Liste von Gründen an, die im Rahmen des Behelfs gegen die Urteilsexequierung vorgebracht werden können und die sich sämtlich aus dem Übereinkommen ergeben[171]; beim Sonderfall der vollstreckbaren Urkunde schließen sie sich *Droz'* Lösung an[172]. Ein weiterer Vertreter dieser Gruppe, der Norweger *Rognlien* ist der Auffassung, daß Einwendungen hinsichtlich des zugrundeliegenden Rechtsverhältnisses im Exequaturverfahren nicht zu prüfen seien, wohl aber solche hinsichtlich der „Gültigkeit der Urkunde“[173].

Eine Mittelstellung nimmt der Däne *Svenné Schmidt*[174] ein. Er billigt dem Schulnder zunächst für das Rechtsbehelfsverfahren alle Einwendungen zu, die sich aus den Übereinkommen ergeben - fehlende Authentizität nach Art. 50 Abs. 2, Unanwendbarkeit der Übereinkommen. Daneben will er aber auch die Tilgungseinrede zulassen, wie dies der Ansicht der dänischen Lehre zum einzelstaatlichen Exequatur entspricht[175]. Materielle Einwendungen *gegen das Dokument* jedoch, wie etwa die fehlende Geschäftsfähigkeit oder das Fehlen einer Zustimmung oder Einwilligung, verweist er an den nach dem GVÜ zuständigen Staat.

---

168 *Pamboukis*, Rn. 467. Ähnlich äußert sich *Lemaire*, JCP éd. N 1990, 358 re. Sp., wenn er die Tätigkeit des Exequaturrichters nur als „Zwischenphase zwischen Entstehung des Rechts und seiner Vollstreckung“ betrachtet, in der für materielle Fragen kein Platz sei („*sans avoir à étudier la nature du droit dont il est fait état*“).

169 *Gothot/Holleaux*, Rn. 410; *Gothot/Holleaux*, Rn. 322, schränken diesen Grundsatz jedoch wie *Gaudemet-Tallon*, Rn. 397, für die Rechtsbehelfsphase ein, ihrerseits aber im Kontext mit dem Verbot der *révision au fond*; vgl. oben Fn. 167.

170 *Kerameus*, Art. 50 Rn. 2.

171 *O'Malley/Layton*, Rn. 10.27.

172 *O'Malley/Layton*, Rn. 30.13.

173 *Rognlien*, S. 269. Die Grenzziehung zwischen beiden Kategorien ist mir unklar. Mit Einwendungen gegen die „Gültigkeit“ scheinen solche gegen die „Vollstreckbarkeit“ gemeint zu sein.

174 Gomard/Møller-*Svenné Schmidt*, Art. 50 Anm 2.

175 Vgl. oben § 6 B. IV.

Schließlich wird auch in Deutschland gegen eine Verquickung von Exequaturrechtsbehelf und materiellem Erkenntnisverfahren argumentiert: *Wolfsteiner* begründet seine Kritik sowohl konventionsrechtlich, wenn er für die Integration der Vollstreckungsgegenklage die Grundlage im Übereinkommen vermißt, als auch autonomrechtlich mit dem Hinweis darauf, die materiellrechtliche Anreicherung des Beschwerdeverfahrens stelle eine Systemwidrigkeit dar[176].

3. Rechtsprechung des EuGH

Abgesehen von der Entscheidung *Deutsche Genossenschaftsbank/Basserie du pêcheur*[177], in der es um die Beteiligung Dritter am Exequaturverfahren ging, hat der *EuGH* nur im Fall *Hoffmann/Krieg* zum inhaltlichen Umfang des Exequaturs Stellung genommen. Das Urteil wird als Beispiel strenger Handhabung der Einwendungspräklusion angesehen[178]. Einschränkend ist jedoch zu bemerken, daß sich der *Gerichtshof* hier lediglich zu Einwendungen gegen Entscheidungen geäußert hat, die unter die Versagungsgründe des Art. 27 subsumierbar sind; denn nur diese Gründe dürfen im Vollstreckbarerklärungsverfahren vorgebracht werden[179] - dies spricht gegen § 13 AVAG.

Eine Präklusion materieller Einwendungen kann sich für das nachfolgende Verfahren nur insoweit ergeben, wie sie inhaltlich *deckungsgleich* mit denjenigen der Art. 27 f. sind[180] - dies spricht gegen § 15 AVAG[181]. Überträgt man nun diese Rechtsprechung auf das Verfahren der Vollstreckbarerklärung einer exekutorischen Urkunde, so kann der Schuldner gemäß Art. 50 ausschließlich das Fehlen eines Tatbestandsmerkmals und die Verletzung des ordre public[182]

---

176 *Wolfsteiner*, Rn. 82.23, insbesondere Fn. 19.

177 Slg. 1985, 1981 ff.

178 *Baur/Stürner*, Rn. 55.14, Fn. 35.

179 Slg. 1988, 669, Rn. 27; vgl. auch die Ausführungen von *GA Darmon*, Slg. 1988, 658 Rn. 27. Deswegen kann auch die Präklusion, die *Kropholler*, Art. 36 Rn. 3, unter Berufung auf die Entscheidung *Hoffmann/Krieg* vertritt, keine Einwendungen ergreifen, die nicht unter Art. 27 f. fallen. §§ 13, 15 AVAG gehen demgegenüber sehr viel weiter.

180 Praktische Anwendungsfälle sind nicht leicht zu finden: die prozessualen Versagungsgründe der Art. 27 f. dürften kaum je mit Einwendungen gegen die Berechtigung zur Vollstreckung zusammenfallen.

181 *Schack*, IPRax 1989, 141, hält die Präklusion nach § 15 AVAG für folgerichtig, da sie durch Art. 36 geboten sei und beruft sich hierfür auf die Entscheidung *Hoffmann/Krieg*. M. E. setzt er dabei jedoch die Wendung „hätte vorbringen *können*" in Leitsatz 4 der *EuGH*-Entscheidung zu Unrecht gleich mit der Formulierung in § 15 AVAG. Während es hier ausschließlich um die zeitliche Möglichkeit des Vorbringens geht - die Parallelität zu § 767 ZPO läßt m. E. keine andere Auslegung zu -, beinhaltet der Leitsatz des *Gerichtshofs* zusätzlich ein Element der *Statthaftigkeit* der Einwendung.

182 Unter diesem Aspekt wäre eine Präklusion vorstellbar, wenn der ordre public-Verstoß auf einem Mangel des Errichtungsverfahrens beruht, der auf die Wirksamkeit

rügen. Einwendungen gegen den Anspruch selbst dagegen wären in das Vollstreckungsverfahren im Zweitstaat verwiesen.

Diese Auslegung des Übereinkommens findet eine Stütze im Gedankengang der Entscheidung *Deutsche Genossenschaftsbank/Brasserie du pêcheur*[183]. Dort lehnte der *EuGH* die Möglichkeit einer Drittbeteiligung im Rechtsbehelfsverfahren gegen das Exequatur mit dem teleologischen Argument ab, daß ein solcher Behelf das Exequatur als „sehr summarisches Verfahren" verlängern und komplizieren würde; im abschließenden System der Art. 31 ff. sei eine Drittbeteiligung nicht vorgesehen[184]. Das Problem materieller Verteidigungsmittel im Rechtsbehelfsverfahren ist gleich gelagert: auch hier würde das summarisch konzipierte Verfahren mit Streitfragen angereichert, die die Übereinkommen nicht vorsehen.

III. Anforderungen an die autonomrechtliche Ausgestaltung unter dem GVÜ/LugÜ

1. Allgemeine Anforderungen

a) Trennung von Exequatur und autonomrechtlicher Vollstreckungsbewilligung

In denjenigen Staaten, die eine gerichtliche Gestattung der Vollstreckung kennen (Spanien, Schweiz im Fall des Rechtsvorschlags, Österreich), könnte man es für naheliegend halten, die Exequierung der ausländischen Urkunde in dieses Verfahren zu integrieren. Mit dieser Lösung ist jedoch die Gefahr verbunden, daß es dem Gericht dann eher unterlaufen kann, die verschiedenen internen und konventionsrechtlichen Bewilligungsvoraussetzungen zu vermischen. Insbesondere die Prüfung materieller Fragen, die in Spanien und der Schweiz bei der Verfahrenseinleitung eine ausgeprägte Rolle spielt, könnte auf diesem Weg in das Verfahren der Vollstreckbarerklärung gelangen. Dessen europaweite Einheitlichkeit und Zügigkeit ginge damit verloren.

---

des beurkundeten Anspruchs *durchschlägt*, etwa weil der Schuldner nachweislich über die inhaltliche Tragweite des Geschäftsabschlusses getäuscht wurde und den beurkundeten Vertrag später angefochten hat. Der Einwendungsausschluß ließe sich in dieser Konstellation damit rechtfertigen, daß das Exequaturgericht das schuldnerische Vorbringen von Amts wegen zu berücksichtigen hat, soweit eine Tangierung des ordre public möglich erscheint (vgl. oben § 8 D. I.).

[183] Slg. 1985, 1981.

[184] Slg. 1985, 1992, Rn. 17; interessant ist, daß laut *GA Lenz* (Slg. 1985, 1985 li.Sp.) die Bundesrepublik Deutschland im Verfahren genau diesen Standpunkt vertreten hatte, der m. E. gegen die Regelung des § 13 AVAG spricht.

Deshalb erscheint eine zumindest gedankliche Trennung beider Entscheidungen angebracht[185]. Noch weitergehende Klarheit würde durch eine räumliche Trennung von konventionsrechtlicher Vollstreckbarerklärung und autonomrechtlicher Zulassung zur Exekution in zwei gesonderten Entscheidungen geschaffen. Der Gläubiger kann nach der Vollstreckbarerklärung gemäß Art. 39 zur Sicherungsvollstreckung schreiten, der Schuldner sich im zweitstaatlichen Verfahren der materiellen Vorprüfung zur Wehr setzen. So wird gewährleistet, daß das Exequatur - und damit die Aufnahme der erststaatlichen Urkunde in die zweitstaatliche Rechtsordnung - ausschließlich nach Maßgabe der Übereinkommen erfolgt.

Eine dahingehende Differenzierung erörtert *Stojan* für das schweizerische Vollstreckungsverfahren: Auch wenn die Rechtsöffnung verweigert werden müsse - etwa wegen fehlender Fälligkeit -, könne doch das Exequatur erteilt werden[186]. Dies ist die konsequente Trennung von Exequatur und autonomrechtlichem Vollstreckungsverfahren, die auch bei Kombination von Rechtsöffnung und Exequatur, wie sie Art. 32 Abs. 1 LugÜ vorsieht, erforderlich und möglich ist.

Mit einer vorgängigen Vollstreckbarerklärung ist ein über die Wahrung der Einheitlichkeit hinausgehender Vorteil verbunden, der zwar keine Vorgabe der Übereinkommen erfüllt, die Durchschlagskraft bestimmter Titel im Zweitstaat und damit ihre europaweite Einsatzfähigkeit jedoch überhaupt erst herstellt. Wie gesehen, stößt die Handlungs- und Unterlassungsvollstreckung in einigen Ländern auf Schwierigkeiten, wenn der Gläubiger aufgrund einer vollstreckbaren Urkunde statt eines Urteils vorgeht, weil der einschlägige Sanktionsmechanismus auf gerichtliche Entscheidungen zugeschnitten ist. Eine solche strafbewehrte Entscheidung läge aber vor, wenn dem autonomrechtlichen Vollstreckungsverfahren des Zweitstaates eine Exequaturentscheidung als gerichtlicher Vollstreckungsbefehl vorgeschaltet würde.

So stünden in Spanien für die Handlungsvollstreckung die strafrechtlichen Durchsetzungsmittel zur Verfügung, die die Exekution von Urteilen zumindest ansatzweise ermöglichen[187]. Ähnlich würde sich die Situation in Frankreich und den Niederlanden darstellen: die für die Handlungsvollstreckung aus Urkunden nicht zur Verfügung stehende *astreinte* bzw. *dwangsom*[188] könnte in dem Augenblick verhängt werden, in dem eine gerichtliche Vollstreckbarerklärung

---

[185] s. schon die Begründung der *RG*, JW 1904, 41 zugrunde liegenden Berufungsentscheidung: „Die Einwendungen des Klägers seien nicht gegen das lediglich formale Vollstreckungsurteil ..., sondern gegen die durch das ausländische Urteil ... erfolgte materielle Entscheidung ... gerichtet." (S. 42 li. Sp.).

[186] *Stojan*, S. 209.

[187] s. oben § 6 C. II. 2. c) bb).

[188] s. oben § 4 A. II. 2. b) bb); § 4 B. II. 2.; § 4 E. II. 2. b) cc).

vorliegt, deren Respektierung durch Androhung eines Zwangsgeldes durchgesetzt werden könnte. In Dänemark schließlich könnte der Gläubiger auf die private Strafklage mit Haft und Geldstrafe zurückgreifen.

b) Vermeidung von Einschränkungen der Rechtsschutzmöglichkeiten des Schuldners bei der Ausgestaltung des Rechtsbehelfsverfahrens

Das Selbstverständnis der Europäischen Union als Rechtsstaat[189] verbietet es, daß der Schuldner allein wegen der Vollstreckung im Ausland in bezug auf seine Einwendungsmöglichkeiten schlechter gestellt wird als bei interner Exekution.

aa) Gefahr des Instanzverlustes

Entscheidungen über materielle Rechtsbehelfe sind in allen Vertragsstaaten im gerichtlichen Instanzenzug überprüfbar. Dies erscheint deshalb besonders wichtig, weil ja die grundsätzliche Berechtigung des Gläubigers zur Zwangsanwendung in Frage steht. Dem Schuldner stehen damit - je nach Ausgestaltung des autonomen Rechts - zwei Tatsacheninstanzen offen. Das wäre bei der Auslandsexekution unter GVÜ und LugÜ nicht der Fall, wenn Angriffe gegen die Vollstreckungsberechtigung bereits im Rechtsbehelfsverfahren gegen das Exequatur anzubringen wären, wodurch das Rechtsbehelfsgericht als erste und letzte Tatsacheninstanz fungieren würde. Denn Art. 37 Abs. 2 beschränkt den weiterführenden Behelf allein auf Rechtsfragen. Diese Rechtsschutzverengung erscheint bei der Urkundenvollstreckung deshalb besonders unangemessen, weil über anfängliche, bereits bei der Urkundenerrichtung vorliegende Einwendungen noch gar kein Erkenntnis stattgefunden hat. Die Integrationslösung schmälert also die einzige Abwehrmöglichkeit, die dem Schuldner eröffnet ist, auf nicht begründbare Weise.

bb) Gefahr des Gerichtsstandsverlustes

Würde man Verteidigungsmittel obligatorisch in das Rechtsbehelfsverfahren hineinziehen, so würden alle international möglichen Gegenklagegerichtsstände[190] bis auf den des Vollstreckungsstaates obsolet. So weit geht nicht einmal das deutsche AVAG: die Präklusion nach § 15 soll ausdrücklich nicht für

---

[189] Vgl. etwa Rapport de la Cour, S. 3.

[190] s. i. e. oben C.

Rechtsbehelfe gelten, die in anderen Mitgliedsstaaten eingelegt werden[191]. Ansonsten wäre der Schuldner, der während des Beschwerdeverfahrens einen Behelf im Ausland ergriffen hat, dazu gezwungen, einen Zweifrontenkrieg zu führen, nur um später die Vollstreckung in Deutschland hindern zu können. Will man also die verfahrensmäßig schwächere Position des Schuldners durch eine Wahlmöglichkeit bei den internationalen Gegenklagegerichtsständen ausgleichen[192], so darf man keine Behinderung dieses Rechts durch nationale Verfahrensnormen zulassen.

c) Flankierende Maßnahmen

Es wäre zu überlegen, auf einen alten Vorschlag *Obernecks*[193] zurückzukommen und Auflistungen über Form und möglichen Inhalt ausländischer vollstreckbarer Urkunden zu erstellen, anhand derer der angerufene Richter die Vollstreckbarerklärung zügig aussprechen könnte. Zumindest für eindeutige Fälle läge hierin sicherlich eine Erleichterung. Denn die Länderberichte haben deutlich gemacht, welche Vielfalt von urkundlichen Titeln im Konventionsgebiet zur Vollstreckung zugelassen wird. Eine abstrakte Bestimmung der von Art. 50 erfaßten Kategorien fällt damit trotz der vertragsautonomen Definition[194] noch schwerer als bei gerichtlichen Entscheidungen. Da eine solche Katalogisierung jedoch mit erheblichem Aufwand verbunden ist, schadet es nicht abzuwarten, wie sich die grenzüberschreitende Urkundenvollstreckung quantitativ entwickelt.

2. Kritische Würdigung der §§ 13, 15 AVAG

Die meisten Mitgliedsstaaten setzen die Übereinkommen ohne Ausführungsgesetz mittels ihres überkommenen und ggf. richterrechtlich modifizierten Prozeßrechts um. Während hier die Rechtsprechung flexibel auf Vorgaben des Konventionsrechts reagieren kann, muß sie in Deutschland das AVAG anwenden. Dieses soll nun daraufhin untersucht werden, ob es eine hinnehmbare gewachsene Besonderheit darstellt oder aber mit den Anforderungen der Übereinkommen unvereinbar ist, insoweit es Einwendungen überhaupt *zuläßt* (§ 13

---

[191] BT-Drs. 11/351, S. 23. Auch die Vorschrift des § 29 AVAG über die erleichterte Aufhebung des Exequaturs wegen Aufhebung des Titels im Ausland ist Beleg dafür, daß das AVAG von der Zulässigkeit paralleler Rechtsbehelfe ausgeht.

[192] s. i. e. oben C.

[193] *Oberneck*, S. 80 li. Sp.

[194] s. oben § 8 A. - C.

AVAG) und insoweit es sie *zwingend* ins Exequaturverfahren hereinnimmt (§ 15 AVAG)[195].

a) Argumente für die Regelung des AVAG

Die Begründung zum AVAG[196] geht zutreffend[197] davon aus, daß materielle Einwendungen nicht notwendig im Erststaat vorgebracht werden müssen. Auf dieser Grundlage lassen sich Gedanken der Prozeßökonomie (aa) und des Schuldnerschutzes (bb) realisieren.

aa) Prozeßökonomie durch Verfahrenskonzentration

§ 15 AVAG soll dem Grundsatz der Prozeßökonomie zum Durchbruch verhelfen[198]. Die Konzentration möglichst vieler Streitfragen, die im Zusammenhang mit dem Exequatur entstehen, in *einem* Verfahren macht die erneute Inanspruchnahme der Rechtspflege im anschließenden innerstaatlichen Vollstreckungsverfahren überflüssig. Deshalb erscheint es auf den ersten Blick sinnvoll, sämtliche Einwendungen bereits im Exequaturverfahren abzuhandeln[199].

bb) Schuldnerschutz

Hinter der Entscheidung des *Reichsgerichts*, materielle Einwendungen im Rahmen der Judikatsklage zuzulassen, steht anscheinend die Befürchtung, daß der Schuldner andernfalls gemäß § 767 ZPO an das Prozeßgericht des ersten Rechtszuges und damit ins Ausland zu verweisen sei. Daß dieses Argument für

---

[195] *Böhmer*, IPRax 1991, 92, betrachtet die Regelung des AVAG als „auf der Linie der Rechtsentwicklung" liegend, hin zu einer Exequaturbeschleunigung durch Entlastung von materiellrechtlichen Fragen. Diese Würdigung kann m. E. nur für die einseitige Verfahrensphase gelten, die jedoch keine Erfindung des deutschen Gesetzgebers darstellt, sondern durch Art. 34 verbindlich vorgegeben ist. Daß § 13 Abs. 1 AVAG materielle Einwendungen im Beschwerdeverfahren zuläßt, ist gerade kein Beispiel für ein „schlankes" Exequaturverfahren: dieses umfaßt nämlich ggf. beide Rechtsmittelinstanzen, und die Anreicherung mit materiellen Fragen erfolgt lediglich zeitlich verzögert - eine Möglichkeit, die auch jeder Schuldner wahrnehmen wird, der seine Einwendungen für begründet hält.

[196] BT-Drs. 11/351, S. 23.

[197] s. oben C. zur internationalen Zuständigkeit für den Rechtsbehelf.

[198] Bülow/Böckstiegel-*Müller*, Nr. 606, S. 252 zum inhaltsgleichen § 14 AGGVÜ.

[199] *Fahl*, S. 98, BT-Drs. 11/351, S. 22 f. - *Böhmer*, IPRax 1991, 92, spricht sich im Anwendungsbereich des deutsch-österreichischen Vertrages aus prozeßwirtschaftlichen Gründen gegen den Ansatz des *BGH* sogar für eine Widerklage auf Abänderung im Exequaturverfahren aus.

vollstreckbare Urkunden nicht trägt, wurde schon oben ausgeführt. Daneben fällt auf, daß das *RG* und im Anschluß daran der *BGH* nicht daran denken, dem Schuldner *autonomrechtliche* Behelfe *nach* Erteilung der Vollstreckungsklausel zur Verfügung zu stellen, die etwa an einem Ersatzgerichtsstand entsprechend § 797 Abs. 5 ZPO zu ergreifen wären.

Im Anwendungsbereich des Art. 50 ist der Besorgnis der deutschen Rechtsprechung dadurch Rechnung getragen, daß der Schuldner für seine Gegenklage oder den entsprechenden Behelf verschiedene internationale Gerichtsstände zur Auswahl erhält, darunter den des Vollstreckungsstaates, der in einer Vielzahl der Fälle sein Wohnsitzstaat sein wird.

Ein weiteres Rechtsschutzargument geht dahin, daß der Schulder womöglich im Vollstreckungsstaat kein geeignetes Verfahren autonomen Rechts vorfindet, um seine Einwendungen vorzubringen[200]. Eine solche Situation ist bislang nur in der Schweiz denkbar[201], wo es - noch - keine negative Feststellungsklage gegen die Vollstreckungsberechtigung aus einem definitiven Rechtsöffnungstitel gibt. Diese Lücke wird jedoch voraussichtlich mit der SchKG-Novelle 1997 geschlossen, so daß der Schuldner in jedem Fall die von Seiten des Zweitstaates erteilte formelle Vollstreckungsberechtigung in Frage stellen kann und damit die Freizügigkeit von Einwendungen auf prozeduraler Ebene gesamteuropäisch sichergestellt ist.

Schließlich fällt unter den Gesamtkomplex „Schuldnerschutz" auch die Erwägung, möglichst früh Abwehrmittel gegen unberechtigte Volllstreckungszugriffe bereitzustellen. Allerdings würde es hierfür genügen, dem Schuldner wie nach der bernischen Umsetzungsverordnung[202] die Gegenklage im Rechtsbehelfsverfahren zuzugestehen, ohne ihn zu einem solchen Vorgehen zu zwingen, wie dies § 15 AVAG faktisch tut.

b) Argumente gegen die Regelung des AVAG

Die Integrationslösung des AVAG ist Kritik von zwei Seiten ausgesetzt. Zum einen läßt sich aus dem deutschen Recht heraus argumentieren (aa) - bb)), zum anderen steht aber auch die Vereinbarkeit mit den Übereinkommen in Frage (cc) - dd)).

---

[200] *I. Meier*, S. 195/196; *Lobsiger*, BN 1995, 21, Fn. 76.

[201] Und wird wohl deshalb hauptsächlich von Schweizer Autoren erörtert, vgl. Fn. 200.

[202] s. oben Fn. 132.

aa) Systemwidrigkeit materieller Fragen im Beschwerdeverfahren

Rein begrifflicht mutet zunächst *Wolfsteiners* Argumentation an, wonach materielle Fragen nicht ins formale Exequaturverfahren gehörten. Dahinter steht jedoch die Befürchtung, daß dieses systemwidrige gesetzgeberische Experiment der §§ 13, 15 AVAG zur Falle für Schuldner und Anwälte werden kann[203]. Auch andere Autoren heben den unangenehmen Überraschungseffekt hervor: Die dem Schuldner scheinbar günstige Regelung gerät ihm laut *Pirrung* zum Nachteil[204]. Noch deutlicher nennt *Stürner*[205] die Lösung zwar gut gemeint, aber u. U. tückisch.

M. E. stellt sich der von *Wolfsteiner* behauptete Traditionsbruch nicht gar so kraß dar; in Deutschland kann die Integrationslösung in der Rechtsprechung zu §§ 722 f. ZPO und in der Gesetzgebung zur Ausführung zweiseitiger Vollstrekkungsverträge bereits als etabliert betrachtet werden[206]. Die Gewöhnung an neue Anwendungsfälle ist damit nur eine Frage der Zeit. Man sollte hier die Lernfähigkeit der an der Rechtspflege Beteiligten nicht unterschätzen. Dennoch halte ich die Bedenken *Wolfsteiners* für gewichtig, soweit sie sich auf die innere Schlüssigkeit des Rechtsbehelfssystems beziehen.

Zur Verteidigung der Integrationslösung wird argumentiert, daß über materielle Einwendungen, die im Exequaturverfahren vorgebracht werden, mit der Vollstreckbarerklärung überhaupt nicht abschließend entschieden werde. Streitgegenstand im Exequaturrechtsbehelfsverfahren sei nicht das Bestehen des Anspruchs, sondern dessen Vollstreckbarkeit[207], so daß dem Schuldner außerhalb des Rechtsbehelfsverfahrens gemäß AVAG Verteidigungsmittel etwa im Herkunftsstaat zur Verfügung stünden. Dem kann man zwar vom Standpunkt des deutschen Prozeßrechts aus schwerlich widersprechen. Dennoch wirkt diese Sichtweise recht formalistisch und entkräftet nicht *Wolfsteiners* Kritik an einer unübersichtlichen innovativen Sonderregelung, die aus dem allgemeinen System der Rechtsbehelfe herausfällt.

---

203 *Wolfsteiner*, Rn. 82.23, Fn. 19.

204 *Pirrung*, DGVZ 1973, 182; *Kropholler*, Art. 36 Rn. 18, sieht darin eine „gewisse Härte“ für den Schuldner.

205 *Baur/Stürner*, Rn. 55.14.

206 Beispiele: deutsch-niederländischer, deutsch-griechischer und deutsch-österreichischer Vertrag; diese Gestaltung stellt laut *Stürner* (*Baur/Stürner*, Rn. 56.21) das einzige einheitliche Element der Ausführungsgesetzgebung zu den Vollstreckungsverträgen Deutschlands dar.

207 Bülow/Böckstiegel-*Schlafen*, Art. 50 GVÜ Anm. 4 b) im Zusammenhang mit der internationalen Zuständigkeit für die Entscheidung über materielle Einwendungen; Stein/Jonas-*Münzberg*, Anh. § 723 A III 2. Fn. 41, nach dessen Ansicht die den §§ 13, 15 AVAG entsprechenden AGGVÜ-Vorschriften einen materiellen Rechtsbehelf im Herkunftsstaat nicht sperren.

Außerdem reicht die Bemängelung der Verortung der Integrationslösung über die Sorge um Konsistenz des Rechtsbehelfssystems hinaus: Verfahrensgarantien des Schuldners stehen auf dem Spiel. Schon die Motive zur CPO gehen davon aus, daß „Einwendungen, welche den durch das Urteil festgestellten Anspruch selbst betreffen, ... von materieller Bedeutung (sind) und ... sich nicht im Beschwerdeverfahren, sondern nur in dem ordentlichen Prozeßverfahren erledigen (lassen)"[208]. Für vollstreckbare Urkunden gilt dies wegen der erstmaligen inhaltlichen Überprüfung im Rahmen der Gegenklage in verstärktem Maße. Während bei inländischer Urkundenvollstreckung die Vollstreckungsgegenklage zwingend kontradiktorisch abläuft (§§ 797 Abs. 5, 253 Abs. 1, 274 Abs. 1 ZPO), stellt sich das GVÜ/LugÜ-Verfahren in seiner Ausgestaltung durch das AVAG so dar, daß nicht einmal bei Einbeziehung materieller Fragen ins Rechtsbehelfsverfahren eine mündliche Verhandlung zwingend vorgeschrieben ist[209], sondern die Entscheidung hierüber gemäß § 14 Abs. 1 AVAG im *Ermessen* des Gerichts liegt.

Dieser Kritikpunkt läßt sich nur dadurch entkräften, daß man das gerichtliche Ermessen zur Anordnung der mündlichen Verhandlung in Fällen materieller Einwendungen wegen deren Bedeutung auf Null schrumpfen läßt.

bb) Instanzverlust für den Schuldner

Doch selbst bei zwingender mündlicher Verhandlung über die Einwendungen gegen den Anspruch verliert der Vollstreckungsschuldner in Deutschland durch §§ 13, 15 AVAG eine Tatsacheninstanz für seine Verteidigungsmittel[210]. Denn der weiterführende Rechtsbehelf - die Rechtsbeschwerde zum *BGH* - erstreckt sich nach Art. 37 Abs. 2 lediglich auf Rechtsfragen. Könnte der Schuldner dagegen nach der Vollstreckbarerklärung die Gegenklage nach § 767 ZPO ergreifen, so wäre die hierauf ergehende Entscheidung mit der Berufung als zweiter Tatsacheninstanz angreifbar (§ 511 ZPO). Der geschilderte Instanzverlust ist bei der vollstreckbaren Urkunde noch weniger hinnehmbar als bei Urteilen, da bei diesen wenigstens anfängliche Einwendungen im Erkenntnisverfahren berücksichtigt werden konnten. Daß dem Schuldner das Vorbringen im Erststaat erspart wird[211], wiegt den Instanzverlust nicht auf und ist außerdem bereits dadurch sichergestellt, daß auch der Zweitstaat die internationale Zuständigkeit für die Gegenklage besitzt.

---

208 *Hahn/Mugdan*, Mat. S. 437.

209 *Wolfsteiner*, Rn. 82.23.

210 Kritisch bereits *Pirrung*, DGVZ 1973, 182.

211 BT-Drs. 11/351, S. 22.

Mit dem indirekten Zwang zur Gegenklage im Rechtsbehelfsverfahren nach § 15 AVAG bringt der Gesetzgeber im übrigen eine m. E. übertrieben fürsorgliche Haltung zum Ausdruck.

cc) Verlust des Vollstreckungsvorsprungs auf Seiten des Gläubigers?

Durch den Umstand, daß der Gläubiger vor der endgültigen Erlangung eines zweitstaatlichen Titels mit einem Erkenntnisverfahren über seinen zu vollstrekkenden Anspruch konfrontiert werden kann, verliert die exekutorische Urkunde beim Einsatz in Deutschland einiges an Schneidigkeit. Damit scheint der Vollstreckungsvorsprung verloren zu gehen, den der außergerichtliche Titel[212] dem Gläubiger eingebracht und der die vollstreckbare Beurkundung für den Rechtsverkehr so attraktiv gemacht hat; der Gläubiger wird beinahe so gestellt, als müsse er aus der erststaatlichen Urkunde klagen, wobei nur die Initiativlast für die Geltendmachung von Einwendungen beim Schuldner liegt.

Hiergegen ließe sich argumentieren, daß die Sicherungsmaßnahmen, zu denen der Gläubiger nach Erlaß der erstinstanzlichen Exequaturentscheidung gemäß Art. 39 greifen kann, zur Erhaltung des Vollstreckungsvorsprungs hinreichen. Ein Blick auf die konkrete Verfahrensgestaltung jedoch läßt diesen Einwand in anderem Licht erscheinen: Das Exequatur als summarisches Verfahren mit einem gewissen Routinecharakter kann nämlich in der Ausgestaltung durch das AVAG mittels einfacher Beschwerde in ein Erkenntnisverfahren übergeleitet werden. Die Beschwerde bedarf im Gegensatz zur Vollstreckungsgegenklage (§ 767 Abs. 1 i. V. m. § 253 Abs. 2 Nr. 2 ZPO) nicht einmal einer Begründung[213]. Auch wenn der Gläubiger also Sicherungsmaßnahmen ergreifen kann, ist ein böswilliger Schuldner durchaus in der Lage, den Fortgang der rechtmäßigen Vollstreckung zu behindern.

Letztlich erscheint mir dieser Punkt jedoch nicht ausschlaggebend für die Frage der Vereinbarkeit der §§ 13, 15 AVAG mit den Übereinkommen. Eine gewisse Behinderung des Vollstreckungsvorsprungs durch die deutsche Ausführungsgesetzgebung ist quasi notwendige Folge des in GVÜ und LugÜ vorgesehenen Rechtsbehelfsverfahrens; das Exequatur als verfahrensrechtliche Schnittstelle zur Schaffung eines zweitstaatlichen Titels muß in einer Prozeßrechtsgemeinschaft, die sich dem Rechtsstaatsprinzip verschrieben hat, im Instanzenzug überprüfbar sein. Damit sind, sobald der Schuldner einen Rechtsbehelf ergreift,

[212] Zwar können auch gegen den gerichtlichen Titel Einwendungen materieller Art vorgebracht werden. Er ist jedoch durch die Beschränkung auf nachträglich entstandene Einwendungen durch die Präklusionsgrenze des Entscheidungserlasses (§ 13 Abs. 1 AVAG) insofern überwiegend immunisiert.

[213] Baumbauch/Lauterbach-*Albers*, § 569 Rn. 6.

ganz allgemein und für gerichtliche wie außergerichtliche Titel Verzögerungen vorgezeichnet[214], die auch durch die Anreicherung des Verfahrens mit materiellen Einwendungen nicht mehr entscheidend verschlimmert werden. Zur Illustration seien die materiellen Fragen erwähnt, die über die Rüge von Verfahrensfehlern bei der Beurkundung oder bei der Erörterung der ordre public-Verträglichkeit in das Rechtsbehelfsverfahren Eingang finden und damit zu aufwendigen rechtlichen und tatsächlichen Prüfungen mit den sich daraus ergebenden Verfahrensverzögerungen führen können.

dd) Hinderung einer einheitlichen Anwendung der Übereinkommen

Die besondere Verfahrensgestaltung nach dem AVAG führt dazu, daß vollstreckbare Urkunden in verschiedenen Staaten im Lauf der verschiedenen Instanzen der Vollstreckbarerklärung unterschiedlich intensiv geprüft werden. Damit löst sich das gemeineuropäische Exequaturverfahren, wie es die Übereinkommen vorsehen, auf. Die Uneinheitlichkeit wird evident, wenn man die auf die Gründe des Art. 50 beschränkten Versagungsgründe in Frankreich und die volle Gegenklage in Deutschland gegenüberstellt. „Uneinheitlichkeit" in der einzelstaatlichen Verfahrensausgestaltung darf nun nicht mit unzulässiger „Ungleichbehandlung" verwechselt werden: jeder Staat führt sein spezifisches Verfahren der Realisierung von Titeln durch. Vorsicht ist jedoch geboten, wenn die prozedurale Eigenart in das konventionsrechtlich vorgegebene Verfahren eingepflanzt wird.

Laut dem Bericht *Jenard*[215] und der Rechtsprechung des *EuGH*[216] zielt das GVÜ auf ein *einheitliches* Exequaturverfahren ab, bei dem die eigentliche Zwangsanwendung - und damit auch Abwehrmöglichkeiten hiergegen - dem Recht der Mitgliedsstaaten überlassen bleiben. Das Exequatur als solches stellt sich dabei als „sehr summarisches Verfahren"[217] dar, wofür auch die ursprüngliche Fassung der Art. 31 und 50 spricht, derzufolge ausländische Titel „mit der Vollstreckungsklausel versehen werden". Daraus ergibt sich m. E. umgekehrt aber auch die Pflicht der Vertragsstaaten, alle Verfahrensabschnitte, die gewöhnlich mit der zwangsweisen Durchsetzung in Zusammenhang stehen - in Deutschland insbesondere die Vollstreckungsgegenklage -, aus dem konventionsrechtlichen Exequaturverfahren herauszuhalten.

---

214 *Baur/Stürner*, Rn. 55.22.

215 ABl.EG 1979 C 59, 164.

216 *EuGH Deutsche Genossenschaftsbank/Brassierie du Pêcheur*, Slg. 1985, 1992 Rn. 18.

217 *EuGH Brennero/Wendel*, Slg. 1984, 3982 Rn. 10, bekräftigt in *Deutsche Genossenschaftsbank/Brasserie du Pêcheur*, Slg. 1985, 1992 Rn. 16.

Man könnte sich nun auf den Standpunkt stellen, daß eine gewisse Uneinheitlichkeit tolerabel ist, solange nur das Interesse des Gläubigers an raschem Zugang zur Vollstreckung im Ausland nicht beeinträchtigt wird[218]. Bei der Urkundenvollstreckung nach dem AVAG geht es jedoch um mehr als konventionsrechtliche Einheitlichkeitsästhetik. Die Übereinkommen erheben die Uniformität des Exequaturs nicht zum Selbstzweck, sondern begrenzen durch die einheitliche Gestaltung die Anforderungen, von denen die Zwangsvollstreckung in einem anderen Vertragsstaat abhängig gemacht werden kann[219]. Das AVAG jedoch stellt mit der Prüfung des materiellrechtlichen Anspruchs *de facto* autonomrechtliche Exequaturvoraussetzungen auf, die über diejenigen des Art. 50 hinausgehen und damit das vereinfachte Verfahren unterlaufen. Diese Gestaltung erstaunt umso mehr, als die Begründung zu § 7 AVAG ausdrücklich nur die im Übereinkommen festgelegten Versagungsgründe geprüft wissen will[220].

Zusammenfassend läßt sich festhalten, daß Aspekte der verfahrensmäßigen Sicherung schuldnerischer Rechte und der einheitlichen Anwendung des vereinfachten Exequaturverfahrens gegen die Integrationslösung der §§ 13, 15 AVAG sprechen.

3. Einwendungen, die auf präsente Beweismittel gestützt werden

An eine Ausnahme von der Trennung von Exequatur und Gegenklage unter den Übereinkommen wäre hinsichtlich von Einwendungen zu denken, die auf präsente Beweismittel gestützt werden[221], da sie die Zügigkeit des Verfahrens nicht beeinträchtigen können. Hiergegen sprechen nicht die individualschützenden Argumente, die oben gegen §§ 13, 15 AVAG angeführt wurden. Denn das nicht bestehende Vollstreckungsrecht des Gläubigers wird gebremst, ohne daß dilatorische Manöver möglich wären, und der Schuldner verzichtet seinerseits auf die Verfahrensgarantien des ordentlichen Erkenntnisverfahrens im Rahmen einer späteren Vollstreckungsgegenklage und auf eine Tatsacheninstanz, um den Vollstreckungszugriff möglichst frühzeitig zu verhindern.

Eine *Präklusion* eines nicht vorgebrachten präsent beweisbaren Verteidigungsmittels darf es allerdings nicht geben. Hiergegen spricht die Unsicherheit, welches Vorbringen das Rechtsbeschwerdegericht *ex post* im einzelnen als sofort beweisbar betrachten würde. Dieselbe Unsicherheit entsteht aber bereits

---

[218] Vgl. dazu oben cc).

[219] *EuGH Brennero/Wendel*, Slg. 1984, 3982 Rn. 10.

[220] BT-Drs. 11/351, S. 21. Diese Einschränkung soll wohl nicht für das Rechtsbehelfsverfahren gelten; die Vollstreckbarerklärung erstreckt sich jedoch u. U. auf beide Rechtsmittelinstanzen, so daß der Instanzenzug als Gesamtheit zu sehen ist.

[221] Ähnlich ansatzweise *Fahl*, S. 30: „Ein Versagungsgrund muß eindeutig gegeben und bewiesen sein."

dann, wenn es darum geht, den Kreis derartiger Einwendungen abstrakt zu bestimmen. Zwar könnte man *de lege ferenda* an eine explizite Beweismittelbeschränkung wie im Urkundenprozeß nach der dt. ZPO denken, wo § 595 nur den Urkundsbeweis und die Parteivernehmung zuläßt. Selbst in diesem Fall zeichnen sich jedoch für das Rechtsbehelfsgericht praktische Beurteilungsschwierigkeiten etwa dadurch ab, daß ihm eine vorgelegte Quittung sprachlich nicht zugänglich ist. Das Gericht kann solche Situationen nur bewältigen, wenn ihm ein weiter Ermessensspielraum hinsichtlich der Zulassung eines präsenten Beweismittels zugestanden wird. Daß dies die Rechtssicherheit nicht fördert, liegt auf der Hand, und es fragt sich folglich, ob der Vorteil eines frühen Vorbringens in wenigen Fällen den Nachteil der Unübersichtlichkeit des Verfahrens für beide Parteien aufwiegt. Ich möchte dies verneinen.

4. Ergebnis

Das konventionsrechtliche Exequaturverfahren ist von internen Verfahren der Zulassung zur Zwangsvollstreckung wegen der unterschiedlichen Zielsetzungen getrennt durchzuführen und mit einer gesonderten Entscheidung abzuschließen; insbesondere Fragen des Bestehens des zu vollstreckenden Anspruchs haben im Verfahren der Vollstreckbarerklärung in allen drei Instanzen keinen Raum. Die Rechtsschutzmöglichkeiten des Schuldners dürfen durch die bloße Tatsache der grenzüberschreitenden Vollstreckung nicht geschmälert werden. Eine Kombination des Rechtsbehelfs gegen das Exequatur und des materiellen Vollstreckungsrechtsbehelfs birgt dagegen die Gefahr des Instanzverlustes und äußerstenfalls des Gerichtsstandsverlustes.

Die Integrationslösung der §§ 13, 15 AVAG, die das konventionsrechtliche Rechtsbehelfsverfahren gegen die Vollstreckbarerklärung mit der Vollstrekkungsgegenklage kombinieren, beschränkt den Schuldner ohne Not und über Gebühr in seinen verfahrensmäßigen Möglichkeiten, unberechtigte Vollstrekkung abzuwehren. Sie erweckt daher gemessen am autonomen deutschen Recht zumindest rechtspolitische Bedenken.

Auch am Maßstab der Übereinkommen muß diese unnötige Schlechterstellung gegenüber der rein internen Urkundenvollstreckung scheitern. Hier kommt hinzu, daß das AVAG das einheitliche europäische Exequaturverfahren faktisch mit Voraussetzungen anreichert, die in den Übereinkommen nicht vorgesehen sind, und insofern konventionswidrig ist. Die Zulassung von auf präsente Beweismittel gestützten Einwendungen im Rechtsbehelfsverfahren gegen die Exequaturentscheidung führt zu Rechtsunsicherheit und ist daher ebenfalls abzulehnen.

Zusammenfassung und Schluß

I. In den meisten europäischen Rechtsordnungen haben die Bürger die Möglichkeit, sich mit der vollstreckbaren Urkunde die Vorteile der privaten Titelschaffung zunutze zu machen. Das Auftreten dieses Instruments beschleunigter Rechtsdurchsetzung hängt geschichtlich gesehen eng mit der Existenz eines juristisch kompetenten Notariats in den jeweiligen Staaten zusammen. Grundlage für die Herausbildung der vollstreckbaren Urkunde ist ebenfalls, welchen Stellenwert die jeweilige Rechtsordnung der authentischen Beurkundung zumißt. Eine Ausnahme bildet der *Common Law*-Rechtskreis, Dänemark und Norwegen nehmen mit ihren zahlreichen privat vereinbarten Vollstreckungstiteln eine Sonderstellung ein.

Die nationalen Rechte spiegeln unterschiedliche Vorstellungen darüber wider, welche Anspruchsarten exekutorisch beurkundet werden können. Zwischen der Beschränkung auf Geldansprüche in Italien[1] und der fast vollständigen Freiheit der Parteien in Österreich[2] existieren zahlreiche Abstufungen. Insgesamt ist aber eine Tendenz zur Ausweitung der zulässigen Ansprüche erkennbar, zumindest in den Staaten, die die möglichen Urkundeninhalte explizit begrenzten oder noch begrenzen[3].

Auch in Ländern des Lateinischen Notariats, die auf eine lange Tradition der vollstreckbaren Urkunde zurückblicken können, geht die vollstreckungsrechtliche Gleichstellung der notariellen Urkunde mit der gerichtlichen Entscheidung nicht so weit, daß die Urkunde als Grundlage für Zwangsanwendung auf den Schuldner in Form von Haft oder Zwangsgeld sein könnte (Belgien, Frankreich, Niederlande). Ebenso können Räumungsansprüche hinsichtlich von Wohnraum häufig nicht Gegenstand einer vollstreckbaren Urkunde sein[4]. Diese sensiblen Bereiche bleiben der Parteiautonomie vorenthalten.

Alle Rechtsordnungen stimmen darin überein, daß die vollstreckbare Urkunde als außergerichtlicher Titel keinerlei Rechtskraft entfalten kann. Zur Entkräftung des vermuteten Rechts zur Vollstreckung stellen sie dem Schuldner vielfältige Abwehrmechanismen zur Verfügung. Dabei spiegelt sich der Respekt vor der authentischen Urkunde in den förmlichen Urkundenüberprüfungs-

---

[1] s. § 4 D. I. 3.

[2] s. § 4 F. I. 4.

[3] Z. B. Österreich, Deutschland.

[4] s. für Frankreich § 4 A. I. 4., für Deutschland § 4 F. I. 3., für Österreich § 4 G. I. 4.

verfahren[5], die man bei der Prozeßrechtskodifikation zur Beseitigung der Beweiskraft der Urkunde für notwendig hielt. Mittlerweile hat es sich jedoch erwiesen, daß sie im Vergleich zu den Behelfen gegen den zu vollstreckenden Anspruch praktisch irrelevant sind.

Diese materiell geprägten Rechtsbehelfe sind allen Vertragsstaaten ein Begriff. Unterschiedlich ist lediglich die Verortung im Zusammenhang mit dem Vollstreckungsverfahren. Teilweise gibt es ein eigenes Klagverfahren[6], teilweise wird der materielle Einwand auf Initiative des Schuldners als Inzidentstreit in der Zwangsvollstreckung abgehandelt[7], teilweise schließlich in den Ablauf des Exekutionsverfahrens integriert[8]. Rechtsschutzlücken bei außergerichtlichen Titeln werden mit der negativen Feststellungsklage geschlossen[9]. Diese Klageart ist allgemein anerkannt und wird häufig trotz ähnlicher spezieller Vollstrekkungsrechtsbehelfe zugelassen[10]. Sie bietet sich daher in der grenzüberschreitenden Exekution in Fällen nicht miteinander harmonierender Vollstreckungssysteme als Instrument zur inhaltlichen Überprüfung der Urkunde an.

II. Art. 50 GVÜ/LugÜ haben die europaweite Freizügigkeit der vollstreckbaren Urkunde herbeigeführt. Sie erfaßt auch Rechtsordnungen, die das Institut bislang nicht kannten[11]. Mancherorts wird damit eine Reformdiskussion angestoßen[12], die zu einer dritten Ausbreitungswelle der exekutorischen Urkunde nach der Rezeption des römischen Rechts und den Eroberungen Napoleons führen könnte. Im allgemeinen verbindet man Schwierigkeiten bei der Anwendung von Art. 50 mit Ländern, die kein dem lateinischen Typ entsprechendes Notariat besitzen. Der Fall Spaniens verdeutlicht dagegen, daß das Bestehen eines derartigen Beurkundungswesens keine reibungslose Anwendung des europäischen Urkundenexequaturs gewährleistet, sofern die betreffende Rechtsordnung außergerichtliche Titel kennt, die die übrigen als „exotisch" betrachten.

Auf der Grundlage der Vollstreckungssysteme der sechs ursprünglichen Vertragsstaaten des GVÜ ergeben sich folgende Voraussetzungen für eine Vollstreckbarerklärung nach Art. 50:

- Die Urkunde muß von einer Person öffentlichen Glaubens aufgenommen worden sein; dieser ergibt sich entweder aus notariellem Standesrecht und den

---

5 *Inscription de faux* in Frankreich (s. § 4 A. III. 6. a)), Urkundenfeststellungsklage in Deutschland (s. § 4 F. III. 1. c)).

6 Vollstreckungsgegenklage in Deutschland, *opposizione all'esecuzione* in Italien, Oppositionsklage in Österreich.

7 Belgien, Frankreich.

8 Spanien.

9 Z. B. in Österreich und Spanien.

10 So in Deutschland, Frankreich, Österreich und Spanien.

11 Etwa England, Norwegen und die Schweiz.

12 s. für die Schweiz § 7 A. I. 1., für Norwegen § 7 B. I.

staatlich gesetzten Rahmenbedingungen notarieller Tätigkeit oder aus dem Beamtenrecht und den daraus fließenden Amtspflichten der Beurkundungsperson[13].

- Die Titelschaffung muß sich als Attestierung eines übereinstimmenden Parteiwillens darstellen. Daraus folgt, daß die aufnehmende Stelle den *Inhalt* der Urkunde authentifizieren muß, und daß der Schuldner mit einem eigenen Willensakt an der Titelschaffung beteiligt sein muß. Ohne Zutun des Schuldners errichtete außergerichtliche Titel sind nicht als „aufgenommen" i. S. des Art. 50 zu betrachten.
- Die Vollstreckbarkeit der Urkunde muß abstrakt hinsichtlich der Titelart und des beurkundeten Anspruchs vorliegen, aber auch konkret hinsichtlich der Ordnungsgemäßheit des Errichtungsverfahrens. Dagegen ist das Bestehen des zu vollstreckenden Anspruchs keine Exequaturvoraussetzung.

Die Umschreibung der vollstreckbaren Urkunde i. S. v. Art. 50 löst sich damit insgesamt betrachtet nicht von den Vorgaben des lateinisch-germanischen Systems, führt aber durch deren Übertragung auf „außenstehende" Rechtsordnungen zu einer gewissen Verselbständigung der exekutorischen Beurkundung vom lateinischen Notariat. Ein frühes Beispiel dafür, daß diese Perspektive durchaus nützlich sein kann, ist die Einführung der gerichtlich beurkundeten vollstreckbaren Urkunde in Bayern *vor* Wiedererrichtung des Notariats Mitte des 19. Jahrhunderts[14].

Nach der Entkoppelung von vollstreckbarer Beurkundung und Notariat wäre *de conventione ferenda* eventuell an eine weitergehende Lockerung des Art. 50 hinsichtlich seiner Authentizitätsanforderungen zu denken, die etwa den privat vereinbarten Titeln der skandinavischen Rechtsfamilie Freizügigkeit bringen würde. M. E. sollte man jedoch nicht auf die förmlichen Garantien der öffentlichen Urkundenerrichtung verzichten; sofern ein Vertragsstaat die Stellung seiner außergerichtlichen Titel - auch und gerade in Hinblick auf ihre europaweite Einsatzfähigkeit - stärken möchte, kann er die Möglichkeit authentischer Beurkundung durch Behörden oder - als Entlastung für den Staatsapparat - durch freiberufliche Notare einführen.

III. Im erstinstanzlichen Verfahren der Vollstreckbarerklärung (Art. 31 ff.) kann das Gericht wegen des vorläufigen Ausschlusses des Schuldners (Art. 34 Abs. 1) und der damit verbundenen Beschränkung des Entscheidungsmaterials hinsichtlich der Tatbestandsvoraussetzungen des Art. 50 lediglich eine Evidenzprüfung vornehmen. Eventuelle Verstöße gegen den ordre public sind bereits in diesem Verfahrensabschnitt von Amts wegen zu berücksichtigen, um

---

13 s. etwa die beamteten Notare in Portugal und Baden-Württemberg.

14 Vgl. zur Gesetzesentwicklung i. e. *Vollhardt*, S. 17.

die Rechtsordnung des Zweitstaates von vollkommen unzumutbaren Titeln abzuschirmen.

Die internationale Zuständigkeit für materielle Rechtsbehelfe gegen die Urkundenvollstreckung bestimmt sich unter den Übereinkommen nicht nach Art. 16 Nr. 5. Vielmehr gelten die allgemeinen Gerichtsstände der Art. 2 - 15, die unter Berücksichtigung der tatsächlichen Verfahrensrollen der Beteiligten und in Anlehnung an die Schuldnerschutzgerichtsstände der Art. 7 ff., 13 ff. zur Wahl des Schuldners um den internationalen Gerichtsstand des Vollstreckungsstaates zu ergänzen sind. Auf diese Art wird die Freizügigkeit des Urkundstitels durch die Freizügigkeit der Einwendungen ausbalanciert und Waffengleichheit zwischen Gläubiger und Schuldner hergestellt. Eine Vervielfältigung der Rechtsschutzmöglichkeiten des Schuldners ist durch die Rechtshängigkeits- und Konnexitätsregeln ausgeschlossen. Für die Dauer eines Rechtsbehelfs außerhalb des Vollstreckungsstaates ist das Rechtsbehelfsverfahren gegen die Exequaturerteilung in entprechender Anwendung des Art. 38 Abs. 1 auszusetzen.

Das Rechtsbehelfsverfahren (Art. 36 ff.) darf nicht mit materiellrechtlichen Fragen angereichert werden. Ansonsten droht eine Einschränkung der Verteidigungsmöglichkeiten des Schuldners bei grenzüberschreitender Vollstreckung. Auch die einheitliche Anwendung der Übereinkommen ist durch ein Hereinziehen von Entscheidungen über die Vollstreckungsberechtigung in das summarisch angelegte Exequaturverfahren gefährdet. Da die §§ 13, 15 dt. AVAG mit ihrer Kombination von konventionsrechtlichem Rechtsbehelfsverfahren und Vollstreckungsgegenklage faktisch eine ungeschriebene Exequaturvoraussetzung einführen, sind sie als konventionswidrig zu betrachten.

IV. Die praktische Bedeutung des Urteils als Ergebnis hoheitlicher Streitentscheidung ergibt sich zwangsläufig aus der Notwendigkeit, bereits entstandene Konflikte beizulegen. Die tatsächliche Verbreitung der vollstreckbaren Urkunde dagegen hängt sowohl im nationalen wie im europäischen Rahmen von der Akzeptanz durch den Rechtsverkehr, von dessen privater Nachfrage, ab. Gleichwertige Entscheidungsgesichtspunkte bei der Wahl dieser rechtlichen Gestaltung sind die rasche und effektive Rechtsverfolgung und der angemessene Rechtsschutz des Schuldners. Beide Aspekte müssen auch beim grenzüberschreitenden Einsatz der vollstreckbaren Urkunde gewährleistet sein.

Résumé et conclusions

I. Dans la plupart des ordres juridiques européens, les citoyens ont la possibilité de profiter, par acte authentique exécutoire, des avantages d´un titre exécutoire négocié. Historiquement, l´apparition de cette institution est étroitement liée à l´existence d´un notariat juridiquement compétent dans les Etats respectifs[1]. Une autre base du développement de l´acte exécutoire est l´importance qu´attribue l´orde juridique à l´authentification publique. Les pays de *Common Law* constituent des exceptions[2], tandis que le Danemark et la Norvège connaissent de nombreux titres exécutoires purement privés[3].

Les droits nationaux reflètent des conceptions différentes sur la question de savoir quels peuvent être les obligations contenues dans un acte authentique exécutoire. Il existe de nombreuses nuances entre le droit italien qui restreint l´acte authentique aux seules obligations de payer[4] et le droit autrichien, selon lequel les parties sont prêsque entièrement libres en ce qui concerne le contenu de l´acte[5]. Au total pourtant, on peut constater une tendance vers l´élargissement des contenus licites[6].

Même dans des pays du notariat latin qui ont une longue tradition de l´acte exécutoire, l´assimilation de la force exécutoire de l´acte notarié à celle d´un jugement ne va pas aussi loin que de permettre que l´acte serve de base pour des moyens de pression directe sur le débiteur sous la forme de contrainte par corps ou d´astreinte[7]. De même, des obligations de libérer des locaux affectés à l'habitation ne peuvent pas faire l´objet d´un acte exécutoire. Ces domaines sensibles restent soustraits à l´autonomie des parties.

Tous les ordres juridiques s´accordent à dire que l´acte exécutoire en tant que titre extra-juridique ne peut jamais déployer d´effet de chose jugée[8]. Afin d´infirmer le droit présumé à l´exécution, le débiteur dispose de divers méchanismes de défense. Dans ce contexte, le respect envers l´acte authentique se manifeste dans les procédures formelles de vérification de l´authenticité de l´acte[9] que les codificateurs croyaient indispensables pour ébranler la force

---

1 § 1 E.
2 § 6 A.
3 §§ 6 B., 7 B.
4 § 4 D. I. 3.
5 § 4 G. I. 4.
6 Allemagne (§ 4 G. I. 1., 4.), Autriche (§ 4 F. I. 4.
7 France (§ 4 A. I. 4.), Belgique (§ 4 B. I. 3.), Pays-Bas (§ 4 D. I. 4.).
8 §§ 1 F., 5 C.

probante de l'acte. Entre temps pourtant, ces procédures se sont révélées beaucoup moins importantes que les moyens ayant pour objet l'obligation à exécuter. Ces moyens matériels sont connus de tous les pays parties aux Conventions de Bruxelles et de Lugano. Les différences se situent au niveau de la procédure: parfois, il existe une véritable action en opposition à l'exécution[10], parfois le juge d'exécution connaît sur initiative du débiteur, mais à titre incident[11], parfois enfin, le moyen est intégré dans le cours de la procédure d'exécution[12]. Au cas où il y aurait des lacunes dans la protection du débiteur, celles-ci sont comblées par l'action déclaratoire négative ayant pour objet la constatation que l'obligation n'existe plus. Cette action est généralement reconnue et peut souvent être exercée parallèlement aux moyens spéciaux[13]. C'est pourquoi elle se prête, dans le cadre de l'exécution trans-frontalière, pour contester l'obligation au cas où le système national de l'Etat requis ne disposerait pas d'un moyen matériel comparable à celui de l'Etat d'origine de l'acte.

II. Au delà des conventions bilatérales[14], l'article 50 des Conventions de Bruxelles et de Lugano a institué la libre circulation des actes exécutoires en Europe. Son application et son interprétation posent plusieurs problèmes[15]. On a tendance à craindre des difficultés dans les pays ne possédant pas un notariat de type latin. Mais l'exemple de l'Espagne souligne que la seule existence d'un tel systeme d'authentification ne garantit pas un exequatur européen sans problèmes, si seulement un Etat connaît des titres extra-juridiques que les autres regardent comme „exotiques“[16]. Partant de la tradition des systèmes des six Etats membres originaires[17, 18], les conditions de l'exequatur selon l'article 50 sont les suivantes[19]:

- L'acte doit être reçu par une personne habilitée à rédiger des actes authentiques; cette habilitation peut découler ou bien du droit professionnel des notaires et du cadre légal de l'activité notariale ou bien du droit de la fonction publique et des obligations de la personne authentifiante qui en résultent.

---

[9] P. ex. inscription de faux (France, § 4 A. III. 6. a)), action déclaratoire de faux (Allemagne, § 4 F. III. 1. c)).

[10] Italie (§ 4 D. III. 1.), Allemagne (§ 4 F. III. 2. a)), Autriche (§ 4 G. III. 4.).

[11] France (§ 4 A. III. 5.), Grèce (§ 4 C.), Danemark (§ 6 B. III.), Portugal (§ 6 D. III. 1.).

[12] Espagne (§ 6 C. III. 4. a)).

[13] France (action en nullité, § 4 A. III. 6. b)), Allemagne (§ 4 F. III. 2. b)), Autriche (§ 4 G. III. 6. b)), Espagne (§ 6 C. III. 4. b))

[14] § 2 B. II.

[15] § 3.

[16] § 6 C. I.

[17] France, Belgique, Luxembourg, Italie, Pays-Bas, Allemagne; mais font également partie du système "latino-germanique" la Grèce et l'Autriche.

[18] Pour l'explication de la méthode, voir § F.

[19] §§ 5, 8.

- La création du titre doit se présenter comme l'attestation de la volonté concordante des parties. Il s'en suit que la personne qui reçoit l'acte doit authentifier son *contenu*. Le débiteur doit participer à la création du titre par un acte propre de volonté. Les titres crées sans une telle participation du débiteur ne peuvent pas être regardés comme „reçus“ au sens de l'article 50.
- L'acte doit, dans l'Etat d'origine, être exécutoire au sens abstrait, c'est-à-dire en ce qui concerne le type de document donnant accès à l'exécution forcée, et l'obligation y contenue[20], mais également au sens concret, c'est à dire quant à la procédure correcte de formation de l'acte. L'existence de l'obligation à exécuter, par contre, n'est pas exigée pour que l'exequatur soit accordé[21].

La description de l'acte exécutoire au sens de l'article 50 ne s'éloigne alors pas des racines du système latino-germanique, tout en séparant quelque peu, en les insérant dans des ordres juridiques „externes“, l'authentification exécutoire du notariat latin. Cette perspective peut être tout à fait utile, comme le démontre la création, en Bavière, de l'acte exécutoire *avant* le rétablissement du notariat au milieu du XIXe siècle[22].

Après ce découplement de l'authentification exécutoire et du notariat, on pourrait penser, *de conventione ferenda*, à assouplir les exigeances d'authenticité de l'article 50 qui donnerait ainsi la libre circulation aux titres des pays scandinaves formés sans intervention d'une personne habilitée à rédiger des actes authentiques. A notre avis, on ne devrait pourtant pas renoncer aux garanties formelles de la création publique de l'acte; dans la mesure où un Etat membre entend renforcer la position de ses titres exécutoires extra-juridiques dans le cadre européen, il a la possiblité d'introduire l'authentification par des autorités publiques ou bien - afin de décharger celles-ci - par des notaires libres.

III. La première instance de l'exequatur européen (articles 31 et s. des Conventions) étant une procédure sur requête sans participation du débiteur (article 34 alinéa 1), le juge de l'exequatur ne dispose que des éléments contenus dans l'acte même, sans qu'il en ressorte si, par exemple, l'acte est effectivement exécutoire dans l'Etat d'origine[23]. Il doit, par conséquent, se borner à un examen d'évidence quant aux conditions d'applicabilité de l'article 50. L'ordre public doit déjà être pris en compte dans cette phase de la procédure, et ce d'office, afin de protéger l'Etat requis de titres complètement incompatibles. En deuxième instance (articles 36 et s.), le débiteur peut apporter ses contestations permettant une décision définitive[24].

---

[20] C'est pourquoi ni l'acte notarié suisse ni la reconnaissance de dette suisse ni les actes des notaires anglais ne constituent des actes exécutoires au sens de l'article 50.

[21] § 8 C. I. 2.

[22] § 4 F. I. 1.

[23] § 8 C.

Une fois l'acte déclaré exécutoire selon les Conventions, la compétence internationale pour les moyens matériels contre le droit à l'exécution des actes ne saurait être déterminée par l'article 16 n° 5 [25]. S'appliquent plutôt les articles 2 à 15 qui doivent être complétés, compte tenu des rôles effectifs des parties dans la procédure et en s'inspirant des compétences protectrices du débiteur (articles 7 et s. et 13 et s.), par la compétence de l'Etat requis, et ceci au choix du débiteur[26]. De cette manière, la libre circulation de l'acte exécutoire est équilibrée par la libre circulation des contestations, ce qui établit „l'égalité des armes" entre le créancier et le débiteur. La multiplication internationale des moyens du débiteur peut être évitée par les règles de litispendance et de connexité (articles 21 et 22). Pendant la procédure d'opposition au droit à l'exécution dans l'Etat qu'a choisi le débiteur, le juge de l'exéquatur de deuxième instance de l'Etat requis (article 37) peut surseoir à statuer par application analogue de l'article 38 alinéa 1 [27].

La procédure de deuxième instance (articles 36 et s.) ne doit pas être enrichie de questions matérielles touchant à l'obligation à exécuter[28]. Autrement, la défense du débiteur se verrait réduite dans le cadre de l'exécution trans-frontalière, car on lui soustrairait ainsi une instance de fait. L'application uniforme des Conventions serait également mise en jeu si l'on greffait une telle décision sur le droit à l'exécution régie par le droit national sur la procédure sommaire d'exequatur. Il s'en suit que les §§ 13, 15 de la loi allemande sur l'exécution des conventions relatives à la reconnaissance et l'exequatur (AVAG), en combinant la deuxième instance selon les Conventions avec l'action en opposition à l'exécution, posent de fait une condition non écrite à l'exequatur et sont, par conséquent, contraires aux Conventions[29].

IV. L'importance pratique du jugement en tant que décision de la puissance publique sur un conflit résulte inévitablement de la nécessité de trancher les litiges déjà engagés. L'existence effective de l'acte exécutoire, par contre, dépend, au niveau national comme au niveau européen, de l'acceptation par les citoyens, de leur demande privée. La réalisation rapide et effective du droit ainsi qu'une protection adéquate du débiteur constituent, devant le choix de cet arrangement juridique, des motifs de décision équivalents. Les deux aspects doivent également être garantis lors de l'emploi trans-frontalier de l'acte exécutoire.

---

24 § 9 B.
25 § 9 C. II. 1.
26 § 9 C.
27 § 9 C. III. 2.
28 § 9 D.
29 § 9 D. III. 2.

Literaturverzeichnis

Acocella, Domenico: Internationale Zuständigkeit sowie Anerkennung und Vollstrekkung ausländischer Entscheidungen in Zivilsachen im schweizerisch-italienischen Rechtsverkehr; Diss. St. Gallen, Zürich 1989

Acosta Estévez, José B.: Reconocimiento y ejecución de resoluciones judiciales en el ordenamiento positivo español y en el Convenio de Bruselas de 27 septiembre de 1968; Barcelona 1987

Alexandre, Danièle: Les pouvoirs du juge de l'exequatur; Diss. Paris 1970

de Almeida Cruz, Martinho/*Desantes Real,* Manuel/*Jenard,* Paul: Bericht zum Beitritt Spaniens und Portugals zum GVÜ; ABl.EG 1990 C 189, S. 35-56

Anton, A. E.: Civil Jurisdiction in Scotland; Edinburgh 1984

- Private International Law; Edinburgh 1990

Bärmann, Johannes: Die Freizügigkeit der notariellen Urkunde; AcP 159 (1960), S. 1-40

Basedow, Jürgen: Zwischen Amt und Wettbewerb - Perspektiven des Notariats in Europa; RabelsZ 55 (1991), S. 409-435

Batiffol, Henri: Traité élémentaire de droit international privé; 3. Auflage, Paris 1959

Batiffol, Henri/*Lagarde,* Paul: Droit international privé (Bd. 2); 7. Auflage, Paris 1983

Baugniet, Jean: L'exécution des actes authentiques dans les pays de la Communauté économique européenne; in: Miscellanea W. J. Ganshof van der Meersch, Bd. 2; Brüssel/Paris 1972, S. 711-715

Baumbach, Adolf/*Hefermehl,* Wolfgang: Wettbewerbsrecht; 18. Auflage, München 1995

Baumbach, Adolf/*Lauterbach,* Wolfgang/*Albers,* Jan/*Hartmann,* Peter: Zivilprozeßordnung; 54. Auflage, München 1996; zitiert als: Baumbach/Lauterbach-*Bearbeiter*

Baur, Fritz: Einige Bemerkungen zur „Vollstreckbaren Urkunde"; in: Festschrift Heinrich Demelius zum 80. Geburtstag, Wien 1973, S. 315-322

Baur, Fritz/*Stürner,* Rolf: Zwangsvollstreckungs-, Konkurs- und Vergleichsrecht, Bd. 1; 12. Auflage, Heidelberg 1995

Bellet, P.: L'élaboration d'une convention sur la reconnaissance des jugements dans le cadre du Marché Commun; Clunet 1965, S. 833-870

- Reconnaissance et exécution des décisions en vertu de la Convention du 27 septembre 1968; Rev. trim. dr. Europ. 1975, S. 32-43

Beraudo, Jean-Paul: Convention de Bruxelles du 27 septembre 1968; Jurisclasseur „Procédure civile", Fascicule 52-6 (1988 mit Anhang 1992)

Bernecker, Dietrich: Internationales Privat- und Prozeßrecht im Großherzogtum Luxemburg; RabelsZ 27 (1962/63), S. 263-346

Bindseil, Reinhart: Internationaler Urkundenverkehr; DNotZ 1992, S. 275-293

Blanc, Emmanuel: Les nouvelles procédures d'exécution; Paris 1991

Blumenwitz, Dieter: Zum Kollisionsrecht der notariellen Urkunde; DNotZ 1968, S. 712-750

Böhmer, Christof: Vollstreckbarerklärung ausländischer Unterhaltstitel, insbesondere österreichischer Titel; Anmerkung zu BGH v. 31.1.1990; IPRax 1991, S. 90-92

Borrás Rodríguez, Alegría: Competencia judicial y ejecución de sentencias en la Comunidad Económica Europea; in: *Consejo General del Poder Judicial* (Hrsg.): Iniciación al estudio del Derecho comunitario europeo; Madrid 1984, S. 129-153

Bülow, Arthur: Besprechung von *Droz, Georges A. L.*: Compétence judiciaire et effets des jugements dans le Marché Commun; RabelsZ 38 (1974), S. 262-276

Bülow, Arthur/*Böckstiegel,* Karl-Heinz: Der internationale Rechtsverkehr in Zivil- und Handelssachen; Loseblattsammlung, München, Stand 1.5.1993

Bunge, Jürgen: Zivilprozeß und Zwangsvollstreckung in England; Berlin 1995

Burghardt, Jürgen: Zwangsvollstreckungsorgane in europäischen Ländern im Vergleich zum deutschen Gerichtsvollzieher; Diss. Bochum, 1976

Calvo Caravaca, Alfonso-Luís (Hrsg.): Comentario al Convenio de Bruselas relativo a la competencia judicial y a la ejecución de resoluciones judiciales en materia civil y mercantil; Madrid 1994

Carpi, Federico/*Colesanti,* Vittorio/*Taruffo,* Michele: Commentario breve al Codice di Procedua Civile; Padua 1984

Catala, Nicole: Rapport sur le projet de loi (n° 888) portant réforme des procédures civiles d'exécution; Anhang zum Protokoll der Sitzung der Assemblée nationale vom 2.4.1990

Clark, Cumberland: A Study of the Merchant of Venice; London 1976, Faksimile der Ausgabe von 1927

Cleverlinga, R. P.: Mr. W. van Rossem's Verklaring van het nederlandse wetboek van burgerlijke rechtsvordering; 4. Auflage, Zwolle 1972

Colin, Thierry: Le notaire français et le notaire suisse face à l'Europe; Paris 1993

Collins, Lawrence: The Civil Jurisdiction and Judgments Act 1982; London 1983

85e Congrès des notaires de France: Tagungsbericht; Straßburg 1989

XXe Congrès de l'Union internationale du notariat latin: Rapports officiels, Thème IV; Perpignan 1992

Cornelius, Claus: Das dänische Notarwesen; DNotZ 1996, S. 352-360

Corsaro, Vincenzo/*Bozzi,* Silvio: Manuale dell'esecuzione forzata; 2. Auflage, Mailand 1992

Craig, W. J. (Hrsg.): The Complete Works of *William Shakespeare*; Nachdruck London 1990

Dageförde, Carsten: Aufrechnung und Internationale Zuständigkeit; RIW 1990, S. 873-879

Darmstadt, Otto: Das Seiende als Werdendes im Nichts; Berlin 1925

Dashwood, Alan/*Hacon,* Richard J./*White,* Robin C. A.: A Guide to the Civil Jurisdiction and Judgments Convention; Deventer 1987

Dengler, Andreas: Ein Relikt aus dem Mittelalter?; öst. NotZ 1967, S. 129-132

Doek, J. E./*Gerretsen,* J./*Ijsselmuiden,* Th. S./*Korthals Altes,* E./*Snijders,* H. J./*Vlas,* P./*Wedeven,* H. L. (Hrsg.): Burgerlijk Rechtsvordering; Loseblattkommentar, Deventer 1986 ff.; zitiert als: *Doek*-Bearbeiter

Donnier, Marc: Voies d'exécution et procédures de distribution; 3. Auflage, Paris 1993

Droz, Georges A. L.: Compétence judiciaire et effets des jugements dans le marché commun; Paris 1972

Duintjer Tebbens, H.: De toepassing van het gewijzigde EEG-executieverdrag op alimentatieprocedures; FJR 1989, S. 103-110

Encyclopédie Dalloz „Procédure"; Loseblattsammlung Paris

Espinar Vicente, José María: Derecho procesal civil internacional; Madrid 1993

Estrada de Miguel, Emilio Ramón: Competencia judicial internacional y reconocimiento y ejecución de decisiones judiciales extranjeras en la Comunidad Europea. Incidencia de su regimen en el Derecho español; in: Liber amicorum. Colección de estudios jurídicos en homenaje al Prof. Dr. D. José Pérez Montero, Bd. I; Oviedo 1988, S. 401-461

Europäisches Parlament: Ausschuß für Recht und Bürgerrechte/Marinho, Luis: Bericht über die Lage und Organisation des Notarstands in den zwölf Mitgliedstaaten der Gemeinschaft vom 9. Dezember 1993; Straßburg 1993

Expertengruppe für die Prüfung der Anpassungsbedürftigkeit der Revisionsvorlage SchKG an das Lugano-Übereinkommen vom 16.09.1988 über die gerichtliche Zuständigkeit und die Vollstreckung gerichtlicher Entscheidungen in Zivil- und Handelssachen: Bericht vom 10.7.1993; unveröffentlichtes Manuskript; zitiert als: Bericht der Expertengruppe

Evrigenis, Dimitrios I./*Kerameus,* Konstantinos D.: Bericht zum Beitritt Griechenlands zum GVÜ; ABl.EG 1986 C 298, S. 1-28

Fahl, Christoph: Die Stellung des Gläubigers und des Schuldners bei der Vollstreckung ausländischer Entscheidungen nach dem EuGVÜ; Diss. Freiburg i. Br., Baden-Baden 1993

Fasching, Hans W.: Lehrbuch des österreichischen Zivilprozeßrechts; 2. Auflage, Wien 1990

Feil, Erich: Exekutionsordnung; 2. Auflage, Eisenstadt 1989

Ferid, Murad/*Sonnenberger,* Hans Jürgen: Das französische Zivilrecht; Bd. II, 2. Auflage, Heidelberg 1986

Fernández López, Miguel Angel: Grundlinien der spanischen Zwangsvollstreckung; ZZP 92 (1979), S. 285-306

Ferraz de Brito, Wanda u.a.: Código de processo civil português; 8. Auflage, Coimbra 1992

Fischer, Hans Georg: Die Rechtsstellung des deutschen Notars im Recht der Europäischen Wirtschaftsgemeinschaft; DNotZ 1989, S. 467-501

Fletcher, Ian F.: Conflict of Laws and European Community Law; Amsterdam 1982

Fritzsche, Hans/*Walder-Bohner,* Hans Ulrich: Schuldbetreibung und Konkurs nach schweizerischem Recht, Bd. I; 3. Auflage, Zürich 1984, Nachdruck 1993

Gaudemet-Tallon, Hélène: Anmerkung zu Tribunal de grande instance de Paris v. 12.7.1972; RCritDIP 1973, S. 106-114

- Anmerkung zu EuGH v. 2.7.1985 *Brasserie du Pêcheur*; RCritDIP 1986, S. 345-348

- Les Conventions de Bruxelles et de Lugano; Paris 1993

Gaul, Hans Friedhelm: Das Rechtsbehelfssystem in der Zwangsvollstreckung - Möglichkeiten und Grenzen einer Vereinfachung; ZZP 1972, S. 251-310

Geimer, Reinhold: Zur Prüfung der Gerichtsbarkeit und der internationalen Zuständigkeit bei der Anerkennung ausländischer Urteile; Diss. München, Bielefeld 1966; zitiert als: Geimer Diss.

- Zur Nichtanerkennung ausländischer Urteile wegen nicht ordnungsgemäßen erststaatlichen Verfahrens; JZ 1969, S. 12-16

- Vollstreckbare Urkunden ausländischer Notare; DNotZ 1975, S. 461-484

- EuGVÜ und Aufrechnung: Keine Erweiterung der internationalen Entscheidungszuständigkeit - Aufrechnungsverbot bei Abweisung der Klage wegen internationaler Unzuständigkeit; Anmerkung zu EuGH v. 4.7.1985, Rs. 220/84; IPRax 1986, S. 208-216

- Internationales Zivilprozeßrecht; 2. Auflage, Köln 1993; zitiert als: Geimer IZPR

Geimer, Reinhold/*Schütze,* Rolf A.: Internationale Urteilsanerkennung; Bd. I, 1. Halbbd., München 1983

Gerichtshof der Europäischen Gemeinschaften: Rapport de la Cour de justice sur certains aspects de l'application du traité sur l'Union européenne; Bulletin Nr. 15/95, S. 3-13

Gomard, Bernhard/*Møller,* Jens (Hrsg.): Kommenteret Retsplejelov. EF-Domskonvention, Bd. II; 5. Auflage, Odense 1994; zitiert als: Gomard/Møller-*Bearbeiter*

Gómez de Liaño Gonzáles, Fernando: El Proceso Civil; 2. Auflage, Oviedo 1992

Gonzáles Campos, Julio D./*Recondo Porrua,* Rodrigo: Lecciones de Derecho procesal civil internacional; 2. Auflage, Bilbao 1981

Gothot, Pierre/*Holleaux,* Dominique: La Convention de Bruxelles du 27 septembre 1968; Paris 1985

Grunsky, Wolfgang: EWG-Übereinkommen über die gerichtliche Zuständigkeit und Vollstreckung gerichtlicher Entscheidungen in Zivil- und Handelssachen im deutsch-italienischen Rechtsverkehr; RIW/AWD 1977, S. 1-9

Hahn, Carl/*Mugdan,* Benno: Die gesamten Materialien zu den Reichs-Justizgesetzen; Bd. 2: Materialien zur Zivilprozeßordnung; Neudruck Aalen 1983

Hartley, T. C.: Civil Jurisdiction and Judgments; London 1984

Haug, Winfried: Anmerkung zu OLG Frankfurt/M. v. 27.10.1966; NJW 1967, S. 501

Heiss, Bernhard-Rudolf: Einstweiliger Rechtsschutz im europäischen Zivilrechtsverkehr (Art. 24 EuGVÜ); Berlin 1987

Hofmannsthal, Emil: Die Freizügigkeit des Notariatsaktes., öst. AnwZ 1925, S. 144-145

Holleaux, Dominique: Anmerkung zu Cour de cassation v. 24.10.1973; Clunet 1974, S. 593-601

- Anmerkung zu Tribunal de grande instance de Paris v. 12.1.1978; RCritDIP 1979, S. 105-111

Holleaux, Dominique/*Foyer,* Jacques/*de Geouffre de La Pradelle,* Géraud: Droit international privé; Paris 1987

Holzhammer, Richard: Österreichisches Zwangsvollstreckungsrecht; 4. Auflage, Wien 1993

Huet, André: Anmerkung zu Cour d'appel de Paris v. 29.1.1981; RCritDIP 1982, S. 387-398

- Anmerkung zu EuGH v. 4.7.1985 *AS-Autoteile/Malhé*; Clunet 1986, S. 449-453

- Les procédures de reconnaissance et d'exécution des jugements étrangers et des sentences arbitrales, en droit international privé français; Clunet 1988, S. 5-35

- Anmerkung zu Cour d'appel de Paris v. 22.2.1990; Clunet 1991, S. 163-164

Iglesias Buígues, José Luis: Competencia judicial, reconocimiento y ejecución de decisiones judiciales en la C.E.E. y en Derecho español; Madrid 1977

Iglesias Buígues, José Luis/*Desantes Real,* Manuel: La quinta libertad comunitaria: Competencia judicial, reconocimiento y ejecución de resoluciones judiciales en la Comunidad Europea; in: *García de Enterría,* Eduardo/*González Campos,* Julio D./*Muñoz Machado,* Santiago (Hrsg.): Tratado de Derecho comunitario europeo, Bd. III, Madrid 1986, S. 711-752

Jacob, Jack I. H. (Gesamthrsg.): The Supreme Court Practice 1993; London 1992

Jametti Greiner, Monique: Die vollstreckbare öffentliche Urkunde; BN 1993, S. 37-63

Jauernig, Othmar: Zwangsvollstreckungs- und Konkursrecht; 19. Auflage, München 1990

Jenard, Paul: Bericht zu dem Übereinkommen über die gerichtliche Zuständigkeit und die Vollstreckung gerichtlicher Entscheidungen in Zivil- und Handelssachen; ABl.EG 1979 C 59, S. 1-65

Jenard, Paul/*Möller,* Gustaf: Bericht zum Luganer Übereinkommen; ABl.EG 1990 C 189, S. 57-121

Jongbloed, Anthonie Willem: Reële executie in het privaatrecht - Beschouwingen over reële executie naar geldend en wordend recht; Diss. Nijmegen, Deventer 1987

de Jongh, Th. M.: Notariat portugais ... notariat fonctionnarisé; Diss. Den Haag, 1964

Kaufmann, Horst: La Suisse et la Convention de la CEE concernant la compétence judiciaire et l'exécution des décisions en matière civile et commerciale; in: Neuvième Journée Juridique/Mémoires publiés par la Faculte de droit de Genève 29 (1969), Genf 1970; S. 7-51

Kaye, Peter: Civil Jurisdiction and Enforcement of Foreign Judgments; Abingdon 1987

Kellerhals, Franz: Umsetzung des Lugano-Übereinkommens ins kantonale Recht; ZBJV 1992, S. 77-89

- Vollstreckbare öffentliche Urkunden aus schweizerischer Sicht - Bemerkungen zur Ausgangslage; BN 1993, S. 1-24

Kerameus, Konstantinos D./*Kremlis,* G. D./*Tagaras,* C. N.: Η συμβαση τον Βρυξελλων για τη διεθνη δικαιοδοσια και την εκτελεση αποφασεων οπωσ ισχυει στην ελλαδα; Athen 1989

- Basic Rules Relating to Recognition and Enforcement of Foreign Judgments under the Brussels Convention; in: *Moloney, Gerald/Robinson, Nicholas K.* (Hrsg.): The Brussels Convention on Jurisdiction and the Enforcement of Foreign Judgments; Dublin 1989, S. 57-66

Kessedjian, Catherine: Anmerkung zu Cour de Cassation v. 27.4.1988; RCritDIP 1989, S. 522-526

Klamaris, Nikolaos/*Orfanidis,* Georg: Die Zwangsvollstreckung der gerichtlichen Entscheidungen und die Vollstreckungsmittel der Gerichte nach dem griechischen Zivilprozeßrecht; Rev. hell. dr. int. 1985-1986, S. 335-358

Klicka, Thomas/*Albrecht,* Isabel: Die EO-Novelle 1995 - Änderungen im allgemeinen Teil; ecolex 1995, S. 707-709

Köhler, Helmut: Das Einigungsverfahren nach § 27a UWG: Rechtstatsachen, Rechtsfragen, Rechtspolitik; WRP 1991, S. 617-625

Kohler, Josef: Vollstreckungsgegenklage und Simulation; AcP 80 (1893), S. 141-164

Kren, Jolanta: Anerkennbare und vollstreckbare Titel nach IPR-Gesetz und Lugano-Übereinkommen; in: Festschrift für Oscar Vogel, Freiburg i. Ü. 1991, S. 419-463

Kropholler, Jan: Internationales Privatrecht; Tübingen 1990; zitiert als: *Kropholler* IPR

- Europäisches Zivilprozeßrecht - Kommentar zum GVÜ; 5. Auflage, Heidelberg 1996

Lapp, Charles: La loi du 9 juillet 1991 portant réforme des procédures civiles d'exécution et son décret d'application du 31 juillet 1991; Straßburg 1992

Lasok, D./*Stone,* P. A.: Conflict of Laws in the European Community; Abingdon 1987

Leitão, Helder Martins: Do processo de execução; 2. Auflage, Porto 1991

Lemaire, Hugues: La circulation des actes authentiques au sein de la Communauté Économique Européenne en vue de leur exécution; JCP éd. N 1990, S. 354-358

Lieberich, Heinz: Das kurbaierische Urkundenwesen vom 16.-18. Jahrhundert; in: Festschrift 125 Jahre bayerisches Notariat; München 1987, S. 1-9

Linke, Hartmut: Anmerkung zu EuGH *Hoffmann/Krieg*; RIW 1988, S. 822-826

Löber, Burckhardt: Übertragung spanischer Immobilien vor ausländischen Notaren?; DNotZ 1993, S. 789-790

Lobsiger, Adrian: Vollstreckbare notarielle Urkunden im schweizerisch-deutschen Rechtsverkehr; BN 1995, S. 1-27

López Liz, José: El procedimiento extrajudicial-notarial de ejecución hipotecaria; Barcelona 1993

Lüke, Gerhard/*Walchshöfer,* Alfred (Hrsg.): Münchener Kommentar zur Zivilprozeßordnung; München 1992; zitiert als MünchKomm ZPO-*Bearbeiter*

Magnan, Jean-Louis: Le notariat et le monde moderne; Paris 1979

Mann, F. A.: Die Urkunde ausländischer, insbesondere englischer Notare und der deutsche Rechtsverkehr; NJW 1955, S. 1177-1179

Mauro, Jacques: Anmerkung zu EuGH *AS Autoteile/Malhé*; Gaz. Pal. 1985 I Doctrine, S. 551

Meier, Isaak: Besondere Vollstreckungstitel nach dem Lugano-Übereinkommen; in: *Schwander,* Ivo (Hrsg.): Das Lugano-Übereinkommen; St. Gallen 1990, S. 157-211

Meyer, Bernhard F.: Die Rechtsöffnung auf Grund synallagmatischer Schuldverträge; Diss. Zürich 1979

Mezger, Ernst: Anmerkung zu EuGH *AS Autoteile/Malhé*; RCritDIP 1986, S. 147-153

Ministério da justiça: Código de proceso civil (Anteprojecto); Lissabon 1988

Mohr, Franz: Vereinfachtes Bewilligungsverfahren und andere am 1.10.1995 in Kraft getretene Bestimmungen der EO-Novelle 1995; ÖZJ 1995, S. 889-898

Moreau, Alain: Le notariat français à partir de sa codification; Paris 1984

Münch, Joachim: Vollstreckbare Urkunde und prozessualer Anspruch; Diss. Konstanz, Köln 1989

Munch-Petersen, H: Der Zivilprozeß Dänemarks; Mannheim 1932

Niboyet, J.-P.: Traité de droit international privé français, Bd. VI; Paris 1949

Notter, Andreas B.: Vollstreckbare öffentliche Urkunden; ZBGR 1993, S. 84-92

Oberneck, Hermann: Empfiehlt es sich, den Notariatsurkunden im zwischenstaatlichen Verkehre gegenseitig die gleiche Beweiskraft und Vollstreckbarkeit zu sichern, und unter welchen Voraussetzungen?; DNotV 1907, S. 600-616

- Die Freizügigkeit der Notariatsurkunde in Oesterreich und Deutschland; in: *Liebmann,* Otto (Hrsg.): Festgabe der Deutschen Juristen-Zeitung zum 31. Deutschen Juristentage in Wien; Berlin 1912; S. 79-81

O'Hare, John/*Hill,* Robert N.: Civil Litigation; 6. Auflage, London 1993

O'Malley, Stephen/*Layton,* Alexander: European Civil Practice; London 1989

Oberneck, Hermann/*Sternberg,* Leo: Legalisation, Freizügigkeit vollstreckbarer Urkunden, Konsularisches Notariat; Berlin 1927

Olzen, Dirk: Rechtsschutz gegen Zwangsvollstreckung aus notariellen Urkunden; DNotZ 1993, S. 211-222

Ortiz Navacerrada, Santiago: La oposición a la ejecución civil: Estudio jurisprudencial; Madrid 1994

Oskarsson, Eggert: The Lugano Convention and Iceland; in: *Jayme, Erik* (Hrsg.): Ein internationales Zivilverfahrensrecht für Gesamteuropa; Heidelberg 1992, S. 249-253

Oudelaar, Hendrikus: Civielrechtelijke executiegeschillen; Diss. Leiden, Arnheim 1992

Padis, Pierre: Observations pratiques sur la Convention européenne dite de Bruxelles du 27 septembre 1968 relative à la compétence judiciaire et l'exécution des décisions en matière civile et commerciale; Gaz. Pal. 1974 I Doctrine, S. 278-307

Pålsson, Lennart: Lugano-Konventionen; Stockholm 1992

Pamboukis, Charalambos: L'acte public étranger en droit international privé; Paris 1993

Philip, Allan: EF - IP. II; Værneting - Tvangsfuldbyrdelse af fremmede retsafgørelser; Kopenhagen 1986

Picard, Jean: Le Notariat dans les États membres de la C.E.E.; JCP éd. N 1991, S. 303-314

Pirrung, Jörg: Zum Gesetz zur Ausführung des EWG-Gerichtsstands- und Vollstrekkungsübereinkommens vom 27. September 1968; DGVZ 1973, S. 178-183

- Die Einführung des EG-Schuldvertragsübereinkommens in die nationalen Rechte; in: *v. Bar,* Christian (Hrsg.): Europäisches Gemeinschaftsrecht und Internationales Privatrecht, Köln 1991; S. 21-70

Pocar, Fausto: Le norme della convenzione di Bruxelles del 1968 relative al riconoscimento e all´esecuzione delle sentenze; in: *Angeli,* Franco (Hrsg.): La convezione giurisdizionale di Bruxelles del 1968 e la riforma del processo civile italiano; Mailand 1985, S. 38-50; zitiert als: *Pocar* (in: Angeli)

- La convenzione di Bruxelles sulla giurisdizione e l´esecuzione delle sentenze; Mailand 1986

Prata, Ana: Dicionário jurídico; 3. Auflage, Coimbra 1992

Ramos Méndez, Francisco: Vollstreckung ausländischer Titel in Spanien; RIW 1984, S. 99-102

- Derecho procesal civil, Bd. II; 5. Auflage, Barcelona 1992

Ready, Nigel P.: Brooke´s Notary; 11. Auflage, London 1992/1994

Rechberger, Walter H.: Die Entwicklung des österreichischen Notariates zu einer Einrichtung der vorbeugenden Rechtspflege; in: *Rechberger/Oberhammer*: Konfliktvermeidung und Konfliktregelung; Wien 1993

Rechberger, Walter H./*Oberhammer,* Paul/*Bogensberger,* Teresa: Der vollstreckbare Notariatsakt; Wien 1994

Rechberger, Walter H./*Simotta,* Daphne Ariane: Exekutionsverfahren; 2. Auflage, Wien 1992

Rognlien, Stein: Luganokonvensjonen - Kommentarutgave; Oslo 1993

Rosenberg, Leo/*Gaul,* Hans Friedrich/*Schilken,* Eberhard: Zwangsvollstreckungsrecht; 10. Auflage, München 1987

Roth, Günther H.: Zulässiges forum shopping?; IPRax 1984, S. 183-185

Ruiloba Santan, Eloy: El convenio hispano-francés de 28 de mayo de 1969 sobre reconocimiento y ejecución de sentencias extranjeras y actas autenticas en materia civil y mercantil; REDI 23 (1970), S. 42-75

Schack, Haimo: Widersprechende Urteile: Vorbeugen ist besser als Heilen; Anmerkung zu EuGH v. 8.12.1987 und EuGH v. 4.2.1988; IPRax 1989, S. 139-142

- Internationales Zivilverfahrensrecht; 2. Auflage, München 1996

Schlosser, Peter: Unterhaltsansprüche vor den Gerichten der Alt-EWG-Staaten; FamRZ 1973, S. 424-430

- Bericht zum Beitritt Dänemarks, Irlands und des Vereinigten Königreichs zum GVÜ; ABl.EG 1979 C 59, S. 71-151

- Grenzüberschreitende Vollstreckung von Maßnahmen des einstweiligen Rechtsschutzes im EuGVÜ-Bereich - Anmerkung zu EuGH vom 27.11.1984; IPRax 1985, S. 321-322

Schmutz, Andreas: Massnahmen des vorsorglichen Rechtsschutzes im Lugano-Übereinkommen aus schweizerischer Sicht; Diss. Bern 1993

Schultheis, Ullrich R.: Rechtsbehelfe bei vollstreckbaren Urkunden - Zugleich ein Beitrag zum Rechtsschutzsystem des 8. Buchs der ZPO; Diss. Frankfurt/M., Berlin 1996

Schütze, Rolf A.: Die Geltendmachung von Einwendungen gegen die Klauselerteilung nach dem EG-Zuständigkeits- und Vollstreckungs-Übereinkommen durch eine Schutzschrift; in: Festschrift für Arthur Bülow zum 80. Geburtstag, Köln 1981; S. 211-216

- Internationales Notarverfahrensrecht; DNotZ 1992, S. 66-84

Siehr, Kurt: „Forum Shopping" im internationalen Rechtsverkehr; ZfRV 25 (1984), S. 124-144

Stein, Friedrich/*Jonas,* Martin: Kommentar zur Zivilprozeßordnung; 20 Auflage, Tübingen 1989, 21. Auflage, Tübingen 1993; zitiert als: Stein/Jonas-*Bearbeiter*

Stein, P. A.: Compendium van het burgerlijke procesrecht; 10. Auflage, Deventer 1995

Stoffel, Walter A.: Ausschliessliche Gerichtsstände des Lugano-Übereinkommens und SchKG-Verfahren, insbesondere Rechtsöffnung, Widerspruchsklage und Arrest; in: Beiträge zum schweizerischen und internationalen Zivilprozeßrecht - Festschrift für Oscar Vogel, Freiburg i. Ü. 1991, S. 357-394

Stojan, Teddy Svatopluk: Die Anerkennung und Vollstreckung ausländischer Zivilurteile in Handelssachen; Diss. Zürich 1986

Stürner, Rolf: Der Notar - unabhängiges Organ der Rechtspflege?; JZ 1974, S. 154-160

- Die notarielle Urkunde im europäischen Rechtsverkehr; DNotZ 1995, S. 343-360

- Das grenzübergreifende Vollstreckungsverfahren in der Europäischen Union; in: Festschrift für Wolfram Henckel zum 70. Geburtstag am 21. April 1995; Berlin 1995, S. 863-875

Svenné Schmidt, Torben: International formueret; Kopenhagen 1987

Traichel, Christian: Die Reform des französischen Zwangsvollstreckungsrechts (loi n° 91-650 vom 9. Juli 1991; décret n° 92-755 vom 31. Juli 1992) - eine rechtsvergleichende Untersuchung; Diss. München, Bielefeld 1995

Tsikrikas, Dimitrios: Bemerkungen zur Struktur und Funktion des griechischen Vollstreckungsrechts; unveröffentlichtes Manuskript

de Valkeneer, R.: Précis du notariat; Brüssel 1988

Verheul, J. P.: Rechtsmacht in het nederlands internationaal privaatrecht Deel 1; Apeldoorn 1982

- Erkenning en tenuitvoerlegging van vreemde vonnissen; Apeldoorn 1989; zitiert als: *Verheul* 1989

Vincent, Jean/*Guinchard,* Serge: Procédure civile; 22. Auflage, Paris 1991

Vincent, Jean/*Prévault,* Jacques: Voies d'exécution et procédures de distribution; 16. Auflage, Paris 1987 (Précis Dalloz)

- Voies d'exécution; 8. Auflage, Paris 1993 (Memento Dalloz)

Volken, Paul: Das EG/EFTA-Parallel-Übereinkommen über die gerichtliche Zuständigkeit und die Vollstreckung gerichtlicher Entscheidungen in Zivil- und Handelssachen; SJIR XLIII (1987), S. 97-128

Vollhardt, Jürgen: Das bayerische Notariat 1862-1945; in: Festschrift 125 Jahre bayerisches Notariat; München 1987, S. 11-73

Walter, Gerhard: Wechselwirkungen zwischen europäischem und nationalem Zivilprozeßrecht: Lugano-Übereinkommen und Schweizer Recht; ZZP 1994, S. 301-355

- Reform des internationalen Zivilprozeßrechts in Italien; ZZP 1996, S. 3-28

Wehrens, Hans G.: Der schweizer Schuldbrief und die deutsche Briefgrundschuld. Ein Rechtsvergleich als Basis für eine zukünftige Eurohypothek; öst. NotZ 1988, S. 181-191

Weigand, Frank-Bernd: Der deutsch-spanische Rechtsverkehr - Zuständigkeit, Anerkennung, Vollstreckung; Diss. München, Frankfurt/M. 1992

Wittkopp, Ulrich H.: Wirtschaftliche Freizügigkeit und Nationalstaatsvorbehalte; Baden-Baden 1977

Wolf, Alfred: Das Ausführungsgesetz zu dem EWG-Gerichtsstands- und Vollstrekkungsübereinkommen; NJW 1973, S. 397-401

Wolf, Manfred: Abbau prozessualer Schranken im europäischen Binnenmarkt; in: *Grunsky,* Wolfgang/*Stürner,* Rolf/*Walter,* Gerhard/*Wolf,* Manfred (Hrsg.): Wege zu einem europäischen Zivilprozeßrecht - Tübinger Symposium zum 80. Geburtstag von Fritz Baur, Tübingen 1992; S. 35-67

Wolfsteiner, Hans: Die vollstreckbare Urkunde; München 1978

Ziege, Hans-Joachim: Der vollstreckbare außergerichtliche Vergleich nach § 1044b ZPO (Anwaltsvergleich); NJW 1991, S. 1580-1586

Zöller, Richard: Zivilprozeßordnung; 19. Auflage, Köln 1995; zitiert als: Zöller-*Bearbeiter*